漢學研究叢書・文史新視界叢刊

賈公彥《儀禮疏》研究

A Study of Jia Gongyan's Sub-commentaries of *Yili*

李洛旻　　著

by Lok Man Lee

文史新視界叢刊編輯委員會

（依姓名筆劃排序）

本書為中國 2014 年度國家社科基金重大項目（第二批）「《儀禮》復原
與當代日常禮儀重建研究」（項目批准號：14ZDB009）之部分研究成果
特此致謝

如蝶振翼

——《文史新視界叢刊》總序一

　　近年赴中國大陸學術界闖蕩的臺灣文科博士日益增多，這當中主要包括兩類人才。一類是在臺灣學界本就聲名卓著、學術影響鉅大的資深學者，他們被大陸名校高薪禮聘去任教，繼續傳揚他們的學術。另一類則是剛拿到博士文憑，企盼進入學術職場，大展長才，無奈生不逢時，在高校發展面臨瓶頸，人力資源飽和的情況下，雖學得一身的文武藝，卻不知貨與何家、貨向何處！他們多數只能當個流浪教授，奔波各校兼課，猶如衝州撞府的江湖詩人；有的則委身屈就研究助理，以此謀食糊口，跡近沈淪下僚的風塵俗吏。然而年復一年，何時了得？於心志之消磨，術業之荒廢，莫此為甚！劉芝慶與邱偉雲不甘於此，於是毅然遠走大陸，分別在湖北經濟學院和山東大學闖出他們的藍海坦途。如劉、邱二君者，尚所在多有，似有逐漸蔚為風潮的趨勢，日益引發文教界的關注。

　　然而無論資深或新進學者西進大陸任教，他們的選擇與際遇，整體說來雖是臺灣學術界的損失，但這種學術人才的流動，卻很難用一般經濟或商業的法則來衡量得失。因為其所牽動的不僅是人才的輸入輸出、知識產值的出超入超、學術板塊的挪移轉動，更重要的意義是藉由人才的移動，所帶來學術思想的刺激與影響。晚清名儒王闓運應邀至四川尊經書院講學，帶動蜀學興起，因而有所謂「湘學入蜀」的佳話。至於一九四九年後大陸遷臺學者，對戰後臺灣學術的形塑，其

影響之深遠鉅大，今日仍在持續作用。當然用此二例比方現今學人赴大陸學界發展，或有誇大之嫌。然而學術的刺激與影響固然肇因於知識觀念的傳播，但這一切不就常發生於因人才的移動而展開的學者間之互動的基礎上？由此產生的學術創新和知識研發，以及伴隨而來在文化社會等現實層面上的實質效益，更是難以預期和估算的。

劉芝慶和邱偉雲去大陸任教後，接觸了許多同輩的年輕世代學者，這些學人大體上就屬於剛取得博士資格，擔任博士後或講師；或者早幾年畢業，已升上副教授的這個群體。以實際的年齡來說，大約是在三十五歲至四十五歲之間的青壯世代學人。此輩學人皆是在這十來年間成長茁壯起來的，這正是中國大陸經濟起飛，國力日益壯大，因而有能力投入大量科研經費的黃金年代。他們有幸在這相對優越的環境下深造，自然對他們學問的養成，帶來許多正面助益。因而無論是視野的開闊、資料的使用、方法的講求、論題的選取，甚至整體的研究水平，都到了令人不敢不正視的地步。但受限於資歷與其他種種現實因素，他們的學術成果的能見度，畢竟還是不如資深有名望的學者，這使得學界，特別是臺灣學界，對他們的論著相對陌生。於其而言，固然是遺憾；而就整體人文學界來說，無法全面去正視和有效地利用這些新世代的研究成果，這對學術的持續前進發展，更是造成不利的影響。

因而當劉芝慶和邱偉雲跟我提及，是否有可能在臺灣系統地出版這輩學人的著作，我深感這是刻不容緩且意義重大之舉。於是便將此構想和萬卷樓圖書公司的梁錦興總經理與張晏瑞副總編輯商議，獲得他們的大力支持，更決定將範圍擴大至臺灣、香港與澳門，計畫編輯一套包含兩岸四地人文領域青壯輩學者的系列叢書，幾經研議，最後正式定名為《文史新視界叢刊》。關於叢刊的名稱、收書範圍、標準等問題，劉、邱二人所撰的〈總序二〉已有交代，讀者可以參看，茲

不重覆。但關於叢刊得名之由，此處可再稍做補充。

　　其實在劉、邱二君的原始構想中，是取用「新世界」之名的，我將其改為同音的「新視界」。二者雖不具備聲義同源的語言學關係，但還是可以尋覓出某種意義上的關聯。蓋因視界就是看待世界的方式，用某種視界來觀看，就會看到與此視界相應或符合此視界的景物。採用不同以往的觀看方式，往往就能看到前人看不到的嶄新世界。從這個意義來說，所謂新視界即新世界也，有新視界才能看到新世界，而新世界之發現亦常賴新視界之觀看。王國維曾說：「凡一代有一代之文學。」若將其所說的時代改為世代，將文學擴大為學術，則亦可說凡一世代皆有一世代之學術。雖不必然是後起的新世代之學術優或劣於之前的世代，但其不同則是極為明顯的。其中的關鍵，就在於彼此觀看視域的差異。因而青壯輩人文學者用新的方法和視域來研究，必然也能得到新的成果和觀點，由此而開拓新的學術世界，這是可以期待的。

　　綜上所述，本叢刊策畫編輯的主要目的有二：第一，是展現青壯世代人文學術研究的新風貌和新動能；第二，則是匯集兩岸四地青壯學者的最新研究成果，從中達到相互觀摩、借鑑的效果。最終的目標，還是希冀能對學術的發展與走向，提供正向積極的助力。本叢刊之出版，在當代學術演進的洪流中，或許只不過如蝴蝶之翼般輕薄，微不足道。但哪怕是一隻輕盈小巧的蝴蝶，在偶然一瞬間搧動其薄翅輕翼，都有可能捲動起意想不到的風潮。期待本叢刊能扮演蝴蝶之翼的功能，藉由拍翅振翼之舉，或能鼓動思潮的生發與知識的創新，從而發揮學術上的蝴蝶效益。

西元二〇一七年九月十二日

車行健謹識於國立政治大學

總序二

　　《文史新視界叢刊》，正式全名為《文史新視界：兩岸四地青壯學者叢刊》。本叢刊全名中的「文史」為領域之殊，「兩岸四地」為地域之分，「青壯學者」為年齡之別，叢書名中之所以出現這些分類名目，並非要進行「區辨」，而是立意於「跨越」。本叢刊希望能集合青壯輩學友們的研究，不執於領域、地域、年齡之疆界，採取多元容受的視野，進而能聚合開啓出文史哲研究的新視界。

　　為求能兼容不同的聲音，本叢刊在編委群部分特別酌量邀請了不同領域、地區的學者擔任，主要以兩岸四地青壯年學者來主其事、行其議。以符合學術規範與品質為最高原則，徵求兩岸四地稿件，並委由萬卷樓圖書公司出版。系列叢書不採傳統分類，形式上可為專著，亦可為論文集；內容上，或人物評傳，或史事分析，或義理探究，可文、可史、可哲、可跨學科。當然，世界極大，然一切僅與自己有關，文史哲領域門類甚多，流派亦各有不同。故研究者關注於此而非彼，自然是伴隨著才性、環境、師承等等因素。叢刊精擇秀異之作，綜攝萬法之流，即冀盼能令四海學友皆能於叢刊之中尋獲同道知音，或是觸發新思，或是進行對話，若能達此效用，則不負本叢刊成立之宗旨與關懷。

　　至於出版原則，基本上是以「青壯學者」為主，大約是在三十五歲至四十五歲之間。此間學者，正值盛年，走過三十而立，來到四十不惑，人人各具獨特學術觀點與師承學脈，也是最具創發力之時刻。若能為青壯學者們提供一個自由與公正的場域，著書立說，抒發學術

胸臆，作為他們「立」與「不惑」之礎石，成為諸位學友之舞台，當是本叢刊最殷切之期盼。而叢書出版要求無他，僅以學術品質為斷，杜絕一切門戶與階級之見，摒棄人情與功利之考量，學術水準與規範，乃重中之重的唯一標準。

而本叢刊取名為「新視界」，自有展望未來、開啟視野之義，然吾輩亦深知，學術日新月異，「異」遠比「新」多。其實，在前人研究之上，或重開論述，或另闢新說，就這層意義來講，「異」與「新」的差別著實不大。類似的題目，不同的說法，這種「異」，無疑需要吸收前人研究成果。然領域的開創，典範的轉移，這種「新」，又何嘗不需眾多的學術積累呢？以故《文史新視界叢刊》的目標，便是希望著重發掘及積累這些「異」與「新」的觀點，藉由更多元豐厚的新視界，朝向更為開闊無垠的新世界前進。

最末，在數位時代下，吾輩皆已身處速度社會中，過去百年方有一變者，如今卻是瞬息萬變。在此之際，今日之新極可能即為明日之舊，以故唯有不斷追新，效法「天行健，君子以自強不息」之精神，方不為速度社會所淘汰。當然，除了追新之外，亦要維護優良傳統，如此方能溫故知新、繼往開來。而本叢刊正自我期許能成為我們這一時代文史哲學界經典傳承之轉軸，將這一代青壯學者的創新之說承上啟下的傳衍流布，冀能令現在與未來的同道學友知我此代之思潮，即為「新視界叢刊」成立之終極關懷所在。

劉芝慶、邱偉雲　序

推薦序

　　中國自古即有「禮義之邦」的美名，號稱「經禮三百，曲禮三千」，洋洋大觀，舉世罕有其匹。《儀禮》十七篇，為孔子整理的六經之一，詳盡記載兩千多年前周代社會的冠、婚、喪、祭、射、饗、聘、覲諸禮，堪稱中華禮儀之淵藪，彌足珍貴。毋庸置疑，《儀禮》一書是研究中國古代歷史、儒家思想、禮樂文明、倫常觀念、社會生活、文物制度等學科最重要的文獻之一。不無遺憾的是，千年以來，《儀禮》研究始終處於舉步維艱的狀態，是群經研究中學者最少、成果相對寂寥的領域。

　　大略而言，迄今為止的《儀禮》研究，主要集中在三個問題上：

　　首先是文本校勘。《儀禮》文古意澀，處處涉及上古宮室、服飾、器物、牲牢、拜揖、周還等名物與儀節，且多已經湮滅，複之無由，是故《儀禮》難讀，學者罕通。尤其嚴重的是，王安石熙寧改革廢罷《儀禮》，此書由此式微，殆成絕學。明萬曆所刻北監本《十三經》，《儀禮》脫誤最甚，魯魚亥豕，訛誤滿紙，幾至無法閱讀，遑論研究！明清之際，研究《儀禮》之風漸興，學者不能不托始於文本校勘。由顧炎武、張爾岐肇端，經歷嚴可均、馮登府、陳鱣、阮元、沈廷芳、盧文弨、金曰追、顧廣圻、彭元瑞、黃丕烈等幾代學者的努力，《儀禮》經、注、疏之文字，俱得宋本舊貌，榛荊盡辟，神明煥然，一躍而為群經中最成熟的校本（參閱拙作：〈論清人《儀禮》校勘之特色〉，載《中國史研究》，1998年第1期），令人驚歎。

其次是為鄭注正名。東漢經學大師鄭玄，曾遍注群經，其《三禮注》尤負盛名。鄭玄為禮學的不祧之祖，《禮》非鄭注不明，故學界有「《禮》是鄭學」之說。鄭玄身後，其禮學宗主的地位先後遭遇王肅、敖繼公之挑戰，前者歷時不長，未成氣候；後者興起於元代，消息於清代中期，綿延數百年之久，逢敖必崇，逢鄭必貶，成為《儀禮》研究的主流意識。平心而論，鄭注並非完美無缺，亦並非不可批評。但批評者若是起心動念，夾雜敵愾之氣，以「彼可取而代之」為終極目標，則未免無恥。而以此種私心煽動學界，令學者人人裹挾其中，則學術已經變質，與起哄無異。清儒《儀禮》研究的另一大貢獻，是清算敖繼公的謬說，由吳廷華、褚寅亮等首發，諸多學者逐條辨析鄭、敖是非，至胡培翬《儀禮正義》，以補注、申注、附注、訂注為中軸展開，鄭玄經師地位得以恢復，《儀禮》研究終於回歸正軌（參閱拙作：〈清人對敖繼公之臧否與鄭玄經師地位之恢復〉，載《文史》，2005年第1期），此為清儒之另一大貢獻。

令人感覺遺憾者，乃是對賈公彥的《儀禮疏》之研究，多為泛泛之論，至今罕有深入腠理之作。賈公彥乃唐代著名禮家，資深學厚，曾以一人之力，獨撰《周禮疏》、《儀禮疏》、《禮記疏》，堪稱禮學功臣。其《禮記疏》久佚，《周禮疏》頗獲學界好評，《儀禮疏》則頗有物議。朱子稱「唐人《五經疏》，《周禮疏》最好」，視之為冠冕，而批評「《儀禮疏》說得不甚分明」。阮元則稱「賈疏文筆冗蔓，詞意鬱轖，不若孔氏《五經正義》之條暢」。《四庫》館臣於賈疏亦多貶抑，「賈疏文繁句複，雖詳贍而傷於蕪蔓，端緒亦不易明」。朱子、阮元等在學術界有巨大影響，故以上所言被視為定論，傳播甚廣，成為許多學者的先入之見。

其實，歷代讚揚賈疏者不乏其人，只是學者罕聞。如宋儒馬廷鸞論《儀禮》注疏博學：「康成之《注》、公彥之《疏》，何學之博

也。」清儒陳澧《東塾讀書記》列舉賈疏成就:「《儀禮》難讀。昔人讀之之法,略有數端:一曰分節,二曰繪圖,三曰釋例:今人生古人後,得其法以讀之,通此經不難矣。」皮錫瑞《經學通論》有「論讀《儀禮》重在釋例,尤重在繪圖,合以分節,三者備則不苦其難」一條,即采陳氏之說。近代禮家曹元弼充分肯定賈疏,認為「(賈疏)誤者十之二,不誤者十之八,皆平實精確,得經注本義,蓋承為鄭學相傳古義,非賈氏一人之私言也」。著名經學大師黃侃對賈疏亦頗為推崇:「若夫孔、賈二疏,或因一二語而作疏至數千言;或括一禮之繁文,不過數百言;有時博洽,有時精約,皆使人由之而得其綱要者已。」上舉諸說,足以反詰質疑賈疏之說。

經注非疏不明。對賈疏的評判,已成為《儀禮》研究能否再度深入的關鍵。但是,由於《儀禮》古奧,鄭注簡約,賈疏浩繁,學者多視為畏途,故全面研究《儀禮疏》者寥若晨星,令人感慨。

今有香港青年學子李洛旻,向慕儒家文化,尤其醉心《三禮》之學,矢志傾畢生精力於此,本書是他在博士論文的基礎上修改而成的重要成果。洛旻此作,以精讀《儀禮疏》為基礎,力圖通盤研究賈氏學術旨趣,對賈疏作出獨立評價。通讀全書,而知作者提出的主要見解有以下數端:

其一,鉤稽賈氏學術背景與疏禮特色。傳世文獻中有關賈公彥的資料極少,《舊唐書·儒學上》的本傳,僅「賈公彥,洺州永年人。永徽中,官至太學博士。撰《周禮義疏》五十卷、《儀禮義疏》四十卷。子太隱,官至禮部侍郎」一語,約四十字。而《新唐書·儒學》上中下三篇,竟然無賈公彥傳,僅於禮家張士衡事蹟之末,稱賈公彥「終太學博士,撰次章句甚多」,又稱「公彥傳業玄植」,僅此而已。

作者從文獻中鉤稽賈氏事蹟及其治禮風格。而知為張士衡高足,曾參與孔穎達主持之《五經正義》中《禮記正義》的編撰。意味深長

的是，賈氏後又獨自編撰《禮記正義》（已亡佚）。洛旻據《北史・儒林傳》「南人約簡，得其英華；北學深蕪，窮其枝葉」語，認定此為孔、賈之間有南學、北學的說禮旨趣差異所致。孔氏身受南學薰陶，隨文解經，簡潔明快，側重於評騭諸說是非，無關經注處則刪，符合南人「約簡」之風格，與六朝義疏、隋唐代經師關係密切，對陸德明《經典釋文》等多有取資。賈氏則秉承六朝義疏「窮其枝葉」的傳統，好演繹經注深義，回環往復，窮盡經論，彰顯北學「深蕪」面貌，對舊疏「擇善而從，兼增己義」，絕少評論前疏得失，亦不引述包括《釋文》在內的任何「定本」。唐代疏家，大都依循刪繁就簡一途，務使內容簡明易曉。賈疏與之不同，其大旨在展現《儀禮》複雜性的取向，呈現經文內在結構。前儒對賈疏的「文筆冗蔓，詞意鬱轕」之譏，正是不明北學特色所致。

第二，鋪敘賈疏背後的禮學思想體系。賈氏既作《三禮疏》，彼此必有一以貫之的理論體系存在。作者認為，《儀禮疏》集中討論尊卑、禮類；《周禮疏》注重職官體系的分析；《禮記疏》著力闡明禮之大義；三疏各有分工，體系完備。賈氏說禮的最大特點，是從尊卑、禮類兩角度切入，其背後均有完整系統。賈氏據此多方探討「攝盛」、「禮窮則同」以及「王人雖微猶序諸侯之上」等現象，探究《儀禮》原貌，彰顯鄭氏的禮學體系。作者的分析，看似平淡，實質建立在大量的的禮例歸納之上，用力深厚。

第三，剖析鄭玄解經之法與賈疏揭示的《儀禮》書寫筆法。賈氏對鄭玄出注之依據與旨意頗有留意，故悉心分析鄭注書法，辨識注中互文、相兼等例，對注內的歧解作出合理解釋。作者還指出，賈氏對經文的分節，著意勾勒經文層次，探索作者設文之意，展示《儀禮》的書寫筆法，如標明省文、標明變文、解釋個別用語以及辨明隱藏於經文內的異代異爵之法等，並通過歸納禮例，分析常例和變例，旨在

「究其因由」，解釋篇章之間的差異和矛盾。這一部分內容頗有新意，此前學者很少涉及。

第四，深入探討賈氏揭示的諸多儀節的特質。《儀禮疏》中提及「昏禮象生」、「昏禮相親」、「鄉飲酒、鄉射擇人之義」、「飲酒主歡心，射禮主於射」、「飲酒尚歡，大射辨尊卑」、「喪禮尚質」等儀節，以及判分《儀禮》輕重之例，如「冠禮比昏禮輕」、「祭祀事重，冠事稍輕」、「禮女重、醮子輕」、「禮賓重、燕賓輕」、「射禮重，燕禮輕」、「饗食重，燕輕」、「聘禮重，食禮輕」、「饔餼重，食禮輕」、「禽禮輕」等，作者均逐一分析，用力綿密，殊為難能。

作者對《儀禮疏》存在的不足並不偏袒，亦有全面的歸納與總結，此不贅述。

總之，本書是近二十年中，禮學界全面、系統地研究《儀禮疏》的一部力作，讀之，令人耳目一新，為此，該論文在評審過程中受到專家們的一致好評。作者深耕細耨，用力精勤，不落窠臼，敢於推出新說，實屬可嘉。該文涉及的學術聚焦點很多，難度很大，作者所論未必皆是，所述或有可商，但無論如何，是作者走向禮學專業研究的重要一步，我們希望今後能讀到作者更多更好的作品。

北京清華大學人文學院歷史系教授

彭林　序

目次

提要

　　《儀禮疏》五十卷，唐賈公彥撰，明代正德年間由陳鳳梧將之與經注合刻，收入《十三經注疏》之內，廣為學者所習。清代學者批評賈疏行文冗蔓，難以卒讀，又指其多違背鄭義，導致歷來學者甚少關注此書。賈氏為唐代禮學大家，在《儀禮疏》之外還撰有《周禮疏》和《禮記疏》，解讀禮書自有其系統性。本書希望透過分析賈疏，並比較其他義疏學著作，探討賈公彥撰寫《儀禮疏》時的核心思維，考究其解經背後的禮學思想體系，從而了解《儀禮疏》的特點，臂助學者正確解讀賈疏。

　　賈氏疏解《儀禮》時主要是從尊卑、禮類兩大端切入，背後有其尊卑系統及禮類系統。尊卑系統包括幾種基本的尊卑分野、尊卑地位在不同情況下的變易和限制常規禮儀中尊卑地位變易的原則。禮類系統則包括各種禮典和禮儀環節的性質和共通性。另外，在賈疏中，各禮典也可分為輕重、吉凶、文質。賈氏運用尊卑、禮類系統，一則解釋經注之間的差異和矛盾，一則藉以推論不見於《儀禮》的禮儀內容。

　　賈氏在他私撰的三部禮學著作中，各有側重點。《儀禮疏》集中展開有關尊卑、禮類的討論；而《周禮疏》注重整體職官體系分析；《禮記疏》則闡明禮之大義，三疏各有分工，互相補足，體系完備。與當時孔穎達主事的《禮記正義》比較，賈疏有其獨特之處。賈、孔學術淵源不同，對於各種禮學論題多有歧見。撰作義疏的宗旨和方

法，兩家更是殊途。孔穎達隨文解經，評騭舊說，肩負整齊南北經疏的責任；賈公彥則自設問答，層層推進，闡發禮學問題，傳承北朝的解經傳統。觀乎賈氏撰疏方式，他旨在展示《儀禮》的複雜性，卻形成了後來學者對《儀禮疏》產生「蔓衍」的觀感，不及孔疏「隨文解經」般簡明條暢。本書集中討論賈氏之思維及禮學體系，董理其說禮大端，闡明解經慣性，證明後人批評賈疏「蔓衍」，乃源於不理解賈氏的解經方法。在了解賈疏的特質後，我們便可以重新思考其書在經學史上的價值和地位。

第一章
緒論

　　《儀禮疏》五十卷，唐代賈公彥撰，永徽年間進呈御覽。明代正德年間陳鳳梧將此疏與《儀禮》經注合刻，成為《十三經注疏》之一種，廣為學者傳習。賈氏《儀禮疏》是現存最早一部完整疏解《儀禮》經注的著作，乃鑽研此經必讀之書。賈氏學術宏深，學於北朝國子助教張士衡，精通禮學，兼善《三禮》，在當世蔚為大家。除了《儀禮疏》外，《新唐書・藝文志》載賈公彥還撰有《禮記正義》[1]八十卷、《周禮疏》五十卷、《孝經疏》五卷以及《論語疏》十五卷，[2]著述成果豐富，為當世所罕見。今僅存《儀禮疏》和《周禮疏》兩種，其餘只能見於史志，《宋史》之後亦不為史家所著錄。

　　唐代所撰寫的義疏，吸收了六朝以至隋代義疏著作成果，斟酌刪削裁剪，此為學術界之公論，乃無庸置疑之事實。[3]至於賈公彥撰寫的《儀禮疏》，篇帙浩繁，篇幅制作規模宏大，探討之問題極多。據

1　此《禮記正義》在《新唐書・藝文志》內置於孔穎達《禮記正義》之下別出，注明「賈公彥《禮記正義》」，可見此書並非孔穎達奉詔所編之《禮記正義》，而是賈氏自撰之書。《舊唐書・經籍志上》作「禮記疏」。參見《舊唐書》卷四十六（北京市：中華書局，1975年標點本），頁1974。

2　參見《新唐書》卷五十七（北京市：中華書局，1975年標點本），頁1433、1442、1444。史志所載賈氏諸疏，卷數稍有差異。《宋史・藝文志》載《周禮疏》五十卷、《儀禮疏》五十卷、《禮記疏》五十卷。參見《宋史》卷二〇二（北京市：中華書局，1977年標點本），頁5048。

3　以孔穎達所主事的《五經正義》為例，張寶三說：「《五經正義》、《易》採舊疏，《書》、《詩》採二劉，《禮記》採皇、熊，《左傳》採劉、沈。」參見張寶三：《五經正義研究》（上海市：華東師範大學出版社，2010年），頁75。

賈氏自序說，當時所傳《儀禮》舊疏，只有黃慶、李孟悊兩家。兩家章疏既非精品，篇幅又短小，可資參考的內容並不多。因此，賈公彥為《儀禮》撰寫義疏，便不能像其他義疏般以舊疏為本而稍加潤飾，反而賈氏需要自己作出論證，[4] 此為賈氏撰寫《儀禮疏》之一難。義疏學之體例，在於要解析經文，兼及注義。賈公彥在撰疏之時，往往對經文及鄭注進行逐字逐句的分析，務求做到既詳且盡。《儀禮》一經，文字艱澀，所記載的儀節極為繁複，篇章之間內容多有重疊，但又不盡相同，字裡行間往往有精深之義。鄭玄的注解簡扼精練，往往畫龍點睛，厚積薄發。賈氏撰寫義疏，面對古奧難明的經文及注文，而要求逐字逐句予以解釋，此又是撰疏之一難。

阮元曾說：「讀書當從經學始，經學當從注疏始。」[5] 迄今，《儀禮疏》仍然是研究《儀禮》之津梁，不可廢棄。然《儀禮》經注難讀，賈氏行文又迴環往復，學者難尋端緒。因此，本研究希望藉分析賈氏《儀禮疏》的核心思維及背後的禮學體系，提供正確閱讀賈疏的要領。

4　喬秀岩說：「至《儀禮》，賈公彥〈儀禮疏序〉所言黃慶、李孟悊他書竟不見其名，《隋志》二家二卷、六卷，絕不可為逐句疏解如今賈疏者。此所以《周禮疏》優而《儀禮疏》劣。……據此又知《周禮疏》當多因襲舊疏之文，《儀禮疏》更多賈公彥自為之說。」參見喬秀岩：《義疏學衰亡史論》（臺北市：萬卷樓圖書公司，2013年），頁159。

5　阮元：〈江西校刻宋本十三經注疏書後〉，《揅經室三集》卷二，《揅經室集》（北京市：中華書局，1993年整理本），下冊，頁620。

第一節　研究背景

一　文獻綜述

　　清代及以前的學者對賈公彥《儀禮疏》的研究，大致可分為校勘、刪節、駁正以及發凡四大方面。《儀禮》難讀，學者鮮習，此書之經、注及疏在明清時期已經由於久未校勘而漸失舊貌。因此，學者對賈公彥《儀禮疏》研究的第一步就是校勘文字。明代陳鳳梧在合刻《儀禮注疏》之前，曾經校勘賈疏，但由於當時缺乏善本，他只能以朱子《儀禮經傳通解》所潤飾過的賈疏文字作為校勘依據，效果並不理想。[6]直到清代，學者多有志於精校賈疏，於是廣集版本為之校勘。例如盧文弨《儀禮注疏詳校》、顧廣圻以宋本手校毛本和閩本《儀禮注疏》、阮元《儀禮注疏校勘記》、又如孫詒讓《十三經注疏校記》等。校勘經疏蔚然成風，學者孜孜於重現賈疏原貌，成果豐富，

6　盧文弨廣校群書，他對《儀禮》經、注及疏的校勘，成果主要體現在《儀禮注疏詳校》內。盧氏自序其書云：「是時余年六十有四，距庚申已四十年，稍得見諸家之本，往往有因傳寫之譌誤，而遂以訾鄭、賈之失者，於是發憤，先為《注疏》校一善本，已錄成書矣。既而所見更廣，知鄭賈之說，實有違錯。凡後人所駁正，信有證據，知非憑臆以薪勝於前人也，因復亟取而件繫之。向之訂譌正誤，在於字句之閒，其益猶淺，今之糾謬釋疑，尤為天地閒不可少之議論，則余書亦庶幾不僅為張淳、毛居正之流亞乎。」他在《凡例》中也說「賈疏本多謇澀，傳寫彌復滋譌。朱子《通解》一書，細為爬梳，或潤色其辭，或增成其義，讀者易以通曉，致為有功。今凡改訂不多處，即連於賈疏中，但注某字為朱子所增、所改、所刪，可以一覽了然。……《通解》於賈疏，往往有移易其前後者，後所見，乃前之所刪。」由此可見，《儀禮疏》歷代缺乏專精校勘，朱子由曾潤飾賈疏文字，使之通曉，便為學者學習。但盧文弨之前學者多依朱子而讀賈疏，賈疏多亡其舊。盧文弨之所以重新校勘賈疏，欲回復賈氏之舊，從而真正考論鄭、賈之得失，不致依據錯譌移易之版本，而有誣賈之病。詳參盧文弨：《儀禮注疏詳校》（臺北市：中研院文哲所，2011年點校本），頁5-15。

功不可沒。一些學者又感到賈疏的內容大有問題。他們不滿《儀禮疏》行文冗長枝蔓，不利學者研習，因而便開始刪節賈疏，去蕪存菁。這種作法，實際上是受到朱子《儀禮經傳通解》和魏了翁《儀禮要義》的影響。例如張爾岐《儀禮鄭註句讀》、吳廷華《儀禮章句》等，都是這方面的代表作。此外，清代學者意識到賈疏不只冗長難讀，在疏釋經義和鄭注時亦往往未如人意，因而又有一些學者對賈疏進行駁正的工作，如胡培翬《儀禮正義》、黃以周《禮書通故》等。以上校勘、刪節、駁正三方面，都是在運用賈疏內容的前提下研究賈疏。至於賈疏的解經方法，有清一代的學者關注不多。其中只有陳澧在其《東塾讀書記》之內，針對賈氏《儀禮疏》發凡起例，闡明賈疏解經法的三個方面，分別是分段、繪圖及釋例。陳澧的研究在清人治賈疏之風氣下，可謂別樹一格。

　　至於近代學界，專門研究《儀禮疏》者不多，卻也不乏專著。一九七九年，日本學者倉石武四郎撰寫《儀禮疏攷正》凡兩冊，對賈疏摘條考證。倉石氏自述其書重點有四：一、考證賈疏之源流；二、賈疏引文正謬；三、宋刻賈疏之正訛；四、近儒臆改賈疏之校訂。[7] 此外，喬秀岩整理研究六朝至唐代義疏，撰成博士論文《南北朝至初唐義疏學研究》[8]，後來由萬卷樓圖書公司出版為《義疏學衰亡史論》，當中不乏對賈公彥今存兩種《禮疏》的評論及其解經法的探討。是書從義疏學之角度說明正確解讀賈疏之方法，指出賈氏之《禮疏》與同時期義疏著作一樣，材料上多因襲舊疏，但《儀禮疏》卻又因為舊疏材料不足而需要由賈氏自肆新義，而且強調他所作之新義，並非像清

7　倉石武四郎：《儀禮疏攷正》（東京都：東京大學東洋文化研究所附屬東洋學文獻センター刊行委員會，1979年），頁585-588。

8　喬秀岩：《南北朝至初唐義疏學研究》（北京市：北京大學中文系博士學位論文，1999年）。

儒般「實事求是」，而是以通義例之方式疏解鄭注。[9] 書後更附有「《儀禮疏》單疏本版本說」，細析各本之優劣，梳理單疏本之流傳及合刻情況，各種版本關係一目了然，不僅在賈疏版本研究上有所突破，而且深入淺出，相當便利後學。後來又有宋金華先生之碩士論文，題為《〈儀禮疏〉的體例及其特點研究》[10]，此文篇幅較短，分類頗簡，卻能扼要說明《儀禮疏》之編纂、解經方法、體式及特點。其結論云：「唐代並沒有出現超越《儀禮疏》的著作，後世研究《儀禮》也就離不開《儀禮疏》」，又說「《儀禮疏》對後世禮學影響至深」[11]，所言極是。臺灣方面，鄭雯馨教授的博士論文《論〈儀禮〉禮例研究法——以鄭玄、賈公彥、淩廷堪為討論中心》[12]，專論鄭玄、賈公彥、淩廷堪運用禮例解經之法，內容翔實。文中有關賈公彥《儀禮疏》的內容包括介紹說明《儀禮疏》的禮例特點，及其以禮例研治經籍文本的表現，當中所闡釋之禮意與禮文，並論其不足之處，當中每每羅列例子，介紹賈疏內容。她又在《書目季刊》發表相關論文，題為〈從義疏體談《儀禮疏》對禮例發展的貢獻〉[13]，篇中以賈氏《儀禮疏》為討論核心，於《疏》中「用辭解析」、「禮節復原」、「科條分章」、「括例單位」、「解說注釋」、「闡發禮例」、「論釋經旨」、「拓展禮例」，各方面皆有涉獵，舉例說明。

　　此外，東京大學東洋文化研究所於一九七三年由蜂屋邦夫主持「中國古代禮制の研究——唐・賈公彥等撰《儀禮疏》注解・校補」

9　喬秀岩：《義疏學衰亡史論》，頁171-177。

10　宋金華：《〈儀禮疏〉的體例及其特點研究》（南京市：南京師範大學碩士學位論文，2011年）。

11　宋金華：《〈儀禮疏〉的體例及其特點研究》，頁46。

12　鄭雯馨：《論〈儀禮〉禮例研究法——以鄭玄、賈公彥、淩廷堪為討論中心》（臺北市：臺灣大學中國文學研究所博士學位論文，2013年）。

13　鄭雯馨：〈從義疏體談〈儀禮疏〉對禮例發展的貢獻〉，《書目季刊》，2013年第4期。

研究班。此研究班便以解讀賈公彥《儀禮疏》為目的，嘗試探討賈疏之解經方式。此研究班在一九八二年完結，並在三年後出版研究報告《儀禮士冠疏》及《儀禮士昏疏》。兩書具有賈氏兩篇《疏》文的詳細日文翻譯、校勘及考證。值得注意的是，蜂屋邦夫在〈後記〉中提出，賈公彥《儀禮疏》的特點在其「論理展開」，並指出賈疏所表達的論點簡要鮮明，只是推理論證的過程冗長，才讓人感到晦澀。[14]此研究班之參與研究人員眾多，據〈儀禮士昏疏‧あとがき（後記）〉所記共十八名研究者，可惜當中只有高橋忠彥有獨立著作。高橋氏之論文，題為〈《儀禮疏》《周禮疏》に於ける省文について〉，文中分析賈公彥疏解《儀禮》及《周禮》時所運用「省文」一類用語的情況，發現賈疏的「省文」體系，比孔穎達《禮記正義》所呈現的更為發達。[15] 由此可見，當代對於賈疏的關注，由校證賈疏內容，慢慢轉移到對賈疏價值與方法的思考。

除此之外，也有一些有關賈疏的學術論文，如彭林師〈論《儀禮》賈疏〉一文[16]，指出淩廷堪《禮經釋例》內許多內容，其實是從賈疏中汲取養分；又據陳澧《東塾讀書記》所言賈疏對於分節、繪圖、釋例三種貢獻，補充例子及論證，認同陳氏見解。文中又指出賈疏疏釋鄭注之法多樣，謂胡培翬《儀禮正義》補訂鄭注之法，「賈疏均已付諸實踐」[17]，充分肯定《儀禮疏》之價值。陳秀琳撰有〈《儀禮

---

14 蜂屋邦夫：《儀禮士昏疏》（東京都：東京大學東洋文化研究所，1984年），頁500-502。

15 高橋忠彥：〈《儀禮疏》《周禮疏》に於ける省文について〉，《中哲文學會報》第8輯，頁39-58。

16 彭林師：〈論《儀禮》賈疏〉，《第四屆國際漢學會議論文集‧東亞視域中的儒學》（臺北市：中央研究院，2013年）。

17 彭林師說：「《禮經》賈疏，疏經之外，又須詮解鄭注。鄭注不明，則經義窒塞，此為歷代解經者所公認。清人胡培翬以《儀禮正義》名世，其書以鄭注為中心展開，而以『補注、申注、附注、訂注』為標榜。然平心而論，與此相若者，賈疏均已付

疏》探原試例〉[18]，嘗試對比《禮記正義》與《周禮疏》並其他文獻，找出《儀禮疏》內所參用之舊疏，其中謂據《周禮》舊說者六條，據《禮記》舊說者五條。美國學者史嘉柏（David Schaberg）有〈唐經學家對〈鄉飲酒禮〉之詮釋〉一文，[19]討論《鄉飲酒禮疏》所載四種飲酒法中的賓賢者飲酒法與唐代禮制之關係。張德付先生著〈《鄉射禮疏》科判評與術語釋〉[20]，以《鄉射禮疏》為例，初步探討賈疏科判分段所用之術語慣性，推敲科判內容有來源不同之嫌，文中又兼釋若干賈氏常用之術語。此外又有專門分析賈公彥疏解《儀禮》及《周禮》時運用語言及語境的研究，如程艷梅的碩士學位論文《賈公彥語言學研究》[21]，以及她的數篇單篇論文：〈從《周禮義疏》、《儀禮義疏》看賈公彥的語境研究〉、〈從《周禮義疏》、《儀禮義疏》看賈公彥對「六書」的分析〉、〈淺析賈公彥《周禮義疏》、《儀禮義疏》中對修辭手法的闡釋〉、〈試論賈公彥義疏中的同義詞辨析方法〉、〈論《周禮》和《儀禮》中賈公彥義疏的語法觀〉[22]。至於對《儀禮疏》

諸實踐，于鄭注或依或違，唯是是從，均有出色表現。」見氏著：〈論《儀禮》賈疏〉，頁28。

18 陳秀琳：〈《儀禮疏》探原試例〉，彭林師編《經學研究論文選》（上海市：上海書店出版社，2002年），頁28-40。

19 史嘉柏（David Schaberg）：〈唐經學家對〈鄉飲酒禮〉之詮釋〉，蔡長林編：《隋唐五代經學國際研討會論文集》（臺北市：中央研究院中國文哲研究所，2009年），頁411-429。

20 張德付：〈《鄉射禮疏》科判評與術語釋〉，「第三屆禮學國際學術研討會」論文，杭州市：2014年，頁1-13。

21 程艷梅：《賈公彥語言學研究》（濟南市：山東師範大學碩士學位論文，2004年）。

22 以上程艷梅之單篇論文，出版資料如下：〈從《周禮義疏》、《儀禮義疏》看賈公彥的語境研究〉，《廣東教育學院學報》，2010年第6期。〈從《周禮義疏》、《儀禮義疏》看賈公彥對「六書」的分析〉，《遵義師範學院學報》，2011年第3期。〈淺析賈公彥《周禮義疏》、《儀禮義疏》中對修辭手法的闡釋〉，《古籍整理研究學刊》，2007年第1期。〈試論賈公彥義疏中的同義詞辨析方法〉，《阿壩師範高等專科學校學

版本研究，則有廖明飛先生之碩士論文《〈儀禮注疏〉合刻源流考》
[23]，單篇論文如王鍔〈《儀禮注疏》版本考辨〉[24]，以及上文提到喬秀
岩著作後附的〈《儀禮疏》單疏本版本說〉[25]。

二　前人研究的不足

　　觀乎上述針對賈氏《儀禮疏》及相關的各項研究，清代及以前學
者集中在文字校勘、內容駁解以及對賈疏的刪節幾方面。自陳澧《東
塾讀書記》開始，學者慢慢轉向關注賈疏的解經方法和價值。但是近
代對他的方法和價值研究不多，亦未能作深入分析。因此，直到今
天，學界對於賈疏的解經方法仍缺乏深入的認識。正因為不了解賈疏
的方法，就不能夠正確解讀賈疏。既不能進行正確解讀，那應該如何
評價賈疏，仍是當今經學史上一大問題。

　　賈疏篇幅宏大，論證迴環往復，文字蹇澀難讀，假如我們能夠掌
握他解經時的思路和方法，必有助於我們閱讀疏文，惜乎學界沒有這
方面的專門研究和分析。蜂屋邦夫主持的《儀禮疏》研習班，曾指出
深入研習賈疏必先始於正確讀解賈疏。其論述只見於《儀禮士昏疏》
之〈後記〉內一小段文字。他說：

　　　　在賈疏中，不僅從經學、自然學兩個方面去追求，還可以看出
　　　　從多方面的觀點去挖掘的豐富世界。學者在唐初經書解釋由國

　　報》，2010年第1期。〈論《周禮》和《儀禮》中賈公彥義疏的語法觀〉，《滁洲學院
　　學報》，2006年第4期。

23 廖明飛：《〈儀禮注疏〉合刻源流考》（北京市：北京大學中文系碩士學位論文，
　　2012年）。

24 王鍔：〈《儀禮注疏》版本考辨〉，《古籍整理研究學刊》，1996年第6期。

25 喬秀岩：《義疏學衰亡史論》，頁213-242。

家來審定，且儒學思想停滯等這種印象下，總是將此世界棄置不顧，然此世界就是將來以正確讀解賈疏的基礎研究為開端，應該大幅發展的領域。[26]

因此，對於賈氏《儀禮疏》思維及背後體系之掌握，實為當今治《儀禮》及閱讀疏文的關鍵。在正確理解賈疏後，才能夠理解賈疏與六朝義疏的內在關係；我們甚至能擴展考察其他經學著作，考察唐代經學家與唐代政治制度和思想的互動關係，從而重新梳理經學史、思想史的脈絡。因此，研究賈疏必要從「正確解讀賈疏」做起。喬秀岩指出不能以清儒實事求是之觀念，套入賈疏進行解讀，更不能據此予以評價。他又指出賈疏有其自身的說禮體系，前人不了解賈疏說法，只是不了解其解經體系而已。這種看法極具啟發性。彭林師撰文深嘆「學界對賈疏關注絕少，其書千年不彰」[27]，舉出了《儀禮疏》內值得關注的多個方面，提供全面研究賈疏之雛形。現時對《儀禮疏》文字版本校勘的研究基礎已經完備，具備深入探究賈疏的條件。我們要掌握賈疏，第一步應該從哪方面入手，又希望探討賈疏中哪方面的內容？這些都值得我們深慮。

三　本文研究方法

賈公彥《儀禮疏》不像其他唐疏，在宋元時期已有注疏合刻本，直到明代正德年間才由陳鳳梧將賈疏與經注疏合刻。陳氏進行合刻工作前曾經校勘賈疏文字，但他是依據朱子《儀禮經傳通解》所潤飾過

---

26 此據工藤卓司之中文翻譯。見工藤卓司：〈近一百年日本《儀禮》研究概況〉，《中國文哲研究通訊》，2013年第23輯，頁145。

27 彭林師：〈論《儀禮》賈疏〉，頁28。

的賈疏文字來校正賈疏，對賈疏舊貌的恢復是毫無益處的。然而，陳鳳梧的版本一直影響到後來的毛本及殿本《儀禮注疏》。清代學者在研讀賈公彥《儀禮疏》時尤其認識到賈疏譌誤問題的嚴重性。盧文弨在《群書拾補》中便說：「《儀禮注疏》其譌脫較之他經為甚。」[28]幸好當時有顧廣圻運用汪士鐘所藏宋單疏本與閩本、毛本進行校勘，改正譌錯之處極多。阮刻本《十三經注疏》、張敦仁合刻《儀禮注疏》等都直接或間接運用了單疏本作為底本，對賈疏文字舊貌的呈現，大有其功。曹元弼〈禮經校釋序〉便說單疏本之出能夠「正譌補脫，乙衍改錯，不下千餘處，為賈疏後校而後賈免於誣。」[29]清代學者在校勘賈疏文字之後，便嘗試對賈疏的內容進行補充及駁正。這方面的代表作有胡培翬的《儀禮正義》、黃以周的《禮書通故》以及曹元弼的《禮經校釋》等。胡培翬在〈復夏朗齋先生書〉中指出「賈氏之疏略，失經注意者，視《詩》孔疏更甚焉，遂有重疏《儀禮》之志。」[30]清人雖然不滿意賈疏，但是並非一面倒的否定賈疏。黃以周《禮書通故》卷十一「喪祭通故二」討論到祭禮用苴的問題時便說：

> 鄭玄云：「虞，苴刊茅，長五寸，束之，實于筐，佐食取黍稷，祭于苴，三。苴，所以藉祭也。孝子始將納尸以事其親，為神疑于其位，設苴以定之耳。或曰『苴，主道也』，則〈特牲〉、〈少牢〉當有主象，而無可乎？」賈公彥云：「天子諸侯吉祭亦有苴。」胡培翬云：「賈疏恐非鄭義。」以周案：鄭意大夫、士無主，故〈特牲〉、〈少牢〉二篇不見有設主之文，若

---

28 盧文弨：《群書拾補》，《續修四庫全書》（上海市：上海古籍出版社，1995年），頁282。

29 曹元弼：《復禮堂文集》，《中華文史叢書》（臺北市：華文書局，1968年），頁18。

30 胡培翬：《胡培翬集》（臺北市：中央研究院文哲研究所，2005年），頁118。

苴有主道，亦當見之，此鄭破或說也。《周官・鄉師》「共茅
蒩」，鄭注引此《經》云「此所以承祭，既祭蓋束而去之。〈守
祧〉職云『既祭藏其隋』是與」。〈司巫〉「祭祀共蒩館」，鄭注
云「祭食有當藉者，館所以承蒩，若今筐也」，下亦引此
《經》。賈疏本此為說，不可破。[31]

從胡培翬非議賈疏的說法，到黃以周引用《周禮》鄭注來駁正胡說以
證成賈說，正是清人「實事求是」學風的體現。這種講求「實證」的
研究方法，窮盡古籍傳注，廣徵博引，對賈疏的錯誤有相當深入的考
證，成果豐碩。

　　這時代學者所關注的，集中在賈疏對於鄭注及經文的解釋是否恰
當。是者是之，非者非之，且間有補正。賈公彥在撰寫《儀禮疏》時
的思維及其背後的學術體系，似乎並非清代學者所關注的層面。雖然
當時治學風氣如此，卻也有例外。陳澧就是第一個關注到賈公彥在
《儀禮疏》中所使用的研究方法的學者。他在《東塾讀書記》卷八中
提出《儀禮疏》內有三大解經法，分別是分節、繪圖及釋例，並稱
「世人謂賈疏之文不及孔疏，豈其然乎？」[32]《東塾遺稿》中就這三
方面舉出更多例子，證明賈氏對這三種解經方法的運用已經十分純
熟。陳澧對賈疏的分析，雖然只是粗具規模，未有作更深入的探討，
但說明了評價賈疏並非只有考訂疏文得失一途。賈公彥是唐代禮學大
家，史志記載他精通《三禮》，撰有《儀禮疏》、《周禮疏》以及今天
已佚的《禮記疏》。他的學生李玄植繼承了他的《三禮》學，也撰寫
了《三禮音義》，似是與賈氏的《三禮義疏》相表裡。賈公彥對《三

---

31 黃以周：《禮書通故》（北京市：中華書局點校本，2007年），頁567-568。
32 陳澧：《東塾讀書記》卷八（上海市：上海古籍出版社，2012年），頁131。

禮》都有研究，不偏治一經，那麼他在撰寫《三禮義疏》時應有比較
完整的禮學體系。清人考訂賈疏得失，我們可以視為一時代之學風。
然而，像陳澧這樣梳理出賈氏撰寫《儀禮疏》的方法，也是我們研究
和理解賈疏的重要一環。陳氏對賈疏的分析，後來學者多有贊同。例
如皮錫瑞《經學通論》「三禮」下「論讀《儀禮》重在釋例尤重在繪
圖合以分節三者備則不苦其難」一條，就引用了陳氏的說法。[33] 曹元
弼在《禮經學》「讀經例、注疏通例」下也完整抄錄了陳氏《東塾讀
書記》關於賈疏的特點。[34]

　　清人校勘《儀禮疏》，認為「為賈疏後校而後賈免於誣」[35]，此說
誠是。但要解讀賈疏內容，只是精校文字並不足夠。蜂屋邦夫所謂的
「正確讀解賈疏」[36]，就是要用正確的方法閱讀賈氏《儀禮疏》。換言
之，我們不能只用清代學者「實事求是」的研究方法來看待賈疏。蜂
屋邦夫在《儀禮士昏疏》的〈後記〉中強調賈疏研究方法的特點在於
其「論理展開」[37]。但賈公彥根據什麼來展開「論理」，〈後記〉中卻
未有詳細說明。喬秀岩也有相近的說法，他在比較賈公彥與劉焯、劉
鉉的學術時便說：

> 二劉學術特點為現實、合理、文獻主義。若為皇侃、賈公彥等
> 舊義疏學混言其特點為之對照，則可謂思維、推理、經注主
> 義。舊義疏學為傳統學術，而二劉等蔑視此傳統學術背景。為
> 舊義疏學者，見昏禮六禮或言納，或不言納，必思其間有無條

---

33 皮錫瑞：《經學通論》卷三（北京市：中華書局，1954年），頁31-32。

34 曹元弼：《禮經學》（北京市：北京大學出版社，2012年），頁42-52。

35 曹元弼：《復禮堂文集》，頁18。

36 工藤卓司：〈近一百年日本《儀禮研究》概況〉，《中國文哲研究通訊》，第23卷第
　　3期。

37 蜂屋邦夫：《儀禮士昏疏》（東京都：東京大學東洋文化研究所，1986年），頁500。

理可言，是為學術傳統。今人見賈公彥「納采，恐女家不許，
故言納」等說，必當以為穿鑿無可取。此因今人不在此傳統
中，故不知賈公彥何必為此牽強之說也。[38]

喬秀岩指出賈疏特點為「思維、推理、經注主義」，又說舊義疏家的
習慣在於思考經文之間的「條理」，發人深省。與賈氏的學術不同，
二劉的學術更偏重於實證。這就說明了為何清代學者偏好二劉之學，
而多貶鄙六朝學術。再者，賈氏學術屬於「思維、推理、經注主
義」，按喬秀岩氏的說法是為舊義疏學之特色，與「實證」一方的二
劉學術截然不同。所以，我們要「正確讀解賈疏」，就更加要由賈氏
疏的特點切入，從賈疏角度去認識賈疏。

　　上文所舉的蜂屋邦夫和喬秀岩兩家，同樣提出了賈疏著重「推
理」的特點。但賈氏在疏中根據什麼來推理，而他在面對解釋《儀
禮》經和注時的思維又是如何，兩家均未有深入的探討及分析。

　　經學之傳統方法，讀經必由注，讀注必由疏。《儀禮疏》之所以
難讀，正由於讀者未能掌握賈氏撰寫義疏時的思維，和他說禮背後的
禮學體系。要真正了解賈疏內容，必須了解其推理的方法和依據。職
是之故，本書以賈公彥《儀禮疏》為研究對象，主要方法就是鉤沉他
解經釋注的方法，也就是透過分析賈疏內容去梳理他解經時的核心思
維，以及他說禮背後的禮學體系。透過本書的分析，一則希望嘗試從
嶄新的角度考論賈疏，重新思考其地位及價值，一則希望有助於學者
掌握賈疏特點，從而正確解讀其疏。

　　要認識賈疏解讀《儀禮》的方法，首要知道他對《儀禮》性質的
理解。試看《士冠禮疏》的一段疏文，賈氏云：

38　喬秀岩：《義疏學衰亡史論》，頁98-99。

《周禮》六官六十，敘官之法，事急者為先，不問官之大小。
《儀禮》見其行事之法，賤者為先，故以士冠為先，無大夫冠
禮，諸侯冠次之，天子冠又次之。其〈昏禮〉亦士為先，大夫
次之，諸侯次之，天子為後。諸侯〈鄉飲酒〉為先，天子〈鄉
飲酒〉次之，〈鄉射〉、〈燕禮〉已下皆然。又以〈冠〉、〈昏〉、
〈士相見〉為先後者，以二十為冠，三十而娶，四十彊而仕，
即有摯見。鄉大夫見己君，及見來朝諸侯之等，又為鄉大夫、
州長行鄉飲酒、鄉射之事。已下先吉後凶，盡則行祭祀吉禮，
次敘之法，其義可知。[39]

這段文字十分重要，展示了賈氏對於《儀禮》性質及內容的理解。他
認為今存《儀禮》十七篇並不是全本，還有許多散失了的篇章。但根
據他自己對《儀禮》的理解，庶幾可以想像出全書原貌的次序。賈氏
認為全書以禮類相從，並賤者為先，所以篇首以士冠禮、諸侯冠禮、
天子冠禮為序，然後士昏禮、大夫昏禮、諸侯昏禮、天子昏禮，如此
類推。以類相從，賈氏明言「以二十為冠，三十而娶，四十彊而仕」
來排列。這是根據《禮記·曲禮上》所謂「二十曰弱，冠；三十曰
壯，有室；四十曰強而仕」[40]來理解《儀禮》篇次。然後又「先吉後
凶，盡則行祭祀吉禮」為序。每個禮類，又以尊卑為敘，賤者先行，
尊者在後。重要的是，他接著說「次敘之法，其義可知」，《儀禮》全
書的排列有其深意，如上所論就是以兩種原則排列：一是禮類，一是
尊卑。細翫賈氏這段疏文，可以探知賈氏如何理解《儀禮》一書的性

---

39 《儀禮注疏》卷一，《十三經注疏》（臺北市：藝文印書館，1965年縮印清嘉慶二十
　　年南昌府學刊本），頁3。本文所引用《十三經注疏》，除特別注明外，一律依據此
　　版本。為省覽方便，下文只標卷頁，不另說明版本。
40 《禮記正義》卷一，頁16-17。

質。他明言《儀禮》乃是見行事之法，若詳言之，乃是不同尊卑之人，在各種類別的禮的行事法。可見在賈氏的眼中，《儀禮》最根本的性質不外乎尊卑和禮類而已。他在討論到劉向《別錄》和大、小戴《儀禮》篇次排序不同，也說「劉向《別錄》，即此十七篇之次是也，皆尊卑吉凶，次弟倫敘，故鄭用之。」[41] 又說大、小戴的篇次「皆尊卑、吉凶雜亂，故鄭玄皆不從之矣」[42]。賈氏對三家篇次的評價，都著眼於其尊卑和吉凶的倫敘，吉凶即是上引賈疏所謂「先吉後凶，盡則行祭祀吉禮」。賈氏認為《儀禮》篇次應該是尊卑、禮類倫敘，由此可見他所理解《儀禮》的性質，實不出尊卑、禮類兩大範疇。

　　劉向、鄭玄的排序，以及賈氏的解釋，也有清代學者感到不滿。吳廷華《儀禮章句》說：

> 案十七篇次第，始于大小戴及劉向三家。賈疏謂其尊卑吉凶雜亂，故鄭氏不從。今第一至第十七，則鄭所定也。又據賈云〈冠〉、〈昏〉、〈士相見〉為先後者，以二十而冠，三十而娶，四十強而仕即摯見鄉大夫，又為鄉大夫州長行鄉飲酒鄉射之事。已下先吉後凶，凶盡則行祭祀吉禮。其說無義可尋。竊謂此經為《周官・大宗伯》五禮節目，則當以大宗伯五禮之次為準。據〈大宗伯〉職首曰：「以吉禮事邦國之鬼神，示此祭禮也」，祭有尊卑，則〈少牢饋食禮〉上篇當第一，下篇第二，〈特牲饋食禮〉第三；其次曰「以凶禮哀邦國之憂」，凶禮之首曰喪，則〈喪服〉當第四，〈士喪禮〉上篇第五，下篇第六，〈士虞禮〉第七；又其次曰「以賓禮親邦國」，則〈覲禮〉

---

41 《儀禮注疏》卷一，頁2。
42 《儀禮注疏》卷一，頁2。

當第八,〈聘禮〉第九,〈士相見禮〉第十;又其次曰「以嘉禮
親萬民」,嘉禮以昏、冠、賓、射、饗、燕為目,則〈昏禮〉
當第十一,〈士冠禮〉第十二,據〈大射〉先行〈燕禮〉,〈鄉
射〉先行〈鄉飲酒禮〉,則〈燕禮〉第十三,〈大射〉第十四,
〈鄉飲酒禮〉第十五,〈鄉射禮〉第十六,食禮無文,然與
饗、燕並行,則〈公食大夫禮〉當第十七。[43]

吳廷華對《儀禮》編次的排序,也是以尊卑和禮類為序。但如果細心
審察,他很有可能是參考了孔穎達的「《周禮》為本,《儀禮》為末」
的說法,所以就以《周禮・大宗伯》職的「五禮」為綱領。而且,他
的排序是以「尊者為先」,所以先陳〈少牢〉大夫祭禮,後列〈特
牲〉士祭禮,即與賈公彥所謂「以賤者為先」相反。鄭玄《三禮目
錄》將十七篇《儀禮》都歸入〈大宗伯〉五禮之類,但卻沒有像吳廷
華般按五禮的順序來編排全書次序,而是沿用劉向的編次。賈公彥宗
主鄭注,自然也不會隨意改動鄭氏排序。因此賈氏所謂的「吉凶倫
敘」,是依據〈曲禮上〉之義而得出的「以二十為冠,三十而娶,四
十彊而仕」,然後再以「吉→凶→吉」的模式排列。因此,本書所
謂的禮類,也是指冠、昏、喪、祭,以及吉與凶之大別,而並非指
〈大宗伯〉的吉凶軍賓嘉五禮。綜觀賈疏之內,也沒有對〈大宗伯〉
五禮與《儀禮》關係的討論。

　　賈公彥既視《儀禮》是不同尊卑、不同類別的禮的行事法,那
麼,他解讀經文的方法,也就是基於他對《儀禮》本質理解而形成。
通覽賈疏,不難發現他解經釋注的模式,大多是以尊卑和禮類切入,
甚至透過這兩項來推測《儀禮》原貌。因此,本書的研究核心,也就

---

43 吳廷華:《儀禮章句》卷一,《文淵閣四庫全書》(上海市:上海古籍出版社,1987
　年影印本),頁1-2。

集中在賈氏如何運用尊卑和禮類疏釋經注，希望透過考察這兩項內容，嘗試勾勒出賈氏說禮背後的尊卑系統和禮類系統。

四　全書架構

為了突出本書所探討的主題，全書的架構可以分為三層：

第一層為基本介紹。以第一章及第二章組成。第一章「緒論」，陳述有關本研究之文獻綜述、前人不足、研究方法，並對賈公彥之學術淵源、修撰《三禮疏》之背景、前人對《儀禮疏》各種評價，以及《儀禮疏》的版本，作一概述。第二章「《儀禮疏》的基本內容」，從疏釋經文及疏釋鄭玄注解兩方面，探討《儀禮疏》內容的基本要點。

第二層為全文的核心，由第三、四、五章組成，進入討論賈氏《儀禮疏》的核心思維及說禮背後的禮學體系。第三章「尊卑系統及原則」，探討在賈疏中幾種基本的尊卑分野、尊卑變易的情況以及尊卑原則。第四章「禮類系統」，分項說明賈疏對禮篇性質的描述及分類，並探究賈疏對《儀禮》各種禮典及儀節的輕重、生死、吉凶、文質的理解。第五章「探究《儀禮》原貌」，考察賈氏推測《儀禮》原貌的相關內容，嘗試歸納其方法。

第三層由第六和第七章組成，分別透過將《儀禮疏》與同時期的《禮記正義》和《周禮疏》作比較，希望進一步突顯賈氏《儀禮疏》的解經方法。第六章「《儀禮疏》與《禮記正義》之比較」，分別論述賈、孔大小禮說的異義，考察二人與當世唐代經學著作之關係，並比較兩人作疏的慣性和方法。第七章「《儀禮疏》與《周禮疏》之比較」，則先從賈氏對《儀禮》、《周禮》本末、先後的理解切入，從而考究賈氏如何因應《儀禮疏》和《周禮疏》的特性而作出疏釋，從而突顯賈氏在其著作間互有分工，各有側重的特點。

最後，第八章為「結論」，總結每章討論的內容，綜合討論賈氏《儀禮疏》說禮的核心思維，並由此概括出賈疏特點，反思前人對賈疏之評價，兼及討論賈疏之缺失。最後總結賈疏之時代意義。

第二節　賈公彥之學術淵源

賈公彥為唐代禮學大家，他手著的《儀禮疏》、《周禮疏》在後來合刻並收入為《十三經注疏》[44]，廣為學者所習。揆諸史志，對於其人及其學術淵源的記載卻極為簡短。在新、舊《唐書》裡，賈公彥並沒有傳，他的學術淵源只能透過他人的傳而得知。賈公彥師承張士衡，深得北朝禮學之傳承，《舊唐書·儒學上》云：

> 張士衡，瀛州樂壽人也。父之慶，齊國子助教。士衡九歲喪母，哀慕過禮，父友齊國子博士劉軌思見之，每為掩泣，……。及長，軌思授以《毛詩》、《周禮》，又從熊安生及劉焯受《禮記》，皆精究大義。此後徧講五經，尤攻三禮。……士衡既禮學為優，當時受其業擅名於時者，唯賈公彥為最焉。[45]

---

44 經注與疏本別單行，南宋初年，始有合刊《易》、《書》、《周禮》三經之經、注及疏之事，並附陸德明《經典釋文》於經注之下。其後，《毛詩》、《禮記》等諸經注疏在宋、元之間亦陸續刻成。唯獨《儀禮》一經，不採唐代義疏而用楊復《儀禮圖》，僅備其名目而已。迄至明嘉靖年間，陳鳳梧據自己編校之《儀禮》單注本附入賈公彥《儀禮疏》，在山東刊刻《儀禮注疏》十七卷，為《十三經注疏》合刻最晚的一部。《十三經注疏》及《儀禮注疏》合刻源流，可詳汪紹楹：〈阮氏重刻宋本十三經注疏考〉，《文史》第三輯。李致忠：〈十三經注疏版刻略考〉，《文獻季刊》，2008年第4期。廖明飛：《儀禮注疏合刻源流考》（北京市：北京大學中文系碩士學位論文），頁21-23。

45 《舊唐書》卷一八九上，頁4949。

《新唐書‧儒學上》亦云：

> 張士衡，瀛州樂壽人。父文慶，北齊國子助教。士衡九歲居母
> 喪，哀慕過禮，博士劉軌思見之，為泣下，奇其操，……乃授
> 以《詩》、《禮》。又從熊安生、劉焯等受經，貫知大義。……
> 士衡以《禮》教諸生，當時顯者永年賈公彥、趙李玄植。[46]

張士衡為隋唐時精通禮學的儒生，年幼時跟隨北齊國子博士劉軌思學
《毛詩》和《周禮》，又從熊安生學習《禮記》，可見張士衡多方面受
到北學之薰染。考《北史‧儒林上》說北朝《三禮》之學，盡出徐遵
明之門，云：「徐傳業於李鉉、祖儁、田元鳳、馮偉、紀顯敬、呂黃
龍、夏懷敬。李鉉又傳授刁柔、張買奴、鮑季詳、邢峙、劉晝、熊安
生。安生又傳孫靈暉、郭仲堅、丁恃德。其後生能通《禮經》者，多
是安生門人。諸生盡通《小戴禮》，於《周》、《儀禮》兼通者，十二
三焉。」[47]趙翼也說北朝經學是「以徐遵明為大宗」。[48]熊安生是北朝
禮學大家，曾事大儒徐遵明，服膺歷年，然後又向徐遵明的弟子李鉉
學禮。他的本傳說他「博通《五經》」，又「專以《三禮》教授」[49]，
對《禮記》、《周禮》有深入的研究，撰有《周禮義疏》二十卷及《禮
記義疏》三十卷。又根據傳載，當時熊安生的門人多只學習其《禮
記》之學，能夠兼通其《三禮》學者只有十之二三。張士衡先受《周
禮》於劉軌思，後習《禮記》於熊安生，此後遍攻《三禮》，是熊安
生門下少數能兼通《三禮》之人。張士衡傳學賈公彥，可見賈氏學術

---

46 《新唐書》卷一九八，頁5648。
47 《北史》卷八十一（北京市：中華書局，1974年標點本），頁2708。
48 趙翼：《廿二史劄記》卷二十五（北京市：商務印書館，1937年），頁283。
49 《北史》卷八十二，頁2744。

也屬於北學一脈。清萬斯同撰《儒林宗派》，卷六「北朝」便將賈公彥
系於徐遵明「徐氏學派」下，記徐遵明傳李鉉，李鉉傳熊安生，熊安
生傳張士衡，張士衡傳賈公彥，賈公彥傳於李玄植及其子賈大隱，[50]
清晰梳理了賈氏學術之淵源。假若審察徐氏一脈學術，受業諸儒皆貫
通《三禮》，不專治一經，[51]一直至賈公彥亦如是。賈氏的著作，除
了為人熟知的《周禮疏》和《儀禮疏》外，《舊唐書・經籍志上》錄
賈公彥《禮記疏》八十卷[52]，《宋史・藝文志一》又錄賈公彥《禮記
疏》五十卷，[53]他在《儀禮疏》卷一〈士冠禮〉亦云：「禮之大義，
備於《禮記疏》」[54]，陳澧《東塾雜俎》卷六「唐疏」也說：「賈氏有
《禮記疏》言禮之大義，必有精深博大之說，惜乎其不存也。」[55]由
此可見，賈公彥於《三禮》均有著述，只是唐代明經取士循習孔穎達
主事之《禮記正義》，導致賈氏之《禮記疏》湮沒散亡。[56]蓋徐氏一
脈所傳授之師法，重視兼治《三禮》，貫通禮義，視《三禮》為一整
體。這種師法在初唐偏重治《禮記》之風氣下，殊為可貴。[57]賈公彥

---

50 萬斯同：《儒林宗派》，《文淵閣四庫全書》（上海市：上海古籍出版社，1987年影印
本），頁540。

51 《北史・儒林傳上》所載，徐遵明居蠶舍，「讀《孝經》、《論語》、《毛詩》、《尚
書》、《三禮》」，於諸經及《三禮》自是能貫通研治。李鉉年十八「詣大儒徐遵明受
業，居徐門下五年，常稱高第」，並撰定《三禮義疏》。熊安生又「專以《三禮》教
授」，唯其習其《禮記》學者為多，兼受其《三禮》學者少。張士衡學《禮》於熊
氏，尤攻《三禮》，亦是能兼通者也。見《北史》卷八十一，頁2726。

52 《舊唐書》卷四十六，頁1974。

53 《宋史》卷二〇二，頁5049。

54 《儀禮注疏》卷一，頁3。

55 陳澧：《東塾雜俎》（廣州市：廣東人民出版社，2010年），頁544。

56 考諸史志，賈公彥亦撰《孝經疏》五卷、《論語疏》十五卷。見《新唐書》卷五十
七，頁1442-1444。

57 唐代盛行《禮記》而不重《周禮》、《儀禮》。按《新唐書・藝文志》禮類典籍皆先
次《禮記》，次《周禮》，次《儀禮》。皮錫瑞《經學歷史》卷七云：「竊謂《周禮》

門人李玄植不但在《儀禮疏》草成後，加以「詳論可否」（〈儀禮疏序〉）。史載「受《三禮》於公彥」，又自著《三禮音義》行世，可見李氏亦像賈公彥般廣習《三禮》，並不偏於一經。

賈氏學術出自北學一脈，殆無疑問。而徐遵明以下一脈雖然禮學名家輩出，但到唐代以熊安生及其所撰的《禮記義疏》影響最大。孔穎達編《禮記正義》時已指明以皇侃為本，熊安生《義疏》為輔，雖然有主次先後之別，但仍可見熊氏著作在初唐時候仍頗具影響力。[58]何況賈氏之學乃遠承熊氏，解經時自然在其書中汲取養分，沿襲說法。焦桂美在其《南北朝經學史》嘗說：「賈氏學承熊安生，其《疏》雖不見安生之名，然其援引安生之說當不在少數。」[59]熊氏《義疏》今尚有馬國翰輯本四卷，若取之與《周禮疏》、《儀禮疏》略加比對，會發現賈氏確有上襲熊氏禮論之例。如《儀禮·士冠禮》：「若不醴，則醮用酒」，賈疏云：

　　若〈郊特牲〉云：「殷人先求諸陽，周人先求諸陰。」求諸陽

是一代之制，猶不如《禮記》可以通行，學術治術無所不包。〈王制〉一篇，體大物博，與《孟子》、《公羊》多合。用其書可以治天下。比之《周禮》，尤為簡明。」洪銘吉說：「《禮記》是歷代皆可通行的典籍，對學術與治術的意義，都是一樣的；也就是引導持政者如何達到治政理體的目標。」又說：「從《貞觀政要》已可看出初唐時，君臣間的對話不存在《公羊傳》、《穀梁傳》、《周禮》、《儀禮》的內容。若再從唐太宗時的《五經定本》、《五經義疏》，到高宗時頒布的《五經正義》這一科考定本的確立，都證明了初唐時期，《公羊傳》、《穀梁傳》、《周禮》、《儀禮》是被排除在官學以外的。」見洪銘吉：《唐代科舉明經進士與經學之關係》（臺北市：文津出版社，2013年），頁90-93。

58　《貞觀政要·崇儒學》云：「貞觀十四年詔曰：『梁皇侃、褚仲都、周熊安生、沈重、陳沈文阿、周弘正、張譏、隋何妥、劉炫，並前代名儒，經術可紀，加以所在學徒，多行其講疏，宜加優賞，以勸後生，可訪其子孫見在者，錄姓名奏聞。』」見吳兢：《貞觀政要》（上海市：上海古籍出版社，1978年），頁216-217。

59　焦桂美：《南北朝經學史》（上海市：上海古籍出版社，2009年），頁510。

者，先合樂乃灌地降神也；求諸陰者，謂先灌地乃合樂。若衛
居殷地用殷禮，則先合樂乃灌也。[60]

賈氏解釋〈郊特牲〉之文，便襲用了熊安生的說法。考《禮記‧郊特
牲》孔疏引熊氏云：「殷人先求諸陽，謂合樂在灌前，周人先求諸
陰，謂合樂在灌後，與降神之樂別。」[61]審賈說與熊說全同，其襲用
之跡甚明。賈又續云：

> 向來所解引〈曲禮〉，據人君施化之法，不改彼國舊俗，證此
> 醮用酒，舊俗之法也。故〈康誥〉周公戒康叔，居殷墟當用殷
> 法，是以云「茲殷罰有倫」，使用殷法，故所引〈曲禮〉，皆據
> 不變彼國之俗。但君子行禮，不求變俗有二途，若據〈曲禮〉
> 之文云「君子行禮不求變俗」，鄭注云：「求，猶務也。不務變
> 其故俗，重本也。謂去先祖之國居他國。」又云：「祭祀之禮，
> 居喪之哭泣之位皆如其國之故，謹脩其法而審行之。」注：
> 「其法謂其先祖之制度若夏殷者，謂若杞宋之人居鄭衛，鄭衛
> 之人居杞宋。」若據彼注，謂去己國居他國，不變己國之俗。
> 是以定四年祝佗云「殷人六族在魯，啟以商政。」亦不變本國
> 之俗，故開商政示之，皆據當身居他國，不變己國之俗。[62]

賈氏以〈曲禮〉「君子行禮不求變俗」一文有兩種解讀。若據人君治
國施政，則不改所治國之舊俗；若據君子去己國而居他國，則不變自
身己國之舊俗。考《禮記‧曲禮下》引熊安生之說：

---

60 《儀禮注疏》卷三，頁28。
61 《禮記正義》卷二十六，頁508。
62 《儀禮注疏》卷三，頁28。

熊氏云：「若人臣出居他國，亦不忘本，故云不變本國風俗。人君務在化民，因其舊俗，往之新國，不須改也。」然則不求變俗其文雖一，但人君人臣兩義不同。熊氏云：「必知人君不易舊俗者，〈王制〉云：『脩其教不易其俗。』又《左傳·定四年》封魯因商奄之人，封康叔於殷虛，啟以商政；封唐叔於夏虛，啟以夏政，皆因其舊俗也。」[63]

觀乎熊氏也是以人君、人臣兩義說〈曲禮〉之文，其論如出一轍，賈氏顯然是採用了熊氏的說法，稍加潤飾而移入疏文。所不同者，熊氏解〈曲禮〉之文有兩義，賈氏則藉此〈曲禮〉之兩義，以呈現鄭注〈士冠禮〉與〈曲禮〉取義有別，是為鄭玄「各舉一邊」的注解方法。故賈氏云「（〈曲禮注〉）與此注引不同者，不求變俗，義得兩合，故各據一邊而言也。」[64]可見賈疏雖然襲用熊說，卻在說明〈曲禮〉兩解外，更希望突顯鄭玄注經之法。

《周禮疏》之內亦見有襲用熊氏的說法。考《禮記·月令》：「仲秋之月，……天子乃難，以達秋氣。」鄭注：「此難，難陽氣也。……於是亦命方相氏帥百隸而難之。《王居明堂禮》曰：『仲秋，九門磔攘，以發陳氣，禦止疾疫。』」孔穎達引熊安生說：

> 唯天子、諸侯有國為難。此云「天子乃難」，唯天子得難，以其難陽氣，陽是君象，則諸侯以下不得難氣也。[65]

熊氏認為同是難邪氣，〈仲秋〉特見「天子乃難」，是由於此時仲秋所

---

63 《禮記正義》卷四，頁73。
64 《儀禮注疏》卷三，頁28。
65 《禮記正義》卷十六，頁326。

難為陽氣者,與季春、季冬所難為陰氣者不同。陽氣唯獨天子可難,
所以〈仲秋〉特別標明「天子」難氣。熊氏是以鄭玄指季春、季冬所
難為陰氣,仲秋所難為陽氣的說法為立論依據,從而發揮說天子、諸
侯俱可以難陰氣,陽氣則唯有天子可以難。但事實上鄭玄並無此意。
考〈月令〉季春之月「命國難」,鄭注云:「此難,難陰氣也。……命
方相氏帥百隸,索室毆疫以逐之,又磔牲以攘於四方之神,所以畢止
其災也。《王居明堂禮》曰:『季春,出疫于郊,以攘春氣。』」[66]〈季
春〉鄭注與上引〈仲秋注〉幾乎完全相同,看不出鄭玄有意分別二者
之迹。然賈公彥在《周禮疏》則採用了熊氏之說,考賈氏《周禮‧占
夢》疏云:

> 云「(季春)命國難」者,唯天子、諸侯有國者令難。……云
> 「仲秋之月,天子乃儺,以達秋氣」者,……此月難陽氣,故
> 唯天子得難。[67]

〈方相氏疏〉又云:

> 案〈月令〉唯有三時儺,是以《月令‧季春》云:「命國儺」,
> 以季春日歷大梁,有大陵積尸之氣與民為癘,命有國者儺。
> 〈仲秋〉云「天子乃儺」,時升建酉,亦有大陵積尸之氣,此
> 月儺陽氣,陽氣至此不止,害將及人,唯天子得儺,諸侯不
> 得。[68]

---

66 《禮記正義》卷十五,頁305。
67 《周禮注疏》卷二十五,頁382。
68 《周禮注疏》卷三十一,頁475。

賈氏的說法，顯然是參考了熊說，同樣認為陽氣只有天子可以難，因此〈仲秋〉點明「天子乃難」；季春則「有國者難」，不獨天子，這與熊氏「唯天子、諸侯有國為難」的論調完全吻合。

賈公彥在《儀禮疏》及《周禮疏》內暗用熊安生之說，更能確立賈氏與北朝禮學的淵源。不難想像，他在《禮記疏》內採用熊說可能更多。相反，奉詔主持編《五經正義》的孔穎達卻較偏向南朝學術。《新唐書》本傳稱其「八歲就學，誦記日千餘言，闇記《三禮義宗》」，[69]自少背誦南朝宋崔靈恩所著《三禮義宗》，其學術根基奠於南學可得而想像。他在〈禮記正義序〉說：

> 爰從晉、宋、逮于周、隋，其傳《禮》業者，江左尤盛。其為義疏者，南人有賀循、賀瑒、庾蔚之、崔靈恩、沈重、范宣、皇甫侃等，北人有徐遵明、李業興、李寶鼎、侯聰、熊安生等。其見於世者，唯皇、熊二家而已。熊則違背本經，多引外義，猶治楚而北行，馬雖疾而去逾遠矣。又欲釋經文，唯聚難義，猶治絲而棼之，手雖繁而絲益亂也。皇氏雖章句詳正，微稍繁廣，又既遵鄭氏，乃時乖鄭義，此是木落不歸其本，狐死不首其丘。此皆二家之弊，未為得也。然以熊比皇，皇氏勝矣。……仍據皇氏以為本，其有不備，以熊氏補焉。[70]

就此段序文而言，即可見孔氏之學術取態乃以南學為重。遍考《禮記正義》之內，序中所言賀循、賀瑒、庾蔚、崔靈恩等南人之說，孔氏多所引用；至於徐遵明等北朝學者，除熊安生以外無一為孔氏徵引。

69　《新唐書》卷一九八，頁5643。
70　《禮記正義》序，頁3。

據此益證孔穎達偏尚南朝禮學之傾向。不單如此，賈、孔二人之禮學思想亦有分歧，最為突出的莫過於二人對《周禮》、《儀禮》性質的看法。賈公彥認為《儀禮》為本、《周禮》為末。他在〈儀禮疏序〉中說：

> 至於《周禮》、《儀禮》發源是一，理有終始，分為二部，並是周公攝政大平之書，《周禮》為末，《儀禮》為本。本則難明，末便易曉。[71]

孔穎達則認為《周禮》為本，《儀禮》為末。〈禮記正義序〉說：

> 鄭作〈序〉云：「禮者，體也，履也。統之於心曰體，踐而行之曰履。」……《周禮》是立治之本，統之心體，以齊正於物，故為體。……其《儀禮》但明體之所行踐履之事，物雖萬體，皆同一履，履無兩義也。……《周禮》為本，則聖人體之；《儀禮》為末，賢人履之。故鄭〈序〉云「體之謂聖，履之為賢」是也。既《周禮》為本，則重者在前，故宗伯序五禮，以吉禮為上；《儀禮》為末，故輕者在前，故《儀禮》先冠、昏，後喪、祭。[72]

顯而易見，賈、孔二人乃持相反看法。而事實上，在《儀禮》、《周禮》本末意見不同外，賈公彥將二書的體、履與本末分開討論。孔穎達在發揮鄭玄「體履說」時，卻以體即是本，履即是末，將「體

---

71 《儀禮注疏》卷一，頁2。
72 《禮記正義》序，頁7-8。

履」、「本末」混為一談，遂得出《周禮》是本的結論。亦由於孔氏把「體履」與「本末」加以等同，《周禮》、《儀禮》二書便有主體和附屬之分，但在賈氏眼中，兩書卻是「發源是一，理有終始，分為二部，並是周公攝政致太平之書」，又說兩書「外內相因，首尾是一」，強調二書之首尾貫通，不存在孔穎達所謂的主次之別。[73]由此可見，賈、孔不但各自傾向於北學、南學，二人之禮學本體思想亦見迥異。

第三節　修撰《三禮疏》之背景

　　根據史志記載，賈公彥在貞觀年間曾奉詔參與孔穎達主事《禮記正義》之編修。賈公彥之學術既深得北朝學術之纁染，與孔氏傾向於南學有別；孔穎達又認為皇侃《義疏》詳正，因而將北學大家熊安生之書作為皇疏之輔；再加上賈孔二人之禮學思想有重大分歧，可想而知，賈公彥在協助編修《禮記正義》其間，很可能與孔氏意見時有不合。唯當時孔穎達已官至國子祭酒，賈公彥卻只是國子助教，未必能與之抗辯。[74]事實上，貞觀十四年，孔氏編修《五經正義》完成後，當中的經解仍存在不少爭議，受到當時經學家之駁難，《新唐書·儒學上·孔穎達傳》記：

> 初，穎達與顏師古、司馬才章、王恭、王琰受詔撰《五經義訓》凡百餘篇，號《義贊》，詔改為《正義》云。雖包貫異家

---

73 賈公彥、孔穎達《儀禮》、《周禮》本末論之分析，詳見本文第7章「《儀禮疏》與《周禮疏》之比較」。

74 《新唐書·藝文志》載：「禮記正義七十卷」，下云：「孔穎達、國子司業朱子奢、國子助教李善信、賈公彥、柳士宣、范義頵、魏王參軍事張權等奉詔撰，與周玄達、趙君贊、王士雄、趙弘智覆審。」見《新唐書》卷五十七，頁1433。

為詳博，然其中不能無謬冗，博士馬嘉運駁正其失，至相譏
詆。有詔更令裁定，功未就。永徽二年，詔書門下與國子三館
博士、弘文館學士考正之，於尚書左僕射于志寧、右僕射張行
成、侍中高季輔就加增損，書始布下。[75]

史傳所載，當世只有馬嘉運公開批評《五經正義》並為之駁難。而根
據本傳所言，馬氏之駁正受到「當世諸儒服其精」，可以想像當時修
纂者對孔氏有諸多不滿。[76]由此可見，貞觀年間及永徽二年對於《五
經正義》的兩次修訂，乃源於對於《正義》內容的爭議。這種爭議，
其一主因必然是南北經學傳承不同所致。但孔穎達專恣固執，[77]即使
是與他主要共修義疏的馬嘉運，也得有待成書後才加以指難，更遑論

---

75 《新唐書》卷一九八，頁5644。按：初唐適南北學術交融之際，學者師承各有不
同，經學爭議自然激烈。《五經正義》之編修，便成為激發學術爭議之一大樞紐。
因此《五經正義》在貞觀十四年初成之後，不滿其書之儒者應該為數不少。據本文
所論賈氏學術與孔氏頗異，賈氏不滿《正義》之論說者可得想見焉。但史傳所載，
唯馬嘉運駁難孔氏《正義》，至相譏詆。姜龍翔在其〈馬嘉運及其與《五經正義》
關係考〉一文說馬氏在編修《五經正義》時之地位：「孔穎達尚需負責其他經典，
得歧出多餘心力，因此相對而言，馬嘉運對於《周易正義》成書應有相當程度之影
響。《宋史·王昭素傳》載王昭素『以為王、韓注《易》及孔、馬疏義，或未盡
是。』所謂『孔、馬疏』當即《周易正義》。而王昭素將孔、馬並稱，蓋為孔穎達
與馬嘉運是《周易正義》之主要纂修者。」見氏著：〈馬嘉運及其與《五經正義》
關係考〉，《政大中文學報》，2013年第20期，頁207-208。馬氏當時官至大學博士兼
弘文館學士，並且在編修《正義》時地位幾乎與孔穎達相等，由是只有他能公開批
評《五經正義》之缺失，且能使太宗「更令裁定」。
76 洪銘吉：《唐代科舉明經進士與經學之關係》，頁209。
77 福島吉彥說：「馬嘉運為《周易正義》修撰者之一。由共撰者提出批評，事雖奇
詭，然此適可證明《正義》撰修階段孔穎達『自專』程度之大。孔穎達於此批評亦
有反駁，『馬嘉運駁正其失，至相譏詆』，論爭漸至激烈。雙方論者或皆不止一人，
亦未可知。」見福島吉彥：〈唐《五經正義》關係考〉，《中國經學》，2011年第8
輯，頁52。

其他師授流派不同的學者。姜龍翔云：

> 觀孔穎達未肯接受馬嘉運的駁正，表示這些爭論可能是學術觀
> 點差異所產生，很難論定誰是誰非。因此，馬嘉運或許在編修
> 時便曾提出意見，因未為孔穎達接受，遂在全書完成後，公開
> 批評。[78]

據此可以想像，賈公彥在編修《禮記正義》時，縱使對經文疏義有其
異見，卻未必能夠宣之於口；又或嘗試提出己見，卻不獲孔穎達接
納。在二人學術背景殊異的情況下，出現這種情況絕不稀奇。考《新
唐書・藝文志》賈公彥以國子助教參與《禮記正義》的初撰，卻以太
學博士的身分參加《尚書正義》的刊定。[79]《五經正義》之刊定在永
徽二年至四年，可證賈氏於永徽年間已官至太學博士。而值得注意的
是，賈公彥精於《三禮》，卻沒有參與《禮記正義》覆審和刊定的工
作，可能出於他原本已是初撰者之故。翻查《儀禮疏》、《周禮疏》賈
公彥的署名，均稱「太學博士」[80]，說明了賈氏進呈兩《禮疏》當約
在永徽年間。[81] 今已散佚之賈氏《禮記疏》或亦同進御於此時。賈氏
既在編修《禮記正義》時與孔穎達意見分歧，在孔氏致仕後又未能參
與覆審之工作，這可能就是賈氏在《正義》之後復又私撰《禮記疏》
的原因。

---

78 姜龍翔：〈馬嘉運及其與《五經正義》關係考〉，《政大中文學報》，2013年第20期，
　　頁210。

79 《新唐書》卷五十七，頁1428。

80 《周禮疏》署名「唐朝散大夫行太學博士弘文館學士臣賈公彥等撰」，《儀禮疏》署
　　「唐朝散大夫行太學博士弘文館學士臣賈公彥等撰」。

81 阮元《儀禮注疏校勘記》云：「賈氏《三禮疏》皆私撰，故不言奉勅，其書或經進
　　御，故稱臣。」見《儀禮注疏》卷一阮元《校勘記》，頁11。

　　賈氏私人兼撰《儀禮疏》、《周禮疏》、《禮記疏》三書義疏，在初
唐偏重《禮記》的風氣下，並非常事。即使是兼治《三禮》學者較多
的南北朝時代，也只有少數學者兼具《三禮》著作，更遑論賈氏三經
《義疏》篇帙浩繁，雖有門人李玄植之助，仍可見賈氏用功之勤。按
上文所論，他私人別著《禮記疏》蓋源於對孔穎達主事之《禮記正
義》之不滿；但此外之《儀禮疏》、《周禮疏》並非奉勅，賈氏孜孜手
著二書洋洋百餘卷，實非尋常。賈公彥學承北朝徐遵明一脈，其治學
特點在於貫通《三禮》之義，無所偏廢。他之所以在《禮記疏》外，
還要撰寫《儀禮疏》和《周禮疏》，很有可能源於對當時學術環境的
不滿。

　　唐初特重《禮記》，例如貞觀十四年魏徵因為「以《小戴禮》綜彙
不倫」，因而撰寫《次禮記》[82]；後來開元年間唐玄宗又詔太子賓客元
行沖修《次禮記疏》，並「擬行之於國學」[83]。開元十四年，又有通事
舍人王嵒上疏「請改撰《禮記》」[84]。如此種種，張文昌便說「至少代
表唐代人曾企圖對《禮記》的內容加以重編整理，以符當時之用」[85]，
可見當世對於《禮記》一書的重視，以及當時認為此書對於國政行用
的啟示。雖然，王嵒請改撰《禮記》的建議，以及元行沖所撰欲立為
國學的《次禮記疏》，最終因為右丞相張說的阻攔而不行。[86]「改撰

---

82 《新唐書‧魏徵列傳》，見《新唐書》卷九十七，頁3881。

83 劉肅：《大唐新語》卷七（北京市：中華書局，1984年），頁107。

84 《舊唐書》卷二十一，頁818。

85 張文昌：〈唐代禮典的編纂與傳承——以《大唐開元禮》為中心〉（臺北縣：花木蘭
　　出版社，2008年），頁89。

86 按《舊唐書‧禮儀志一》便說：「（開元）十四年（726），通事舍人王嵒上疏，請改
　　撰禮記，削去舊文，而以今事編之。詔付集賢院學士詳議。右丞相張說奏曰：『禮
　　記漢朝所編，遂為歷代不刊之典。今去聖久遠，恐難改易。今之五禮儀注，貞觀、
　　顯慶兩度所修，前後頗有不同，其中或未折衷。望與學士等更討論古今，刪改行
　　用。』制從之。初令學士右散騎常侍徐堅及左拾遺李銳、太常博士施敬本等檢撰，

《禮記》」變成為節衷《貞觀禮》和《顯慶禮》，其實也體現了取法
《禮記》的精神。吳麗娛便說：

> 但是這並不等於《開元禮》製作之初，王嵒提議的「改撰《禮
> 記》，削去舊文」的主張被忽略。《禮記》畢竟是歷代禮儀參照
> 的「不刊之典」，所以事實上，以唐朝禮制代替古制本身就體
> 現了「改撰」之精神。不僅如此，玄宗取法周天子創作盛世禮
> 典的意圖，也決定了《開元禮》一方面必然會取法《禮記》
> 「經典」式的撰作方式和汲取某些內容。[87]

由此可見，從貞觀初年魏徵撰寫《次禮記》，到開元年間節衷《貞
觀》、《顯慶》二禮來編寫《開元禮》，以及元行沖修《次禮記疏》，都
有著整理《禮記》以致用於國政的精神。這就是官方及當時文人特重
《禮記》的原因。趙翼《廿二史劄記》「唐初三禮漢書文選之學」便
指出「唐人之究心《三禮》，考古義以斷時政，務為有用之學，而非
徒以炫博也。」[88]以此而言，在唐人眼中，《禮記》最有用於制訂禮

歷年不就。說卒後，蕭嵩代為集賢院學士，始奏起居舍人王仲丘撰成一百五十卷，
名曰大唐開元禮。二十年九月，頒所司行用焉。」（《舊唐書》卷二十一，頁818）
《大唐新語》卷七「識量」條：「開元初，玄宗詔太子賓客元行沖修魏徵撰《次禮
記疏》，擬行之於國學。及成，奏上之。中書令張說奏曰：『今上《禮記》，是戴聖
所編。歷代傳習，已向千載，著為經教，不可刊削。至（曹）魏，孫炎始改舊本，
以類相比，有同鈔書，先儒所非，竟不行用。貞觀中，魏徵因炎舊書，更加釐正，
兼為之注。先朝雖加賜費，其書亦竟不行。今行沖勒成一家，然與先儒義乖，章句
隔絕。若欲行用，竊恐未可。』詔從之，留其書於內府，竟不頒下。時議以為：說
之通識，過於魏徵。」（劉肅：《大唐新語》卷七，頁107。）

87 吳麗娛：〈改撰《禮記》：《大唐開元禮》的創作更新〉，《禮學與中國傳統文化——
慶祝沈文倬先生九十華誕國際學術研討會論文集》（北京市：中華書局，2006年），
頁274。

88 趙翼：《廿二史劄記》卷二十（北京市：商務印書館，1937年），頁401。

典。這也說明了何以《儀禮》最為唐人所偏廢，韓愈〈讀儀禮〉便明言：「余嘗苦《儀禮》難讀，又其行於今者蓋寡，沿襲不同，復之無由，考於今，誠無所用之。」[89]可見到中唐之時，學者仍然認為《儀禮》無所用於世。[90]

唐初制定的科舉制度，也形成了當世獨重《禮記》而《周禮》、《儀禮》偏廢的風氣。唐代制訂正經有九，分為大、中、小經。《唐六典》記：「凡正經有九：《禮記》、《左氏春秋》為大經，《毛詩》、《周禮》、《儀禮》為中經，《周易》、《尚書》、《公羊春秋》、《穀梁春秋》為小經。」[91]雖然正經有九種，但太宗詔令顏師古等人校勘的《五經定本》以及孔穎達主事的《五經正義》，只有《毛詩》、《尚書》、《禮記》、《周易》、《左傳》五種，而沒有《周禮》、《儀禮》、《公羊》和《穀梁》四種。《唐六典》又記：「通二經者，一大一小，若兩中經。通三經者，大中小各一。通五經者，大經並通。其《孝經》、《論語》、《老子》並須兼習。」[92]因此，不論通二經、三經抑或五經，士子都可以選擇不修習《周禮》、《儀禮》等四經。《禮記》等五經有官方教材，又有官方校定的版本，自然為學士所競習。相反，其

---

89 董誥輯：《全唐文》卷五百五十九，清嘉慶內府刻本，頁8。

90 葉國良論唐代重視《禮記》而不重《儀禮》的原因，也從實用角度出發。他說：「《儀禮》的內容以敘述周代禮儀的儀節為主，隨著社會結構、物質環境的改變，其儀節漸不可行，譬如：古代諸侯領有封邑，六朝以降，往往有封邑之名而無其實，則諸侯間自不能模仿〈聘禮〉而行交聘之禮；古代以射禮選士，後代既有九品中正及科舉，則舉行鄉射、大射，意義便極微弱；古人席地而坐，漢末以降，多居床榻，則坐作進退的動作便無法要求一如《儀禮》所述。禮儀是用於現實生活上的，《儀禮》所述的『禮文』既難遵行，那麼讀其書的意義便要偏向『禮意』了，為了補充發揮《儀禮》而編的二戴《禮記》正好能提供這項需求，這應當是小戴《禮記》取代《儀禮》為官定五經之一的主要原因。」見葉國良：《經學側論》（新竹市：國立清華大學出版社，2005年），頁127-128。

91 李林甫：《唐六典》卷四（北京市：中華書局，1992年點校本），頁109。

92 李林甫：《唐六典》卷四，頁109。

餘四經由於沒有官定版本和教材，導致一直無人問津。[93] 貞觀年間，官方就嘗試鼓勵學子兼習《周禮》及《儀禮》，《唐會要・帖經條例》：「貞觀九年五月敕：『自今已後，明經兼習《周禮》并《儀禮》者，於本色量減一選。』」[94] 唐太宗頒令明經科考生若兼習《周禮》、《儀禮》，在明經及第後，可減免守選年數的一選，一選等同於一年。然而直至開元之世，雖經官方多次提倡，但四經仍不為學子所習，庶幾廢絕。[95] 當時《周禮》、《儀禮》等四經，唐政府雖然鼓勵學子選讀，卻沒有官定文本和義疏，加上唐代學術環境本就對《禮記》特別重視，士子紛紛鑽研以致用。所以，當時學者對《儀禮》、《周

93　《唐會要・冬集》記：「其《春秋公羊》、《穀梁》、《周禮》、《儀禮》業人，比緣習者校少，開元中勅一例冬集。」（王溥：《唐會要》，中文出版社，1987年，頁1373。）洪銘吉說：「惟《五經》定本既然沒有《周禮》及《儀禮》，那這《周禮》及《儀禮》到底採取的是何種版本？何人的注解？」見洪銘吉：《唐代科舉明經進士與經學之關係》，頁181-182。

94　《唐會要》，頁1375。

95　《唐會要・帖經條例》云：「開元八年七月，國子司業李元瓘上言：『《三禮》、《三傳》及《毛詩》、《尚書》、《周易》等，並聖賢微旨，生徒教業，必事資經遠，則斯文不墜。今明經所習，務在出身，咸以《禮記》文少，人皆競讀。《周禮》經邦之軌則，《儀禮》莊敬之楷模，《公羊》、《穀梁》歷代宗習，今兩監及州縣，以獨學無友，四經殆絕，事資訓誘，不可因循。其學生請量配作業，并貢人參試之日，習《周禮》、《儀禮》、《公羊》、《穀梁》並請帖十通五，許其入策以此開勸，即望四海均習，九經該備。』從之。」（《唐會要》，頁1376）卷七十五《明經》又云：「開元十六年十二月，國子祭酒楊瑒奏：『今之明經，習《左氏》者十無一二，恐《左氏》之學廢。又《周禮》、《儀禮》、《公羊》、《穀梁》亦請量加優獎，遂下制：明經習《左氏》及通《周禮》等四經者，出身免任散官。』」（《唐會要》，頁1373-1374）《舊唐書・良吏下・楊瑒傳》載開元十六年楊瑒上奏：「竊見今之舉明經者，主司不詳其述作之意，曲求其文句之難，每至帖試，必取年頭月日，孤經絕句。且今之明經，習《左傳》者十無二三，若此久行，臣恐左氏之學，廢無日矣。臣望請自今已後，考試者盡帖平文，以存大典。又《周禮》、《儀禮》及《公羊》、《穀梁》殆將廢絕，若無甄異，恐後代便棄。望請能通《周禮》、《儀禮》、《公羊》、《穀梁》者，亦量加優獎。」見《舊唐書》卷一八五下，頁4820。

禮》的忽視,就很可能成為賈公彥撰寫《儀禮疏》和《周禮疏》的動
機。貞觀、永徽年間學術環境如此,賈氏在此時將其著作進呈高宗,
大概希望以此作為學子研讀《儀禮》、《周禮》之參考。另一方面,他
遍為《三禮》撰寫義疏,除了希望作為科舉考試的參考外,觀乎賈氏
師傳之禮學,重視貫通《三禮》,似乎他亦希望透過《三禮義疏》,改
變當世只重視《禮記》而輕視《儀禮》、《周禮》的風氣。賈氏禮疏對
於當時科舉及學術風氣是否有重大影響,礙於材料所限而難以確知,
但結合當時環境及賈公彥之學術傾向,其著述之深意亦大可推想而知。

第四節　前人對《儀禮疏》之評價

　　前人對於《儀禮疏》之優劣,取態不一。朱子評論賈氏兩疏,認
為《周禮疏》最好,《儀禮疏》則「不甚分明」[96]。所謂「不甚分明」
者,就是認為賈氏《儀禮疏》過於繁瑣,內容冗蔓而不堪卒讀。所以
他編撰《儀禮經傳通解》雖多採鄭注賈疏,卻對疏文大加斧削,務求
使之簡明易讀。宋人魏了翁撰《儀禮要義》亦鑑於賈疏繁複,因而刪
削疏文,掇其菁華。四庫館臣謂「賈疏文繁句複,雖詳贍而傷於蕪
蔓,端緒亦不易明。……了翁取刪剟之,分臚綱目,條理秩然,使品
節度數之辨,展卷即知,不復以辭義轇輵為病。」又說「鄭、賈之精
華備於此書之所取」[97],可見《儀禮》經文已稱難讀,鄭注又古奧簡
扼,賈疏詳釋經文和鄭注,學者復又病其過於枝蔓。因此,宋代就有
魏了翁、朱子等刪削賈疏之著作面世。所以盧文弨便說:「賈疏本多
謇澀,傳寫彌復滋譌。朱子《通解》一書,細為爬梳,或潤色其辭,

---

96 黎靖德編,王星賢校點:《朱子語類》(北京市:中華書局,1988年標點本),頁2195。
97 永瑢等:《四庫全書總目》,頁160。

或增成其義，讀者易以通曉，致為有功。」[98]由此可見，宋代學者在研究《儀禮》時，雖因可參考之材料稀少而依賴賈公彥《疏》，但對其疏艱澀不清的不滿，也是顯然易見的。

賈疏這種冗長的解經體式，到清代仍然受到學者詬病。如江藩《國朝漢學師承記》「張爾岐」條述張氏作《儀禮鄭註句讀》時說「鄭康成注文古質，賈公彥釋義曼衍，學者不能尋其端緒。」[99]學者甚至認為《三禮》之中，《儀禮疏》不及孔穎達主事之《禮記正義》及賈氏自撰之《周禮疏》二者之善，阮元《揅經室一集》卷十一〈《十三經注疏校勘記》序〉云：「賈疏文筆冗蔓，詞意鬱輵，不若孔氏《五經正義》之條暢。」[100]邵晉涵《南江文鈔》卷八〈庚子科廣西鄉試策問〉又說：「賈公彥《周禮疏》，融冶先鄭後鄭之言，閒示折衷，能得禮意。而《儀禮疏》前後牽合，轉有失康成註意者，何歟？」[101]不單是冗贅之弊，清代學者又認為賈氏《儀禮疏》在疏解鄭注時，經常錯誤理解鄭意，失誤尤多。如胡培翬〈復夏朗齋先生書〉云：「今夏因校先祖《儀禮釋宮》，取《儀禮》全經覆讀之，而賈氏之疏略，失經注意者，視《詩》孔疏更甚焉，遂有重疏《儀禮》之志。」[102]〈上羅椒生學使書〉又說：「至賈氏公彥之疏，或解經而違經旨，或申注而失注意，其書相傳已久，不可無辨，《正義》閒亦辨及。」[103]可見胡氏之作《儀禮正義》，正是基於對賈氏內容之不滿。

98　盧文弨：《儀禮注疏詳校》，頁13。

99　江藩：《國朝漢學師承記》，《續修四庫全書》（上海市：上海古籍出版社，1995年影印本），頁265-266。

100　阮元：《揅經室一集》卷十一，《揅經室集》上冊，頁257。

101　邵晉涵：《南江詩文鈔》，《續修四庫全書》（上海市：上海古籍出版社，1995年影印本），頁484。

102　胡培翬：《胡培翬集》，頁116。

103　胡培翬：《胡培翬集》，頁166。

清代之學術氣氛重視考據，學者崇尚考校眾說，針對前人失誤之處，復加考正，以完足學界之論說。因此對於賈疏，清人往往偏重於指瑕，少有就全書內容性質加以探究研討。要知賈氏《儀禮疏》篇帙浩繁，加上賈氏之前義疏稀少，疏中禮說卻極多，涉及面廣，本不能全無失誤。因此，仍有一些學者認為賈疏雖有小誤，但大醇小疵，瑕不掩瑜，如曹元弼〈《禮經纂疏》序〉說：「賈氏公彥撰《周禮》《儀禮》疏，《儀禮》據黃李為本，又旁摭各家貫穿經傳，鄭學之徒遺言奧義，多賴以存，雖不免小有乖違，而發揮旁通，言富理博，⋯⋯非可輕議也。」又說：「賈氏之書誠不能無誤，然以弼觀之，誤者十之二，不誤者猶十之八，皆平實精確得經注本意，蓋承為鄭學者相傳古義，非賈氏一人之私言也。」[104] 曹氏在〈《禮經校釋》序〉中又指賈疏「沈實精博，多得經注本意，學者舍是無以窺聖作明述之原。」[105] 的確，《儀禮》難讀，鄭注古奧，若無賈疏，許多經義注意實不易被後來學者所辨識的。

　　觀乎有清一代，能識乎賈氏《儀禮疏》之價值，又明確宣之於論著者鮮矣。東塾先生陳澧較能注意到《儀禮疏》解經釋注之方法，並且廣泛加以論述。《東塾讀書記》卷八「儀禮」說「《儀禮》難讀，昔人讀之之法，略有數端：一曰分節，二曰繪圖，三曰釋例。」[106] 陳氏舉此三者，然後指出賈氏《儀禮疏》深明此三種讀《儀禮》之法。如論分節下云「賈疏之分節有尤細密者⋯⋯其分析細密，使讀之者心目俱朗徹矣」，又說雖「偶有遺漏，但不多耳。」論繪圖下云：「鄭、賈作注疏時，皆必先繪圖，今讀注疏，觸處皆見其蹤跡。⋯⋯即以疏文而論，曲而能達，栩栩欲動。世人謂賈疏之文不及孔疏，豈其然

104　曹元弼：《復禮堂文集》，《中華文史叢書》，頁443、462。
105　曹元弼：《復禮堂文集》，頁421。
106　陳澧：《東塾讀書記》卷八，頁127。

乎？」[107] 可見當時一般認為孔穎達《五經正義》出賈氏《儀禮疏》之右，陳氏卻不以為然，指出賈氏自有其精闢之處。他又在「釋例」下論析賈氏為《儀禮》發凡釋例的各種情況，如「鄭注發凡，而賈疏辨其同異者」、「鄭注不云『凡』而與發凡無異，賈疏申明為凡例者」、「鄭注不發凡，而賈疏發凡者」、「經是變例，鄭注發凡而疏申明之者」、「經是變例，注不發凡而疏發凡者」、「賈疏不云『凡』而無異發凡者」諸種。[108]陳氏總論賈氏釋例之功，云「經文不具，賈熟於禮例，則可據例以補經。……鄭、賈熟於《禮經》之例，乃能作注作疏。注精而簡，疏則詳而密。分析常例變例，究其因由，且經有不具者，亦可以例補之。……近時凌氏《禮經釋例》，善承鄭、賈之學，大有助於讀此經者矣。」[109]從陳氏的評價可見，即如清代禮學大家凌廷堪之《禮經釋例》，其實亦只是承繼鄭、賈釋例之學。[110]因此，賈氏解說《儀禮》的方法，絕不可以忽視。陳氏在《東塾讀書記》對於賈氏《疏》的討論，雖然各有舉例，相比其他清代學者詳細，但仍然未臻精微。翻查陳氏《東塾遺稿》中的讀書筆記，也有提出一些賈疏內善析經注的情況。陳氏遺稿，前人鮮有注意。例如指出賈疏剖析鄭玄注解之意，陳氏云：

---

107 陳澧：《東塾讀書記》卷八，頁131。

108 陳氏於每下各有舉例，參見陳澧：《東塾讀書記》卷八，頁133-135。

109 陳澧：《東塾讀書記》卷八，頁136。

110 事實上，凌廷堪有不少禮例也是取材自賈公彥《儀禮疏》，彭林師《論〈儀禮〉賈疏》一文已加以指出說明，詳彼文。另鄭雯馨亦說：「從質的方面而言，《儀禮疏》闡明《儀禮注》既有的禮例，並運用內證法，以《儀禮》經文證成《儀禮注》的禮例，乃至於應用新、舊禮例論釋《儀禮》的經、注，皆使禮例詮釋法在鄭玄之後得到進一步的發展。從量的方面來說，《儀禮疏》也開拓新的禮例，為清代凌廷堪《禮經釋例》所繼承，……加以深化發展、檢證。」亦道出了凌氏《釋例》為賈氏《儀禮疏》之啟發。參見鄭雯馨：〈從義疏體談《儀禮疏》對禮例發展的貢獻〉，頁19。

〈鄉飲酒禮〉：「主人升席，北方，設折俎，祭如賓禮」，鄭云：
「祭者，祭薦俎及酒，亦嚌啐。」賈云：「直云『祭如賓禮』，
嫌祭不嚌啐，故鄭明之。云『亦嚌肺啐酒』，是以下文不告旨，
明亦啐也。」○有嫌則鄭必明之，賈知鄭如此必伸明之。[111]

又：

〈鄉射禮〉：「請坐於賓，賓辭以俎，反命于主人，主人曰『請
徹俎』，賓許。」鄭云：「上云『請坐于賓』，此言『主人曰』，
互相備耳。」賈云：「不言『互文』而云『互相備』者，凡言
互文者各舉一事，一事自周，是互文。此據一邊禮，一邊禮不
備，文相續乃備，故云『互相備』。若云『糗餌粉餈』，鄭注云
『餌言糗，餈言粉』，互相足之類也。○鄭注文法之細，賈能
剖析之。」[112]

又：

〈少牢饋食禮〉：「為期，主人曰『比於子』」，鄭注云：「云
『為期』亦唯尸不來也。」賈疏云：「言『亦』，〈特牲〉為期
時賓及眾賓即位于門西時無尸。○鄭注虛字最精細，賈疏讀鄭
注虛字亦最精細。[113]

---

111 陳澧：《東塾遺稿》，桑兵編：《續編清代稿鈔本》（廣州市：廣東人民出版社，
　　2009年），頁477。

112 陳澧：《東塾遺稿》，頁485-486。

113 陳澧：《東塾遺稿》，頁450。

以上三則筆記，即能見賈疏剖析鄭注之精細，尤為陳氏所留意。又舉例說賈疏考論《儀禮》之法：

> 〈士昏禮・記〉：「從者二人，坐持几，相對。」賈云：「此几謂將上車時而登。若王后則履石，大夫、諸侯亦應有履之，但無文以言。」○鄭、賈於士禮推而及於天子、諸侯、大夫者，以古天子、諸侯、大夫禮皆亡，故補之也。[114]

此則即論賈氏推論各等爵位行禮之法。由是可知《儀禮疏》之論析經義，乃是琳琅滿目，每每有可觀者。顧廣圻《思適齋集》卷七〈重刻宋本儀禮疏後序〉說：「讀賈公彥之《疏》，由之以曉經注之意者最多」[115]，當非虛言。陳氏遺稿掇輯了許多賈疏解經方法之例，說明了陳澧對賈疏的重視。晚清以至近代學者一般都較為肯定賈氏《儀禮疏》的價值，未知是否受到陳澧的影響。例如劉壽曾〈十三經注疏優劣考〉云：「《儀禮》、《禮記》疏最精，今為說禮家之淵海。」[116]王靜安先生也說：「沖遠此疏（筆按：謂《禮記正義》），除大典制存魏、晉六朝古說外，可取殊少。其敷衍經旨處，乃類高頭講章，令人生厭，不及賈氏《二禮疏》遠甚。」[117]唯各家之論賈疏只流於印象式之評價，對於其敷陳經義及疏通注意之法，未能詳加析論，殊為可惜。迄至當代，學界關注賈疏仍然絕少，這是由於《儀禮》艱澀乏味，疏文又確實難以尋繹綱領之故。賈氏《儀禮疏》篇帙浩繁，討論到的問題

---

114 陳澧：《東塾遺稿》，頁452。

115 顧廣圻：《思適齋集》，《續修四庫全書》（上海市：上海古籍出版社，1995年影印本），頁59。

116 劉壽曾：《劉壽曾集》（臺北市：中央研究院文哲研究所，2001年），頁53。

117 轉引自孫敦恒：《王國維年譜新編》（北京市：中國文史出版社，1991年），頁44。

極多，實有待開展進一步的研究，尤其當這些經義、禮說背後涉及到賈公彥自身的禮學體系，在評論其疏時更不能簡單以是非觀之，反而需要從整體去逐層剖析其思路，從以深化我們對賈疏之認識。

第五節　《儀禮疏》版本述略

　　日人高橋忠彥指出《儀禮疏》成於唐永徽年間[118]，考其書賈氏署名「大學博士」，可證此書當約在永徽年間進御。此書就如其他義疏一樣，單疏別行，《舊唐書・藝文志》、《新唐書・藝文志》及《宋史・藝文志》均著錄《儀禮疏》五十卷。今所見最早完整的《儀禮疏》，為汪士鐘重刻藏書家黃丕烈所藏的宋單疏本。此本即所謂咸平校本，考《宋史・邢昺傳》：「（咸平）二年……受詔與杜鎬、舒雅、孫奭、李慕清、崔偓佺等校定《周禮》、《儀禮》、《公羊》、《穀梁春秋傳》、《孝經》、《論語》、《爾雅》義疏。……景德二年……是夏，上幸國子監閱庫書，問昺經版幾何？昺曰：『國初不及四千，今十餘萬，經傳正義皆具。臣少從師業儒時，經具有疏者百無一二，蓋力不能傳寫。今版本大備，士庶家皆有之，斯乃儒者逢辰之幸也。』」[119]　又《玉海》卷四十三「咸平校定七經疏義」：「咸平三年三月癸巳，命國子祭酒邢昺等校定《周禮》、《儀禮》、《公羊》、《穀梁》正義，又重定《孝經》、《論語》、《爾雅》正義。」[120]據此可知咸平始校群疏，刊刻成版，至景德二年版本大備。今所見《四部叢刊續編》單行《儀禮疏》末刊「大宋景德元年六月」，又有「邢昺都校」等字樣，可知景德本《儀禮疏》，校於咸平年間，刻成於景德元年。但今《四部叢

118　高橋忠彥：〈《儀禮疏》《周禮疏》に於ける省文について〉，頁58。

119　《宋史》卷四三一，第12798。

120　王應麟：《玉海》卷四十三（臺北市：華文書局，1964年影印本），第四冊，頁156。

刊》所收汪士鐘重刊的本子，喬秀岩指其中多避南宋帝諱，刻工又多
南宋人，非北宋印本可知。又從多方論證，推論汪士鐘所據以重刻的
本子，當為南宋刻本之宋、元遞修明印本。[121] 此外，又有日本圖書
寮舊抄本《儀禮疏》殘卷，此本僅存卷十五至十六，蜂屋邦夫《儀禮
士冠疏》內載載殘卷影印本，並指此本為平安時代筆寫本。按喬秀岩
氏推測，此本當據景德初刻本抄寫，較黃丕烈所藏宋元遞修本單疏為
早，但是否北宋版，尚無明證。[122]

　　《十三經注疏》之中以《儀禮》的合刻最晚，迄至明正德、嘉靖
年間才由陳鳳梧開展此一工作。陳氏將注疏合刻之時間有兩種說法，
一為嘉靖五年，[123] 而另一說則認為當正德十六年。[124]此最早之合刻
本，為明刻《儀禮注疏》一系列之祖本，此下汪文盛、聞人詮、李元
陽、明北監本、毛本、殿本，均據之翻刻或校刊。[125]陳鳳梧所合刻之

121　喬秀岩：《義疏學衰亡史論》，頁228-233。

122　喬秀岩：《義疏學衰亡史論》，頁226-228。

123　《南雍志・經籍考》云：「《十三經注疏》刻於閩者，獨缺《儀禮》，以楊復圖說補
　　之。嘉靖五年，巡撫都御史陳鳳梧刻於山東，以板送監。」（轉引自廖明飛：《〈儀
　　禮注疏〉合刻源流考》，頁72。）據此《南雍志》，陳氏合刻《儀禮注疏》在嘉靖
　　五年，廖明飛先生亦持這種說法，他說：「今知陳鳳梧注疏本所用之經注本刊刻於
　　正德十六年，翌年即改元嘉靖，所謂正德以前存在所謂《儀禮》注疏合刻本之刻
　　版乃絕不可能之事。」參見氏著《〈儀禮注疏〉合刻源流考》，頁73。

124　顧廣圻〈百宋一廛賦注〉：「陳鳳梧、李元陽、聞人詮，散疏入注，而注之分卷，
　　遂為疏之分卷。又去疏所標經文起止，蓋出於陳鳳梧，明正德時事也。」（見顧廣
　　圻：《思適齋集》卷一，頁14。）王鍔根據傅增湘先生所藏《儀禮注疏》十七卷，
　　明正德十六年（1521）陳鳳梧刻本，每半頁十行二十字，次行題「後學盧陵陳鳳
　　梧編校」，而指出最早合刊之《儀禮注疏》當為明正德十六年（見氏著：〈《儀禮
　　疏》版本考辨〉，《古籍整理研究學刊》，1996年第6期，頁28。）。今考日人《內閣
　　文庫漢籍分類目錄・禮類・儀禮》有《儀禮注疏》十七卷，題「明陳鳳梧校，明
　　正德刊」（《內閣文庫漢籍分類目錄》東京都：內閣文庫，1956年，頁13）亦是說
　　在正德年間刊。

125　據廖明飛先生所考，嘉靖年間汪文盛、聞人詮據陳氏合刻本翻刻，唯聞本將陳氏

《儀禮注疏》，以陳氏自己校刊之《儀禮》單注本為本，附以陸德明
《經典釋文》，將賈氏五十卷之《疏》散入十七卷之《注》中。因
此，殿本以前諸本俱以鄭注十七卷為《注疏》之卷數。廖明飛先生討
論陳氏合刻本的性質，認為在合刻的同時，對賈公彥《儀禮疏》進行
了不少改動。他說：

> 陳氏以注本為中心，合疏文於經注而并其卷第，改單疏之五十
> 卷從單注之十七卷。以此原則為指導，遇經注與疏文之矛盾
> 處，每據單注之文改單疏之字。在注疏合刻過程中，對於經
> 注、釋文之文字，陳氏并無參考其他經注本之跡象，所取以校
> 正者，主要還是朱子《通解》。賈氏文字謇澀，陳氏或以《通
> 解》潤色之辭改賈氏之舊，或出於便讀之需要，根據自己對疏
> 文之理解，大肆增刪改易單疏文字，疏文自身之價值遭到消
> 解。陳鳳梧注疏本是《儀禮》注疏合刻之始，奠定了明刻《儀
> 禮注疏》的基本形態。清儒痛陳監本之脫誤，今知閩、監、毛
> 本之訛奪，實導源於陳鳳梧注疏本。[126]

據廖氏之論，陳鳳梧之合刻注疏，往往改動賈疏文字及體式，雖或便
於閱讀，但卻失掉賈氏之真。事實上，若從今所見單疏宋本《儀禮

十行改為九行。其後，李元陽在閩中又據陳本重新校刻，後稱李元陽本或閩本。
明萬曆二十一年（1593），官方據李元陽本重雕，稱為「北監本」。此本有萬曆初
刻本，今藏復旦大學圖書館、上海圖書館；其後有崇禎五年（1632）重修本，即
所見天一閣藏北監本《儀禮注疏》；又有康熙二十五年（1686），今藏復旦大學圖
書館、浙江大學圖書館。毛晉在崇禎九年（1636）又據北監本萬曆初刻本重刻。
至清乾隆的武英殿本又據監本重刻。由此可見，陳氏合刻本乃明代至清武英殿本
一系列《儀禮注疏》之祖本，皆以鄭注十七卷本為本，散賈疏入鄭注，故俱為十
七卷。詳廖明飛：《〈儀禮注疏〉合刻源流考》。

126 廖明飛：《〈儀禮注疏〉合刻源流考》，頁70。

疏》與陳氏合刻本的體式比對一過，不難發現陳氏割裂賈氏原書的情況。如單疏本〈儀禮疏序〉原本納入卷一之中，陳氏合刻以鄭注為本，賈氏之〈序〉卻無注文可以從屬，遂別行於卷一之前，標為「儀禮註疏序」。但賈氏之〈序〉原為《疏》而作，並非因《注疏》而作。陳鳳梧更易題名，沒去賈氏之舊。自汪文盛本至毛本一直沿此題名。唯至殿本，才刪去「註」字而改稱「儀禮疏序」，但依然別行於卷一之前，仍非賈書原貌。後來張敦仁重新匯刻《注疏》時將〈儀禮疏序〉納入卷一之內，在「唐朝散大夫行太學博士弘文館學士臣賈公彥等撰」之次行，版式與單疏本相當，才回復了賈疏原貌。此外，賈公彥於每篇之初，均引用鄭玄《目錄》語析論篇旨。陳氏在合刻時直接將賈氏所引鄭玄《目錄》語悉數抽出，並列為鄭玄注語。祖陳本以下諸本體例並皆如此，到殿本時更將賈氏所引《目錄》語全數綴出，別為「儀禮注疏原目」，並置相關疏文於下。如此則可見自陳本到殿本，將賈疏割裂的情況嚴重。

　　《儀禮注疏》經過多次翻刻，到明萬歷監本時已是訛脫百出，魚魯莫辨。顧炎武曾說：「《十三經》中，《儀禮》脫誤尤多。……此則秦火之未亡，而亡於監刻矣。」[127]於是在乾隆時以監本為底本御製重刻，是為殿本。但是監本《儀禮注疏》所載賈公彥疏文本就經過陳鳳梧合刻時作出改動，加上這次官方重新校刻，採用了大量宋元學者之說，而在沒有版本依據的情況下對疏文進行理校，使賈疏文字更加偏離原本面貌。[128]乾、嘉之際，顧廣圻曾以黃丕烈所藏宋單疏本[129]校

127　顧炎武、黃汝成：《日知錄集釋》（上海市：上海古籍出版社，1984年校點本），頁1374。

128　廖明飛：《〈儀禮注疏〉合刻源流考》，頁99-105。

129　此即上文提及的宋元遞修之咸平、景德年間邢昺校刊本。清代學者多以黃氏藏本為北宋景德原刊本。見《義疏學衰亡史論》附錄Ⅲ，頁228-233。

勘明北監本《儀禮注疏》，其手稿今藏天一閣博物館。清代學者對於
黃氏所藏的宋單疏本十分重視，認為可以糾正監本之失者甚多，如曹
元弼〈禮經校釋序〉便說：「唐中葉後治此經（筆按：指《儀禮》）者
鮮，疏文譌舛日滋，宋景德間邢昺等校定賈疏，其書見于今最稱古
本。然錯誤衍脫已非一端，至明監本更不可讀矣。」[130]又說：「憫賈
氏之書條理詳整而剝蝕叢殘，沈薶千載，平心讀之，順其上下，推其
本意，正譌補脫，乙衍改錯，不下千餘處，為賈疏後校而後賈免於
誣。」[131]因此可以說明宋代單疏本極有助於恢復賈疏本來面目，俾使
閱讀疏文而免去陳氏刻本及明代校書家肆意改易文字之弊。但阮刻
《儀禮注疏》以及張敦仁匯刻的《注疏》本，並非直接用黃丕烈所藏
的單疏本為底本。根據喬秀岩所考，顧廣圻取宋本手校一過之監本，
後來徐養原將此校本臨摹一本，阮元《儀禮注疏校勘記》的編纂正由
徐氏擔任，因此《校勘記》中所謂的單疏本，實質即是徐氏所臨之顧
廣圻校本。而後來顧廣圻為張敦仁所合刻《儀禮注疏》編定疏文，雖
明言取景德單疏，但事實上亦只是以監本為底本，而顧廣圻再據其手
校本改從單疏文字而已。及後，阮元所刻《儀禮注疏》又是取張本覆
刻。[132]所以，不論是徐養原《儀禮注疏校勘記》、張氏匯刻的《儀禮
注疏》以及阮刻《儀禮注疏》都不是直接採用黃丕烈所藏的「宋本」
單疏原文，而是顧氏校本及徐養原所臨顧氏校本而已。儘管如此，單
疏本仍是較為完整而近古的本子，張氏匯刻、阮刻本都仍然保持賈氏
之原有五十卷的體式，不像陳鳳梧刻本一系以鄭注為中心，導致割裂
疏文之弊；加上清人治學嚴謹，沒有明代學者輕言改字之歪風，因此

---

130 曹元弼：《復禮堂文集》，頁38-39。

131 曹元弼：《復禮堂文集》，頁18。

132 參見喬秀岩：《義疏學衰亡史論》「說阮刻《十三經注疏》本」及「說張本與《校
勘記》」，頁229-233。

五十卷本之《儀禮注疏》更為學者重視，尤其是張敦仁匯刻本，更被稱為「此經注疏本中最善者」[133]。

正如曹元弼所說唐中葉後治《儀禮》者鮮，「疏文譌舛日滋」，單疏本雖大體能傳宋本之舊[134]，考諸其文亦偶有脫誤。如〈士冠禮〉云：「主人玄端爵韠，立于阼階下，……兄弟畢袗玄，立于洗東，……擯者玄端，負東塾。」宋本《儀禮疏》卷二云：

> 釋曰：擯者不言如主人服，別言玄端，則與主人不同可知。主人與兄弟不同，故特言玄端，與下「贊者玄端從之」同。言玄則此擯者是主人之屬，中士若下士也，故直舉玄端，不言裳也。[135]

經文「擯者玄端」，疏文亦屢稱「玄端」，揆諸文意，則「言玄」當作「言玄端」為是，單疏似脫「端」字。考〈士冠禮〉陳玄端服云：「玄端，玄裳、黃裳、雜裳可也」，鄭云：「上士玄裳，中士黃裳，下士雜裳。」賈疏：「陳三等裳者，凡諸侯之下皆有二十七士，公侯伯之士一命，子男之士不命，不同。一命、不命皆分為三等，故服分為三之裳以當之。」[136]〈士冠禮〉據主人為上士，因此按賈氏在論主

133　曹元弼：《復禮堂文集》，頁39。

134　喬秀岩云：「今更就卷中內容相校，則抄本偶有譌誤字無論矣，其餘概皆符合。但此殘卷固非顧千里等當時得以聞見者，且其所本更在汪刻所據宋本之前，而其文字符合如此，是可證汪刻實傳宋本真面目，汪士鐘〈重刻序〉稱『行筆欹傲，尤傳景德之真』者自不誣也。要之，汪刻單疏雖或不免校對刻字之小小失誤，大體能傳宋本之舊；而其所據宋本，并非始刻早印，而是已經修補之本：此皆舊抄殘卷可以為證者也。」見《義疏學衰亡史論》附錄III，頁228。

135　賈公彥：《儀禮疏》卷二，《四部叢刊續編》本（上海市：商務印書館，1919年影印本），頁27。

136　《儀禮注疏》卷一，頁16。

人、兄弟及擯者禮服面位之說,「擯者玄端」,而不言「如主人服」,
第一,是要說明兩者雖同是玄端,但並不完全相同,其所不同者乃是
裳色之異;第二,經文既言「玄端」,其裳又異,則擯者必為由主人
之中士或下士充任之。據賈疏之意,「玄」似當作「玄端」。復檢〈士
冠禮〉下文續云「賓如主人服,贊者玄端從之」,賈疏云:「以賓與主
人尊卑同,故得如之。贊者皆降主人一等,其衣冠雖同,其裳則異,
故不得如主人服,故別玄端也。」[137]主人和賓尊卑同,所穿服亦一
樣,主人擯者及賓之贊者皆降一等,因此賈氏此疏與上引「擯者不言
如主人服」一段云云,適可互見,結合此並細審文意,單疏本作「言
玄則此擯者是主人之屬」,「玄」字下當脫一「端」字。

又如〈士昏禮〉云:「婦車亦如之」,賈氏引何休說及鄭玄《箴膏
肓》以論「反馬」禮。宋本《儀禮疏》卷五亦有脫文,其文云:

> 案:宣公五年冬《左傳》云:「齊高固及子叔姬來反馬也」,休
> 以為「禮無反馬而《左氏》以為得禮。禮,婦人謂嫁曰歸,明
> 無大故不反於家。《經》書高固及子叔姬來,故譏乘行匹至
> 也。」「〈士昏〉皆異,據士禮無反馬,蓋失之矣。〈士昏禮〉
> 曰:『主人爵弁,纁裳,緇袘。從者畢玄端,乘墨車,從車二
> 乘,執燭前馬,婦車亦如之,有裧。』此婦乘夫家之車。〈鵲
> 巢〉詩曰:『之子于歸,百兩御之』,又曰:『之子于歸,百兩
> 將之。』國君之禮夫人始嫁,自乘其車也。〈何彼襛矣〉篇
> 曰:『曷不肅雝,王姬之車。』言齊侯嫁女以其母王姬始嫁之
> 車遠送之,則天子諸侯女嫁,留其車可知。今高固大夫反馬,
> 大夫亦留其車。禮雖散亡,以《詩》論之,大夫以上至天子有

---

137 《儀禮注疏》卷一,頁18。

反馬之禮。留車，妻之道；反馬，壻之義。高固秋月逆叔姬，冬來反馬，則婦人三月祭行，故行反馬禮也。」以此鄭《箴膏肓》言之，則知大夫已上嫁女，自以其車送之。若然，《詩》注以為王姬嫁時，自乘其車，《箴膏肓》以為「齊侯嫁女，乘其母王姬始嫁時車送之」，不同者，彼取三家《詩》故，與《毛詩》異也。[138]

此段疏文，先引「休以為」，而下文又云「以此鄭《箴膏肓》言之」，可知中間一大段文字正是鄭玄《箴膏肓》駁難何休之文。但審《士昏禮疏》所云並無置「鄭云」、「鄭駁云」、「鄭箴之曰」一類駁語。此下見「〈士昏禮〉曰」云云，若是賈氏於〈士昏禮〉一篇中引用〈士昏禮〉文字，當宜云「上文」、「下文」、「此篇」等，而不應說「〈士昏禮〉曰」，可證此段必然是賈公彥引用他人之說。何休與鄭玄這段駁難亦見於《左傳・宣五年傳》「冬來反馬」孔穎達《正義》所引，考諸彼疏所引，其云：「鄭答之曰：〈冠義〉云：『無大夫冠禮，而有其昏禮』，則昏禮者天子諸侯大夫皆異也。（以下引〈士昏禮〉）」[139]此文不見《儀禮疏》，正有「鄭答之曰」此鄭駁何休之開首語，而彼引「則昏禮者天子諸侯大夫皆異也」一語，與《儀禮疏》「士昏皆異」一語正能接合，蓋今所見單疏本有所脫文。盧文弨《群書拾補》正據《左傳正義》補正《儀禮疏》之脫文。[140]由此可見，單疏本雖云宋本近古，但文字仍然間有脫誤。

　　宋真宗咸平年間校刻《儀禮疏》，至景德二年完成付梓，後來經過多番遞修，今天所見《四部叢刊續編》之單疏本已是晚至宋、元時

138　賈公彥：《儀禮疏》卷五，頁57。
139　《左傳注疏》卷二十二，頁375。
140　盧文弨：《群書拾補》，頁290。

期遞修之版本。因此,此本之末雖題「宋景德」之年,但實際去宋已遠,與賈疏在唐代之舊貌,應已有不少出入。本研究並非專門探討《儀禮疏》之版本,但上述兩個例子可見,單疏本雖歷稱善本,但其中錯譌衍脫之跡仍多,研讀疏者必須明此。

　　至於現今《儀禮注疏》的整理本有三。第一本是一九九九年由李學勤主編、北京大學出版的《十三經注疏》簡體本,二○○○年出版繁體本,《儀禮注疏》部分由彭林師整理,王文錦審定(下稱北大本)。第二本是在二○○一年由國立編譯館主編,台灣新文豐出版公司出版的中華叢書《十三經注疏》分段標點本,《儀禮注疏》部分則由邱德修分段標點(下稱邱本)。第三本是二○○八年由張豈之、周天游先生主編、上海古籍出版社出版的新版《十三經注疏》,《儀禮注疏》的整理者為王輝(下稱王輝本)。三種整理本各有特點。

　　底本方面,北大本與邱本同樣採用阮刻本,但實質所據用的版本並不完全相同。北大本用的是中華書局一九八○年版的《十三經注疏》縮印本,而這個版本是以世界書局影印的石印本為底本,而此石印本又是對道光重刊本復加補正的版本。[141] 另外,又據一九八○年中華書局影印之《十三經注疏‧影印說明》云:「影印前曾與清江西書局重修阮本及點石齋石印本核對,改正文字譌脫及剪貼錯誤三百餘處。」[142] 可見北大本所採用的版本在原嘉慶二十一年南昌府學本有較多的補正,情況也較為複雜。與北大本不同,邱本則是用藝文印書館在一九五五年影印的嘉慶南昌府學本為底本。至於王輝本的底本則棄用阮刻本,而採用張敦仁本(北京圖書館藏本),他在《校點前

---

141 野間文史:〈讀李學勤主編之《標點本十三經注疏》〉,姜廣輝主編:《經學今詮三編》(瀋陽市:遼寧教育出版社,2002年),頁683。

142 阮元等:〈影印說明〉,《十三經注疏附校勘記》(北京市:中華書局,1980年),頁1。

言》中說：「這是因為張本經、注、疏都採用當時最好的本子。」又說張本「經取正於唐開成石經，注用宋嚴州單注本，疏用顧千里所藏宋景德官本，所缺卷、葉用魏了翁《儀禮要義》補足」[143]。三種整理本所選用的底本均有不同。

校勘方面，邱本全錄嘉慶本所附的阮元《校勘記》，並未重新校勘。北大本和王輝本則用了不同材料對經注疏三者重新校勘。北大本〈整理說明〉指此本「全面吸收了阮元《十三經注疏校勘記》和孫詒讓《十三經注疏校記》的校勘成果；系統參校並吸收了十三經清人注疏的一些代表作的成果；擇要吸收了近現代學術界有關十三經及其注疏的校勘、辯證、考異、正誤等方面的成果。」[144] 至於王輝版本，更參考了一些近年出土的考古資料，例如馬衡《漢石經集存》六《儀禮》部分、甘肅博物館與中國科學院考古研究所編《武威漢簡》及陳夢家之《校記》、沈文倬先生〈禮漢簡異文釋〉等成果。[145] 兩編對經、注、疏之校勘成果豐碩。

分段方面，只有邱本和王輝本有較細緻的分段法。邱本對賈疏的分段，大體是按賈公彥疏文內「云『某某』者」、「知『某某』者」、「鄭云『某某』者」之類為斷，能夠將賈疏行文細分，甚為醒目。王輝本則以賈氏所標經、注的起止語為段落，不復細分。但值得注意的是，此本著重賈氏自身對《儀禮》經文的分段法，他在《校點前言》說：「賈公彥疏每卷標明各段之起迄及大意，……此後之《儀禮》章句研究者也各有不同的分法，見仁見智，各有優劣。胡培翬《儀禮正

---

143 鄭玄注、賈公彥疏；王輝整理：〈校點前言〉，《儀禮注疏》（上海市：上海古籍出版社，2008年），頁6。

144 阮元等，彭林師整理、王文錦審定：〈整理說明〉，《儀禮注疏》（北京市：北京大學出版社，2000年），頁3-4。

145 鄭玄注、賈公彥疏，王輝整理：〈校點前言〉，《儀禮注疏》，頁11。

義》在每段之末，附以小標題。⋯⋯胡氏的分段注意儀節的順序，段意概括也精練、扼要，今人多採用。我們原先也想採用胡氏的分段法，但後來又考慮到，本書是為賈疏作校點，所以仍應尊重賈氏原有的分段法。」[146]由此可見，王輝棄用了流行的分段法（筆按：即朱子分節法，詳見本書第2章），而採用賈公彥疏文中的科段作為《儀禮》經文的段落，足見王輝本更傾向保留賈氏原意及舊貌。

在標點方面，三種整理本也多有不同。例如對鄭注的標點，〈士冠禮・記〉「始冠，緇布之冠也。」鄭注云：「重古始冠冠其齊冠」。三本標點均有不同如下：

> 北大本：<u>重古，始冠冠其齊冠</u>。[147]
> 邱本　：<u>重古，始冠，冠其齊冠</u>。[148]
> 王輝本：<u>重古始冠</u>，冠其齊冠。[149]

標點不同會導致理解有出入。按其文意，北大本與邱本俱能通，應該將「始冠」與「重古」分開。至於王輝本將「重古始冠」連讀，則仍可商榷。至於賈疏的標點，也不乏三種本子不一的地方。如《士昏禮疏》：

> 北大本：〈聘禮〉敬賓客，故在廟。<u>親迎在廟者</u>，以先祖之遺體許人，故在廟。[150]

---

146 鄭玄注、賈公彥疏，王輝整理：〈校點前言〉，《儀禮注疏》，頁15。
147 阮元等；彭林師整理，王文錦審定：《儀禮注疏》卷三，頁61。
148 阮元等，邱德修分段標點：《儀禮注疏》卷三，頁96。
149 鄭玄注、賈公彥疏，王輝整理：《儀禮注疏》卷三，頁76。
150 阮元等，彭林師整理，王文錦審定：《儀禮注疏》卷六，頁124。

邱本　：聘禮敬賓客，故在廟；<u>親迎在廟者</u>，以先祖之遺體許人，故在廟。[151]

王輝本：聘禮敬賓客，<u>故在廟親迎</u>，在廟者，以先祖之遺體許人，故在廟；[152]

三本標點均有差異。北大本、邱本並作「親迎在廟者」，王輝本將「親迎」二字屬上讀，標成「故在廟親迎，在廟者」。此外，北大本將「聘禮」加上篇名號作「〈聘禮〉」，視之為《儀禮》中〈聘禮〉一篇；邱本與王輝本則不將「聘禮」加上篇名號，不視為篇名。三種整理本標點互所差異，或多或少影響對內容的理解。無論如何，三種本子對《儀禮注疏》都有不同程度的整理，所採用底本也不同，為學界所歡迎，俱為現今讀注疏必備之書。

---

151 阮元等，邱德修分段標點：《儀禮注疏》卷六，頁187。
152 鄭玄注、賈公彥疏，王輝整理：《儀禮注疏》卷六，頁160。

第二章
《儀禮疏》的基本內容

　　一如其他唐疏，《儀禮疏》的體例不外乎兩途：一是疏釋經文，一是疏釋注文。孫詒讓《周禮正義・略例十二凡》中就說「凡疏家通例，皆先釋經，次述注。」[1]賈氏撰寫義疏，亦謹隨疏家體式。《儀禮疏》中在撰寫疏文之前，必先以「某某至某某」或以「注某某至某某」標明所解釋經和注的範圍。在探討賈疏的核心思維前，我們應先了解賈疏說解經、注兩者的基本方法，以得其書之梗概。因此，本章就賈疏對經文和鄭注兩方面的疏解內容進行分析，希望展示賈公彥解經、釋注的特點。[2]

第一節　疏釋經文

　　賈公彥疏解經文，可從「分節」、「《儀禮》書寫之法」、「分析常例變例」三方面進行考察。

1　孫詒讓：《周禮正義》（北京市：中華書局，1987年點校本），頁2。

2　馬楠在其著作《比經推例》中，第二部分「從鄭注三禮到禮是鄭學」嘗討論注疏通例，兼論及賈疏解經、釋注的方法和體例。書中所論注疏通例，分類為「降殺以等，推次以當」、「舉輕明重，據非推是」、「上下相照，彼此互文」。在討論到賈疏之例時亦往往標明相關術語，如論「舉輕明重，舉重包輕」時云：「舉重明輕謂重者尚爾，則輕者亦然；舉輕包重謂輕者尚然，重者自如是。推而廣之，則有舉賤明貴、舉疏明親、舉屬明主。賈疏多以『猶』、『尚』、『況』表之。若云某禮猶當如此，則此禮亦爾。某禮尚如此，況此禮更當然。」但此部分所論貫通眾經注疏，所論至廣。（詳見氏著：《比經推例》，北京市：新世界出版社，2011年，頁75-109。）本章專就賈公彥《儀禮疏》之方法進行討論，則摘其本疏之特點要例，復加分析。

一　分節

朱子患《儀禮》難讀，認為「經不分章，記不隨經」[3]（〈答李季章〉）、「其書衰作一片，不成段落，使人難看」[4]（〈答應仁仲〉），因此發明分節之法，釐析經文。其法於每節截斷，附「右某事」於下，務求使典禮行事簡明清晰，讓讀者更容易掌握其中內容。後來學者如清代張爾岐撰《儀禮鄭注句讀》、吳廷華著《儀禮章句》以及胡培翬《儀禮正義》等都仿傚朱子的作法，以分節的手段簡化繁複的經文。

陳澧在《東塾讀書記》指出賈氏《儀禮疏》已就經文加以分節，並舉出「賈疏之分節尤有細密者」、「賈疏分偶有遺漏者」之例。二○○九年中山大學圖書館編《續編清代稿鈔本》收有陳澧《東塾遺稿》，其中有《儀禮分節》劄記手稿，收錄了陳澧所記賈疏分節之細密及疏漏者共十數條。賈公彥《儀禮疏》分節法的風格與朱子大不相同。他往往在一節之首標示出「自此至某句，論某事」或「自此盡某句，論某事」，甚至就單句經文而說「此經論某事」。賈氏的分節法，雖有科段之功，卻沒有刪繁就簡之效，因此陳澧亦說朱子的分節法「較賈疏尤簡明」。

然而，刪繁就簡並非賈氏分節的唯一目的，單以簡明與否來考察賈氏分節之法，亦欠公允。朱子以下「右某事」的分節法，將上下文截然斷開，前後緊接地分割，雖能清晰地呈現整個典禮儀節的布局和進程，卻不能勾勒整篇禮經的舖排、結構甚至作者撰寫的層次。賈氏之分節法，除了標明段旨外，更著力於說明作者（包括作經及作記者）著墨的層次，以〈士冠禮〉為例，「若不醴則醮用酒」之下賈疏

3　朱熹：《朱晦菴集》，《文淵閣四庫全書》（上海市：上海古籍出版社，1987年影印本），頁240。

4　朱熹：《朱晦菴集》，頁276。

云：「自此已上說周禮冠子之法。自以下至『取籩脯以降如初』說夏殷冠子之法。」[5]賈氏之意，旨在總括「若不醴」一句以上至篇首的內容，都是記載周禮冠子之法。同時又說，此下至「取籩脯以降如初」則記夏殷冠子之法。此外，「若孤子」之下賈疏云：「上陳士有父加冠禮訖」[6]，總括說明此文以上至篇首，都是記載「有父加冠禮」。又「若庶子」下賈疏云：「上已言三代適子冠禮訖，此經論庶子加冠法也」[7]，亦同樣是總括此文上迄篇首，是「三代適子冠禮」。上舉「周禮冠子法」、「有父加冠禮」及「三代適子冠禮」三層，各層段落之起點俱在篇首，互相有重疊部分，而每層訖止之處卻不同。如此，〈士冠禮〉一篇作者舖排的層次，得以清晰地勾勒出來。如下：

篇首 ─────➤「若不醴則醮用酒」（以上周禮冠子法）

篇首 ─────────➤ 「若孤子」（以上有父加冠禮）

篇首 ───────────➤「若庶子」（以上三代適子冠禮）

反觀朱子《儀禮經傳通解》，其分段法則未能達到賈疏之效果：

篇首…… ──➤ 右醴賓 ──➤ 右醮 ──➤ 右殺 ──➤ 右孤子冠 ──➤
右庶子冠

朱法將儀節用十分簡明的方法標示出來，俾人易於逐節理解儀節進程，極具刪繁就簡之效果。這是朱子分節法的長處。賈氏之法與此有別，其分節法之效果能呈現禮篇之層次，則為朱法所不及。

5　《儀禮注疏》卷一，頁28。

6　《儀禮注疏》卷一，頁30。

7　《儀禮注疏》卷一，頁30。

　　賈氏分節，除了勾勒出作者著墨層次，還會說明其文章鋪排之深意。〈士冠禮〉賈氏在「戒賓，曰：『……』」下疏云：「自此至『唯其所當』者，周公設經，直見行事，恐失次弟，不言其辭；今行事既終，總見戒賓、醴及為字之辭也。」[8]此段經文，共記戒賓、醴辭、醮辭、字子的辭令。如果賈氏只旨在分節，大可只說「自此至『唯其所當』者，總見戒賓、醴及為字之辭」之類，但賈氏先點明「周公設經」由於「恐失次弟」，因此上文只見行事之法，在行事完畢才總見其辭，將儀節與辭令分開記錄。賈氏在說明段旨的同時，也指明了「周公」設經的鋪排深意。反觀朱子卻直接將戒賓辭、醴辭等直接附在相應儀節之下，目的是為了便於閱讀，實質破壞了經文原本的鋪排。

　　除了突顯作者設經之層次，賈氏分節也兼及作記者著墨之鋪排。〈既夕禮〉為〈士喪禮〉之下篇，其中儀節相緊接。〈既夕禮·記〉往往與正經互相呼應。賈氏於是在〈既夕禮·記〉內的分節指出與正經對應之處，如記云「乃卒，主人啼，兄弟哭。設牀第。當牖。……遷尸。」賈疏云：「自此盡『遷尸』，論上篇始死，遷尸於南牖之事。」[9]明確說明了此記是與〈士喪禮〉上篇始死遷尸之事對應。又如「筮宅，冢人物土。卜日吉，告從于主婦。……哭者皆止。」賈疏云：「自此盡『不哭』[10]，論筮宅、卜日之事」[11]，也說明了是對應〈士喪禮〉上篇正經裡筮宅及卜日之節。[12]如此種種，都是賈氏在分

8　《儀禮注疏》卷一，頁31。

9　《儀禮注疏》卷四十，頁474。

10　賈氏此云「不哭」，實質指經文的「哭者皆止」。鄭玄於「哭者皆止」下注云：「事畢」疏云：「主婦升堂，堂上婦人皆止不哭。」據諸文理及鄭注、賈疏之跡可證。參見《儀禮注疏》卷四十一，頁483。

11　《儀禮注疏》卷四十一，頁483。

12　審諸《儀禮》經文，許多時間性用語及儀節的標誌，都有分節的效果。以〈士喪

節時說明作記者行文舖排與正經對應之處。此外，如上論〈士冠禮〉般，賈氏也突顯了整篇記的大略層次。〈既夕禮·記〉云：「啟之昕，外內不哭」，賈疏云：「自上皆記〈士喪〉上篇事，自此以下皆記此篇。」[13] 可見賈氏將整篇記文截分開兩大部分，在兩部之內又各自細分環節，突顯了記的井然層次。

二　《儀禮》書寫之法

　　《儀禮》以簡扼的文字，記錄了不同等級的繁瑣儀節，在字裡行間隱含了許多特殊的書法，曉具深義。賈氏對《儀禮》書寫之法十分關注，往往深入探究，並且在疏中辨明。賈氏在疏中探討的《儀禮》書法，大體可分為五類：

　　第一，是總《儀禮》全書而言。例如〈士冠禮〉「筮于廟門」，賈疏云：「〈廟記〉云：『凡行事，受諸禰廟。』此《經》亦直云『廟』，故知亦於禰廟也。然《儀禮》之內，單言廟者，皆是禰廟。若非禰廟，則以廟名別之。故〈聘禮〉云：『賓朝服問卿，卿受于祖廟。』又受聘在始祖廟，即云『不腆先君之祧』是不言於廟，舉祖祧以別之也。」[14]賈氏認為凡單言「廟」者乃直指禰廟，若作者要表達祖廟以上，則會有明文加以分別，不會單稱「廟」。此外，又如〈特牲饋食禮〉「設豆、籩、鉶于東房」，鄭注：「東房，房中之東」，賈疏便云：「大夫士直有東房、西室，若言房則東房矣。故〈士冠禮〉：『陳服于

禮〉為例，如「厥明」（小斂日始），「宵」（小斂日終），「厥明」（殯日始），「三日，成服」（成服日始），「朝夕哭」（朝夕哭），「朔月奠」（朔月奠），「月半，不殷奠。」（月半薦新）「筮宅」（筮宅），「卜日」（卜日）。在未有賈氏疏出現之前，讀者大概即依靠此等標誌性用語來了解《儀禮》篇章之舖排。

13　《儀禮注疏》卷四十一，頁483。

14　《儀禮注疏》卷一，頁3。

房中西墉下，東領北上。」不言東。又〈昏禮〉『側尊甒醴于房中』，亦不言東。如此之類，皆不言東，以其直有一房，不嫌非東房，故不言東。今此經特言『東房』，明房內近東邊，故云『東房』也。」[15]賈疏〈公食大夫禮〉也說：「天子、諸侯左右房，以其言在東房，對西房。若大夫士直有東房而已，故直云『在房』也。」[16]此則論《儀禮》之中，雖然同言「東房」，但若天子、諸侯禮是指東邊之房，若是士、大夫之禮則指房中的東邊。

第二，是標明《儀禮》省文之法。有關賈氏《儀禮疏》內分析禮經省文的情況，高橋忠彥〈《儀禮疏》《周禮疏》に於ける省文について〉一文已有十分詳盡之論述。高橋氏指出「公彥認為當周公制作《儀禮》與《周禮》時，依據『省文』的方針而避免重複表現，所以學禮者為了體諒周公的本意，得由類推、參照而復原完美的禮。」[17]賈氏正用類推、參照的方法，找出許多作經者撰寫時省文的地方。高橋舉出賈氏之術語如「省文之義」、「互文」、「互相備」、「文不具」、「各舉一邊」、「文有詳略」、「互見為義」、「相兼乃具」、「舉〇明〇」等。賈氏在《疏》中有十分豐富的例子，今再舉例明之。〈鄉飲酒禮〉：「蒲筵，緇布純。」賈疏云：「〈公食記〉云『蒲莚常，緇布純』，此不言『常』，文不具也。」又如〈特牲饋食禮〉：「席于門中，闑西，閾外。」賈云：「案〈士冠禮〉云：『筮與席，所卦者，具饌西塾。』乃言『布席于門中，筮人執筴，抽上韇，兼執之』，此不言具饌于西塾，而《經》但言席于門中，取筮於西塾，又不云『抽上韇』者，皆是互見省文之義。」[18]

---

15 《儀禮注疏》卷四十四，頁522。

16 《儀禮注疏》卷二十六，頁314。

17 此據工藤卓司：〈近一百年日本《儀禮研究》概況〉一文所載之中文翻譯，載《中國文哲研究通訊》，第23卷第3期，頁162。

18 《儀禮注疏》卷四十四，頁520。

　　第三，是變文。賈疏也舉出例子，說明作經者（筆按：賈氏認為是周公），往往會因應不同情況而稍為改變其行文方式，突顯設經者行文亦欲彰顯「禮尚相變」之義。例如〈士虞禮〉：「祝反入徹，設于西北隅，如其設也，几在南」，鄭注：「几在南，變古文，明東面，不南面，漸也。」賈疏云：「上文陰厭時，『設几席于室中，東面，右几』今云『几在南』，明其同。必變文者，案〈少牢〉大夫禮，陽厭時南〔面〕[19]，亦几在右。此言右几，嫌與大夫同南面而右几，故變文云『几在南』與前在奧同，故云明東面也。又以〈特牲〉云：『祝筵几于室中東面』，至於改饌云『佐食徹尸，薦俎、敦，設于西北隅，几在南』，是與此同也。」[20]〈少牢〉大夫禮在陽厭時改饌南面，其几之設云「右之」，賈氏認為設經者恐讀者與〈少牢〉陽厭南面相混，導致以為士禮也是南面而几在右方（西），因此變其文而說「几在南」，以彰顯士禮陽厭應當如陰厭一樣面向東。此因恐讀者混淆而變文。

　　或因尊卑不同而變文，如〈覲禮〉「天子賜舍」，鄭注：「賜舍，猶致館。」賈疏云：「『賜舍，猶致館』者，猶〈聘禮〉賓至於市，君使卿致館，此不言致館，言賜舍者，天子尊極，故言賜舍也。」[21]鄭玄已說明賜舍即致館，賈疏更進一步指出變「致」而言「賜」，乃是由於「天子尊極」的緣故。

　　也有因禮之性質不同而變文。〈有司徹〉云：「賓長洗爵獻于尸，尸拜受，賓戶西北面荅拜。」賈疏云：「案上〈少牢〉正祭賓獻，與此篇首賓長獻，皆云『拜送』，此特言『荅拜』者，下大夫故也。言『拜送』者，禮重；云『荅拜』者，禮輕。」[22]可見賈氏認為作經者亦會根據禮之輕重不同，而變易其行文。

---

19 毛本「南」下有「面」字。
20 《儀禮注疏》卷四十二，頁499。
21 《儀禮注疏》卷二十六下，頁319。
22 《儀禮注疏》卷五十，頁603。

　　第四，是解釋個別用語。賈氏透過解釋作經者的用字遣詞，從而推衍禮文之義。例如《儀禮》之「乃」字，〈特牲饋食禮〉云：「宗人告事畢，前期三日之朝，筮尸如求日之儀。……乃宿尸。」賈疏云：「宿尸云『乃』，『乃』是緩辭，則與筮尸別日矣。以此而言，則宿尸與宿賓中無厥明之文，則二者同日矣。」[23]賈氏說明「乃是緩辭」，並據此推論筮尸與宿尸並不在同一日；而宿尸與宿賓之間，既無「厥明」標明為別日，亦無「乃」一類緩辭，因此可知宿尸與宿賓在同一日。

　　又如論士禮篇章中的「不」字，〈特牲饋食禮〉篇首云「不諏日」，賈疏云：「凡士言『不』者，對大夫以上為之，此士言不諏日；〈少牢〉大夫諏日。〈士喪禮〉月半不殷奠，則大夫已上殷奠。」[24]賈氏在此指出凡士禮的篇章中云「不」，例如「不諏日」、「不殷奠」之類，都是相對大夫以上之禮而言。

　　第五，是辨明異代、異爵之法。賈氏在《士冠禮疏》內云：「《周禮》取別夏、殷，故言周；《儀禮》不言周者，欲見兼有異代之法故此篇有『醮用酒』，〈燕禮〉云『諸公』，〈士喪禮〉云『商祝』、『夏祝』，是兼夏殷，故不言周。」[25]賈氏認為《儀禮》兼載夏殷之法，而周公設經，往往將異代之禮隱含於經文之間。如〈燕禮〉「射人乃升卿，卿皆升就席。若有諸公，則先卿獻之。」鄭注云：「諸公者，謂大國之孤也。孤一人言『諸』，容牧有三監。」賈疏便云：「案〈王制〉云『天子使其大夫為三監，監於方伯之國，國三人』，彼是殷法。同之周制，使伯佐牧，不監。周公制禮，因殷不改者，若〈士冠〉醮用酒之類，故鄭云『容』，言容有異代之法。」[26]由此可見，賈

23　《儀禮注疏》卷四十四，頁521。

24　《儀禮注疏》卷四十四，頁519。

25　《儀禮注疏》卷一，頁3。

26　《儀禮注疏》卷十五，頁170。

氏發揮鄭玄「容有三監」的注解，進一步指出這裡所謂的「諸公」，其實是周公設經時所記殷代之法。

此外，賈氏亦認為在同一禮篇之中偶有記載不同爵等行事之法，必深究其設經書寫之法，方能辨識。如〈鄉射禮〉兼有大夫及士之射法，篇中云「釋獲者執鹿中」，賈疏便說：「以州長是士，射于榭；鄉大夫是大夫為之，射於于庠。下記云『士則鹿中，大夫兕中』」[27] 可見士射在榭，用鹿中；大夫射在庠，用兕中，兩者因爵等不同，禮亦由異。〈鄉射禮〉兼有士、大夫之禮，賈氏遂指出周公設經兩見其禮之法，如正文中庠、序兩個場所經常錯雜出現，賈疏云：「上云『榭則鈎楹內』謂射於榭者也；『堂則由楹外』，謂射於庠者也，此當有鄉大夫射於庠，亦有州長射於序，故互見其義也。『互言』者，今袒、決遂，則言堂東西，見在庠，在榭亦然；釋弓，說決拾則言序東序西，序則榭也，在庠亦然，故言『互言』之。」[28] 是也。

由此可見，賈氏鈎稽作經者書寫《儀禮》之法，頗具見解。疏中所論及設經之書法極其多樣，不勝枚舉。以上嘗歸納較為重要之五類，俾識賈氏確是深於考索《儀禮》之書法。

三　分析常例變例

陳澧論《儀禮疏》，指出賈氏「熟於《禮經》之例」，且善於「分析常例變例，究其因由。」[29] 學者討論《儀禮》禮例，無不舉淩廷堪《禮經釋例》，殊不知淩氏之前，鄭玄、賈公彥已就《儀禮》禮例多有發明。然而鄭注精賅，他在注解時往往缺乏對禮例的正、變作詳盡

27　《儀禮注疏》卷十二，頁129。

28　《儀禮注疏》卷十二，頁130。

29　陳澧：《東塾讀書記》卷八，頁136。

分析。注文或只點明禮例，卻沒有說明變例的因由；又或只指出變例的因由，卻未標常例的行事法；或只注出該文為變例，對常例及其變例的因由，不置一言。鄭玄注解《儀禮》，雖有禮例的概念，卻礙於注解的體例，對於正、變的具體情況和原由，缺乏詳盡的說明。

反觀賈氏，則根據自己的歸納和參照重複的經文，加上採用鄭注內諸多對於常例、變例的簡約描述，從而「分析常例變例，究其因由」。賈氏除了詳盡地分析《儀禮》內的常例和變例，值得注意的是，他更進一步「究其因由」。在賈氏的討論中，變例的「因由」大體有尊卑、禮類二途。（詳見本書第三章「尊卑系統及原則」及第四章「禮類系統」所舉諸例）

觀乎陳澧所列舉賈氏說禮例之例，分為「鄭注發凡，而賈疏辨其同異者」、「鄭注不云『凡』而與發凡無異，賈疏申明為凡例者」、「鄭注不發凡，而賈疏發凡者」、「經是變例，鄭注發凡是疏申明之者」、「經是變例，注不發凡而疏發凡者」、「賈疏不云凡而無異發凡者」[30]。陳澧所分諸項，乃是就賈氏補充鄭注的「發凡」與否及其彰隱而言。假若就賈氏對禮例之正、變的分析，則可分為兩類。一是本經是是常例，賈氏詳論他經之變例；一是本經是變例，賈氏根據常例加以說解。

本經是常例，賈氏詳論他經之變例者，如〈士昏禮〉云：「主人以賓升」，疏云：「禮之通例，賓主敵者，賓主俱升，若〈士冠〉與此文是也。若〈鄉飲酒〉、〈鄉射〉皆主尊賓卑，故初至之時，主人升一等，賓乃升，至卒洗之後，亦俱升。唯〈聘禮〉公升二等，賓始升者，彼注云：『亦欲君行一，臣行二也。』〈覲禮〉王使人勞侯氏，使者不讓先升者，奉王命尊故也。」[31]賈氏在此舉出兩種常例，謂之為

---

30 陳澧：《東塾讀書記》卷八，頁132-135。
31 《儀禮注疏》卷四，頁40。

「禮之通例」，一是賓主地位匹敵，按常例是「俱升」，賈氏舉所釋〈士昏禮〉及〈士冠禮〉為例；另一「通例」是主尊賓卑，則初時主人先升一等，賓方可隨之升階，到較後的環節才「俱升」。賈氏又舉出〈聘禮〉及〈覲禮〉兩處不符合上述通例，即為變例，前者是由於「君行一，臣行二」這種尊者宜逸的原則，後者則是由於使者「奉王命」而突顯其尊位的緣故。

　　本經是變例，賈氏根據常例加以說解者，如〈聘禮〉：「賓稱面，大夫對，北面當楣再拜，受幣于楹間。南面退，西面立。」注云：「受幣楹間，敵也。賓亦振幣進，北面授。」賈疏：

> 凡授受之義，在於兩楹之間者，皆是體敵，故〈昏禮〉云：「授于楹間，南面」注云：「授於楹間，明為合好，其節同也。」南面，並授也。謂賓主俱至楹間，南面並授。是以〈曲禮〉云：「鄉與客並然後受。」注云：「於堂上則俱南面。禮敵者並授，此是敵者之常禮也。」雖是敵者，於兩楹之間，或有訝受者，皆是相尊敬之法，則云「大夫南面，賓北面授」，雖是敵禮，是尊大夫，故訝受。[32]

賈氏明確「發凡」，指出凡於兩楹之間授受，都是授者與受者地位相匹敵之法。又引〈曲禮〉鄭注云「禮敵者並授，此是敵者之常禮」。可見體敵之授受常法，當在楹間並向（面向同一方向）而授受。但此經〈聘禮〉賓與卿行私面，其地位體敵，但不按體敵常例並授受，而行訝受之法（訝，迎也，兩者面南北相向而授受謂之訝受）。此經行禮者既然是體敵，卻行尊卑訝受之法，賈氏則解釋是「尊大夫」之故，異於常禮。

---

32 《儀禮注疏》卷二十二，頁265。

　　由此可見，賈氏在其疏內勤於分析《儀禮》的常例、變例，並嘗試「究其因由」，實有助於解決篇章之間的差異和矛盾，同時亦反映出賈氏善於考察禮篇之間的異同。上述一類例子在賈疏中十分常見，而且他所闡明之正例變例，許多時候又與其說禮的核心思維——尊卑系統及禮類系統互相緊扣（詳第三、第四章）。因此在賈疏內可見，一則他以其核心思維解釋正例和變例；一則是根據禮例，探究並補充《儀禮》未有記載或已經亡失的內容，即陳澧所謂「以例補經」者是也。

第二節　疏釋鄭玄注解

　　彭林師〈論《儀禮》賈疏〉一文曾說：「《儀禮》賈疏，疏經之外，又須詮解鄭注。鄭注不明，則經義窒塞，此為歷代解經者所公認。清人胡培翬以《儀禮正義》名世，其書以鄭注為中心展開，而以『補注、申注、附注、訂注』為標榜。然平心而論，與此相若者，賈疏均已付諸實踐。」[33] 此說誠是，賈氏對鄭注的疏釋既詳且盡，大體可分為「明鄭所據」、「解讀鄭義」、「證成鄭說」、「分析鄭注書法」、「貫通鄭注」五類。以下分項略加說明。

一　明鄭所據

　　鄭玄注經，往往不無所據，每立一說，必有所依。賈氏疏釋鄭注時，幾於鄭氏之注解，每為慎加考實，推測鄭玄所根本，彰明其注經之依據。如〈鄉射禮〉云：「獲者負侯，北面拜受爵，司馬西面拜送爵。」鄭云：「負侯，負侯中。」賈疏云：「知『負侯中』者，以下云

33 彭林師：《論〈儀禮〉賈疏》，頁28。

『適右个』，又『適左个』，後言中，明先居中可知。」[34]賈氏往往以
「知者」、「知某者」的方式，展開論述，從而揭示鄭玄出注的依據。
以上引此例而言，〈鄉射禮〉獻獲者時獲者「負侯」，鄭玄點明為「負
侯中」，賈氏便指出鄭玄之所以如是說，是由於同篇下文記載獲者先
走向侯的東方祭酒，再走向侯的西方祭酒，最後才走到侯的中間祭
酒。賈氏認為鄭玄即是根據這種祭酒次序，而得出一開始「負侯」受
獻是「負侯中」。此賈氏彰明鄭注之依據乃是同一篇之上下文。

　　除上下文外，賈氏還會指明鄭玄注解乃係參照《儀禮》其他篇
章。如〈鄉射禮〉：「獲者執爵，使人執其薦與俎從之，適右个，設薦
俎。」鄭注云：「為設籩在東，豆在西，俎當其北也。」鄭玄認為獲
者受獻、祭酒時籩豆的設置，乃是「籩在東，豆在西」，賈氏嘗試說
明他的依據，云：「知『籩在東，豆在西，俎當其北也』者，以其侯
以北面為正，依〈特牲〉、〈少牢〉皆籩在右，故知籩在東，右廂；豆
在西，左廂可知也。」[35]賈氏指出鄭玄的依據，一是按「侯以北面為
正」的禮例，獲者之薦、俎亦以北向而定其左右，故〈鄉射禮・記〉
云「獲者之俎，……東方謂之右个」；此外，賈氏指出鄭氏再鑒於
〈特牲〉、〈少牢〉二篇所記籩豆之設，是籩在右，豆在左，得出「籩
在東，豆在西」的結論。此例即點明鄭注乃參照他篇儀節為說。

　　又如鄭玄注《儀禮》時有化用《周禮》及《禮記》之文，賈疏亦
往往加以辨識。如〈士喪禮〉：「復者一人」，鄭注云：「天子則夏采、
祭僕之屬，諸侯則小臣為之。」賈疏云：「云『天子則夏采、祭僕之
屬』者，案《周禮・天官・夏采》職云『大喪，以冕服復於大祖，以
乘車建綏復於四郊』，……又夏官〈祭僕〉職云：『大喪，復於小

34　《儀禮注疏》卷十二，頁133。
35　《儀禮注疏》卷十二，頁133。

廟。』……又〈隸僕〉云:『大喪,復於小廟』,……此不言隸僕,以
其隸僕與祭僕同,僕官之屬中兼之。……云『諸侯則小臣為之』者,
〈喪大記〉文。」[36]鄭注遍言天子、諸侯喪禮復者之用官,賈氏分析
鄭玄注解,共分為兩部分:一部分為天子喪禮用「夏采、祭僕之屬」
為復者,指出鄭玄實參考了《周禮》中〈夏采〉、〈祭僕〉及〈隸僕〉
職文,才得出此論;另一部分為諸侯喪禮用「小臣」為復者,鄭玄乃
直接採用〈喪大記〉「小臣復」之成說入注。

這裡要說明的是,鄭玄注《儀禮》未必一定有所依據。如果是一
般儀節行事或制度,尤有可供參考之成說或經傳正文;但上古名物之
狀貌,至漢世已歷經年歲,無可復見原本實物,其形制在文獻中亦不
足取徵,因此鄭玄在注解上古器物時往往缺乏實證。然而,禮器名物
雖難以考見,鄭玄亦嘗為之注解;賈氏在鄭氏缺乏實證而出注的情況
下,也嘗試一一追溯其注解之源出,並加以分析。究之約有三途:

一是置疑或直言「未聞」。如〈士冠禮〉論染紅之法,鄭玄云:
「三入謂之纁,朱則四入與?」賈云:「云『朱則四入與』者,《爾
雅》及〈鍾氏〉皆無四入之文,《經》有朱色,故鄭約之若以纁入黑
則為紺,若以纁入赤則為朱,無正文,故云『與』以疑之也。」[37]檢
《周禮·冬官·鍾氏》云「三入為纁,五入為緅,七入為緇」[38],《爾
雅·釋器》云:「一染謂之縓,再染謂之赬,三染謂之纁」[39],都沒有
記載「四染」、「四入」之文,賈氏認為鄭玄鑒於《儀禮》經文有
「朱」色,因此遂以朱色為三入纁色再一染赤色之色。但由於始終沒
有明文說明四入之色,故賈氏亦指出鄭氏「云『與』以疑之」。

36 《儀禮注疏》卷十二,頁133。
37 《儀禮注疏》卷二,頁15。
38 《周禮注疏》卷四十,頁623。
39 《爾雅注疏》卷五,頁80。

　　賈氏又指出鄭玄「未聞」之例，如〈士冠禮・記〉言三代之冠，
「委貌，周道也；章甫，殷道也；毋追，夏后氏之道也。」鄭云：
「制之異同未之聞。」賈云：「委貌、玄冠於禮圖有制，但章甫、毋
追相與異同未聞也。」[40]又「周弁，殷冔，夏收」，鄭云：「其制之異
亦未聞。」賈云：「案《漢禮器制度》，弁、冕《周禮・弁師》相參，
周之冕以木為體，廣八寸，長尺六寸，績麻三十升布為之，上以玄，
下以纁，前後有旒，尊卑各有差等。天子玉笄朱紘，其制可聞。云
『未聞』者，但夏殷之禮亡，其制與周異，亦如上『未聞』也。」[41]
以上二例，賈氏解釋鄭玄所謂「未聞」之義，指的是夏、殷二代章
甫、毋追兩冠之制與周制異同，於文獻未足徵，因此鄭說「未聞」。

　　二是以漢法為況。如〈士冠禮〉言用屨之制，云「玄端黑屨，青
絇、繶、純」，鄭注云：「絇之言拘也，以為行戒，狀如刀衣鼻，在屨
頭」，賈云：「云『狀如刀衣鼻，在屨頭』者，此以漢法言之，今之屨
頭見有下鼻，似刀衣鼻，故以為況也。」[42]賈氏認為鄭玄所分析屨上絇
之狀，所謂「如刀衣鼻，在屨頭」云云，乃以漢代之屨制狀之。又如
解竹製禮器如籩、匳者，鄭玄云：「籩，竹器，如笿者」，又云「匳，
竹器名，今之冠箱也。」賈疏也指出鄭玄是根據漢代器物而言，云：
「『如笿』者，亦舉漢法為況也；……『匳，竹器名，今之冠箱也』
者，此亦舉漢法為況也。」[43]

　　三是鄭玄以意解之。既無明文可參，鄭玄除了置疑、直言「未
聞」及以漢法為況外，有時還會純粹以意解之。如〈士冠禮〉言三代
爵弁之名義，鄭云：「弁名出於槃，槃，大也，言所以自光大也。冔

40　《儀禮注疏》卷三，頁33。
41　《儀禮注疏》卷三，頁34。
42　《儀禮注疏》卷三，頁32。
43　《儀禮注疏》卷二，頁18。

名出於幠，幠，覆也，言所以自覆飾也。收，言所以收斂髮也。」賈
疏：「云『弁名出於槃，槃，大也』者，無正文，鄭以意解之。……
云『冔名出於幠，幠，覆也，言所以自覆飾也。收，言所以收斂髮
也。』者，皆以意解之也。」[44]三代冠之名義無正文，鄭玄尤出注，
賈疏即指出鄭氏乃以意解之。

二　解讀鄭義

　　鄭玄注經文字簡賅，卻每有其深義。讀者即使弗第深思，仍舊難
諳其義。賈氏深研鄭注，在解讀鄭注時往往就鄭玄注解之旨意，詳加
探究。

　　對於鄭玄每一句注解，賈氏都斟酌其用意。以下略舉幾個簡單的
例子說明，如〈公食大夫禮〉公拜至，賓荅拜，彼經和注云：

> 賓西階東，北面荅拜（鄭注：西階東，少就主君，敬也）。擯
> 者辭（鄭注：辭，拜於下）。拜也，公降一等，辭曰：「寡君從
> 子，雖將拜，興也。」（鄭注：賓降再拜。公降，擯者釋辭
> 矣，賓猶降，終其再拜稽首。興，起也。）[45]

按照常例，鄭注於每經之下出注，每注當直接解釋上所緊扣之經文。
然賈氏此處指出上所引鄭氏「賓降再拜」一語，實乃釋經「北面荅
拜」及「拜也」二文。賈氏疏云：「此云『荅拜』，下云『拜也』，並據
公未降之前，賓為一拜。以其賓始一拜之間，公降一等，故間在一辭
之中，以鄭云『賓降拜』，釋經『北面荅拜』及『拜也』。云『公降，擯

者釋辭矣』者，解經『辭曰：「寡君從子，雖將拜，興也」』」，[46]是也，賈氏此疏亦點出鄭玄「公降擯者釋辭矣」一語所對應解釋的經文。

此外，鄭玄偶爾直引他書之文入注，卻不加解說。賈氏遂為之說明鄭氏引文用意。如〈士喪禮〉：「死于適室，幠用斂衾」下鄭云：「〈喪大記〉曰：『始死，遷尸牀，幠用斂衾，去死衣。』」賈氏云：「引〈喪大記〉者，欲見加斂衾以覆尸，以去死衣。鄭彼注云『去死衣，病時所加新衣及復衣也，去之以俟沐浴。』」[47]此外，下文又云：「升自前東榮，中屋北面招以衣，曰：『皋，某復！』」鄭云：「〈喪大記〉曰：『凡復，男子稱名，婦人稱字。』」賈云：「引〈喪大記〉者，證經復時所呼名字。」[48]以上兩例，賈氏均說明鄭玄引用《禮記・喪大記》的旨意。

《三禮》以外，鄭玄亦偶然會引述他書文字，賈氏亦會探求其用意。如〈鄉射禮〉：「（司馬）遂適階西，取扑，搢之，以反位。」鄭注云：「《書》云『扑作教刑。』」鄭玄引用《尚書・舜典》文字以解說《儀禮》，賈氏遂指出其引用之旨，云：「引《書》者，〈舜典〉文也。彼謂教學之刑，此為教射法，故雖不同，用扑是一，故引為證也。」[49]賈氏指明鄭引《書》乃取其「用扑是一」。除此之外，〈鄉射禮・記〉云：「射者有過則撻之」，鄭玄同樣引用〈舜典〉，彼賈疏云：「彼據教學，故彼注云『不勤道業者撻之』，引之者，於射時司射搢扑，亦是教射法，故引證撻犯禮之過者，是以《尚書》亦云『侯以明之，撻以記之』是也。」[50]

除了探討鄭玄出注的用意外，對於鄭注內容的深義，賈氏也會嘗

---

46 《儀禮注疏》卷二十五，頁301。
47 《儀禮注疏》卷三十五，頁408。
48 《儀禮注疏》卷三十五，頁409。
49 《儀禮注疏》卷十二，頁125。
50 《儀禮注疏》卷十三，頁149。

加考究。例如〈士冠禮〉:「乃宿賓,……宿贊冠者一人亦如之。」鄭
玄出注云:「贊冠者,……謂賓若他官之屬,中士若下士也。」[51]驟觀
鄭注,會以為充任贊冠者之人,乃任主人之喜好而用賓之屬官或他官
之屬官,又中士或者下士。然賈疏針對鄭玄此注,細加分析其義,指
出用官並不完全隨意。賈疏云:「云『謂賓若他官之屬』者,此所取
本由主人之意,或取賓之屬,或取他官之屬,故鄭兩言之。案《周
禮》三百六十官每官之下皆有屬官,假令上士為官首,其下有中士、
下士為之屬。若中士為官首,其下即有下士為之屬也。云『中士若下
士也』者,此據主人是上士而言之,贊冠者皆降一等,假令主人是上
士,賓亦是上士,則取中士為之贊;假令主人是下士,賓亦是下士,
則亦取下士為之贊,禮窮則同故也。」[52]賈氏指出,取賓之屬抑或他
官之屬充任贊官者,乃「由主人之意」,因此鄭玄「兩言之」。但「中
士若下士」的情況卻並非「由主人之意」,而是視乎主人的爵等而
言。鄭玄這樣說,賈氏認為要堅守贊冠者比賓「降一等」的原則,因
此賓是上士,贊冠用中士;賓是中士,贊冠用下士。正因如此,才有
鄭玄所謂「中士若下士」的注解。

又如〈既夕禮·記〉云:「男子不絕於婦人之手,婦人不絕於男
子之手」,鄭注:「備褻」。鄭玄並無詳細說明何謂「備褻」,賈疏遂闡
明其義,云:「案〈喪大記注〉云『君子重終,為其相褻。』若然,
疾時使御者持體,并死于其手;若婦人則內御者持體,還死于其手。
故〈喪大記〉云:『其母之喪,則內御者抗衾而浴。』僖三十三年
冬,『公薨于小寢』,《左氏傳》曰『即安』,服注云『小寢,夫人寢
也。禮,男子不絕於婦人之手,今僖公薨于小寢,譏其近女室』,是

---

51 《儀禮注疏》卷一,頁7。
52 《儀禮注疏》卷一,頁7。

男子不絕于婦人之手，備褻也。」[53]賈氏此疏引用鄭玄〈喪大記注〉，續緊接說人臨死之時，男者以御者持體，而死於御者之手；婦人則使內御持體，並死於內御之手。可見病重臨死以及死亡之際，男女不可相混，相混即相褻。這便解釋了鄭玄此《既夕記注》所謂「備褻」和〈喪大記注〉所謂「君子重終，為其相褻」之義。賈氏更引用《左傳》僖三十三年僖公薨於夫人寢之事，以進一步彰明鄭義。

又，鄭玄於《儀禮》古文今文往往有所斟酌和取捨。他選擇合適之字作為經字，而在注解中疊出另外的古文本或今文本。賈氏也會就鄭玄所採用之今文或古文，考究其故，並加以說明，從而探明鄭義。例如〈士冠禮〉：「爵弁服，纁裳」，鄭注云：「今文『纁』皆作『熏』」，此處鄭玄採用古文『纁』而疊出今文『熏』。賈氏嘗解其義云：「纁是色，當從絲旁為之，故疊今文不從『熏』，從經文古『纁』也。」[54]又如下文云「側尊一甒醴」，鄭云：「古文『甒』作『廡』」，此處鄭玄則用今文而疊出古文。賈又嘗解其採今文之義云：「此『甒』為酒器，『廡』是夏屋兩下，故不從古文也。」[55]

三　證成鄭說

鄭玄注經以簡賅精練見稱，注解時往往略去論證部分，直出注意而已。賈疏則詳贍細密，在《儀禮疏》內經常對鄭玄的說法詳加論證。賈氏證成鄭說，旨在以本經或其他文獻，證明鄭玄說法之真確。

如〈士冠禮〉云：「主人戒賓，賓禮辭，許。」鄭注云：「禮辭，一辭而許；再辭而許曰固辭；三辭曰終辭。」觀乎鄭注，直接注出禮

---

53 《儀禮注疏》卷四十，頁474。

54 《儀禮注疏》卷二，頁16。

55 《儀禮注疏》卷二，頁17。

辭、固辭及終辭之法,卻未有舉出例證。賈氏遂疏云:「云『禮辭,一辭而許』者,即此文是也。云『再辭而許曰固辭』者,則〈士相見〉云『某也願見,無由達,某子以命,命某見。』主人對曰『某子命某見,吾子有辱,請吾子之就家也,某將走見』,賓對曰『某不足辱命,請終賜見』,主人對曰『某不敢為儀,固請吾子之就家也,某將走見』,賓對曰『某不敢為儀,固以請』,主人對曰『某也固辭不得命,將走見』,是其再辭而許,名為固辭之義也。云『三辭曰終辭,不許也』者,又〈士相見〉云『士見于大夫,終辭其摯』,是三辭不許,為終辭之義也。」[56]鄭玄直接注出三種「辭」法,可謂簡扼。其實三種「辭」的具體行事法,本見於《儀禮》,賈氏遂引用本篇〈士冠禮〉及〈士相見禮〉的內容,印證鄭玄對三種「辭」法的描述。此即以本經證成鄭說之例。

又如〈士冠禮〉:「筮人執筴,抽上韇,兼執之,進受命於主人。」鄭注云:「筮人,有司主三《易》者。」鄭玄解釋〈士冠禮〉的筮人一職,直云「有司掌三《易》者」。賈氏便疏云:「案《周禮‧春官‧筮人》:『掌三《易》,一曰《連山》,二曰《歸藏》,三曰《周易》』注云:『問蓍曰筮,其占《易》』,是筮人主三《易》者也。」[57]賈氏引用《周禮》中筮人的職掌,云「掌三《易》」,旨在據彼職證成鄭玄《儀禮注》對筮人職掌的描述。

四 分析鄭注書法

賈氏對《儀禮》書寫之法有深入之研究,並在疏中有大量討論;

---

56 《儀禮注疏》卷一,頁6。
57 《儀禮注疏》卷一,頁5。

同時，他亦十分關注鄭玄注解內的書法。鄭注書寫之法蘊藏深義，賈氏諳熟鄭注，往往加以揭櫫。

例如闡明鄭玄注解兼言的情況，〈士冠禮〉「筮于廟門」，鄭注云：「冠必筮日於廟門者，重以成人之禮，成子孫也。」賈氏便就鄭玄的書法，疏云：「此經唯論父子兄弟，不言祖孫，鄭兼言孫者，家事統於尊，若祖在則為冠主，故兼孫也。」[58]〈士冠禮〉的主人為冠者之父，但鄭玄注冠禮之義謂「成子孫也」，不但言子，而且兼言孫，賈氏便指出這是由於「家事統於尊，若祖在則為冠主」的緣故。〈士冠禮〉下文又云：「主人玄冠」，鄭注：「主人，將冠者之父兄也。」賈疏云：「經直云『主人』，當是父子加冠之禮。知兼有兄者，《論語》云『出則事公卿，入則事父兄』，父兄者，一家之統，父不在則兄為主可知，故兼其兄也。又案下文『若孤子則父兄戒宿，冠之日，主人紒而迎賓』，則無親父親兄，故彼注云『父兄，諸父諸兄』，則知此主人迎賓，是親父親兄也。」[59]此例則主人應是父，而兼言兄。以上二例可見，賈氏標明鄭氏注解時「兼言」之書法，而且對兼言之義也作進一步闡釋。

然鄭玄解經有兼言的情況，也有不言之例。賈氏會說明其中因由，以闡明鄭玄注經書寫之法。如〈聘禮〉初入國時，「下大夫勞者遂以賓入。」鄭注：「出以束錦授從者，因東面釋辭，請道之以入，然則賓送不拜。」賈疏云：

> 云「然則賓送不拜」者，以其云遂以賓入即從之，明賓送不拜，謂若〈公食大夫〉使人戒賓，「不拜送，遂從之」，其類

---

58 《儀禮注疏》卷一，頁3。
59 《儀禮注疏》卷一，頁3。

也。案上君使士請，遂以賓入，鄭云：「因導之」。鄭不言「賓
送不拜」者，士請事空手無幣，賓亦不儐，請導賓，賓從入，
無再拜送之理，故鄭不言「賓送不拜」。此大夫勞儐，與卿同
有拜送之理，故云「賓送不拜」也。[60]

細讀賈氏此疏可知，鄭玄出注不只是解釋儀節，也考慮到每個環節的
特性，再斟酌出注與否，因此便成就了鄭氏注簡練明確的特點。即如
上引例子，聘使初入境，國君使士請問所至何事，當此節，士雖有導
使者入國之事，但鑒於該環節並沒有勞禮，故沒有儐賓之禮，因此賈
氏認為「無拜送之理」。既然彼環節本就「無拜送之理」，因此鄭注便
不像郊勞禮時說「賓送不拜」，而只注云「因導之」，該處的注文不涉
及「拜」與「不拜」。與初入境的儀節不同，勞禮有幣，也有儐賓之
禮。按〈聘禮〉所記，國君使卿行勞禮，勞禮後又緊接儐賓禮，有拜
送卿之禮，可知勞禮、儐賓禮後有「拜送之理」。國君使卿行勞禮後，
夫人又使下大夫行郊勞之禮。既然勞禮合有拜送之法，此時夫人使下
大夫郊勞理應也有拜送；其有「拜送之理」，因此鄭玄必須出注說明
「拜」與「不拜」。下大夫郊勞「不拜送」，並非由於勞禮無拜送之
理，而是因為下大夫之禮殺於卿禮而已，因此鄭玄注明「賓送不拜」。

《儀禮》載有異代之法，而這些異代法往往隱藏於文字背後。同
樣，鄭注也有刻意隱藏異代之制的情況，賈氏亦嘗試為之彰明。〈士虞
禮〉：「贊設二敦於俎南」，鄭注：「敦實尊黍也」，賈疏便云：

經云「敦」，注言「敦」者，案〈特牲〉云「佐食分簋、鉶」
注云：「分簋者，分敦黍於會，為有對也。敦，有虞氏之器
也，周制士用之。變敦言簋，容同姓之士得從周制耳。」然則

此注變敦言簋者，亦謂同姓之士得用簋故也。[61]

考〈少牢〉，賈疏亦有相似的說法，云：「〈特牲〉云『佐食分簋、鉶』，注云：『為將餕。敦，有虞氏之器也，周制士用之。變敦言簋，容同姓之事得從周制耳。』同姓大夫亦用簋，〈特牲〉、〈少牢〉用敦者，異姓大夫士也。〈明堂位〉云：『有虞氏之兩敦，……周之八簋。』」[62]由此可見，周制，異姓之士用有虞氏之敦，同姓之士用周制之簋。〈特牲〉、〈少牢〉為異姓之士祭法，所以俱用敦。但〈特牲〉有謂「佐食分簋、鉶」之文，是作經者「變敦言簋」，這樣寫的目的是「容同姓之士得從周制」而用「簋」，兼明同姓、異姓用器之法。賈氏在〈士虞禮疏〉內指出鄭玄同樣運用了〈特牲〉文「變敦言簋」的寫法，目的也一樣是要指出同姓之士得用周制之簋。

　　賈氏亦有分析鄭玄出注位置之例。如〈士冠禮〉：「乃宿賓」，下又云「宿贊冠者一人亦如之。厥明，……」鄭玄於「宿贊冠者」之下，「厥明」之上出注云：「宿之以筮賓之明日。」賈疏云：「云『宿之以筮賓之明日』者，以下有『厥明夕，為期』，是冠前一日。宿賓、宿贊在『厥明』之上，則去冠前二日矣。筮賓是前期三日，則知宿賓、贊冠者是筮賓之明日可知。不在『宿賓』下而在『宿贊冠』之下言之者，欲取為『厥明』相近故也。」[63]按行事之次序，筮賓之翌日進行宿賓及宿贊冠者之事，然後再翌日進行為期。賈氏指出鄭玄選擇在「厥明」之上、「宿贊冠者」之下出注，而不在「宿賓」下的原因，是基於鄭玄「欲取為『厥明』相近」的緣故。可見賈氏對於鄭玄出注的位置，也相當關注。

61　《儀禮注疏》卷四十二，頁495。

62　《儀禮注疏》卷四十八，頁568。

63　《儀禮注疏》卷一，頁7。

五　貫通鄭注

鄭玄在注解不同篇章時，往往互有詳略，甚至有注文相互見義的情況。賈氏諳熟鄭注，能夠貫通其注解。《儀禮疏》中，賈氏對注中互文、相兼、各舉一邊的情況，都加以辨識。

例如〈鄉射禮〉：「賓西階上疑立」，鄭注云：「疑，止也，有矜莊之色。」賈疏便云：「〈鄉飲酒注〉：『疑讀為疑然從於趙盾之疑。疑，正立自定之貌。』此言疑，止也，有矜莊之色。二注相兼乃具也。」[64]〈鄉飲酒禮〉與〈鄉射禮〉文字有許多重疊的部分，而且同樣有「賓西階上疑立」之文。但賈氏發現兩處鄭注稍有不同，一訓疑為止，引申為「矜莊之色」；一則訓為正，解為正立自定之貌。鄭玄兩解不同，賈氏遂解釋是「二注相兼乃具」，說明鄭注刻意將兩種訓釋分屬兩注，讀者需要結合兩注才能全面地詮釋經義。

這種標明鄭注「相兼乃具」的方式，大量見於賈氏《儀禮疏》。〈大射儀〉旅酬至大夫，「大夫坐祭，立卒爵，不拜既爵，主人受爵。」鄭注云：「既，盡也。大夫卒爵不拜，賤不備禮。」賈氏就鄭玄的注解，再舉出〈燕禮注〉來說明鄭注「相兼」的情況。賈疏云：「此注云『大夫卒爵不拜，賤不備禮。』〈燕禮注〉云：『禮殺』者，兩注相兼乃足。對公卿拜既爵，此不拜，此獻卿後是禮殺，亦是賤不備禮也。」[65]鄭玄在〈大射儀注〉指出大夫旅酬卒爵後不拜，原因是「賤不備禮」，但在〈燕禮注〉則說是「禮殺」。兩注雖然用語不一，但其實能夠互相補足。大夫旅酬卒爵不拜，一方面在尊卑而言是由於大夫地位較「賤」，因此不備其禮；一方面則是從禮典的行進來指出當時是「禮殺」。事實上，「禮殺」是其禮相對前面卿旅酬而言，因此

---

64 《儀禮注疏》卷十一，頁111。
65 《儀禮注疏》卷十七，頁199。

「禮殺」也是由於其位「賤」；而其禮之「殺」，亦會導致讓環節「不備禮」。所以，賈氏便說「此獻卿後是禮殺，亦是賤不備禮也」。

　　有時，鄭玄隨文出注，在不同篇章會出現不同解說，賈氏亦會為之說明歧異的原因。如〈士冠禮〉：「爵弁服，纁裳，純衣，緇帶，韎韐。」鄭注云：「純衣，絲衣也。餘衣皆用布，唯冕與爵弁服用絲耳。」賈疏云：

> 云「純衣，絲衣也」者，案鄭解純字，或為絲，或為色，兩解不同者，皆望經為注。若色理明者，以絲解之；若絲理明者，以色解之。此經玄衣與纁裳相對，上玄下纁，色理自明，絲理不明，則以絲解之。〈昏禮〉：「女次純衣」，注云：「絲衣」，以下文有女從者畢袗玄，色理自明，故亦以絲理解之。《周禮・媒氏》云：「純帛無過五兩。」注云：「純，實緇字也。古緇以才為聲，納幣用緇，婦人陰也。」以《經》云「純帛」，絲理自明，故為色解之。〈祭統〉云：「蠶於北郊，以共純服。」絲理自明，故鄭亦以色解也。《論語》云：「麻冕，禮也。今也純，儉」，以純對麻，絲理自明，故鄭亦以色解之。[66]

賈氏指出鄭玄注解「純衣」的「純」字，有兩種解釋，一為絲，一為緇色。例如此例所疏釋的〈士冠禮〉及〈士昏禮〉「女次純衣」下便同樣解為「絲衣」；《周禮・媒氏》之職「純帛」卻不解作「絲」而注云「純，實緇字」[67]。賈氏又引《禮記・祭統》「以共純服」，彼鄭注云：「純服亦冕服也，互言之爾。純，以見緇色。」[68]指出鄭玄「亦以

66　《儀禮注疏》卷二，頁15。
67　《周禮注疏》卷十四，頁217。
68　《禮記正義》卷四十九，頁831。

色解之也」。又引《論語》:「今也純,儉」,考鄭注此文云:「純當為緇」[69](見《毛詩正義》卷十五引),也是「以色解之」。鄭氏既有兩種不同的解法,賈氏因此分析指鄭玄是「望經為注」,其出注的準則是「若色理明者,以絲解之;若絲理明者,以色解之。」

賈氏在分析鄭玄注解的歧義時,除了解釋鄭玄用意外,更會嘗試參合文獻證據,作全面的說明。如〈公食大夫禮〉:「司宮具几」,鄭注司宮一職云:「司宮,大宰之屬,掌宮廟者也。」賈疏便云:

> 案〈燕禮〉:「司宮尊于東楹之西。」注云:「司宮,天子曰小宰,聽酒人之成要者也。」注雖不同,其義一也。但〈燕禮〉司宮云「設尊」,故以小宰解之;此司宮設几席,故以大宰之屬解之。案〈大宰〉之下有宮人,掌宮中除汙穢之事,即此司宮。彼不言設几席者,以天子具官,別有司几筵,又有小宰。諸侯兼官,故司宮兼司几筵及小宰也。[70]

同樣是司宮一職,鄭玄在〈公食大夫禮〉和〈燕禮〉的注解卻不相同。鄭玄在〈公食大夫禮〉注司宮是「大宰之屬」,職掌為「掌宮廟」;注〈燕禮〉則云:「小宰」,而其職掌是「聽酒人之成要」。兩注不同,賈氏便解釋說是由於〈燕禮〉的司宮主職是「設尊」,與《周禮‧小宰》之職相符合,〈燕禮疏〉便說:「案〈酒正〉云:『酒正之出,日入其成,月入其要,小宰聽之。』此司宮亦設酒尊,當掌酒事,與小宰同,是以知此諸侯司宮當天子小宰者也。」[71]正因如此,所以〈燕禮注〉便以天子的「小宰」解司宮一職。〈公食大夫禮〉籠

---

69 《毛詩正義》卷二十二,頁511。

70 《儀禮注疏》卷二十六,頁314。

71 《儀禮注疏》卷十四,頁159。

統地說是「大宰之屬」[72]，實質小宰也是「大宰之屬」，只是由於其在
燕禮負責「設尊」，才專以小宰之職解之。鄭玄雖然在〈公食大夫
禮〉只指出司宮是「大宰之屬」，賈氏嘗試補充說明，司宮之職，實
當天子〈大宰〉職屬下之宮人。然天子之宮人，職掌宮中除汙穢之
事，卻不掌設几筵之事。賈氏便進一步解釋諸侯之司宮，相當於天子
的宮人，但由於「諸侯兼官」的情況，兼任天子司几筵及小宰之職，
因此司宮同時負責設几筵和「設尊」的事務。可見賈氏在解釋鄭注歧
義的同時，也參合鄭注與《周禮》諸職官內容，完足鄭注之論。

第三節　小結

　　以上，簡單介紹了賈公彥《儀禮疏》的基本內容。賈疏內容大致
可分為疏釋經文和疏釋鄭注兩大部分。這兩大部分都包含了極豐富的
內容，疏釋手法多樣，不一而足。本章試舉其具代表性的項目，分別
舉例說明，俾以了解賈疏內容之大略。

　　疏釋經文方面，賈氏著眼於將經文分節分段，彰顯作經、作記者

---

72 鄭玄解職官名，多按《周禮》六官而注明「某某之屬」。如〈大射儀〉：「司馬正洗
　散，遂實爵，獻服不。」鄭注：「服不，司馬之屬，掌養猛獸教擾之者。」其例與
　此鄭注云「司宮，大宰之屬，掌宮廟者也。」賈云：「云『服不，司馬之屬』者，
　以其服不在大司馬下六十官之屬者。云『掌養猛獸而教擾之者』，猛獸、熊、羆之
　屬，教之使擾馴人，意象王者服不服諸□，使歸服王者。」按覈鄭之文，所謂某某
　之屬者，實據諸侯官制而言。若指天子之官，大可直引《周禮》證之。〈大射儀〉
　上文「命量人、巾車張三侯」，鄭注云：「巾車，於天子，宗伯之屬」，推知亦知在
　諸侯亦宗伯之屬。若然，據賈疏則司宮當天子宮人，司宮為諸侯官名，並兼及小
　宰、司几筵等職務。至於此鄭所謂服不，亦是諸侯之服不。《周禮》雖有服不氏，
　但此直據諸侯禮言之，故非天子之官，是諸侯之官。諸侯之官亦稱服不，〈大射〉
　有正文，有確據，其職名與天子同而已。言某某之屬者，即云其屬諸侯大宰、司馬
　之屬，實約《周禮》之體制言之。

撰《禮》的層次，布局及設文原意。此外，他又勤於疏釋《儀禮》經
文的書寫方法，透過分析經文書法，追溯作者設經之深意。另，賈氏
又善於明例，集合各篇相關儀節，分析何者為常例，何者為變例，再
探究其中變化的原由。

　　疏釋鄭注方面，賈氏往往為鄭玄的說解追溯出處，明其依據；即
使鄭玄解說間無明文為據，也會分析鄭玄在「無正文」情況下的處理
方法。此外，賈氏也著力於說明鄭玄出注的旨意，並詳加分析鄭注
內容的深層意義。在闡明鄭義之外，又勤於搜集證據，證成鄭玄各種
說法，確立其可信性。鄭氏注解之筆法每有深義，賈氏在疏釋鄭注時
俱為之鉤沉，務求透過分析書法解讀鄭義。此外，鄭玄注經時有互文
見義、相兼乃足、各舉一邊等靈活出注之法，導致注解與注解之間往
往出現歧解。賈氏諳熟鄭注，屢能辨識歧解，貫通注義，發微鄭注
原意。

第三章
尊卑系統及原則

　　《儀禮》，漢代又稱為《士禮》，但今存的十七篇包羅下士至天子各等級之禮，而且各篇所記儀節也頗具異同。[1]復檢其他典籍的上古行禮記載，與《儀禮》所述又有所出入。賈公彥為《儀禮》作疏，鑒此參差的禮儀記錄，不得不加以說明。今觀其疏，賈氏多方參照，細勘深思，每以尊卑貴賤與各種相關原則提出說解，解釋箇中差異和矛盾，正是他疏釋《儀禮》時的核心思維之一。換句話說，賈氏《儀禮疏》疏文背後存在著一套尊卑系統及原則，可以完善地解釋《儀禮》及相關記載每見異同的情況。可是，賈疏論辯曲折，推理綿密，思路多變，行文卻不避冗長支蔓，讀禮疏者往往只見其深蕪，卻不見其系統。讀研者泥陷其中，舉步維艱，令人易生文繁冗贅之厭，因此清人往往有「難尋端緒」之嘆。我們探求賈疏的核心思維，鈎稽其尊卑系統，就有必要將賈疏運用尊卑說禮的相關內容，細加爬梳清理，歸納類例，闡明綱目，然後方能確切地掌握賈氏說解《儀禮》的方法與思維，從而正確清晰地理解賈疏內容。

　　本章考察《儀禮疏》所見賈氏有關尊卑、貴賤一類的討論，嘗試

1　《儀禮》十七篇陳述行事之法，記載了各等尊卑的禮儀。書中記載士禮包括〈士冠禮〉、〈士昏禮〉、〈士相見禮〉四篇，〈鄉飲酒禮〉為鄉大夫飲酒禮，〈鄉射禮〉則是州長射法，為士之射禮，其中又容有大夫射法；〈燕禮〉、〈大射儀〉兩篇分別是國君燕飲大夫之法和國君射法。又有諸侯相問之〈聘禮〉、侯伯朝見天子之〈覲禮〉。凶禮方面，〈士喪禮〉、〈既夕禮〉兩篇記諸侯士喪禮，〈士虞禮〉為士的喪祭。吉祭方面，〈特牲饋食禮〉、〈少牢饋食禮〉、〈有司徹〉則分別是士和大夫的祭禮。〈喪服〉一篇，又總包天子至士的服法。

推衍出他說禮背後的尊卑系統及原則。職是之故，本章擬勾勒賈氏以尊卑說禮的梗概，歸納類例，並舉例分析說明。就今所考見，尊卑固然以爵等、節級為隆殺，觀諸賈疏中經常出現的還有以「士與大夫以上」、「君禮與臣禮」、「尊卑申屈之義」三種尊卑的基本分野。此外，賈疏也大量討論到尊卑變易的情況，分別是尊卑會隨身分而變易，而身分又會隨處所而改變，也會隨著禮節之行進而隆殺相變。同時，也有些用以解釋特殊情況的尊卑原則，舉如攝盛、禮窮則同、王人序於諸侯之上等等。以下逐一舉例分析。

第一節　尊卑的基本分野

一　士與大夫以上

賈公彥疏釋《儀禮》，屢視士與大夫為尊卑之重要分野，許多禮儀的差異和變化，都舉用大夫以上之禮與士禮不同來說解。大夫位尊而士卑，兩者之間有明確的尊卑界限，導致其禮不同。大夫之所以地位尊崇而有別於士，乃由於大夫雖為臣，但於諸官有君道；反之士無君道，不得有官。[2]〈少牢饋食禮〉為期節云：「主人門東，南面」，鄭注：「主人不西面者，大夫尊，於諸官有君道也」[3]是也，大夫有君道，所以可以面向南方而立，正是《禮記‧郊特牲》所說「君之南鄉，答陽之義也」[4]。賈疏〈少牢〉云：「云『主人不西面者，大夫尊，於諸官有君道也』者，決〈特牲〉『主人門外，西面』，士卑，於

2　〈大射〉鄭注云：「大夫將祭，於己射麋侯；士無臣，祭不射。」參見《儀禮注疏》卷十六，頁187。

3　《儀禮注疏》卷四十七，頁559。

4　《禮記正義》卷二十五，頁488。

屬吏無君道故也。」⁵觀此疏文，賈氏正說明了鄭玄所謂大夫有君道，乃是相對士卑無君道而言，可知這正是士與大夫的尊卑分野。既然大夫尊尚而有君道，即大夫以上俱能有其屬官，至於士則無屬官，只有屬吏。考〈少牢〉下文「司士擊豕」，賈疏說：「案《周禮》鄭注『司空奉豕』，司士乃司馬之屬官。今不使司空者，諸侯猶兼官，大夫又職職相兼，況士無官，僕隸為司馬、司士，兼其職可知，故司士擊豕也。」⁶大夫尚有司士之官，士則無官，只有屬吏如隸僕、府史之類。大夫之有君道而有其官，蓋以其有采邑之故，所以《禮記‧曲禮上》便云：「凡家造」，鄭注：「大夫稱家」⁷，而《周禮》有「家司馬」、「家宗人」等俱是大夫之官，鄭玄注「家司馬」云：「大夫家臣為司馬者」⁸，又云「家，卿大夫采地」⁹、「家謂大夫所食采邑」¹⁰。大夫有采邑之地，故有家臣；大夫既有家臣，故有君道。

　　按上所論，尊卑禮等本就以大夫以上為界限，因此賈氏解說禮篇間之異同，亦多就此方面作考慮。《儀禮》十七篇，以〈特牲饋食禮〉及〈少牢饋食禮〉兩篇分別記載士禮和大夫禮，儀節大同小異，適足完整比較士與大夫禮之異同。因此，賈氏說此二篇，亦經常據士禮與大夫以上禮不同作解。如〈特牲〉記宿尸之節，云：「尸如主人服，出門左西面。」尸出門後面向西站立，鄭玄注云：「不敢南面當尊。」鄭玄之所以這樣注解，正是發現〈特牲〉此篇宿尸之節尸出門左面向西，與〈少牢〉不同。所以，賈疏便說：

5　《儀禮注疏》卷四十七，頁559。
6　《儀禮注疏》卷四十七，頁560。
7　《禮記正義》卷四，頁75。
8　《周禮注疏》卷三十三，頁505。
9　《周禮注疏》卷二十八，頁436。
10　《周禮注疏》卷十七，頁267。

此決〈少牢〉云:「主人即位於廟門東方南面」,以其大夫尊,
於恩有君道,故南面當尊。此士之孫倫為尸,雖被宿,猶不敢
當尊也。[11]

尸是代替死者受祭的生人,一般由被祭者的孫倫擔任。因此,尸雖為
孫輩,但自進廟開始就是被祭者的象徵。既然大夫有君道,代表著被
祭者的尸亦自然有君道,因此在大夫宿尸之節,尸出門後應當面向
南,與士禮別。揆〈少牢〉宿尸一節經文,其實並沒有確指尸出門後
的面向,但鄭玄逕說「不敢南面當尊」云云,暗示大夫禮應當南面,
賈氏即為之說明鄭注的理據乃是大夫尊有君道,故禮節與士禮不同而
已。至於賈氏所引〈少牢〉「主人即位於廟門東方南面」,實質是以主
人視殺之節為類比,其文云:「主人朝服,即位于廟門之外東方南
面」;重要的是,為期節主人出門也是南面,鄭注該處明言「不西面
者,大夫尊,於諸官有君道」。鄭注為期節以及視殺節「主人廟門東
方南面」之文,恰恰就是賈氏疏解〈特牲〉的依據。〈少牢〉宿尸節
雖不言面位,賈氏亦據與〈特牲〉比較,以大夫尊的尊卑慣例加以說
明,其文云:

此尸不言出門面位。案〈特牲〉主人宿尸時,「尸如主人服出
門左西面」,鄭注云:「不敢南面當尊」,則大夫之尸尊,尸出
門徑南面,故主人與尸皆不在門東門西也。[12]

合觀賈氏在〈特牲〉及〈少牢〉宿尸節的兩段疏文,其義方見明晰,
是典型「相兼乃足」之例。兩疏均以大夫尊而有君道來說明〈特牲〉

---

11 《儀禮注疏》卷四十四,頁521。
12 《儀禮注疏》卷四十七,頁559。

士禮宿尸尸西面以及鄭注謂其「不敢當尊」背後的原因。

　　大夫以上有君道而士無，形成士與大夫以上禮有一明確界線。賈氏運用這個尊卑分野釋解《儀禮》的另一顯例，可舉〈士喪禮〉小斂後代哭之事，經云：「乃代哭，不以官」，鄭注：「人君以官尊卑，士賤以親疏」，賈氏疏云：

> 注云「人君以官尊卑，士賤以親疏為之」者，案〈喪大記〉云：「君喪，縣壺乃官代哭；大夫官代哭，不縣壺；士代哭，不以官」，注云：「自以親疏哭也」，此注不言大夫，舉人君與士，其大夫有〈大記〉可參，以官可知，故不言也。[13]

鄭注〈士喪禮〉只舉出人君與士的代哭法，而略去大夫不言，實質據之《禮記‧喪大記》可知大夫是以官代哭，與人君禮相同。鄭玄舉人君以兼大夫，暗示了大夫亦有君道，因此其代哭之禮同樣可以「以官尊卑」；而士無私臣，只可以親疏代哭，正可見大夫以上有君道而士無的差別。值得注意的是，鄭玄此注雖然只言人君與士禮之別，但賈疏結合〈喪大記〉所云，指出代哭之制是以士與大夫為界限，士禮以親疏代哭，大夫以上則以官之尊卑。檢〈特牲〉下文「乃代哭如初」，賈疏便說：「案〈喪大記〉大夫以上官代哭，士無官以親疏代哭」[14]，就直接以士與大夫為其禮之分野，相比上所引〈士喪禮〉疏文，此疏更為明確。再者，此〈特牲〉為士禮，而言代哭「不以官」，賈公彥曾分析士禮言「不」的筆法，〈特牲饋食禮疏〉云：

> 凡士言「不」者，對大夫以上為之。此士言「不諏日」，〈少

13　《儀禮注疏》卷三十六，頁427。
14　《儀禮注疏》卷三十九，頁463。

牢〉大夫諏日。〈士喪禮〉「月半不殷奠」,則大夫已上殷奠,
如此之類皆是也。[15]

〈士喪禮〉筮宅時「不述命」,鄭注「不述者,士禮略」,賈氏亦云:

> 云「不」者,〈士喪禮〉,士之卜筮皆云「不述命」,士云
> 「不」者,大夫已上皆有,謂若士月半不殷奠,大夫則殷奠之
> 類。[16]

可見賈氏表明《儀禮》士禮諸篇,許多地方言「不」乃是相對大夫以
上而言。如〈特牲〉言「不諏日」、〈士喪禮〉飯含云「不墾」、「月半
不殷奠」、「不述命」等皆如是。此例則說「乃代哭不以官」,情況相
同,也是對大夫以上而言。

由於大夫以上尊,其禮因此得備;士則卑賤,其禮則相對較為簡
略。大夫以上與士之分別,許多時候見於其禮之威儀盛多與簡略。
〈鄉飲酒禮〉為大夫禮,祭肺時說「弗繚,右絕末以祭」,鄭注:「大
夫以上威儀多」,即是此義。賈疏便云:「此〈鄉飲酒禮〉大夫禮,故
云『繚祭』,〈鄉射〉士禮,云『絕祭』。但云『繚』必兼『絕』,言
『絕』不得兼『繚』,是以此經云『繚』兼言『絕』也。言大夫以
上,則天子諸侯亦『繚』、『絕』兼有。……案《周禮‧大祝》云『辨

---

15 《儀禮注疏》卷四十四,頁519。
16 參見《儀禮注疏》卷三十七,頁440。〈士喪禮〉卜日時,宗人「不述命」,鄭注:
　「宗人不述命,亦士禮畧。凡卜,述命。命龜異,龜重威儀多也」,賈疏:「云『宗
　人不述命,亦士禮畧』者,以〈少牢〉『述命』,此云『不述命』,故云『士禮畧』。
　云『凡卜述命,命龜異,龜重威儀多』者,言『凡』非一,則大夫已上皆有述命,
　述命與命龜異,故知此不述而有即西面命龜。若大夫以上有述命者,自然與西面命
　龜,異可知。」卷三十七,頁442。

九祭，七曰絕祭，八曰繚祭』，注云『本同，禮多者繚之，禮畧者絕則祭之』，亦據此與〈鄉射〉而言也。」[17] 從賈氏在此釋說鄭玄〈鄉飲酒禮注〉，即可見大夫以上威儀盛多，與士禮簡略之分別。《儀禮》之內，大夫禮與士禮互有詳略者，賈氏屢舉此義為之解釋，如〈特牲・記〉論尸俎，經云：「尸俎右肩、臂、臑、肫、胳，正脊二骨，橫脊，長脅二骨，短脅。」注云：「脊無中，脅無前，貶於尊者」，賈疏云：

> 云「脊無中，脅無前，貶於尊者。……」者，以〈少牢〉大夫禮，三脊具有，此但有二體，貶於大夫，大夫即尊者也。[18]

祭牲有所謂體解之法，將牲體肢解為二十一體。其中脊骨分為三，分別為正脊、脡脊及橫脊；左右脅亦各分為三，分別為代脅、正脅、短脅。〈特牲〉為士禮，所陳尸俎之脊骨，只包含正脊和橫脊，而脅骨則只有長脅和短脅。長脅即指正脅，鄭玄指出士禮只有二骨而「脊無中，脅無前」是「貶於尊者」。賈氏將〈特牲〉此記所言脊、脅不全的情況，與〈少牢〉所記作比較，深知鄭玄所謂「貶於尊者」即是「貶於大夫」，從而說「大夫即尊者」。考〈少牢〉云：「司馬升羊右胖，……正脊一、脡脊一、橫脊一、短脅一、正脅一、代脅一，皆二骨以並。」[19] 相比〈特牲・記〉所記士禮，大夫禮多出一脡脊和代脅，脊和脅骨三體俱全。由此可見，祭禮牲俎脊、脅之數，大夫以上尊而得備有各體，士卑賤而貶於大夫，略去脡脊和代脅，由此其大夫與士禮之分野可得而見矣。唯鄭玄只說「貶於尊者」，未明言尊者所指。賈氏比對〈特牲〉、〈少牢〉，認為鄭玄所謂「尊者」蓋指大夫而

---

17 《儀禮注疏》卷八，頁84。
18 《儀禮注疏》卷四十八，頁549。
19 《儀禮注疏》卷四十七，頁560。

言，因而逕引〈少牢〉大夫禮為說，以彰明士禮與大夫以上禮繁簡之差異。

　　此外，又如〈既夕禮〉論士之喪禮所陳明器，經云「無祭器」，鄭注：「士禮畧也，大夫以上兼用鬼器、人器也。」賈疏便云：

> 案〈檀弓〉云：「宋襄公葬其夫人，醯醢百甕。曾子曰：『既曰明器矣，而又實之』」，注云「言名之為明器，而與祭器皆實之，是亂鬼器與人器」。以此而言，則明器鬼器也，祭器人器也。士禮略，無祭器，空有明器而實；大夫以上尊者備，故兩有。若兩有，則實祭器，不實明器。宋襄公既兩有而并實之，故曾子非之。[20]

士之葬禮，只可用明器下壙埋藏，而不得埋藏生時所用的祭器，因此〈既夕禮〉陳明器一節明確指出「無祭器」。鄭玄於此處也說明「無祭器」的緣故是因為「士禮畧」，假若大夫以上則兼用鬼器和人器。賈氏闡明鄭玄「大夫以上兼用鬼器、人器」一說的依據，乃是《禮記‧檀弓》所記曾子譏宋襄公葬夫人之時，明器與祭器二者都充物，亂人器與鬼器，屬非禮之舉。若人鬼二器兼用者，則實人器而空鬼器；至於士禮無人器，則直實鬼器可也。在此層面上，孔穎達《禮記正義》亦有相同說法，彼文云：

> 案〈既夕禮〉陳明器後云「無祭器」，鄭云：「士禮略也，大夫以上兼用鬼器與人器。」若此，大夫諸侯並得人鬼兼用，則空鬼而實人，故鄭云「與祭器皆實之，是亂鬼器與人器也」，士

　　　　既無人器，則亦實明器。[21]

賈、孔之說頗為相近。二家之不同者，賈氏〈既夕禮疏〉中根據鄭玄
所謂的「士禮畧」與大夫以上禮之異，得出「士禮畧，無祭器；……
大夫以上尊者備，故兩有」的結論。大夫以上並得用人器和鬼器兩
者，賈疏點明是由於大夫以上為尊者，禮備，與士禮畧相對。鄭玄既
說「士禮畧」，賈氏又疏云「大夫以上尊者備」，自可見士因位卑而禮
畧，大夫以上則位尊而禮備矣，其尊卑以士與大夫以上為分野得以突
顯。至於孔穎達《禮記正義》對鄭玄所謂「士禮畧」不置一言，只是
複述鄭注「大夫以上兼用鬼器與人器」云云，與賈氏之著眼點並不
相同。

　　賈公彥在分析鄭玄出注旨義時，也會運用大夫以上禮與士禮之分
野為說。〈士虞禮·記〉記士禮的殯、葬期時，云：「死三日而殯，三
月而葬，遂卒哭」，鄭注：「謂士也。〈雜記〉曰：『大夫三月而葬，五
月而卒哭：諸侯五月而葬，七月而卒哭。』」賈疏解鄭注云：

　　　　以其此篇是〈士虞〉，故知「三日」、「三月」，據士而說。引
　　　　〈雜記〉者，見大夫巳上與士異者，以其〈王制〉大夫士同有
　　　　「三日而殯，三月而葬」之文。〈雜記〉云大夫亦同「三月而
　　　　葬」；卒哭則士云「三月」，大夫「五月」。[22]

此乃附在〈士虞禮〉後之記，故此賈氏首先指出所謂「三日而殯」、
「三月而葬」者乃據士禮而言。然後，再進一步說明鄭玄在注中引用
《禮記·雜記》文的用意。賈氏舉出《禮記·王制》有明文說大夫士

21　《禮記正義》卷八，頁148。
22　《儀禮注疏》卷四十三，頁511。

「三日而殯，三月而葬」，恐讀者據〈王制〉文而誤以為此記兼指大
夫及士之禮，故鄭玄在注之首即說「謂士也」，此其一。更重要的
是，既然〈王制〉大夫士之殯葬日月，與此〈士虞記〉所云「三
日」、「三月」者完全相合，嫌讀者亦以為大夫禮卒哭的時日，與此記
士禮所謂葬而「遂卒哭」相同，因此鄭玄便引用〈雜記〉來說明大夫
以上與士禮不同。此篇〈士虞記〉記士禮葬而遂卒哭，〈雜記〉所記
大夫禮，雖然同樣是「三月而葬」，但「五月而卒哭」，卒哭之月與士
禮並不同。鄭玄不僅引用〈雜記〉有關大夫葬及卒哭之月，又同時兼
引諸侯五月而葬，七月卒哭，賈公彥便認為其旨在於「見大夫已上與
士異者」。既然〈雜記〉、〈王制〉均說大夫三月而葬，與士禮相同，
何以士禮葬而同月卒哭，大夫則待至五月？賈氏續云：

> 卒哭之月不同者，〈曲禮〉云：「生與來日，死與往日」，鄭
> 云：「與，猶數也」，生數來日，謂成服杖以死來日數也；死數
> 往日，謂殯斂以死日數也。大夫以上皆以來日數。若然，士云
> 「三日殯，三月葬」，皆通死日死月數，大夫以上殯葬皆除死
> 日死月數，是以士之卒哭得葬之三月內，大夫三月葬除死月，
> 通死月則四月，大夫有五虞，卒哭在五月，諸侯巳上以義可
> 知。[23]

根據賈氏的說法，大夫以上葬日與卒哭不同的原因有二：一是依〈曲
禮〉「生與來日，死與往日」的原則，鄭彼注云：「謂殯斂以死日數
也。此士禮，貶於大夫者，大夫以上皆以來日數。」[24]放諸此喪葬之
時日，若如士禮，則所謂「三日殯，三月葬」者，乃包始死之日月而

---

23 《儀禮注疏》卷四十二，頁511。
24 《禮記正義》卷三，頁54。

言。計始死一日，小斂日為第二日，大斂則為第三日。〈喪大記〉云「士之喪，二日而殯」，則是不計死日而言。因此，士禮三月葬亦是包死月而言。若大夫以上之禮，其殯葬一律不計死日、死月之數，故此雖說「大夫三月葬」，若包死月即共歷四個月而葬。據此，則士、大夫雖同樣是「三月而葬」，但其實大夫禮足四月而葬；諸侯云「五月而葬」者，包死月則足六月而葬，如此類推。[25] 大夫四月而葬，而五月卒哭者，賈氏則認為大夫以上卒哭之月與其虞數相同。考〈雜記〉云：「士三虞，大夫五，諸侯七」，又云大夫「五月而卒哭」、諸侯「七月而卒哭」，並是虞祭之數與卒哭之月相合。賈氏在〈喪服疏〉云：

> 案〈雜記〉云：「天子七月而葬，九月而卒哭；諸侯五月而葬，七月而卒哭；大夫三月而葬，五月而卒哭；士三月而葬，是月而卒哭。」是天子已下虞卒哭異數，尊卑皆葬訖反，日中而虞。天子九虞，諸侯七虞，大夫五虞，虞訖即受服。士三虞，待卒哭乃受服。必然者，以其大夫已上卒哭在後月，虞在前月，日已多，是以虞即受服，不得至卒哭。士葬月卒哭，與虞同月，故受服待卒哭後也。[26]

觀乎〈士虞記疏〉及〈喪服疏〉，賈氏不僅據〈雜記〉而得出卒哭月與虞數相同，於此亦說明「大夫已上卒哭在後月，虞在前月」而「士葬月卒哭，與虞同月」。根據〈曲禮〉「生與來日，死與往日」及大夫

---

25 賈氏此說，正與鄭玄《箴膏肓》之說同。《禮記·王制》孔穎達《正義》引鄭玄《箴膏肓》云：「休以為士禮三月而葬，今《左氏》云『踰月』，於義《左氏》為短。玄箴之曰：禮，人君之喪殯葬皆數來月來日，士殯葬皆數往月往日，尊卑相下之差數。故大夫士俱三月，其實不同。士之三月，及大夫之踰月也。」參見《禮記正義》卷十二，頁240。

26 《儀禮注疏》卷二十八，頁342。

以上卒哭在虞後月的原則，正可解釋「大夫三月而葬，五月而卒哭」
及以上諸侯五月葬，七月卒哭的情況，與士禮三月葬而同月卒哭大
異。賈氏此〈士虞記疏〉整個討論，乃由解釋鄭玄注解而展開，說明
了鄭玄引用〈雜記〉的用意旨在說明士禮與大夫以上之禮不同，從而
導出不同禮在士與大夫以上各級之分野。

二　君禮與臣禮

　　大夫之家有其家臣，因而於義有君道。但放諸天子、諸侯而言，
卿大夫與士則同樣屬於臣。君臣之禮儀截然有別，不可相雜亂。《禮
記・檀弓下》記邾婁考公之喪禮，容居來弔，欲以大夫之身行諸侯之
禮，有司便說：「易則易，於則於，易於雜者，未之有也。」鄭玄注
云：「易謂臣禮，於謂君禮。雜者，容居以臣，欲行君禮。」[27]孫希旦
《集解》解謂「易謂簡畧。于謂廣大。易則易者，謂大夫來弔，位卑
而簡易，則行簡易之禮。于則于者，謂諸侯來弔，位尊而廣大，則行
廣大之禮也。」[28]所謂禮崩樂壞，即指這種人臣僭越而行諸侯之禮。
為了避免這種君臣雜亂不分的情況，因此禮之制訂往往突顯君臣間的
差異。雖然以有爵位者而言，自大夫以上已屬尊貴，其禮儀趨於威儀
盛多詳備；但大夫與天子、諸侯相比，終究分屬君臣兩個不同層次。
舉例而言，祭禮為禮之重者，其間君臣之儀節便大不同。《禮記・祭
統》云：「君執圭瓚祼尸」，鄭玄便說：「天子諸侯之祭禮，先有祼尸
之事，乃後迎牲。」[29]〈禮器〉亦說：「設祭于堂」，鄭注：「設祭之饌
於堂，人君禮焉」，可見祭禮之內天子諸侯有其獨有之人君禮，卿大

27　《禮記正義》卷十，頁195。
28　孫希旦：《禮記集解》（北京市：中華書局，1989年點校本），頁58。
29　《禮記正義》卷四十九，頁832。

夫士等臣禮不得與之相同。由此可見，自天子至士，其間之尊卑差異
不僅僅是依命數、爵位而有所等差，如上文云「天子七月而葬」，諸
侯五月、大夫三月一類以均數降殺外，君禮與臣禮亦是其重要分野。

　　鑒於君禮與臣禮有顯著之分野，賈氏在釋經解注之時亦多據此析
論。如論祭祀時充當尸者，天子至士並用孫之輩。〈特牲饋食禮〉：
「筮尸」，鄭注云：「大夫、士以孫之倫為尸」，鄭玄將大夫與士連
言，賈氏便疏釋云：

> 云「大夫士以孫之倫為尸」者，案〈祭統〉云：「夫祭之道，
> 孫為王父尸。所使為尸者，於祭者子行也。父北面而事之，所
> 以明子事父之道也。」注云：「祭祖則用孫列，皆取於同姓之
> 適孫也。天子、諸侯之祭，朝事延尸於戶外，是以有北面事尸
> 之禮。」如是，則天子、諸侯宗廟之祭，亦用孫之倫為尸。而
> 云「大夫、士」者，但天子、諸侯雖用孫之倫，取卿大夫有爵
> 者為之，故〈鳧鷖〉詩祭尸之等皆言「公尸」。又〈曾子問〉
> 云：「卿大夫將為尸於公」。若大夫、士祭，尸皆取無爵者，無
> 問成人與幼，皆得為之。故〈曾子問〉孔子曰「祭成喪者必有
> 尸，尸必以孫，孫幼則使人抱之是也。」[30]

擇尸之法，必用孫倫。〈曾子問〉記孔子云：「祭成喪者必有尸，尸必
以孫」是其明文。既然自天子至士同用孫倫為尸，何以鄭玄此注只說
「大夫、士以孫之倫為尸」而不及天子及諸侯，賈氏因而為之釋解。
賈氏於上文引〈祭統〉及鄭注云云，正好說明了天子、諸侯宗廟之祭
亦用孫之倫為尸。天子諸侯與大夫士不同者，賈氏說「天子、諸侯雖

30　《儀禮注疏》卷四十四，頁521。

用孫之倫,取卿大夫有爵者為之」,至於大夫及士者則「皆取無爵
者,無問成人與幼,皆得為之」。賈氏之所以得出這樣的結論,乃依
據《詩》有所謂「公尸」。《大雅・既醉》云:「公尸嘉告」,毛傳曰:
「公尸,天子以卿,言諸侯也」,鄭箋云:「入為天子卿大夫,故云公
尸。」[31]〈鳧鷖〉亦多次提到「公尸」。另〈曾子問〉又說「卿大夫將
為尸于公」,適得證天子諸侯以有爵之卿、大夫充任尸。至於大夫、
士與天子諸侯君禮不同,乃以無爵者充任尸,而且不問長幼並可。所
以〈曾子問〉所謂「抱尸」之法,正謂大夫、士禮而言。賈氏此疏之
旨要,在於分辨天子、諸侯君禮,與大夫、士臣禮兩層面的擇尸法在
於有爵與無爵之別。

又如論宗廟祭禮視牲、殺牲之法。〈特牲饋食禮〉云主人「立于
門外東方,南面視側殺。」〈少牢饋食禮〉又云:「主人朝服,即位于
廟門之外東方,南面。⋯⋯司馬刲羊,司士擊豕。」鄭注:「刲、擊
皆謂殺之。」據兩篇分屬士及大夫祭禮,主人同樣使有司殺牲,不親
殺之。賈氏疏〈特牲饋食禮〉云:

> 案〈少牢〉「主人即位於廟門之外。司馬刲羊,司士擊豕」,皆
> 主人不(視)〔親〕[32]殺。案《楚語》云:「諸侯宗廟之事,必
> 自射其牲,刲羊擊豕」,又〈司弓矢〉云:「凡祭祀,共射牲之
> 弓矢。」注云:「射牲,示親殺也。殺牲非尊者所親,唯射為
> 可。」又「《國語》云:『禘郊之事,天子必自射其牲。』」〈玉
> 藻〉云:「凡有血氣之類,君子弗身翦也」者,據凡常,非祭

---

31 《毛詩正義》卷十七,頁604。

32 此各本作「視」,按其文意,〈特牲〉、〈少牢〉俱視殺而不親殺,下文即論天子、諸
侯親殺牲,與大夫、士禮不親殺牲者不同,故此處蓋當作「親」字為是。「親」、
「視」二字形近,抄寫刊刻時容易混訛。

祀，天子尊，于郊射牲；諸侯降天子，故宗廟亦親殺。大夫、
士不敢與君同，故視之而不親殺之。[33]

根據〈特牲〉及〈少牢〉所記，士與大夫祭禮都不由主人親自殺牲，
而使有司屬官代勞。賈公彥則分別引用了《國語・楚語》、《周禮・司
弓矢》職，說明天子、諸侯於祭禮有親自射殺其祭牲之禮。又引《禮
記・玉藻》君子不身翦血氣之物的說法作為反例，指出此「不身翦血
氣」云云乃指日常生活而非祭祀，也就是君子遠庖廚之類。天子諸侯
祭禮親殺牲，大夫、士祭禮卻只是視殺而不親殺；賈公彥就此解釋是
由於「大夫、士不敢與君同」之故，因而君臣之禮互為不同。按賈
說，天子諸侯有親殺牲之法，卻並非凡祭祀必定親殺。賈疏〈司弓
矢〉「凡祭祀共射牲之弓矢」云：「言『凡』語廣，則天地宗廟皆有射
牲之事。」[34]雖凡祭皆有射牲，但〈射人〉鄭注云：「烝嘗之禮有射豕
者」，疏云：「據乎《烝嘗禮》而知。云『《國語》曰：「禘郊之事，天
子必自射其牲」』者，據祭天之時。……若然宗廟之祭，秋冬則射
之，春夏否也。祭天則四時常射，天尊故也。」[35]由此可見，天子諸
侯雖有親射牲之法，但並非四時宗廟之祭並用此法，唯君禮備得用此
法而已。相對大夫、士臣禮，則自始至終不得具有親殺牲之法，是制
禮時闕其禮以見臣辟君禮之義。[36] 同樣地，大夫、士祭禮有司殺牲的

---

33 《儀禮注疏》卷四十四，頁523。
34 《周禮注疏》卷二十二，頁486。
35 《周禮注疏》卷三十，頁464。
36 孫詒讓不認同賈氏這種說法，認為「賈氏所云，蓋據注引《烝嘗禮》射豕之文，而
肊為之說，不知鄭引《烝嘗禮》者，據漢時所存《逸禮》唯此耳，未必祠禴禮無射
豕之事。」（參見孫詒讓：《周禮正義》卷五十八，北京市：中華書局，1987年點校
本，頁2440。）但賈氏〈射人疏〉亦發微鄭注說「今立秋有貙劉云」的旨意云「引
之者，證烝嘗在秋，有射牲順時氣之法。」又考〈司尊彝〉：「春祠夏禴，祼用雞

位置在廟門之外東方，亦與君禮不同。賈疏〈少牢〉云：

> 案〈祭義〉云：「君牽牲，穆荅君，卿大夫序從。既入門，麗
> 于碑，卿大夫袒。而毛牛尚耳。」諸侯禮殺于門內，此大夫與
> 〈特牲〉士皆殺于門外者，辟人君。[37]

〈特牲〉、〈少牢〉明文記大夫、士禮主人視殺於廟門外。賈氏舉《禮
記・祭義》證明諸侯之祭禮殺牲於廟門之內，與大夫士禮有所差異。
這種分別乃是由於大夫士為臣，「辟人君」之故，其禮不敢與人君相
同。但此處賈疏僅云「諸侯禮殺于門內」，未有確指天子殺牲的處
所。考《周禮・司尊彝》賈疏云：「王迎牲入廟，卿大夫贊幣而從，
牲麗於碑，王親殺，大僕贊王牲事，取血以告殺，取毛以告純。」[38]
觀乎賈氏之疏文，文字雖與〈祭義〉「君牽牲」云云稍有出入，但大
略相同，描述天子迎牲以下儀節的次序顯然是參考〈祭義〉之文，再
配之以《周禮》所載天子之官而已。據〈司尊彝疏〉而知，賈氏認為
天子諸侯之祭禮同樣殺於廟門之內，與鄭玄注〈郊特牲〉說「迎牲於
庭殺之，天子諸侯之禮也」的論調一致。而賈氏在〈少牢疏〉強調大
夫禮殺於廟門外是「辟人君」，更能呈現君臣禮之分野。

又如祭禮用苴的問題。〈士虞禮〉佐食「取黍稷，祭于苴三」，鄭

彝、鳥彝，皆有舟。朝踐用兩獻尊，其再獻用兩象尊。……秋嘗冬烝，祼用斝彝、
黃彝，皆有舟。其朝獻用兩著尊，其饋獻用兩壺尊。」所記四時祭雖同為祭宗廟，
即以春祠夏禴相類，秋烝冬嘗為相類。賈疏云：「皆據宗廟之祭，但春夏同陽，秋
冬同陰，……以類相從，故可同尊也。」（《周禮注疏》卷二十，頁306）按賈說，
烝嘗屬陰，陰有順意，正同賈氏〈司弓矢疏〉所云烝嘗「有射牲順時氣之法。」由
此可見，賈氏說唯烝嘗用射牲之法者，不唯無據。孫氏難之，尚為可商。

37 《儀禮注疏》卷四十七，頁560。
38 《周禮注疏》卷二十，頁306。

玄注云：「苴，所以藉祭也。孝子始將納尸，以事其親，為神疑於其位，設苴以定之耳。或曰：苴，主道也。」[39]從鄭注可見，鄭玄認為苴的主要作用是承藉祭品，也是為神定位；也有舊說認為苴就是未設主時的神主。鄭玄對這種舊說顯然不以為然，所以便駁之云「則〈特牲〉、〈少牢〉當有主象，而無，可乎？」鄭玄反問，假若苴是代表神主，但《儀禮》內〈特牲〉、〈少牢〉並無設苴之法，是否適宜。鄭玄舉〈特牲〉、〈少牢〉二篇作為反證，讓賈氏注意到祭禮有無苴的問題。賈氏遂於疏文中提出，云：

> 若然，此據文有尸而言，將納尸有苴。案下記文無尸者亦有苴，又〈特牲〉、〈少牢〉吉祭無苴。案〈司巫〉：「祭祀則供匱主及藉館」，常祀亦有苴者，以天子諸侯尊者禮備，故吉祭亦有苴，凶祭有苴可知。[40]

鄭玄在〈士虞禮〉此文所注苴之義，直云「始將納尸」而「為神疑於其位」，又引〈特牲〉、〈少牢〉云云，都是根據有尸的情況而言。賈氏遂舉出《儀禮》內其他情況，如〈士虞記〉記無尸的儀節，仍然有苴。而〈特牲〉與〈士虞禮〉同為士的祭禮，卻反而不設苴，〈少牢〉大夫禮亦無，可見用苴與否並非取決於有尸與否。就《儀禮》內諸篇而言，〈士虞禮〉為喪祭用苴，大夫、士之吉祭則不用。賈氏復引《周禮・司巫》職以祭祀時而供「藉館」之事。鄭玄彼注云：「藉之言藉也，祭食有當所藉者」，又引〈士虞禮〉苴之形制為說，可見鄭玄是以〈司巫〉的藉相當於〈士虞禮〉的「苴」。司巫為天子官，其職又云「祭祀」，可見吉祭天子有苴，與大夫、士禮吉祭無苴不

---

39 《儀禮注疏》卷四十二，頁496。
40 《儀禮注疏》卷四十二，頁496。

同。賈氏有見於大夫與士禮一致並以喪祭有苴而吉祭無苴，與天子異，遂認為是君臣異制。所以〈司巫〉雖不兼論諸侯用苴與否，鑒於諸侯當其人君禮，當與天子相同吉凶並有，故此賈氏便直接說「天子、諸侯尊者禮備」，與大夫、士臣禮不同。

又如論喪奠設几筵之時間，也有君禮與臣禮的分別。〈士虞禮〉虞祭前預設「素几、葦席在西序下」，鄭注：「有几，始鬼神也。」賈氏疏釋鄭注時，著眼於鄭注之「始」字，所謂「始鬼神也」，實質即是虞祭「始有几」之義。賈疏云：

> 經几、席具有，注唯云「几」者，以其大斂奠時已有席，至此虞祭乃有几故也。[41]

賈氏此疏云云，正說明了虞祭「始有几」的事實，並且根據此解釋了鄭玄為何在注中只說「几」而不舉「席」。雖然，此疏從表面上似是為了說明鄭玄單注「几」的意旨，但實際上卻導出了賈氏真正要討論虞祭始有几的問題。賈氏續云：

> 然案〈檀弓〉云「虞而立尸，有几、筵」，筵則席，虞祭始有者，以几筵相將，故連言「筵」，其虞有几。[42]

此是士之虞禮，但疏文欲將此問題之討論，擴大至君臣禮之異同，他又續論云：

> 若天子、諸侯始死，則几、席具，故《周禮·司几筵》云「每

---

41 《儀禮注疏》卷四十二，頁494。
42 《儀禮注疏》卷四十二，頁494。

熹一几」，據始殯及葬時，是始死即几、席具也。[43]

賈氏之論，擴展至君臣禮之異，透過引用〈司几筵〉職證明天子、諸侯始死便一併設置几和筵，與上疏所討論士的虞祭始有几相對。值得注意的是，〈司几筵〉為天子官，只代表天子之制，但考其文云：「諸侯則紛純，每敦一几」，乃兼說諸侯之制，因此賈氏據以得知天子、諸侯喪祭設几筵之時間；〈士虞禮〉是士禮，但體諸賈氏疏文，既說天子諸侯「始死則几、席具」，可想而知賈氏欲在〈士虞禮〉兼論大夫之制。那麼，疏所論喪祭設几筵的時間，便屬於君禮與臣禮的分野。而天子諸侯喪祭几筵的設置時間，賈氏謂是「始殯及葬時」，乃本於〈司几筵〉鄭注而說，考其職云：「凡喪事，設葦席，右素几。」鄭注云：「喪事，謂凡奠也。」賈氏彼疏云：

> 云「喪事，謂凡奠也」者，以其言「凡」，非一之義。〈士喪禮〉始死之奠，乃至小斂之奠，亦設於地，未有席。至大斂奠乃有席。殯後則有朝夕奠，朔月奠。大夫已上兼有月半奠，并有薦新奠。葬時又有遷奠、祖奠、大遣奠。葬乃廢奠而虞祭也，故鄭云「謂凡奠也」。[44]

鄭玄雖說〈司几筵〉所謂「凡喪事」乃指「凡奠」，但殯之前仍有始死之奠及小斂奠，賈氏據〈士喪禮〉此兩初死之奠不設席，因而認為喪祭之有席當從大斂奠開始。就用席的時間而言，並不存在君禮、臣禮之別。〈士喪禮〉預備大斂奠節云「奠席在饌北，斂席在其東」，鄭注云：「大斂奠而有席，彌神之」，賈疏：「以其小斂奠無巾，大斂奠

43　《儀禮注疏》卷四十二，頁494。
44　《周禮注疏》卷二十，頁310。

有巾，已是神之，今於大斂奠又有席，是『彌神之』也。」[45]由此可見，喪祭之義，自大斂而始神，故至大斂方有巾、席，是以大斂奠「祝執巾，席從」，注云「祝執巾與執席者從入，為安神位。」[46]因此，賈氏便認為喪祭始用席的時間，君禮與臣禮同在大斂奠；而君臣禮不同的是，天子諸侯禮在大斂奠時將几筵一併設用，士大夫臣禮則先於大斂奠用席，逮至虞祭才設几。

三 尊卑申屈之義

有士禮與大夫以上禮為分野，也有君禮與臣禮之大別。而在賈疏中，另一種經常出現對於尊卑禮別的解說，是指出大夫禮屈於君，士禮卻同於君的情況。禮之制作，基於尊卑不同而有所謂「申屈之義」，檢《禮記・禮器》有「曲而殺，順而摭」之義，其文云：「君子之於禮也，……有曲而殺也……有順而摭也」。鄭玄注「曲而殺」云「謂若父在為母期也」[47]。曲者，屈也，所謂「曲而殺」，即指殺因尊者所以屈曲而降殺。又「順而摭」，摭者，拾也，鄭注云：「謂若君沐粱，大夫沐稷，士沐粱」[48]，鄭玄引此說明士浴尸之用物與人君相同，孔穎達《正義》云是「拾君之禮而用之」。就此喪禮始死浴尸之例而言，士取人君禮同樣用粱，而大夫獨異而用稷。大夫爵位稍尊，又有其君道，地位與人君較相近；為了顯示人君與大夫地位的明顯差別，因此在禮儀上往往有所避諱。就浴尸用物而言，大夫禮正正屈於人君禮，就是「曲而殺」的表現。與此同時，士與君地位相去差遠，

---

45 《儀禮注疏》卷三十七，頁433。
46 《儀禮注疏》卷三十七，頁435。
47 《禮記正義》卷二十三，頁459。
48 《禮記正義》卷四十九，頁584。

無須像大夫禮般避而「屈於君」，可得申而採擷人君禮以為己禮。因此，〈有司〉鄭注便云「有所屈，有所申，亦所謂順而摭也」[49]，賈疏引用〈禮器〉鄭注所舉浴尸之例，並云「大夫不沐粱，屈於君；士則申與君同，是亦申屈之義」。將「曲而殺」及「順而摭」之義，放諸人君、大夫與士之尊卑體制，正能彰顯其中的屈、申之義。所以，大夫禮異於人君禮，是屈於君；士禮則卑遠，卻不嫌用人君之禮，就是申。如〈有司〉一篇，記大夫致爵之禮，主人無從俎，鄭注也是以「順而摭」解之，云「無從者，變於士也，亦所謂『順而摭』也」[50]，賈疏因而舉〈特牲〉禮以解鄭玄「變於士」之說，云：「案〈特牲〉主婦致爵於主人，肝燔並從。此無肝燔，故云『變於士也。』」根據「順而摭」之義，〈有司〉記大夫無從肝燔等俎，乃是屈於君；而士禮有者，是用人君之法。

　　由於《儀禮》內所記諸儀節，許多時候是士禮與大夫禮有所差異，卻與人君之禮相合。賈公彥在疏釋《儀禮》時留意到這種情況，便運用「曲而殺」、「順而摭」這種申屈之義為之說解。這類情況集中見於〈特牲〉、〈少牢〉及〈有司〉三篇士、大夫祭禮。舉例而言，賈疏論士、大夫及人君祭前殺牲之時日，就是依據這種尊卑申屈之義。〈少牢饋食禮〉大夫祭禮，記視牲和殺牲在同一日進行：「明日，主人朝服，即位于廟門之外東方，南面。牲北首，東上。司馬刲羊。司士擊豕。」鄭注云：「此實既省，告備，乃殺之。」賈氏便疏云：

　　案〈特牲〉視牲與視殺別日，今〈少牢〉不言視牲，直言刲、擊，「告備乃退」者，省。此大夫禮視牲告充，即刲、擊殺之，下人君。士卑不嫌，故異日矣。必知人君視殺別日者，

---

49 《儀禮注疏》卷四十九，頁584。

50 《儀禮注疏》卷五十，頁603。

〈大宰〉職云「及執事，眡滌濯，及納亨，贊王牲事」，注云
「納亨，納牲，將告殺，謂鄉祭之晨，既殺，以授亨人」；又
云「及祀之日，贊玉幣爵之事」，注云「日旦明也」，是眡牲與
殺別日也。[51]

賈氏根據鄭注而知〈少牢饋食禮〉雖然並無明言主人眡牲，其實主人
朝服在廟門外眡牲完畢便立即由司馬、司士刲、擊羊和豕。賈氏將
〈少牢〉與〈特牲〉士禮作比較，發現士禮眡牲與眡殺不在同一日，
與大夫禮不同。對於這個情況，疏文便解釋是大夫禮「下人君」而
「士卑不嫌，故異日矣」。所謂「士卑不嫌」者，即是說士之位卑，不
像大夫地位尊崇而與君主相迫，因此士禮可以與人君用相同之禮儀，
於祭禮時眡牲與眡殺別日可也。然後，賈疏舉出《周禮‧太宰》職
文，證明人君祭禮的眡、殺也不在同一日。天子禮為人君之禮，卻與
士相同，唯大夫獨異。基於這種情況，賈疏就以尊卑申屈之義解說。

　　至於儀節之相互詳略不同，亦時而為尊卑申屈而禮有所簡省。如
〈少牢〉尸初進入室中，並升到筵席上，祝與主人拜妥尸後，「尸不
言，尸荅拜，遂坐」，鄭注便云：「尸自此荅拜，遂坐而卒食，其間有
不啐奠，不嘗鉶，不告旨，大夫之禮，尸彌尊也。不告旨者，為初亦
不饗，所謂『曲而殺也。』」[52]鄭玄將〈少牢〉大夫禮與〈特牲〉士禮
作比較，發現自祝主人請尸安坐以下一系列儀節，大夫禮比士禮少了
「啐奠」、「嘗鉶」、「告旨」三者，因此經文直接說「遂坐」。而缺此
三者的原因，鄭玄便說是由於「為初亦不饗」，又引〈禮器〉所謂
「曲而殺」為釋。賈氏針對此大夫「為初不饗」之說云：

51　《儀禮注疏》卷四十七，頁560。
52　《儀禮注疏》卷四十八，頁569。

案〈特牲〉「迎尸，即席坐。主人拜妥尸，祝饗，主人拜如初」，注云「饗，勸強之也，其辭取於〈士虞記〉，則宜云『孝孫某，圭為而孝薦之饗』」，是士賤，不嫌得與人君同；大夫尊，嫌與人君同，故初不饗，後亦不告旨，故云「不告旨者，為初亦不饗也。」……若然，「曲而殺」，為初不饗而言也。[53]

按賈說，大夫禮「為初不饗」者，即是在尸入之後，祝並沒有勸尸饗食之辭。反觀〈士虞禮・記〉有記饗辭云「哀子某，圭為而哀薦之，饗！」注云：「饗辭，勸強尸之辭也。」[54]〈特牲饋食禮〉亦有云「尸即席坐……祝饗」，鄭注：「饗，勸強之也，其辭取于〈士虞記〉……」[55]，可見士之祭禮，無論吉凶並有祝饗尸之儀節。但〈少牢〉大夫禮缺少此一環節，與士禮不同，賈公彥就認為是士賤不嫌與人君禮同，得以備禮而具饗尸勸強之節；至大夫辟君，則沒有此禮節。既然沒有祝饗尸之節，尸亦不告旨。士、大夫禮之詳略不同，賈氏依據尊卑屈申之義，直接解釋成是大夫避君禮，而士禮賤與君同所致。

至於大夫禮名目之變異，或亦歸究於屈於君之義。如《儀禮》之內大夫禮稱其臣曰「私人」，士則稱其屬吏為「私臣」。如〈特牲饋食禮・記〉云：「若有公有司、私臣，皆殽脀」，又云「私臣門東，北面西上」，鄭注：「私臣，自己所辟除者」[56]。又〈有司〉：「主人降洗，升，獻私人于阼階上」，又云「主人於其群私人不荅拜」，鄭注：「私人，家臣，己所自謁除也。」[57]從鄭注可知，不論士的「私臣」抑或

---

53 《儀禮注疏》卷四十八，頁570。
54 《儀禮注疏》卷四十三，頁512。
55 《儀禮注疏》卷四十五，頁530。
56 《儀禮注疏》卷四十六，頁559。
57 《儀禮注疏》卷五十，頁598。

大夫的「私人」，都是不需君命的「自辟除」者，性質相同，何以一
稱「臣」、一稱「人」。鄭玄曾為之說明這種差異，〈有司注〉云：「大
夫言『私人』，明不純臣。士言『私臣』，明有君之道。」[58]賈氏疏釋
此注云：

> 云「大夫言『私人』，明不純臣也」者，大夫尊，近於君，故
> 屈己之臣名為「私人」。云「士言『私臣』，明有君之道」者，
> 士卑，不嫌近君，故得名屬吏為「私臣」。[59]

鄭玄於大夫家臣稱「人」而士稱「臣」之差異，歸究於大夫家臣「不
純臣」。不純臣之義，考《周頌・臣工》鄭《箋》云：「諸侯來朝，天
子有不純臣之義」，《正義》引鄭氏《駁五經異義》云：「玄之聞也，
賓者，敵主人之稱。而《禮》，諸侯見天子，稱之『賓』，不純臣諸侯
明矣」[60]，是其義。賈氏本於鄭氏之義，解釋鄭玄所謂「大夫言『私
人』，明不純臣」云云，指大夫不以自己之家臣為純臣，因此變其名
而稱之為「私人」；而大夫不純臣家臣的原因，是由於「大夫尊，近
於君」之故。相對而言，士賤，地位卑微，與人君相去甚遠，因此可
以稱其屬吏為「私臣」。賈氏於〈有司〉另一處又疏解「私臣」、「私
人」名號之差異云：

> 下經云「獻私人于阼階上」，注云「私人，家臣，己所自謁除
> 也。大夫言『私人』，明不純臣也。」若然，大夫云「私人」
> 見不純臣，士言「私臣」不言「人」者，大夫尊，近君，若言

---

58 《儀禮注疏》卷五十，頁598。
59 《儀禮注疏》卷五十，頁598。
60 《毛詩正義》卷十九，頁722。

「私臣」，則臣與君不異，故名「私人」；士卑，無辟君臣之
名，不嫌，故名「私臣」。[61]

觀乎此疏，與上引賈疏論調相似，但此處更強調大夫地位尊而迫近人
君，假若大夫與家臣不辟君臣之名，則「臣與君不異」。相反，士的
地位卑賤，可以不避君臣之名。

在《儀禮疏》內，賈氏除了大量運用尊卑申屈之義來解釋士與大
夫禮之差異外，也兼論及士妻及大夫妻之禮。如〈少牢饋食禮〉主婦
亞獻尸一節，「主婦洗于房中，出酌，入戶，西面拜獻尸。」注云：
「入戶西面拜，由便也。不北面者，辟人君夫人也。」賈疏云：

> 云「入戶，西面拜，由便也」者，下注云「此拜於北，則上拜
> 於南矣，由便也」。云「不北面者，辟人君夫人也」者，案
> 〈特牲〉「主婦北面拜」，注云「北面拜者，辟內子也」，則是
> 士妻卑，不嫌得北面，與人君夫人同也。[62]

〈少牢〉主婦獻尸時俠拜，先在主人之南方向西面拜尸，然後獻尸，
獻畢在主人的北方向西面又拜送爵。根據鄭注，大夫內子先後在主人
之南方及北方，以及向西面拜，都是由便之舉，並無特別含意。而鄭
玄又強調「不北面者，辟人君夫人也」，賈公彥根據鄭玄的提示，闡
發其論，指出士妻之禮則可與人君夫人一致，同樣北面拜。至於大夫
內子辟人君夫人，不得面向北拜送爵，而由便地面向西行拜禮，其意
只在於「辟人君夫人」而變。所以，〈特牲〉士禮主婦北面拜送，鄭
玄亦注云「北面拜者，辟內子也。大夫之妻，拜於主人北，西面」，

---

61 《儀禮注疏》卷五十，頁596。
62 《儀禮注疏》卷四十八，頁573。

賈氏疏云：「案〈少牢〉云『主婦洗于房中，出酌，入戶，西面拜獻尸』，又云『尸拜受，主婦主人之北西面拜送爵』是也。若大夫妻貴，辟人君夫人，士妻賤，不嫌得與人君夫人同也。」[63]由此可見，雖然鄭玄在〈特牲〉、〈少牢〉兩經下注明大夫妻「辟人君夫人」，而士妻又「辟內子」，賈氏則強調指出「大夫妻貴」所以需要「辟夫人」，而「士妻賤」得同於夫人禮，充分突顯了其中的尊卑申屈之義。

賈氏運用這種尊卑申屈之義解釋《儀禮》，一般規律都是：大夫尊而辟人君，士則卑賤不嫌與人君相同。然而也有例外的情況。〈少牢饋食禮〉及〈有司〉兩篇記載大夫祭禮，其中又分上大夫及下大夫之禮，上大夫有儐尸之法，下大夫則無。篇中所記上、下大夫之禮間或不同，賈氏因此結合士禮，並斟酌其中差異，嘗試將一貫尊卑申屈的規律，稍作調整。如〈有司疏〉論及下大夫夫婦致爵之禮時，賈氏便云：

> 此下大夫夫婦致爵之禮。〈祭統〉云「夫祭有十倫」之義，七曰「見夫婦之別焉」，又曰「尸酢夫人執柄，夫人受尸足。夫婦相授受，不相襲處，酢必易爵」，彼據夫婦致爵而言；又《詩・既醉序》云「醉酒飽德」，謂「見十倫之義，志意充滿」，是天子、諸侯皆有夫婦致爵之事。但〈少牢〉上大夫受致不酢；下大夫受致又酢，不致；士受致自致，是上大夫尊，辟君，受致不酢；下大夫與士卑，不嫌得與人君同，夫婦致爵也。[64]

賈氏考量天子、諸侯以至《儀禮》所載上、下大夫及士禮致爵的情

---

63 《儀禮注疏》卷四十五，頁533。

64 《儀禮注疏》卷五十，頁603。

況。首先引《禮記・祭統》有所謂「祭有十倫」，其一是「見夫婦之別」，彼記文有「夫婦相授受，不相襲處」云云，正能見「夫婦之別」一義。孔疏云：「謂夫婦交相致爵之時」，正好與賈氏此疏所謂「彼據夫婦致爵而言」相一致。由於〈祭統〉所記為諸侯祭禮，適可證明諸侯祭禮有夫婦致爵之事。然後又引《大雅・既醉》詩序，鄭《箋》說此為成王祭宗廟，並認為能見十倫之義，夫婦之別一義即包含其中。據此，又知天子祭禮之有夫婦致爵之禮。接著賈氏綜合〈特牲〉、〈少牢〉及〈有司〉所記夫婦致爵的情況，指上大夫「受致不酢」，下大夫「受致又酢，不致」，士「受致自致」，三者稍有不同。上大夫「受致不酢」，是指主人受主婦致爵，但主人不酢主婦，〈有司〉云：「（主婦）受爵，酌以致于主人。……主婦北面答拜，受爵。尸降筵，受主婦爵以降」，鄭注云「（尸）將酢主婦」，由此可見，主婦致爵主人後，隨即尸便酢主婦，往後亦無主人酢主婦之事，夫婦不相互致爵，以賈氏謂「受致不酢」。下大夫禮「受致又酢，不致」，是指主人受主婦致爵，主人又酢主婦，但主人不親致爵於主婦。〈有司疏〉論致爵一節云「此一節之內，凡有十爵，獻尸，一也；主婦致爵於主人，二也；主人酢主婦，三也；尸作止爵，飲訖酢賓長，四也。……。」[65]可見主人與主婦互有致爵和酢爵。至於士禮，賈氏謂「受致自致」，即是指主婦致爵於主人，主人不但酢主婦，更又致爵於主婦，又比下大夫之禮多出一節。〈特牲〉致爵一節，賈疏云：「此一科之內，乃有十一爵：賓獻尸，一也；主婦致爵于主人，二也；主人酢主婦，三也；主人至爵于主婦，四也；主婦酢主人，五也；……。」[66]據此可知，士禮也是夫婦相互致爵。賈氏比較天子、

65　《儀禮注疏》卷五十，頁603。
66　《儀禮注疏》卷四十五，頁533。

諸侯，以至士和上、下大夫的情況，發現只有上大夫之禮「受致不酢」，沒有夫婦互相致爵酢爵的環節。下大夫雖然不像士禮般主婦和主人互有致爵，但也有主人酢主婦的儀節。基於上大夫與其他爵級的差異，賈氏便認為是「上大夫尊，辟君」，因而「受致不酢」；「下大夫與士卑」，因此可以與人君禮相同，夫婦致爵。從此例可見，賈氏在全盤考察不同爵級的禮儀差異後，再將一般的尊卑申屈的規律，略作調整而說解。

第二節　尊卑變易

一　隨身分而變易

行禮者的尊卑貴賤，或會因其身分而有所變易。如論賓主升階之法，賈氏嘗歸納例證，以尊卑不同解釋不同行禮者升階之先後。〈士昏禮〉納采時「主人以賓升」，賈氏就此發論，為賓主升堂與尊卑關係發凡云：

> 禮之通例，賓主敵者，賓主俱升，若〈士冠〉與此文是也。若〈鄉飲酒〉、〈鄉射〉，皆主尊賓卑，故初至之時，主人升一等，賓乃升，至卒洗之後，亦俱升。唯〈聘禮〉，公升二等，賓始升者。彼注云：「亦欲君行一，臣行二也。」〈覲禮〉，王使人勞侯氏，使者不讓，先升者，奉王命尊故也。[67]

鄭玄在〈士昏禮〉中未曾解說升階先後與行禮者尊卑之關係。賈氏在

此明言禮之通例，乃是「賓主敵者，賓主俱升」，並以〈士冠禮〉及〈士昏禮〉主賓體敵的情況為例。[68]再舉〈鄉飲酒禮〉、〈鄉射禮〉賓初入時主人先升，乃由於主人尊而賓卑；後來辭讓畢，獻酒降洗升時變而為俱升，實是主賓彌親之義。然後賈氏續舉出變例。變例之一為〈聘禮〉中正聘時，公先升階二等，賓客才開始升階。鄭玄認為是「欲君行一，臣行二」[69]，賈氏則說是「君行少，臣行多」。同樣是尊者先升，卑者後升，〈聘禮〉與〈鄉飲酒禮〉及〈鄉射禮〉不同的是國君「先升二等」，比二〈鄉〉禮主人「先升一等」多出一等，其目的不僅是透過升降次序辨別尊卑，更要嚴分君臣，使臣禮「遠下人君」。值得注意的是，不論賈氏所舉的「禮之通例」如〈鄉飲酒禮〉、〈鄉射禮〉，抑或如〈聘禮〉般升階之數稍有變化，都不出尊者先升，卑者後升的原則。賈氏然後又舉出〈覲禮〉之例，謂王使人勞侯氏，王命使者郊勞侯氏，使者到達侯氏之帷宮，三揖而不讓，遂先升壇，與常禮「尊者先升」違異。使者的地位理應比侯氏為卑，然而使者先升，乃是由於使者奉有王命，因此特加尊貴。考王使郊勞使者之職，乃是大行人，〈覲禮〉云：「至于郊，王使人皮弁用璧勞」，鄭注：「〈小行人〉職曰：『凡諸侯入，王則逆勞于畿。』則郊勞者，大行人也。」賈氏疏云：「引〈小行人〉職者，約近郊勞是大行人，以其尊者宜逸，小行人既勞于畿，明近郊使大行人也。」[70]據《周禮》大行人以中大夫充任，[71]其爵位貴賤，遠不及侯氏之尊。〈覲禮〉大

---

68 〈士冠禮〉：「主人迎，出門左，西面再拜。賓答拜，……主升，立于序端，西面，賓西序，東面。」鄭注：「主人、賓俱升，立相鄉。」參見《儀禮注疏》卷二，頁19。

69 所謂「君行一，臣行二」者，語出《韓詩外傳》卷四，晏子答孔子之辭，云：「夫上堂之禮，君行一，臣行二。今君行疾，臣敢不趨乎？」見韓嬰：《韓詩外傳》卷四，《四部叢刊初編》，頁52。

70 《儀禮注疏》卷二十六下，頁318。

71 《周禮‧秋官‧敘官》：「大行人，中大夫二人。」參見《周禮注疏》卷三十四，頁514。

行人三揖不讓，先侯氏而升壇，賈氏便解釋是「奉王命」而尊，可見
使者本身地位雖卑，但身懷王命出使，因而可易為尊位。使者奉王命
勞侯氏，是天子的代言，所以當郊勞之節云「侯氏升聽命，降，再拜
稽首，遂升受玉。」在階下再拜稽首，乃是臣向君之禮，正可突顯大
行人奉王命時地位特殊。相反，當郊勞之節完畢儐使者時，「侯氏用
束帛、乘馬儐使者，使者再拜受，侯氏再拜送幣。」沒有侯氏降拜的
描述，說明此時已不再身懷王命，因此鄭注云「拜者各於其階」，賈
疏云：「此賓與使行敵禮，若〈鄉飲酒〉、〈鄉射〉賓主拜各於其階
也。」[72]賈氏點明此時是侯氏與使者「行敵禮」，呼應上文使者先升時
賈氏採用鄭說認為「奉王命尊」之故，此時變成敵禮正是無王命的表
現。其中尊卑隨身分不同而變易可見。

　　相似的情況，亦見於〈聘禮〉主國君使卿致饔餼的環節，該儀節
中，主國君所使致饔餼的卿為主人，出使聘問的卿為賓，兩者爵位體
敵，按禮之通例應當「俱升」、「俱降」，但升階時「大夫先升一等」，
鄭注云：「使者尊」[73]，指的是致饔餼的主國使者。但在主國使者向賓
致命之後，出門外，賓亦隨出再次迎使者入內，準備擯使者之禮。此
時則賓先升堂，文云：「入，揖讓如初。賓升一等，大夫從，升
堂。」鄭注對於此時不由主國的卿先升，而由賓先升一等，解釋云：
「賓先升，敵也。」賈氏遂疏云：

> 前大夫奉君命歸饔餼，故先升一等，今賓私儐使者，無君命，
> 體敵，故賓先升在館，如主人之儀故也。[74]

---

72 《儀禮注疏》卷二十六下，頁319。
73 《儀禮注疏》卷二十二，頁262。
74 《儀禮注疏》卷二十二，頁262。

賈氏此疏明確指出，上一環節由於主國使者身奉國君之命，前來歸饔
餼，因而地位變得稍尊於賓，故此得以「先升一等」。到東面致命畢
而出門之後，歸饔餼一節已完畢，使者不復奉有君命，其地位回復正
常，與賓體敵。當此之時使者已不復懷有君命，又即將由賓「私覿」
使者，所以主國使者再次進入賓之館時，賓先升一等而使者才隨之升
堂。從此例亦可見，賈氏會根據當時行禮者的身分，考量尊卑地位的
變易。

二　身分因處所而變易

　　行禮者的尊卑貴賤既然會因應場合身分而變易，賈氏慎審《儀
禮》經及注的描述，發現身分亦會因處所不同而改變，從而使其行禮
之尊卑有所變化。最顯著的例子，莫過於祭禮中代替死者受祭的尸。
尸在祭禮中為一重要角色，在禮典中往往為較尊尚的一員。然而，尸
用孫倫，與祭禮的主人相比，主人是尸的父輩，地位理應比尸尊貴，
但尸代先人受祭，則其地位又變為主人之父或以上。而這種變化，大
底以廟門為限。關於這一點，鄭玄往往為之指出，而賈氏又詳加疏
證，如〈特牲饋食禮〉尸入廟時，由祝迎接尸，主人不親自迎接，經
文云：「祝迎尸于門外。主人降，主于阼階東。」鄭注云：「主人不迎
尸，成尸尊」，說明了主人不親自迎接的事實，同時見其「不迎」並
非平常迎賓之禮。鄭氏接著又說：「尸，所祭者之孫也。祖之尸，則主
人乃宗子；禰之尸，則主人乃父道。事神之禮，廟中而已，出迎則為
厭。」賈氏為之疏釋說：

> 案〈祭統〉云：「君迎牲而不迎尸，別嫌也。尸門外，則疑於
> 臣；在廟中，則全於君。君在廟門外，則疑於君；入廟門，則

全於臣，全於子。」鄭云：「不迎尸者，欲全其尊也。尸，神像也。鬼神之尊在廟中，人君之尊，出廟門則伸。」此士禮，雖無君道，亦尊尸。主人不迎，迎之尊不成，不迎之則成，尸之道尊也。……云「禰之尸，則主人乃父道」者，《禮記‧祭統》云：「夫祭之道，孫為王父尸。所使為尸者，於祭者子行也。父北面而事之，所以明子事父之道也，此父子之倫也。」注云：「祭祖則用孫列，皆取於同姓之適孫。」是其禰之尸，則主人為父道也。云「事神之禮，廟中而已，出迎則為厭」者，<u>出廟門，主人是君，是有厭臣之義，故不迎也。</u>[75]

鄭玄分別說明主人不迎尸的事實，並指出尸雖由受祭者之孫充任，但主人於尸有子北面事父之道。最後則說明主人不出迎的原因，乃在於「事神之禮，廟中而已」，所以主人「出迎則為厭」。賈氏詳加疏釋，引用《禮記‧祭統》證成鄭說。〈祭統〉明言「尸門外則疑於臣，在廟中則全於君。君在廟門外則疑於君，入廟門則全於臣，全於子」，突顯祭禮中主人和尸的地位尊卑相變，俱以廟門為限。賈氏又引用彼文鄭注「尸，神像也。鬼神之尊在廟中」，如若「人君之尊，出廟門則伸」，指出祭禮時尸未入廟之際則仍處於子道，其尸尊未成，若人君出廟迎之，人君之尊伸，那麼尸之尊則不能成，其義鮮明。所以，鄭玄注〈特牲〉時說「事神之禮，廟中而已，出迎則為厭」，賈疏亦以廟門為限，謂「出廟門，主人是君，是有厭臣之義，故不迎也」。主人在迎尸時不出廟門而降立於阼階，由祝代迎；同樣地，送尸時主人也不出廟門，〈少牢饋食禮〉云：「祝先，尸從，遂出于廟門。」鄭玄注此同樣說：「事尸之禮，訖於廟門」，也是以廟門為限，賈氏疏云：

---

75 《儀禮注疏》卷四十五，頁530。

上祝迎尸於廟門，今禮畢又送尸於廟門。案《禮記》：「尸在廟門外，則疑於臣」，是據「廟門」為斷。[76]

賈氏此疏，同樣也是引用〈祭統〉之文，證成鄭玄所謂「事尸之禮，訖於廟門」之說，更進一步說明是「據『廟門』為斷」。再結合〈特牲〉賈疏所謂「出廟門，主人是君，是有厭臣之義」云云，可見賈氏之說突顯了廟門就是尊卑互易的界限，將廟門內外劃分為兩個場所，尸與主人的身分便因應場所而變易。雖然鄭玄已首先點明廟門為事尸之限云云，但無疑賈疏能更清晰地疏證鄭義。

不僅如此，祭禮雖以廟門為主人、尸尊卑互易之分野，而虞祭後的餞尸禮在寢門外進行，則其限自然在大門，而非廟門。〈士虞禮〉云：「尸謖，從者……大門內如初」，鄭云：「從尸不出大門者，由廟門外無事尸之禮」，賈疏云：

> 云「從尸不出大門者，由廟門外無事尸之禮也」者，在廟以廟為限，在寢門外以大門為限，正祭在廟，廟門外無事尸之禮。今餞尸在寢門外，則大門外無事尸之禮，故鄭舉正祭況之，從尸不出大門外，取正祭比之，故注云：「由廟門外無事尸之禮也」。[77]

既然餞尸禮行於寢門外，鄭玄在注中卻逕說「廟門外」無事尸之禮，賈疏便根據下文「尸出門，哭者止」的鄭注「大門猶廟門」，來疏解鄭玄此處直以「廟門」為說，指餞尸在寢門外，鄭玄是「舉正祭而況

---

76 《儀禮注疏》卷四十八，頁574。
77 《儀禮注疏》卷四十三，頁510。

之」，遂以大門如廟門，為之事尸之限。既有大門之限，那麼尸其鬼
神之尊亦於大門為斷。所以餞禮完畢，尸出大門後哭者便停止不哭，
賈氏便說「正以餞於寢門，以大門為限，似事尸在廟門為限」[78]，正
可見尸之尊斷於廟門，出廟門便不成尸，因而哭者止哭。當然，尸的
地位斷限於廟門或大門，只有效於祭禮尸有鬼神之義的情況下。在祭
禮結束，進行儐尸禮之時，尸的身分不復為尸，主人也不再以尸禮待
之，而是以賓客之禮勞之。最能突顯的，在於正祭的時侯因為以廟門
為尸地位尊卑變易的斷限，故此主人不出迎尸以避免尊卑相混，但到
儐尸時主人卻出迎尸，〈有司徹〉云：「主人出迎尸」，鄭注云：「賓客
尸而迎之，主人益尊。」賈疏：「上篇正祭時，主人不迎尸，以申尸
之尊。至此賓尸而迎之，以尸同賓客，是主人益尊故也。」[79]據賈氏
的說明，可以清晰了解到主人在正祭時不出門迎尸，是為了尸在進入
廟時能「申尸之尊」；但此時祭禮已畢，尸為鬼神代表的身分已趨消
減，主人的尊可得申，所以由正祭時廟門外主人為父尸為子，和廟門
內主人對尸有子北面事父的尊卑變易，在儐尸時一變而成為主賓之關
係，主人因此可得出門迎尸。情況就如上文所討論過〈覲禮〉賓儐使
者及〈聘禮〉賓儐來歸饔餼的使者情況一樣，在勞謝賓客的儀節上，
回復主賓體敵之禮。

因此，賈氏在鄭注的基礎上闡釋其說，討論到行禮者的尊卑會隨
著其在儀節中所擔當的身分而變易，其身分也會因應場所的轉移而有
所改變。以此尸之尊卑在廟門內外為分野為例，再結合上舉例證，可
見身分與場所的尊卑變易方式並非能夠截然分割，而是互相滲透，有
其靈活變化。

---

78 《儀禮注疏》卷四十三，頁510。

79 《儀禮注疏》卷四十九，頁581。

三　隨禮節演進而變易

行禮者的尊卑變易，也會隨著禮典之演進而有所變化。這種情況，很多時候表現在主賓關係上。如賈氏論升階之法，他認為假如主賓地位體敵，應該是俱升；假如一尊一卑，則尊者先升。他在〈士昏禮疏〉中云：

> 禮之通例，賓主敵者，賓主俱升，若〈士冠〉與此文是也。若〈鄉飲酒〉、〈鄉射〉皆主尊賓卑，故初至之時，主人升一等，賓乃升，至卒洗之後，亦俱升。[80]

考〈鄉飲酒禮〉主賓，鄭注云：「主人，謂諸侯之鄉大夫也。……賓、介，處士賢者」。又〈鄉射禮〉鄭玄《三禮目錄》云：「州長春秋以禮會民，而射於州序之禮。……鄉大夫或在焉。」又注云：「主人，州長也。鄉大夫若在焉，則稱鄉大夫也。」[81]可見〈鄉飲酒禮〉和〈鄉射禮〉同樣是主人尊而賓客卑。賈氏便引用這兩篇鄉禮主尊賓卑而同樣是主人先升來證明他的禮例原則。值得注意的是，賈氏接續說「至卒洗之後，亦俱升」，描述了在禮節行進時，主賓升階先後的變化，由初至時主人先升，到後來的「俱升」。賈氏針對這種變化，在〈鄉飲酒禮疏〉解云：

> 上文主人先升，賓乃升者，以初至之時，賓客之道進宜難，故主人升導之，至此以辭讓訖，故略威儀而俱升也。[82]

80　《儀禮注疏》卷四，頁40。
81　《儀禮注疏》卷十一，頁109。
82　《儀禮注疏》卷八，頁83。

賈氏在彼疏中指出初時主人先升是由於「賓客之道進宜難」，因此需要由「主人升導之」。所謂「賓客之道進宜難」乃直取〈鄉射禮〉鄭注語，彼賈疏云：「主人之法先升導賓，賓後升，進宜難，禮之常然。」[83]觀乎此論，似乎主人先升無關乎尊卑。但細翫〈士昏疏〉和〈鄉飲酒禮疏〉、〈鄉射疏〉的論調，似乎是一種各舉一邊，三疏兼之乃足以論述。賈氏既於〈士昏禮〉發凡指出「賓主敵者俱升」，而且有其確證，自是無所可疑。而彼謂賓客「進宜難」是「禮之常然」云云，彼疏所引者〈鄉飲酒禮〉及〈燕禮〉為據，都是主尊賓卑的情況，因此所謂「禮之常然」云云即指主尊賓卑的情況下，賓客之常禮應要「進宜難」。所以，賈氏諸疏的切入點並不全同，各舉一邊而已，如〈鄉飲酒禮疏〉就主人之道、賓客之道而言，故有「進宜難」、「升導之」的說法；至於〈士昏疏〉明言「賓主敵者」俱升，「主尊賓卑」者主人先升，顯然是基於尊卑一層來討論。其實兩義俱有，賈氏分置兩疏來說明而已。重要的是，既然〈士昏疏〉的語境本於尊卑的討論，又提出了兩篇鄉禮「初至之時，主人升一等，賓乃升，至卒洗之後，亦俱升」的升階變化，那麼這種變化必然關乎尊卑。在禮典之初三揖入堂，主人尊而先升，到後來主人獻賓前洗爵後「俱升」，可見主賓關係已由「主尊賓卑」變而為主賓體敵。由此可見，賈氏疏中透露出主賓尊卑會在禮節行進時有所變易。

此外，在〈燕禮〉和〈大射儀〉中也有相似的情況。〈燕禮〉主賓獻酬，賓先後站立的位置並不相同。主人酬賓後，文云：「主人降復位。賓降筵西，東南面立。」注云：「賓不立於序內，位彌尊也。位彌尊者，其禮彌卑，記所謂『一張一弛』者，是之類與？」賈疏云：

> 案上初賓得獻，降升之時序內立，是不敢近賓席，是禮尊而賓

---

83 《儀禮注疏》卷十一，頁111。

卑。至此酬訖，立於席西，是賓位彌尊，禮漸殺，故云彌卑
也。[84]

鄭玄留意到主人酬賓之後賓降到「筵西」，而不是原來的位置「序
內」。賈氏遂補充說賓客在初受主人獻酒時，升降之位在序內。〈燕
禮〉云「賓降，立于西階西。……賓升，立于序內，東面」[85]，〈大射
儀〉相同儀節則云「賓升，立于西序，東面」[86]，一云「序內」，一云
「西序」，兩者互文而已。又考〈鄉飲酒禮〉主人將獻賓降洗，賓降
辭洗，文云「主人坐取爵于篚，降洗。賓降。……主人坐奠爵于篚，
興對。賓復位，當西序，東面。」鄭注：「言復位者，明始降時位在
此。」[87]是賓在受酬前位在西序之證。初獻時升降之位在西序，而在
主人酬酒後賓則降於「筵西」，比在西序之位較接近賓席，賈氏在鄭
注之上更作解釋是初時「禮尊賓卑」，「不敢近賓席」，直到酬酒訖，
賓的地位變得「彌尊」，其禮「漸殺」，因此所立之位亦有所不同。又
考〈大射儀〉亦有相同的論調，賈氏彼疏可與此互相補充，彼云：

> 案〈鄉飲酒禮注〉[88]云：「位彌尊，禮彌卑。」引〈雜記〉「一
> 張一弛」，此對酬時立于西序之時，不降於下，禮稍卑，位稍
> 尊。此在席西東面，位彌尊，禮彌卑也。[89]

觀此〈大射儀疏〉的論調實與〈燕禮疏〉一致，但此疏更清晰說明了

84　《儀禮注疏》卷十四，頁164。
85　《儀禮注疏》卷十四，頁163。
86　《儀禮注疏》卷十七，頁196。
87　《儀禮注疏》卷八，頁83。
88　當為〈燕禮注〉，賈氏文誤。
89　《儀禮注疏》卷十七，頁197。

禮節演進與尊卑變化的關係。〈燕禮〉、〈大射儀〉為君與臣飲酒及射之禮，人君雖不親自與賓獻酬而使人代為主人，但作為賓客的臣，初入時卑，然後隨著禮節演進逐漸變尊。賈氏在〈燕禮疏〉說「賓位彌尊，禮漸殺，故云『彌卑』也」[90]，用「禮漸殺」來解釋鄭玄所謂「禮彌卑」。而此「禮漸殺」的具體表現是由初獻時位在西序內，變而在筵西，慢慢向賓席靠攏；同時，人臣與人君之關係亦由原本人臣遠下人君，漸漸貼近人君所主的東方，是越見親近的表現。而在〈大射儀疏〉又在初獻位的「禮尊而賓卑」，與酬訖的「位彌尊，禮彌卑」之間再加上一層，云「酬時立于西序之時，不降于下，禮稍卑，位稍尊」。此所謂「不降于下」者，乃是相對於賓酢主人之後，主人又實象觚獻公之前，有「賓降」的環節，文云：

　　賓降，立于西階西。射人升賓，賓升，立于序內，東面。

鄭注云：「既受獻矣，不敢安盛」[91]。〈大射儀〉相同的儀節，賈疏云：「以堂上為盛，故降下。……是未酬已前禮盛者也」[92]，據此可知所謂「降于下」者指此環節。到主人酬賓的環節，賓則沒有此「降下」的儀節，其禮稍為簡略。因此，從此數段賈疏可見，賓位之由卑變尊，可分為三層：首先，初獻之時禮盛，升降之位在西序，既不敢近賓席，無事時又不敢安盛於堂上而降下，是賈疏所謂「禮尊而賓卑」；至主人酬賓，省去降堂之節，即賈氏所謂「禮稍卑，位稍尊」；至酬訖，賓降於筵西，不在西序之位，即賈氏所謂「位彌尊，禮彌卑」。賈氏突顯禮節演進而尊卑變易，可得而見焉。

---

90 《儀禮注疏》卷十四，頁164。
91 《儀禮注疏》卷十四，頁163。
92 《儀禮注疏》卷十七，頁196。

第三節　尊卑原則

一　攝盛

　　賈公彥說解《儀禮》不同尊卑等級的儀節時，經常會牽涉到不同的尊卑原則，其中較重要的就是說明禮節中攝盛的情況。攝盛是指行禮者在一些特殊情況下，可以運用或進行較尊一等的禮儀。例如昏禮為禮之重者，在〈士昏禮〉便可找到許多攝盛而採用大夫禮儀的情況（詳本書第五章）。但這些攝盛的儀節，在《儀禮》原文中並沒有特別著明，鄭玄注也只有偶然指出。對於《儀禮》所記禮儀與行禮者所屬爵位不一致的情況，賈氏執持「攝盛」的原則，慎加考察，也梳理出不少攝盛禮之例。

　　如士之昏禮及喪禮俱有貳車，貳車即副車。〈士昏禮〉主人親迎時「主人爵弁，纁裳，緇袘。從者畢玄端。乘墨車，從車二乘，執燭前馬」，是士之昏禮有副車之文，鄭注云：「乘貳車，從行者也。……墨車，漆車，士而乘墨車，攝盛也。」鄭玄僅僅指出士乘墨車是攝盛的表現，但對於士有副車二乘者則並無解說。賈氏遂疏云：

> 使乘貳車從壻，大夫已下有貳車。士無貳車，此有者，亦是攝也。[93]

賈氏認為此禮是「大夫已下有貳車」之例，但按常禮士不當有貳車，考《周禮・秋官・大行人》上公貳車九乘，侯伯七乘，子男五乘。又《禮記・少儀》「貳車者，諸侯七乘，上大夫五乘，下大夫三乘。」

93　《儀禮注疏》卷四，頁44。

鄭注：「此蓋殷制也。周禮：貳車公九乘，侯伯七乘，子男五乘，卿大夫各如其命之數。」[94]可見若按常禮，大夫以上有貳車，士則無。所以昏禮士有貳車，鄭玄既注明親迎士用車有攝盛之義，賈氏承其論便認為有貳車也是攝盛之故。同樣地，士之喪禮也有貳車，〈既夕禮・記〉記出殯時有「貳車：白狗攝服」，賈氏便說：「依正禮大夫以上有貳車，士卑無貳車。但以在喪，可有副貳之車，非常法。」[95]結合此疏與〈士昏禮疏〉，顯見賈氏於此處同樣認為士有貳車是攝盛之舉。

又如〈既夕禮・記〉記三乘葬之魂車有「道車，載朝服」，鄭注云：「道車，朝夕及燕出入之車。朝服，日視朝之服也，玄衣素裳。」鄭玄注文對此處有否攝盛不置一言，賈氏則認為其間實有攝盛，疏云：

> 知「道車，朝夕」者，案〈玉藻〉云「朝玄端，夕深衣」，鄭注云「謂大夫、士也」，私朝之服。《春秋左氏傳》云「朝而不夕」，據朝君於是有朝無夕；若然，云「朝夕」者，士家朝暮夕，當家私朝之車。……云「朝服，日視朝之服」者，案〈鄉黨〉云「緇衣羔裘」，是孔子所服，鄭注云「諸侯視朝之服」，是君臣同服，故〈玉藻〉云「諸侯朝服，以日視朝」。士之道車而用朝君之服，不用私朝玄端服者，乘車既載孤卿之氈，故道車亦載朝君之服，攝盛也。[96]

賈氏認為「道車載朝服」是攝盛之舉，並花了不少篇幅將其印證。首

---

94 《禮記正義》卷三十五，頁633。
95 《儀禮注疏》卷四十一，頁483。
96 《儀禮注疏》卷四十一，頁485。

先，賈氏引用《禮記‧玉藻》來說明大夫士私朝之服，是朝服玄端，夕服深衣。這就說明了道車所載的「朝服」非私朝之服。然後又引《左傳》「朝而不夕」來證明常禮朝君只在朝時而不在夕時，〈士冠禮疏〉有更清晰的疏釋，彼云：「案《春秋左氏傳》成十二年，晉郤至謂子反曰『百官承事，朝而不夕』，此云莫夕者，無事則無夕法，若夕有事須見君，則夕。故昭十二年子革云『夕』，哀十四年子我亦云『夕』者，皆是有事見君，非常朝夕之事也。」[97]適可說明朝君之常，只有朝時見而無夕時見。但鄭玄注明此葬之「道車」是「朝夕及燕、出入之車」，並云「朝夕」，可見這是「私朝之車」。然後賈氏又再引用《論語‧鄉黨》及〈玉藻〉來證明鄭玄「朝服，日視朝之服」云云。既然「道車」是「私朝之車」，按常理應載私朝之玄端服，但並不然，而是載日朝君的「朝服」，那麼〈既夕記〉所謂「道車，載朝服」便顯得有點不合理。賈氏認為是「攝盛」的原故，所以才有以私朝之車載朝君之服的情況。他的理據在於此處「道車」而載「朝服」，與上文記三乘魂車之一的「乘車」（筆按：士之棧車）而「載旜」（孤卿所建旌旗）的攝盛情況一致[98]，都是車與所載之物貴賤不相符，因此便認為同樣是攝盛。

除了考察儀節名物而考證攝盛之例，賈氏或在鄭注已提到攝盛之處，嘗試詳加論證鄭說。如討論士之喪禮的葬奠，〈既夕禮〉云：「陳鼎五于門外」，鄭注云：「鼎五，羊、豕、魚、腊、鮮獸各一鼎也。士禮特牲三鼎，盛葬奠加一等，用少牢也。」賈疏云：

---

97 《儀禮注疏》卷二，頁16。

98 鄭注云：「旜，旌旗之屬，通帛為旜，孤卿之所建，亦攝焉」按：《周禮‧春官‧巾車》賈疏亦云：「〈既夕禮〉是士禮，而有乘車所建旌，是攝盛，故用孤卿所建通帛之旂也。」參見《周禮注疏》卷二十七，頁418。

知五鼎是「羊、豕、魚、腊、鮮獸各一」者，以下經云「羊左
胖」、「豕亦如之」、「魚、腊、鮮獸皆如初」，與〈少牢禮〉
同，故知也。云「士禮特牲三鼎」者，〈特牲饋食禮〉「陳三
鼎」，故知。云「盛葬奠加一等，用少牢也」者，以其常祭用
特牲，今大遣奠與大夫常祭用少牢同，是盛此葬奠，故加一
等，用少牢也。[99]

賈氏首先針對鄭玄的注云，逐句作出疏證。值得注意的是，賈氏在說
明鄭玄根據的同時，不僅指出鄭氏乃根據同一經下文所記，更特別注
明「與〈少牢禮〉同」；接續又在說明鄭氏說「士禮特牲三鼎」云云
之下，注明「〈特牲饋食禮〉『陳三鼎』」。按文理，賈氏在說明鄭玄根
據下文說五鼎所載牲物，實無必要特別注明「與〈少牢禮〉同」，賈
氏這樣做，很可能是為了與下文云「〈特牲饋食禮〉『陳三鼎』」作出
對比，突顯此士喪禮葬奠「陳鼎五」與〈少牢禮〉同，而不與士禮
〈特牲饋食禮〉「陳三鼎」合，呈現出「今大遣奠與大夫常祭用少牢
同」的事實，從而證明鄭玄注所謂「盛葬奠加一等，用少牢也。」賈
疏下文，更詳論《儀禮》各篇禮所用鼎數，從而說明此士喪禮各奠的
攝盛情況，文云：

凡牢鼎數或多或少不同，若用特豚者，或一鼎或三鼎，若士冠
禮醮子及婚禮盥饋，并小斂之奠與朝禰之奠，皆一鼎也；三鼎
者，婚禮同牢，士喪大斂、朔月、遷祖及祖奠皆三鼎，而以
魚、腊配之是也。其用少牢者，或三鼎，或五鼎。三鼎者，則
〈有司徹〉云「陳三鼎如初」，以其繹祭殺之於正祭，故用少

---

99 《儀禮注疏》卷三十九，頁463。

牢而鼎三也。<u>五鼎者，少牢五鼎，大夫之常事，此葬奠士攝之</u><u>奠用少牢，亦五鼎</u>；〈聘禮〉致飧眾介皆少牢，亦五鼎，〈玉藻〉諸侯朔月少牢亦五鼎。其用大牢者，或七，或九，或十，或十二。其云七鼎九鼎者，〈公食大夫〉下大夫大牢鼎七，上大夫鼎九是也。鼎十與十二者，〈聘禮〉致飧於賓，飪一牢鼎九，羞鼎三，是十二也。又云「上介飪一牢，鼎七，羞鼎三」，是其十。[100]

賈氏此段疏文整理出《儀禮》各篇用鼎之法：用特牲者有分一鼎或三鼎，用少牢者又分三鼎或五鼎。根據賈氏之整理，更可見士喪禮各奠用鼎之法：小斂奠、朝禰奠用特牲一鼎；大斂奠、朔月奠、遷祖奠及祖奠皆特牲三鼎。諸奠之中，只有葬奠是攝盛用少牢五鼎。既知士喪禮葬奠攝盛用大夫少牢五鼎，鄭、賈遂將陳述在下文的各種牲物，並與〈少牢〉所載作出比較，從而說明此間攝盛之程度。如葬奠下文云「腸五，胃五」，鄭玄注云：「亦盛之也」，賈氏遂檢〈少牢〉禮與此比較云：「以其不用特牲，而用少牢，是盛葬奠。案〈少牢〉用腸三胃三，今加至五，亦是盛此奠也。」[101]賈氏此疏，便指出了士禮不用特牲而用少牢，已是攝盛；復檢〈少牢〉只用「腸三、胃三」，而此士禮葬奠用「腸五、胃五」，比大夫常禮所用更多，也是攝盛的表現。下文又云「魚、腊、鮮獸皆如初」鄭玄注云：「士腊用兔，加鮮獸而無膚者，豕既豚解，畧之。」賈氏又檢此與〈少牢〉比較云：

必知「士腊用兔」者，雖無正文，案〈少牢禮〉「大夫腊用

---

100 《儀禮注疏》卷三十九，頁463。
101 《儀禮注疏》卷三十九，頁463。

麋」，鄭云「大夫用麋，士用兔與？」以無正文，故云「與」
以疑之。此亦「士腊用兔」，雖不云「與」，亦同疑可知，但<u>士
腊宜小，故疑用兔也</u>。[102]

賈氏引用〈少牢饋食禮〉文及鄭注，得知大夫禮用麋，而鄭玄認為此
處為士葬奠之禮，因此不用大夫之「麋」，而當用兔為腊。既知大夫
禮用麋，而此士之葬奠不當用麋，賈氏認為是「士腊宜小，故疑用兔
也」。由此可見，士喪葬奠雖然攝盛用大夫之少牢，但腊體卻用士自
身所當用的兔，而不攝盛用大夫禮的麋。接著，賈氏又說：

云「加鮮獸而無膚者，豕既豚解署之」者，以葬奠用少牢，攝
盛則當有膚，與〈少牢〉同，以豕既豚解四段，喪事署，則無
膚者亦署之，而加鮮獸也。[103]

賈氏檢諸〈少牢〉所陳者有膚，其文云「雍人倫膚九，實于一鼎」是
其證。然而，此士喪禮葬奠既攝盛，雖用大夫少牢五鼎之禮，卻只有
「魚、腊、鮮獸」而無膚，賈氏遂認為是「喪事署」，雖攝盛而不用
膚。由此可見，雖然士之葬奠攝盛，但受到「喪事署」的限制，不得
完全與〈少牢〉所述大夫之常禮相同。賈氏之所以認為「無膚」是
「喪事署」，乃本於鄭玄云「豕既豚解署之」之故。鄭玄「豕既豚
解」云云，賈氏析謂「以豕既豚解四段」。考葬奠有「豚解」之文，
鄭注：「豚解，解之如解豚，亦前肩，後肫、脊、脅而已。」賈疏
云：「豚解揔有七段，今取左胖，仍為四段矣」[104]，可見豚解原本當

---

102 《儀禮注疏》卷三十九，頁464。
103 《儀禮注疏》卷三十九，頁464。
104 《儀禮注疏》卷三十九，頁463。

解為七段，今按鄭說只取肩、肫、脊、脅四段，與「無膚」一樣，都是「喪事畧」的緣故。所謂豚解七段者，考〈士虞禮〉云：「殺于廟門西，主人不視，豚解」，其豚解為：「升左肩、臂、臑、肫、胳、脊、脅」共七體。鄭注云：「喪祭畧，七體耳。」[105]〈士虞禮〉豚解為七體為「喪祭畧」，賈氏彼疏舉〈特牲〉尸俎多出橫脊和短脅二骨，說明士虞禮喪祭畧為七體而已。〈士虞禮〉相對〈特牲〉正祭為喪，故喪祭畧而為豚解七體；同樣，未葬前相對於虞禮，則虞禮是吉，葬前為喪，因此虞禮豚解七體為備，葬奠四體為畧。既然葬奠豚解四體為「喪祭畧」之故，因此在攝盛用少牢之餘，亦要考慮「喪祭畧」的因素。賈氏透過比較此葬奠所攝盛的少牢與〈少牢饋食禮〉所記大夫常祭，發現葬奠無膚，遂指出此與「豚解四段」的情況相同，同樣是「喪事畧」的緣故。由此可見，所謂「攝盛」，並非直接攝盛其禮，賈氏在疏釋經、注時，亦考慮到其他限制的因素。

　　士之葬奠雖攝盛為少牢，如此類推，則可知士以上大夫、諸侯等葬奠攝盛的情況。〈既夕禮〉內敘有奠葬奠畢，將運棺於壙前，苞牲，賈氏並論各級苞牲之數。其文云：

> 此盛葬奠用少牢，其載牲體亦當與少牢同。……案〈檀弓〉云「國君七个，遣車七乘。大夫五个，遣車五乘」，注云：「……个，謂所包遣奠牲體之數也」；〈雜記〉曰「遣車視牢具」，彼注云：「言車多少，各如所包遣奠牲體之數也」，然則遣車載所包遣奠而藏之者，與遣奠天子大牢包九个，諸侯亦大牢包七个，大夫亦大牢包五个，士少牢包三个。[106]

105　《儀禮注疏》卷四十二，頁500。
106　《儀禮注疏》卷三十九，頁465。

賈氏論證苞牲之數，據其苞數有多少，相應遣車就有多少。士無遣車，苞三個；大夫苞五個，遣車五乘；諸侯苞七個，遣車七乘；天子苞九個，自士至天子，差之而上。但士祭禮本用特牲，葬奠攝盛而用少牢；差之而上，大夫祭禮用少牢，葬奠攝盛當用大牢；又差之而上，諸侯祭禮用大牢，葬奠攝盛應當用更多的牲牢，但按賈說，諸侯亦用大牢而已；再差而上，天子亦用大牢。賈氏認為天子、諸侯禮不差而遞升而只用大牢的原因，很可能是考慮到「禮窮則同」的原則。當攝盛而按差次遞升至常禮的頂點時，就會依「禮窮則同」的原則，不復再遞升，故雖有攝盛之意，其禮數卻沒有實際的遞升。更多攝盛情況而受「禮窮則同」原則限制的例子，請另詳本書第五章。

二 禮窮則同

「禮窮則同」的原則，除了用作限制攝盛時禮數遞升的情況外，賈氏也會運用這個原則，來解釋尊卑貴賤有別但禮數相合的現象。禮之制作，在於明辨尊卑，別其名分。尊卑、貴賤不同，理應在禮數上有其差次和隆殺，即鄭玄〈聘禮注〉所謂「禮者，尊卑有常差也。」[107]但在《儀禮》之內，不時會出現一些禮數在尊卑常差的基礎上，又有相同的情況，賈氏在其疏中往往加以說解，而「禮窮則同」便只其中一個導致尊卑禮數相合的原因。

如論及各爵等喪車之法，〈既夕禮・記〉：「主人乘惡車。」鄭注：「〈雜記〉曰：『端衰、喪車皆無等』，然則此惡車，王喪之木車也。」下文：「馬不齊髦」鄭玄又注云：「主人之惡車，如王之木車，則齊衰以下，其乘素車、繰車、駹車、漆車與？」[108]〈既夕

---

107 《儀禮注疏》卷十九，頁230。
108 《儀禮注疏》卷四十一，頁482。

禮‧記〉只言「惡車」，鄭玄則提出木車、素車、藻車、駹車、漆車
五種喪車，分別為斬衰、齊衰服以下各等的喪車，其差次正與《周
禮‧春官‧巾車》所載相同。賈氏據鄭說而發論，並說明用車之中有
「禮窮則同」的情況，疏云：

> 案〈巾車〉王之喪車五乘，木車，始死所乘；素車，卒哭所
> 乘；藻車，既練所乘；駹車，大祥所乘；漆車，既禫所乘。此
> 士之喪車亦當五乘，<u>主人乘惡車；齊衰乘素車，與卒哭同；大
> 功乘藻車，與既練同；小功乘駹車，與大祥同；緦麻乘漆車，
> 與既禫同。</u>主人至卒哭已後哀殺，故齊衰以下節級約與主人
> 同，故鄭為此義也。[109]

賈氏整理出天子喪車五乘所當配之喪服輕重，以及其所乘用的時間。
在〈既夕禮‧記〉鄭玄注謂主人乘惡車，即王之木車，而齊衰以上乘
素車、藻車等，如此類推，乃是以喪服之輕重而言。但揆諸〈巾車
注〉則不然，鄭氏分別注明五種喪車乃始遭喪所乘（木車）、卒哭所
乘（素車）、既練所乘（藻車）、大祥所乘（駹車）及禫所乘（漆
車），按此〈巾車注〉則是以始死以下之時間而說，與〈既夕禮‧記
注〉所言各舉一邊，兼之乃足。因此，賈氏結合〈既夕禮‧記〉及
〈巾車〉之注，遂整理出「主人乘惡車；齊衰乘素車，與卒哭同；大
功乘藻車，與既練同；小功乘駹車，與大祥同；緦麻乘漆車，與既禫
同」的用車之法。在整理出天子至士喪時用車之法，賈氏遂提出疑
問，且自為解說之，云：

---

109 《儀禮注疏》卷四十一，頁482。

若然，士尋常乘棧車，不革輓而漆之。今既禫，亦與王以下同
乘漆車者，禮窮則同故也。[110]

既然知道自天子至士各等，喪車之用，自始死至禫分別以〈巾車〉所
載王之喪車五乘，差次乘之，賈氏發現士平常所乘棧車，是「不革輓
而漆之」，與既禫之時所乘漆車相同。換言之，即是士到既禫之時，
直接可以乘平常吉時的棧車。不像其他爵位者，至既禫時仍乘喪用之
漆車，未得用吉時之車。士禮至既禫之時所乘與吉時所乘相同，賈氏
解釋說是「禮窮則同」之故。不只士禮如是，大夫亦是「禮窮則同」
而在既禫時直乘吉時之車，賈氏在〈巾車疏〉云：

案下文大夫乘墨車，士乘棧車，皆吉時所乘之車。既言天子至
士喪車五乘，尊卑等，則大夫士禫亦得乘漆車。所以大夫、士
禫即乘漆車，與吉同者，禮窮則同也。[111]

〈巾車〉載服事之車五，分別是「孤乘夏篆，卿乘夏縵，大夫乘墨
車，士乘棧車，庶人乘役車。」鄭注云：「夏篆，五采畫轂約也。夏
縵，亦五采畫，無瑑爾。墨車不畫也。棧車不革輓而漆之。」[112]可見
孤、卿吉時所乘皆有五采畫，並非漆車，所以孤、卿以上既禫時用喪
用之漆車，至全吉之時才用吉時的夏篆、夏縵。至於大夫平日吉時乘
墨車，墨車漆而不畫，賈氏疏正云「言墨，漆革車已，故知不畫也」
是也。既然墨車漆而不畫，故大夫既禫時亦直接用吉時的墨車為漆

---

110 《儀禮注疏》卷四十一，頁482。

111 《周禮注疏》卷二十七，頁417。

112 《周禮注疏》卷二十七，頁417。

車，與上面討論士直用棧車相同。這樣的情況，賈氏同樣認為是「禮窮則同」。

又如有關女子嫁之名，〈喪服〉斬衰章云：「子嫁，反在父之室，為父三年。」鄭注云：「凡女行於大夫以上曰嫁，行於士、庶人曰適人。」賈氏遂疏證鄭說女子嫁之名，云：

> 云「凡女行於大夫已上曰嫁，行於士庶人者曰適人」，案〈齊衰三月章〉云：「女子子嫁者，未嫁者為曾祖父母。」傳曰：「嫁者，嫁於大夫；未嫁者，成人而未嫁者。」是行於大夫曰嫁。〈不杖章〉云：「女子子適人者為其父母、昆弟之為父後者。」傳雖不解喪服，本文是士，故知行於士、庶人曰適人。庶人謂庶人在官者，府史、胥徒名曰庶人。至於民庶，<u>亦同行士禮，以窮則同之</u>。[113]

按鄭玄之說，女子嫁於夫而得稱為「嫁」者，以大夫以上為分野。嫁於大夫以上可稱「嫁」名，士、庶人則只能稱「適人」，是其名不同。賈氏舉出〈齊衰三月章〉及〈傳〉證明「嫁」為「嫁於大夫」以證成鄭說，又舉〈不杖章〉為例，以〈喪服〉一經本文是士，凡不云大夫或其他者，俱指士而言的原則，[114] 證明了女子嫁於士稱之謂「適人」。嫁於士稱為「適人」，但鄭玄卻明確說明「行於士、庶人」同可稱為「適人」。賈氏便先說明庶人即指庶人在官者如府史、胥徒

113　《儀禮注疏》卷二十九，頁349。
114　〈喪服·齊衰不杖章〉：「為眾子」，鄭注：「士謂之眾子，未能遠別也，大夫則謂之庶子，降之為大功。」賈疏云：「云『士謂之眾子未遠別也』者，經不云士，鄭云士者，〈喪服〉（平）〔本〕（筆按：毛本作「本」，當從毛本改。）文是士，故言士可知也。」（《儀禮注疏》卷三十，頁357）正是所謂「本文是士」者也。

之等，其得與士同稱為「適人」的緣故，就是由於「禮窮則同」，嫁於庶人可以與嫁於士有同等之名。賈氏認為，鄭玄考慮到「禮窮則同」的原則，因此雖然〈喪服〉所記「適人」者只是指稱士，但由於庶人之禮不備，亦宜與士禮相同。

又如賈氏論士、大夫祭禮主婦及其助祭者之服，也有禮窮則同之義。〈特牲饋食禮〉：「主婦纚、笄、宵衣」，鄭注云：「主婦，主人之妻。……凡婦人助祭者，同服也。」賈氏疏云：

> 云「凡婦人助祭者，同服也」者，《經》及《記》不見主婦及宗婦異服之文，故知同服，對男子助祭、祝、佐食等與主人服異也。〈少牢〉云：「主婦贊者一人，亦髮鬄衣移袂」，與主婦同；其餘雖不移袂，同亦宵衣可知。依〈內司服〉，天子、諸侯、王后以下助祭，皆不同者，<u>人君尊卑差等，大夫、士卑，服窮則同也</u>。[115]

賈氏首先根據〈特牲〉經文及附記並沒有主婦與助祭之宗婦等有服飾不同的記載，從而證明鄭玄所謂「凡婦人助祭者同服」之說。〈特牲〉為士之祭禮，主婦是士妻，位卑，因此與助祭之宗婦雖然尊卑有差，但卻不別其服。大夫之妻稍尊，因此大夫祭禮主婦得與諸助祭者服裝稍異，〈少牢饋食禮〉云：「主婦被錫，衣移袂，……主婦贊者一人，亦被錫，衣移袂。」賈氏疏云：

> 「主婦贊者一人亦被錫」者，此被錫移袂與主婦同，既一人與主婦同，則其餘不得如主婦，當與士妻同，纚笄綃衣。<u>若士妻</u>

> 與婦人助祭，一皆纚筓綃衣，以綃衣下更無服，服窮則同，故
> 〈特牲〉云：「凡婦人助祭者同服」是也。[116]

〈少牢〉載大夫妻「被錫，衣侈袂」，侈通「侈」，大也，即謂加大其
衣袖而已，所以鄭玄便注云：「大夫妻尊，亦衣綃衣，而侈其袂耳。
侈者，蓋半士妻之袂以益之」[117]是也。而賈氏據經云「主婦贊者一
人」如主婦服，即除此一人之外，其餘亦降一等如士祭禮主婦所服
「纚筓綃衣」。但值得注意的是，雖然大夫祭禮主婦及贊者一人，與
其餘助祭者衣服差降一等，但究其衣體「亦衣綃衣」。與此不同，賈
氏舉〈內司服〉指出「天子、諸侯、王后」主婦與助祭者均不同服，
這是由於其禮制之中有下服可供降殺。至於大夫、士之妻與其助祭者
不別服以辨明尊卑，賈氏指是因為「綃衣以下更無服」，不能再往下
差降，[118]因此「服窮則同」，一併同服宵衣。

---

116 《儀禮注疏》卷四十八，頁568。
117 《儀禮注疏》卷四十八，頁568。
118 按《周禮・天官・內司服》云：「掌王后之六服，褘衣，揄狄，闕狄，鞠衣，展
　　衣，緣衣，素沙。」又「辨外內命婦之服，鞠衣，展衣，緣衣，素沙。」鄭注
　　云：「〈雜記〉曰：『夫人復稅衣、揄狄』，又〈喪大記〉曰：『士妻以褖衣』，言褖
　　者甚眾，字或作稅。此緣衣者，實作褖衣也。褖衣，御于王之服，亦以燕居。」
　　又云：「外命婦者：其夫孤也，則服鞠衣；其夫卿大夫也，則服展衣；其夫士也，
　　則服緣衣。」按〈內司服〉所記「緣衣」，當作「褖衣」，為王后六服中最卑賤
　　者，故賈氏〈內司服疏〉亦云：「以其御與燕居同是私褻之處，故同服」，又云：
　　「卿大夫妻亦如世婦，展衣、褖衣俱得也，士妻褖衣而已。」（參見《周禮注疏》
　　卷八，頁125-126。）由此可見，大夫妻有展衣及褖衣，士妻則只有褖衣。按上服
　　為助君祭之服，因此大夫自祭，大夫妻於己家之祭不得用上服展衣，而服褖衣而
　　已。士妻則只有褖衣而已。
　　按：〈特牲〉、〈少牢〉主婦及其助祭者皆宵衣，宵衣即褖衣。〈士昏禮〉：「女次，
　　純衣纁袡。」鄭云：「純衣，絲衣。」賈疏云：「此純衣即褖衣，是士妻助之服，
　　尋常不用纁為袡，今用之，故云盛昏禮為此服。」又下文云：「姆纚、筓、宵衣，
　　在其右。」賈云：「此衣雖言綃衣，亦與純衣同是褖衣，用綃為領，故因得名綃衣

三　王人序諸侯之上

　　禮之所以明辨君臣之禮,《禮記‧樂記》云:「天尊地卑,君臣定矣」,因此在禮的尊卑體系內,適如上節所言君禮與臣禮應當截然不同,不相雜亂,以明示君尊臣卑之義。但在賈氏的尊卑體系,人君固然尊於人臣,但他衡量《儀禮》及其他文獻如《周禮》所載,認為人君的禮數儀節卻不必一定盛於人臣。一般而言,君禮固然盛於臣禮,但賈氏據《儀禮》所記的實際情況,卻認為君禮與臣禮的關係實不止於盛殺而已。因此,賈氏論及君臣禮時雖有「臣不得過君」的原則[119],但亦容有例外。舉例而言,〈聘禮〉載主國大夫饋賓及上介時云「大夫饋賓大牢,米八筐」,賈氏疏便分析說:

> 案〈掌客〉鄰國之君來朝,卿皆見以羔,膳大牢;侯伯子男膳特牛。彼又無筐米。此侯伯之臣得用大牢,有筐米者,<u>彼為君禮,此是臣禮,各自為差降,不得以彼難此</u>。[120]

也。……案上文云女褖衣,下文云女從者畢袗玄,皆是褖衣,則此綃衣亦褖衣矣。……若然,〈特牲〉云『綃衣』者,謂以綃繒為衣。」(參見《儀禮注疏》卷五,頁49)是賈疏以〈士昏禮〉之女「純衣」、姆「宵衣」及女從者之衣俱為「褖衣」,是賈氏認為「宵衣」即「褖衣」之說。又〈特牲〉「主婦纚、笄、宵衣」賈疏云:「鄭注〈內司服〉云『男子之褖衣黑,則是亦黑也』,以其士喪禮有褖衣,與士冠玄端為一;玄端黑,是男子褖衣亦黑,則此婦人宵衣亦黑可知。」(參見《儀禮注疏》卷四十四,頁524。)男子士者本無褖衣,其玄端服相等於婦人之褖衣,唯〈士喪禮〉衣裳相連,故直稱男子之玄端為「褖衣」。今此〈特牲疏〉賈氏直以「褖衣」以證婦人「宵衣」同是黑色,亦是賈氏以「宵衣」即「褖衣」之證。既然「宵衣」即「褖衣」,而褖衣又是六服之最下者,故賈氏〈少牢疏〉云「綃衣以下更無服」。

119 其例見於〈士昏禮疏〉論壻親迎時各等之服,分析詳見本書「第五章」。

120 《儀禮注疏》卷二十二,頁266。

彼〈掌客注〉云「卿見又膳，此〈聘禮〉卿大夫勞賓、餼賓之類
與？」[121]是鄭注亦以〈掌客〉所載約與〈聘禮〉餼賓禮同，故比類言
之。然而〈聘禮〉侯伯之臣用大牢，盛於〈掌客〉侯伯子男人君用特
牛之禮，是臣禮盛於君，賈氏遂認為君臣之禮「各自為差降，不得以
彼難此」。又〈聘禮疏〉下文又說：「案〈掌客〉子男一食一饗，子男
之卿再饗。多於君者，以其君臣各自相望，不得以君決臣也。」[122]也
是同樣情況。

　　既然君臣禮之關係並不是單純的盛與殺，在某些情況下君禮與臣
禮可以「各自相望」，賈氏便提出了更為複雜的君臣禮體系。賈氏在
〈既夕禮〉討論到繶的就數及采數時，便運用了公羊家「王人雖微，
猶在諸侯之上」之義，來分析天子之臣、諸侯及諸侯之臣的禮數。
〈既夕禮〉云：「薦馬，繶三就」，鄭注：「諸侯之臣飾繶以三色而三
成，……天子之臣如其命數。」賈氏疏云：

> 云「諸侯之臣飾繶以三色而三成」者，以此下士薦馬，繶三
> 就，則不依命數，則大夫亦同三色。知者，案〈巾車〉上公九
> 繶九就，侯伯繶七就，子男繶五就，諸侯之臣不得與子男同五
> 就，故知與士同三就。……云「天子之臣如其命數」者，案
> 〈典命〉云「三公八命，其卿六命，大夫四命，出封皆加一
> 等」，命數雖卑於諸侯，以王人雖微，猶序諸侯之上，故得與
> 同依命數。……但天子之士三命之下，不得依命少於諸侯之
> 臣，當同色，與諸侯之臣同矣。[123]

121　《周禮注疏》卷三十八，頁584。
122　《儀禮注疏》卷二十二，頁267。
123　《儀禮注疏》卷二十二，頁266。

賈氏整段疏文也圍繞著各等級、命數所用馬纓的色數和就數進行討論。鄭玄注明諸侯之臣「三色而三成」,而天子之臣「如其命數」。既然此〈既夕禮〉諸侯之下士薦馬「纓三就」,鄭氏又明言諸侯之臣「三色三就」,那麼賈氏就歸結出諸侯之臣「不依命數」的禮數。〈典命〉載「公之孤四命」、「其卿三命,大夫再命,其士壹命」,若依命數,則下士不得「三就」。再者〈巾車〉載上公九就、侯伯七、子男五。今諸侯下士三就,若諸侯之上士、大夫、卿等差而上之,則與子男同用五就,有與君同之嫌,所以諸侯之臣一律不依命數,其纓以「三就」而已。至於鄭玄以為天子之臣「如其命數」,賈氏引〈典命〉云「王之三公八命,其卿六命,其大夫四命」,指出天子各等之臣命數不如諸侯,但基於「王人雖微,猶序諸侯之上」的尊卑原則,天子之臣雖然在命數上卑於諸侯,但其禮數卻不能降於諸侯而不依命數。因此,天子之臣可以與諸侯同樣以命數計算其用纓之就數。這是第一個原則。賈氏復再進一步分析,指出天子之士有三命以下者[124],假若按其命數為就之數目則少於諸侯「三色三就」之數,而按「王人雖微,猶序諸侯之上」的原則,天子之臣更不得下於諸侯之臣,因此雖然鄭玄說「天子之臣如其命數」,但若天子之士三命以下者,則與諸侯之臣同用三就。由此可見,賈氏在此例內根據「王人雖微,猶序諸侯之上」的原則,不但證明了鄭玄所謂「天子之士如其命數」,同時也衍生了天子之士「不得依命少於諸侯之臣」,從而說明所謂王臣「如其命數」不適用於命數少於三命以下者。

又如賈氏〈既夕禮疏〉內討論葬時用輁軸之禮,亦運用到「王人序諸侯之上」的原則。〈既夕禮〉云:「至于壙,……茵先入」,鄭注

---

124 按〈士喪禮〉「復者一人」下疏云「案〈典命〉……天子……上士三命,中士再命,下士一命。」又〈既夕禮〉「茵先入」下疏又云:「天子之元士亦三命、再命、一命。」參見《儀禮注疏》卷四十,頁471。

「元士則葬用輇軸，加茵焉。」賈氏證成鄭玄之說，云：

> 元士謂天子之士，先以輇軸由羨道入，乃加茵於其上，乃下棺
> 於中。知元士葬用輇軸者，〈檀弓〉云「孺子之喪，哀公欲設
> 撥」，注云「撥可撥引輴車，所謂綍」；「問於有若，有若曰：
> 『其可也，君之三臣猶設之。』顏柳曰：『天子龍輴而椁帳，
> 諸侯輴而設帳，為榆沈，故設撥。三臣者廢輴而設撥，竊禮之
> 不中者也。』」以此言之，天子諸侯殯葬皆用輴，朝廟用輴可
> 知；大夫雖殯葬不用輴，朝廟亦用輴。以其士殯葬不用輇軸，
> 朝廟得用之，明大夫朝廟得用輴，故上注云「大夫、諸侯以上
> 有四周謂之輴」，以其大夫、諸侯以上有四周謂之輴，以其大
> 夫朝廟得用輴，故言之也。諸侯之大夫有三命、再命、一命，
> 殯葬不得用輴；天子之元士亦三命、再命、一命，葬得用輇軸
> 者，《春秋》之義，王人雖微，猶在諸侯之上，明天子之士
> 尊，謂之為元，元者，善之長，故得用輇軸，不與諸侯大夫同
> 也。[125]

疏文中所謂「輴」即「輇軸」。〈檀弓下〉：「天子龍輴」，注云：「輴，
殯車也。」[126]又《荀子·禮論》：「輿藏而馬反告不用也」，楊倞注
云：「輿謂輇軸也」。[127]〈既夕禮〉：「遷于祖用軸」，注云：「軸，輇軸
也。……大夫、諸侯上以有四周謂之輴」[128]，是「輴」即「輇軸」，
以有四周與否為別而已。賈氏為了證明鄭玄所謂天子元士「葬用輇

125　《儀禮注疏》卷四十，頁471。
126　《禮記正義》卷十，頁191。
127　《荀子》，《四部叢刊初編》（上海市：商務印書館，1919年），頁58。
128　《儀禮注疏》卷三十八，頁449。

軸」，花費頗長的篇幅討論。他引用〈檀弓〉首先證明了天子、諸侯
殯葬、朝廟並用輴；再根據〈既夕禮〉所載士禮遷柩於祖「用軸」，
證明士殯葬雖不用輇軸，但朝廟可用之，然士用輇軸而已，不得用有
四周的輴；基於士禮如此，再推出大夫也是殯葬不得用輴，而朝廟得
用四周之輴，禮較士禮為盛。既了解各級用輴、輇軸之制，賈氏再舉
出「《春秋》之義，王人雖微，猶在諸侯之上」的原則，說明此原則
為天子元士葬得用輇軸的關鍵原因。賈氏舉此原則說解，其義可分兩
層。首先，觀乎賈氏所整理各級用輴、輇軸之法，只有天子、諸侯可
於殯葬時用輴，諸侯之大夫、士則不可。根據「王人在諸侯之上」的
原則，天子元士之禮不得下於諸侯，因此元士得在葬時用輇軸。此
外，賈氏又特別注明「諸侯之大夫有三命、再命、一命，殯葬不得用
輴」及「天子之元士亦三命、再命、一命，葬得用輇軸」的分別，說
明了天子元士一方面不得下於諸侯，一方面亦不得因為雙方命數相
同，而其葬的禮數與諸侯之臣相同。由此可揭示出天子元士之尊，不
關命數，故此賈氏於疏文末說解「元士」之義云「明天子之士尊，謂
之為元。元者，善之長。」

　　以上兩例，賈氏提到所謂「《春秋》之義，王人雖微，猶在諸侯
之上」的原則，實乃本於鄭玄。考《周禮・天官・內司服》鄭注云：

　　　《春秋》之義，王人雖微者，猶序乎諸侯之上，所以尊尊也。[129]

觀乎上引賈氏疏與此〈內司服注〉文字幾同，其因襲之跡鮮明。又考
〈內司服〉賈疏云：

---

129 《周禮注疏》卷八，頁127。

案僖公八年「春王正月，公會王人、齊侯、宋公」以下，「盟
於洮」。《傳》曰：「王人者何？微者也，曷為序乎諸侯之上？
先王命也。」是以微者，即士，以其天子中士已上，於經見名
氏，天子下士名氏不見。今直云人，是天子下士，序在諸侯
上，是尊王命。[130]

賈氏〈內司服疏〉所引《傳》文，即《公羊傳・僖公八年》文，可見
鄭玄注「王人雖微」云云之所謂「《春秋》之義」，實出於公羊家。值
得注意的是，彼何休注云：「銜王命會諸侯，諸侯當北面受之，故尊
序於上」，王人之所以尊，乃由其「銜王命」故也，實可衍生出上文
所引〈覲禮〉郊勞「尊王命」之例。而此《傳》所指「王人」，按公
羊原意是指天子之下士。賈氏疏所謂「天子中士已上，於經見名氏，
天子下士名氏不見，今直云人，是天子下士」云云，亦是何休之義，
考諸《公羊》徐彥疏云：「何氏以為《春秋》之例，天子上士以名氏
通，中士以官錄，下士略稱人」[131]是也。雖然何氏原意乃以王人為天
子下士，但鄭玄在舉用此原則時，卻將「王人」所涵蓋範圍放大。所
以當〈內司服〉經文云：「凡祭祀、賓客，共后之衣服，及九嬪、世
婦，凡命婦，共其衣服。」鄭注便云「凡者，凡女御與外命婦也。言
『及』言『凡』，殊貴賤也。」[132]復舉「王人雖微者猶序乎諸侯之
上」云云以說解。賈氏遂解云：

　　其外命婦中，則有孤妻以下。……若九嬪雖卑於三公夫人，世

130　《周禮注疏》卷八，頁127。
131　《春秋公羊注疏》卷二十六，頁333。
132　《周禮注疏》卷八，頁127。

婦卑於孤卿妻，言凡以殊之在上，亦是尊尊，此王之嬪婦也。[133]

〈內司服〉內將九嬪、世婦列在孤卿大夫妻之上，並以「凡」字殊別其尊卑，鄭玄舉「王人雖微猶序乎諸侯之上」以說解，證明鄭玄將「王之嬪婦」亦納入「王人」範圍之內。這說明了鄭玄在運用公羊家「王人雖微」云云之義來說禮時，已不宥於「王人」為「天子下士」的原意。同樣地，賈氏採用此尊卑原則，也將「王人」所指稱的範圍擴大。如上舉二例，「王人」便分別指天子三公、卿、大夫、及上士、中士、下士諸等，與何氏原本說法不同。

第四節　小結

以上舉例可見，賈疏習以尊卑角度切入，可見尊卑正是賈氏說解《儀禮》和鄭注之核心思維。禮之大用，在於明尊卑、別嫌疑、定親疏、正齒位。賈公彥在《儀禮疏》內重視明辨尊卑，這種解經角度卻未在其《周禮疏》中體現（詳本書第七章）。《大戴禮記・朝事儀》云：「古者聖王明義，以別貴賤，以序尊卑，以體上下，然後民知尊君敬上，而忠順之行備矣。」王聘珍補注云：「義，威儀也」[134]，威儀即指《儀禮》所記載揖讓進退之類，可見《三禮》之內，《儀禮》最能體現尊卑和貴賤。賈公彥能夠掌握《儀禮》「別貴賤，明尊卑」的特點，所以尊卑在疏中乃是極其重要的一環。觀乎上文分述，賈氏據尊卑系統疏經的慣性十分鮮明突出。每當分析經文或注解，往往考慮有否尊卑分野而衍生禮儀隆殺。賈疏的尊卑系統及原則，約可分三

133　《周禮注疏》卷八，頁127。

134　黃懷信：《大戴禮記彙校集注》卷十二（西安市：三秦出版社，2004年），頁1264-1265。

層次。首先，在賈疏內可以體現到三種基本的尊卑分野，分別是「士與大夫為分野」、「君禮與臣禮」以及君、大夫、士之間的「尊卑申屈之義」。三種基本分野之上為第二層次，即基於常規而尊卑變易的情況，分別有「尊卑隨身分變易」，而「身分隨處所變易」，甚至行禮者的尊卑地位因「禮節演進而變易」。第三層為尊卑變易之外，賈疏描述了不同的尊卑原則，來限制或推動禮儀的尊卑變化，如「攝盛」、「禮窮則同」以及「王人序諸侯之上」等。以尊卑切入說禮，固然是賈氏疏釋《儀禮》的核心思維，從考察疏文可見，他說禮背後的尊卑系統和原則，是清晰鮮明而且富有層次的。

第四章
禮類系統

　　賈公彥認為劉向、鄭玄的《儀禮》十七篇篇次「尊卑、吉凶次第倫敘」，符合《儀禮》一經的本質，最為允當。可見在尊卑之外，賈氏認為「吉凶」就是《儀禮》的另一核心。所謂「吉凶」其實是指「以二十而冠，三十而娶，四十強而仕即摯見鄉大夫，又為鄉大夫州長行鄉飲酒鄉射之事。已下先吉後凶，凶盡則行祭祀吉禮。」[1]（〈士冠禮疏〉）這種以冠、婚、喪、祭來分的禮類，與《周禮》春官大宗伯「吉、凶、賓、軍、嘉」五禮並不相同。鄭玄除了將十七篇分屬《周禮》五禮[2]，注中還常常出現對個別禮儀性質的描述，例如「喪尚質」、「燕主於羞」、「昏禮重」等。將這些具相同性質的禮儀併綴起來，便成為不同的禮類。可見對於禮類的關注，鄭注已開先聲。[3]而在賈疏中，也特別重視對禮類方面的分析和描述。但凡禮篇之間互有異同的地方，他都會謹慎權衡是否關乎禮篇性質的差異，然後加以辨說。從禮類切入解經，是賈氏撰疏的核心思維之一。況且，他對禮典性質的大量闡述，呈現了一個比鄭玄更清晰和完整的禮類系統。一如上章，本章也嘗試歸納賈疏內容，勾勒出賈氏說禮背後禮類系統的梗

1　《儀禮注疏》卷一，頁3。

2　實質鄭《目錄》內，《儀禮》十七篇只有吉、凶、賓、嘉四種，無軍禮。

3　例如〈鄉飲酒禮〉與〈鄉射禮〉儀節十分相似，但〈鄉飲酒禮〉設有介，〈鄉射禮〉則無，鄭玄便說：「雖先飲酒，主於射也，其序賓之禮略」（《儀禮注疏》卷十一，頁109），說明了「無介」的原因。又如〈聘禮〉遭喪，「不禮賓、不賄、不禮玉、不贈」，鄭玄又說：「喪降事也。……喪殺禮，為之不備。」（《儀禮注疏》卷二十三，頁276。）

概,從而掌握他撰寫義疏時的思路。

第一節　禮篇之性質與分類

《儀禮》十七篇,各有其獨特的性質。賈疏多為之說明,並作為解釋禮篇間相互不同之依據。

一　昏禮象生

賈氏認為昏禮有象生之義。〈士昏禮〉舅姑沒而三月廟見,經云「若舅姑既沒,則婦入三月乃奠菜」,其設席「席于廟奧,東面,右几。席于北方,南面」,賈疏云:「案《周禮·司几筵》云『每敦一几』,鄭注云:『……祭於廟,同几……』,又〈祭統〉云『設同几』,同几即同席。此即祭於廟中,而別席者,此既廟見,若生時見舅姑,舅姑別席異面,是以今亦異席別面,象生,不與常祭同。」[4]按:賈氏所謂「生時見舅姑別席異面」,〈士昏禮〉上文云「席于阼,舅即席。席于房外,南面,姑即席」,雖面位與三月廟見不同,但「別席異面」是同,不像平常吉禮祭時「同几同席」,是由於昏禮象生故也。

又如〈聘禮〉正聘時設庭實,使者在庭三分之一執皮,皮「右首」,賈氏便說:「〈昏禮記〉:『……執皮,攝之內文,兼執足,左首』,但此『右首』,彼『左首』者,昏禮象生,故與此異也」,下文又疏云:「〈曲禮〉云『執禽者左首』,〈士相見〉贄用雉,『左頭奉之』,下大夫執鴈,上大夫執羔,『如執雉』,皆左首;雉雖死,以不可生服,執之如羔、鴈,亦從左首象陽;今此皮則右首,變於生。

4　《儀禮注疏》卷六,頁59。

〈昏禮〉左首，昏禮取象生，與此異也。」[5]相見時執雉，由於雉「不可生服」[6]，因而殺之。但雉與羔、鴈二者本都是應該生執，同樣從陽之義，因此仍然「左頭奉之」。與彼義相近，昏禮象生，因此執皮亦「左首」。〈聘禮〉無象生之義，所以執皮授皮俱「右首」。

二　昏禮相親

　　昏禮有相親之義，因此其儀節與常禮稍具差異。如男家使使者至女家納采、問名後有禮賓環節。按常禮，由於禮賓乃緊接納采、問名二節之後進行，因此主人不需要再行「拜至」之禮。但〈士昏禮〉記此禮賓之節卻有主人拜至之禮，賈疏便云：「此為禮賓，有拜至者，前雖有納采、問名之事，以昏禮有相親之義，故雖後亦拜至也。〈聘禮〉享禮及禮賓不拜至者，聘禮不取相親之義，故不拜至。是以鄭彼注云『以賓不於此始至也』。」[7]是以賈氏認為昏禮相親，禮與常禮有所出入。《周禮・地官・大司徒》：「以陰禮教親，則民不怨」，賈疏：「以陰禮謂昏姻之禮，不可顯露，故曰陰禮也。男女本是異姓，冕而親迎，親之也。親之也者，親之也，使之親己，是昏禮相親之義。」[8]據賈氏在〈大司徒〉之疏文，昏禮相親之義，除上所述見諸「禮賓拜至」之節外，還見於壻「冕而親迎」之節。

　　賈氏所謂昏禮相親之義，實本於《禮記・郊特牲》及鄭玄注。〈郊特牲〉云：「壻親御，授綏，親之也。親之也者，親之也。」鄭注云：「言己親之，所以使之親己」[9]，正與賈氏〈大司徒疏〉語相

5　《儀禮注疏》卷二十一，頁249。

6　〈士相見禮〉鄭注語。《儀禮注疏》卷七，頁70。

7　《儀禮注疏》卷四，頁41。

8　《周禮注疏》卷十，頁151。

9　《禮記注疏》卷二十六，頁506。

合。又如〈士昏禮〉納采節，使者將鴈授給主人，「授于楹間」，鄭注云：「授於楹間，明為合好」，賈疏：「楹間，謂兩楹之間。賓以鴈授主人於楹間者，明和合親好，令其賓主遠近節同也。凡賓主敵者，授於楹間；不敵者不於楹間。……今使者不敵而於楹間，故云『明為合好』也。」[10]這也是昏禮相親的表現，而賈氏亦有詳說。由此可見，賈氏本於〈郊特牲〉指出昏禮有相親之義，並根據昏禮這種特質解釋〈士昏禮〉之內異於常禮的情況。

三　鄉飲酒、鄉射有擇人之義

〈鄉飲酒禮〉、〈鄉射禮〉有擇賢者之義。〈鄉飲酒禮〉鄭玄《目錄》云：「諸侯之鄉大夫，三年大比，獻賢者、能者於其君，以禮賓之，與之飲酒」，可見〈鄉飲酒禮〉固然是擇賢者貢士之法。檢鄭《目錄》卻並未說明〈鄉射禮〉貢士獻賢之法，只說是鄉人習禮「以禮會民」之禮而已。但〈鄉射禮‧記〉云：「其牲狗也」，鄭注：「狗取擇人」[11]，賈氏遂據此而推出鄉射禮亦具擇人之義。因此，雖然鄉射之禮不專為貢賢能而行，但其亦有擇賢士為賓之義。因此〈鄉射記〉賈疏便云：「〈鄉飲酒〉、〈鄉射〉義取擇賢士為賓，天子已下燕亦用狗，亦取擇人可與燕者。」[12]不但鄉飲、鄉射二禮有擇人之義，賈氏此疏更指出天子以下的燕禮「亦取擇人可與燕者」。考《燕禮‧記》：「其牲，狗也」，注云「狗，取擇人也，明非其人不與為禮也」[13]，正是賈氏所本。至於〈大射〉，《禮記‧射義》明言：「天子將祭，必先習射於澤。澤者，所以擇士也。」是〈大射〉具擇人之義，賈氏於

---

10 《儀禮注疏》卷四，頁40。
11 《儀禮注疏》卷十三，頁146。
12 《儀禮注疏》卷十三，頁146。
13 《儀禮注疏》卷十五，頁179。

〈大射疏〉內亦具引〈射義〉之文。可見，鄉飲酒、鄉射、燕禮及大射四禮，均有擇人之義。

與以上四禮相對，〈士冠禮〉並無擇人之義。〈士冠禮〉禮賓後，賓出，遂「歸賓俎」，鄭注云：「一獻之禮有薦有俎，其牲未聞」，賈疏云：「經有俎必有特牲，但〈鄉飲〉、〈鄉射〉取擇人而用狗，此〈冠禮〉無擇人之義，則不用狗，但無正文，故云『其牲未聞也』。」[14]賈氏基於冠禮不像鄉飲酒、鄉射般取擇人之義，因此禮所用牲亦不合用狗，因此鄭玄在注〈士冠禮〉時便說「其牲未聞」。賈氏根據禮典性質上的差異，解釋了鄭玄的注解，亦說明了冠禮用牲雖然「未聞」，但不像鄉飲酒諸禮用狗可知。

四　飲酒主歡心，射禮主於射

鄉射禮，射之前先行鄉飲酒禮，而〈大射〉則在射前又先行燕禮，因此此四篇禮篇有不少重複的文字，鄭、賈往往將之互相比較、發明。考察經文，飲酒與射禮在儀節上有微細的差別，鄭、賈二人往往都指是因為禮典性質不同之故。

例如〈燕禮〉與〈鄉飲酒〉同樣是主歡心，因此在音樂上比較豐富；〈大射〉主於射，於音樂上則稍為簡略。如〈鄉飲酒禮〉賈疏云：「案此〈鄉飲酒〉及〈燕禮〉，同是主歡心尚樂之事，故有升歌、笙間、合樂。……〈鄉射〉主於射，畧於樂，無笙間，唯有合樂。……〈大射〉亦主於射，畧於樂，但不間歌，不合樂，故有升歌〈鹿鳴〉三終。……若〈鄉射〉與〈大射〉同畧於樂，〈大射〉不畧升歌，而畧笙間、合者，《二南》是鄉大夫之正，《小雅》是諸侯之

正，鄭注〈鄉射〉云『不畧合樂者，不可畧其正』，諸侯不畧〈鹿鳴〉之等，義亦然也。」[15]即可見飲酒禮主歡心，因此樂備；射禮則主於射，略於樂。

飲酒禮與射禮之性質不同，因此行禮者措辭亦不同。〈鄉飲酒禮〉旅酬節，司正云「某酬某子」，鄭注：「某者，字也」，賈疏云：「此〈鄉射〉主於射，畧於飲酒，故稱酬他者字，又稱受酬飲酒者為子，是字不若子。〈飲酒〉言『某子受酬』，直以飲酒為主故也」[16]，即兩禮性質不同，措辭也不一。射禮由於不主於飲酒，因此司正說「某酬某子」；飲酒禮直以飲酒為主，故此司正則直說「某子受酬」，略去酬者的字不言。

除此之外，賈疏還討論到《儀禮》內鄉射、鄉飲與投壺禮性質的差別。〈鄉射禮〉司射「命弟子納射器」而參與射箭，鄭注云：「弟子，賓黨之年少者也」。然則只有賓黨之年少者能參與射箭，主黨弟子不與者，賈疏便說：「案〈投壺〉賓黨及主黨皆為弟子，皆得與投壺者，彼燕法主歡心，故皆與；今此射與鄉人習禮，〈鄉飲酒〉同，上下經文黨皆不與也。」[17]若單以〈鄉飲酒禮〉與〈鄉射禮〉相對而言，則飲酒禮固然是主歡心，而射禮主於射。但若與〈投壺〉禮相對，則投壺禮是主歡心之燕法，而〈鄉飲酒〉及〈鄉射〉同樣是與鄉人習禮，性質有所不同。

五　飲酒尚歡，大射辨尊卑

鄉飲酒、燕飲固然尚歡心；射禮與此相對，除了如上述志於射

15　《儀禮注疏》卷九，頁92。

16　《儀禮注疏》卷十二，頁137。

17　《儀禮注疏》卷十一，頁118。

外，還著重明辨尊卑。賈氏認為射禮明尊卑的性質，影響到禮儀細節上的差異。如〈燕禮〉先設賓席，後設公席。鄭玄認為「凡禮，卑者先即事，尊者後也」，賈疏云：「此燕私禮，故賤者先即事，〈大射〉辨尊卑，故先設公席，後設賓席也。」[18]以此而言，鄭玄云「凡禮，卑者先即事」，乃是禮之常例，因此〈燕禮〉先設賓席，後設公席。但〈大射〉有明文云「小臣設公席于阼階上，……司宮設賓席于戶西南面」，是先設公席，後設賓席，不合常禮「卑者先即事」的原則。賈公彥便認為是〈大射〉禮辨尊卑，因此尊者席先陳，變於常例。

六　喪禮尚質

　　喪禮往往較為簡略，與常禮不同。鄭注、賈疏中亦多次提到「喪禮畧於威儀」、「喪尚質」、「喪不備味」之類。如〈士喪禮〉不設洗，鄭注云：「喪事畧，故無洗也」，賈疏云：「直以盆為盥器也。……凡不就洗篚皆言巾者，既不就洗篚，恐揮之不用，故言巾。是以〈特牲〉、〈少牢〉尸尊不就洗篚，及此喪事畧，不設洗篚，皆見巾是也。」[19]賈疏指出若《儀禮》記載不就洗、篚而盥洗的情況，經文必提及「巾」；若就洗、篚，則抹手的巾自然放在篚中，不言可知。〈特牲〉、〈少牢〉兩禮尸不就洗篚，是由於尸尊宜逸；至於〈士喪禮〉，則是「喪禮畧」的緣故，直不設洗、篚。

　　又如大斂斂服的稱數，賈疏云：「案此文士喪，大斂三十稱，〈喪大記〉士三十稱，大夫五十稱，君百稱，不依命數，是亦喪數畧，則上下之大夫及五等諸侯各同一節」[20]，亦明言「喪數畧」。

18　《儀禮注疏》卷十四，頁160。

19　《儀禮注疏》卷三十六，頁424。

20　《儀禮注疏》卷三十七，頁433。

　　「喪禮畧」、「喪數畧」同是尚質的表現，因此鄭玄在〈士喪〉及〈士虞禮〉分別說「喪尚質」[21]、「虞、祔尚質」[22]。由尚質的特性，可以引申出其他特點，例如喪遽於事，遽者，急也。如討論〈士喪禮〉筮宅時，卦者自畫其卦並示於主人，是急於事的表現，〈士冠禮疏〉：「案〈特牲〉云『卒筮寫卦，筮者執以示主人』，注云『卦者主畫地識爻，六爻備乃以方版寫之』則彼寫卦，亦是卦者，故鄭云『卦者，畫爻者』，彼為祭禮，吉事尚提提，故卦者寫卦，筮人執卦以示主人。〈士喪禮注〉云『卦者寫卦示主人』，經無寫卦之文，是卦者自畫示主人。以其喪禮遽于事，故卦者自畫自示主人也。」[23]賈疏指出喪禮遽急於事，因此畫卦與示卦者同由卦者充任，有別於祭禮卦者畫卦、筮人示卦。賈氏又云「吉事尚提提」，提提者，《詩・魏風・葛屨》毛《傳》云：「安諦也」，孔氏《正義》云：「謂行步安舒而審諦也」[24]，正與喪禮「遽於事」相對。

　　喪禮尚質的特點，也會發展成「無飾」，如〈士喪禮〉殯車用「約綏、約轡」，賈疏便云：「平常吉時，綏轡用索為之，今喪中取其無飾，故皆用繩為之也。」[25]與平常吉時的綏、轡皆有飾相對，喪禮尚質，故用無飾的綏和轡。

　　以上所舉各項，反映了賈氏對各個禮典的性質都有深入的認識，並且能構成一個完整的系統。值得注意的是，賈氏對這些禮典性質的描述，有許多都是源自鄭玄的注解。例如說「燕以飲酒為歡，醉乃止」[26]（〈鄉射禮注〉）、「射禮明尊卑」、「（射禮）主於射」[27]（〈大射

21　《儀禮注疏》卷三十六，頁425。

22　《儀禮注疏》卷四十三，頁512。

23　《儀禮注疏》卷一，頁6。

24　《毛詩正義》卷五，頁207。

25　《儀禮注疏》卷四十一，頁482。

26　《儀禮注疏》卷十三，頁145。

注〉)、「喪禮略於威儀」[28](〈士喪禮注〉)等，可見自鄭玄注《三禮》，已對禮典各自的獨特性質有所認識，只是鄭注古奧，往往只標示出禮的特性，鮮有詳加說明。賈疏則以鄭玄所描述禮典性質為基礎，加上自己的觀察發微，將禮典性質的差異廣加運用，一是解釋了禮儀的常例、變例，如上舉「昏禮象生」，因此設几、執皮的方法俱與常禮有別；二是禮篇內容之間的異同的原因，如上述「飲酒主歡心，射禮主於射」，導致禮典在音樂安排，和辭令上都稍有不同；三是點明鄭玄注解所指，例如上舉〈士冠禮〉鄭注云「其牲未聞」的原因。賈氏甚至乎運用禮典的性質，推導出不見於《儀禮》記載的各級禮儀（詳見本書第 5 章）。

重要的是，賈疏所描述的禮典性質，許多都是相對而言的。例如飲酒、燕禮主歡，射禮主射；冠禮無擇人之義，相對鄉飲酒、鄉射有擇人之義；昏禮相親，聘禮則不取相親之義；喪禮略、遽於事，也是相對吉禮禮備、「尚提提」而言。而這些禮典之所以能夠兩兩相對，其實皆因這些禮典本身有相通之處，又或者禮典內的儀節是同類，才能將之兩兩比對。可見，賈疏經常將同類的禮典和儀節並置討論，或說其同，或辨其同中之異。若將賈氏這類討論悉數檢出，即可反映出賈氏對不同禮的歸類情況。

七　昏禮與祭禮

賈氏認為昏禮與祭禮性質有相近之處，因而經常引用〈特牲饋食禮〉和〈少牢饋食禮〉內容來疏釋〈士昏禮〉。考《禮記·郊特牲》

27　《儀禮注疏》卷十七，頁198。
28　《儀禮注疏》卷三十六，頁427。

云：「玄冕齋戒，鬼神陰陽也。將以為社稷主，為先祖後，而可以不致敬乎？」鄭注云：「玄冕，祭服也。陰陽，謂夫婦也。」[29]賈氏根據〈郊特牲〉及鄭注，認為昏禮有「鬼神陰陽」的特性，與祭禮近同。所以賈氏在討論親迎婦至男家後的祭食儀節，便屢引用祭禮為據。如論將黍移置到坐席之上，與常禮異而與祭禮同，賈氏便說：「云『移置席上』者，鬼神陰陽，故此昏禮從〈特牲〉祭祀法。」[30]又如論用魚之數，異於〈公食大夫禮〉以命數節級差降，而與祭禮尊卑並用十五魚（昏禮尚偶合，故十五去一而用十四魚），賈氏便說「此夫婦鬼神陰陽，故同祭禮十五而去一。若平生人，則與此異。」[31]可見賈氏認為祭、昏同類。

雖然賈氏認為祭、昏同樣具有陰陽鬼神的特質，但昏禮祭食是食生人之禮，祭禮乃是食死人之法，兩者始終有別。所以賈氏在比較祭、昏二禮的內容時，亦有標示出兩者不同之處。如〈士昏禮〉云：「皆祭。贊以肝從，皆振祭。嚌肝，皆實于俎豆。」賈疏：「案〈特牲〉、〈少牢〉獻尸以肝從，尸嚌之，加于菹豆，與此同，禮之正也。……但此云『實』，不云『加』，異於祭故也。」[32]從賈疏可知，〈士昏禮〉祭食以肝從，與士、大夫祭禮相同。但〈士昏禮〉經文說「實于菹豆」，而〈特牲〉、〈少牢〉甚至乎〈士虞〉喪祭並云「加於菹豆」，文辭不同，是由於昏禮畢竟是「異於祭」。又如〈士昏禮〉設饌有「醢醬二豆」，鄭注云：「醢醬者，以醢和醬，生人尚褻味。」賈疏便說：「云『生人尚褻味』者，此文與〈公食〉皆以醢和醬，〈少牢〉、〈特牲〉不言之，故云然也。」[33]〈公食大夫禮〉賈疏亦說：「此

29 《禮記正義》卷二十六，頁506。
30 《儀禮注疏》卷五，頁51。
31 《儀禮注疏》卷四，頁43。
32 《儀禮注疏》卷五，頁52。
33 《儀禮注疏》卷四，頁43。

醯醬下但言『醬』，不別言醯，明以醯和醬可知。祭祀無此法，以生人尚褻味，故有之。」可見雖然祭、昏性質有類同之處，但賈氏並不認為二者完全相同，其間尤有食生人、食死人法之異。

八　祭禮與飲酒禮

祭禮之內，有主人獻尸、主婦亞獻尸，後又有旅酬，無筭爵之事，與飲酒之禮相似。因此，《儀禮疏》內往往將飲酒禮與祭禮的儀節相提並論，適足證明賈氏認為祭禮與飲酒禮可歸為同類。如〈特牲饋食禮〉論奠放酬酒的位置，經云「主人奠觶于薦北」，此為主人授賓酒，將觶奠放於賓東向的席上。賓席東向，「奠觶于薦北」則相當於「薦左」，而依平常飲酒的慣例，凡奠於薦左，則不復舉觶。所以鄭玄便說「奠酬於薦左，非為其不舉。行神惠，不可同於飲酒。」賈疏便說：「以其神惠右不舉，生人飲酒左不舉。今行神惠，不可同於飲酒，故奠於左，與生人相變，……此酬奠於薦左，下文賓舉為旅酬，以其神惠故也。言『不可同飲酒』者，謂不可同於〈鄉飲酒〉，故〈鄉飲酒記〉云『將舉者於右，奠者於左』，其義與此別。」[34]而在祭禮之正禮結束後，行無筭爵之禮，〈特牲〉說「舉觶者皆奠觶于薦右」，賈疏便說「案上……鄭注云『為酬賓及兄弟，行神惠』，至此云『非神惠』者，彼三獻止爵，欲得神惠，均于室中，眾賓長為加爵止爵者，欲神惠均于在庭，故止爵行旅酬，雖以尸尸而奠爵待之，亦得為神惠；至此別為無筭爵在下，自相勸，故得為『非神惠』，故奠於『薦右』，同於生人飲酒，舉者『奠於薦右』也。」[35]顯然可見，賈氏

34　《儀禮注疏》卷四十五，頁536。

35　《儀禮注疏》卷四十六，頁544。

將祭禮的酬酒及無筭爵環節，都與〈鄉飲酒禮〉相提並論。兩者之差別，只是在於「生人飲酒」與祭禮酬酒「行神惠」的分別。若如祭禮無筭爵之節，已無「行神惠」之義，則便與「生人飲酒」之法相同。可見在賈氏看來，祭禮飲酒的環節，與飲酒禮屬於同類。

祭禮的飲酒法與飲酒禮同類，正祭時因為「行神惠」，因此與生人飲酒法又稍有差異。〈有司〉一篇記上大夫儐尸之禮，為正祭之後事尸於堂之禮。儐尸禮主人酬尸，「尸北面坐，奠爵于薦左」，賈疏便說：「此主人『酬尸』，尸奠於『薦左』者，不舉。案下經（下大夫不儐尸）不舉，二人舉觶于尸侑，『侑奠觶于右』，注云『奠於右者，不舉也，神惠右不舉，變於飲酒』。與此不同者，〈特牲〉下不儐尸，皆無酬尸之事，此特有之，由儐尸如與賓客飲酒，無故有酬，異於神惠。」[36]由此可見，賈氏認為儐尸之禮「異於神惠」，與正祭「行神惠」不同，更明確指出「儐尸如賓客飲酒」。

九 禮子、禮女、禮婦、禮賓、擯賓、儐尸

《儀禮》內有以醴酒厚勞人之禮，如〈士冠禮〉有禮子、禮賓，鄭注云：「禮賓者，謝其自勤勞也。」[37]〈士昏禮〉納采、問名後也有禮賓，鄭注云：「禮賓者，欲厚之。」[38]親迎之前女父有醴女在房之事，親迎之翌日又有舅姑禮婦之事，鄭注云：「以其婦道新成，親厚之。」[39]〈聘禮〉正聘後也有禮賓的環節。賈公彥在《疏》中經常將〈士冠禮〉之禮子、禮賓以及〈士昏禮〉禮賓、禮女、禮婦，和〈聘

---

36 《儀禮注疏》卷四十九，頁589。

37 《儀禮注疏》卷二，頁21。

38 《儀禮注疏》卷四，頁40。

39 《儀禮注疏》卷五，頁53。

禮〉禮賓相提並論，可見賈氏認為諸禮乃屬同類。如〈士冠禮疏〉云：「〈昏禮〉禮賓、〈聘禮〉禮賓皆云『拜送』，此云『荅拜』，不云『拜送』者，彼禮是主人之物，故云『拜送』，此禮非賓物，故云『荅拜』也。」[40]又如〈士昏禮疏〉：「此（禮賓）鄭云『即筵』，謂就筵前，與下『賓即筵』別也，是以冠禮禮子及下禮婦皆於筵西受禮。」[41]〈士昏禮〉禮婦席于戶牖間，賈疏云：「知義然者，以其賓客位於此，是以禮子、禮婦、禮賓客皆於此，尊之故也。」[42]鄭玄又說「（禮婦）變于丈夫始冠成人之禮」，賈疏云：「案〈冠禮〉禮子與此禮婦俱在賓位，彼禮子南面受醴，此則東面，不同，故決之。」[43]是將禮婦與其他禮子禮賓相提並論，但又有相變。另如〈鄉射禮疏〉云：「凡用醴皆不見用冪，質故也，即士冠禮子，昏禮禮賓、贊禮婦，聘禮禮賓，此等用醴皆無冪是也。」[44]諸如此類，並將禮子、禮婦、禮賓等量齊觀。雖然，諸禮在儀節上或有出入，如禮賓有獻酬而禮子無，又或者即筵、奠爵的面位不同，只是諸禮在性質上有所差異所致，但就其厚勞對方之義，則仍屬一致。因此，賈氏將諸禮賓、禮子、禮婦視為同類。

　　賈氏除了視禮子、禮婦、禮賓等為同類外，亦認為禮與擯相同。〈士昏禮〉賈疏云：「《秋官・司儀》云：『諸公相為賓』，及『將幣』，『賓亦如之』，注云『上於下曰禮，敵者曰擯』，〈聘禮〉卿亦云『無擯』，注云『無擯，辟君』。是大夫已上尊，得有禮、擯兩名，士以下卑，唯稱禮也。」[45]由此可見，在賈氏看來禮與擯性質類同，只

40　《儀禮注疏》卷二，頁21。

41　《儀禮注疏》卷四，頁41。

42　《儀禮注疏》卷五，頁54。

43　《儀禮注疏》卷五，頁54。

44　《儀禮注疏》卷十三，頁146。

45　《儀禮注疏》卷四，頁40。

是尊卑名號不同而已。士只能稱「禮」，而大夫以上則兼有擯、禮兩名。〈聘禮〉郊勞後賓用束錦儐勞者，賈疏亦云：「〈司儀注〉云『上於下曰禮，敵者曰儐』，此言『儐』者，欲見賓以禮禮使者，故云『欲儐之』。……凡言『儐』者，謂報於賓。今以賓館，故賓若主人，故云『儐勞者』，即以勞者為賓故也。」[46]既然賈氏認為擯與禮同類，〈聘禮〉郊勞後擯勞者又明言「以禮禮使者」，則擯勞者之禮雖然在儀節上與禮子、禮婦等出入頗大，但性質乃屬同類。假若如此，歸饔餼於上賓及上介後都有擯大夫之事，與擯勞者之禮又屬同類。由此可見，禮子、禮婦、禮賓與擯賓之禮，在賈氏眼中實現為同類。按照賈氏對儐、禮的理解，〈有司〉載「大夫既祭，儐尸於堂之禮」[47]（鄭玄《目錄》語）之禮，應亦與儐賓之禮屬同類。賈氏於〈有司〉篇云：「儐尸之禮，以尸為賓客」[48]與上所引〈聘禮疏〉云「『儐勞者』即以勞者為賓故也」之論調一致，可證賈氏認為兩者性質相同。上大夫儐尸禮既類於儐賓等禮，下大夫不儐尸而禮尸於室中，則亦為同類可知。

　　從上述可見，賈公彥在《儀禮疏》內疏釋儀節內容時，往往會引用一些同類的儀節作為參照印證。賈氏將不同禮典或儀節等量齊觀，說明了他視諸等儀節同屬一類；然而，雖是同類，卻不完全相等，往往是本質相同，但基於禮的性質各有差異，導致儀節上有所出入。賈氏在《疏》中綴合各種禮典、儀節的一致性，卻又從中辨別其異，足見他對於禮典、儀節的分類及各自的性質均有深刻的認識，並能呈顯出他自身的禮類系統。

---

46 《儀禮注疏》卷十九，頁233。

47 《儀禮注疏》卷四十九，頁580。

48 《儀禮注疏》卷四十九，頁581。

第二節 禮之輕重

賈氏對於禮類性質的認識，不止於標舉各種禮禮典、儀節的性質及將其分類，更往往考究禮與禮之間輕重之不同。討論禮之輕重，見於鄭注，如〈鄉射禮注〉云：「不謀賓者，時不獻賢能，事輕也」[49]，〈燕禮〉樂工四人，鄭注云：「燕禮輕，從大夫制也」[50]，又如〈公食大夫禮〉：「賓朝服以受，如受饗禮。」注云：「朝服，食禮輕也。」[51]諸等俱辨其事之輕重，從而解釋《儀禮》諸篇儀節互有參差的情況。賈氏發揮鄭法，《儀禮疏》內所辨識禮之輕重，比鄭玄更為豐富細緻，亦可反映出賈氏在說禮時，往往權衡禮與禮之間的輕重不同。

一 冠禮比昏禮輕

上文提到賈氏認為〈士冠禮〉禮賓與〈士昏禮〉禮賓屬同一類，但兩者在儀節上又有差異。〈士冠禮〉禮賓不設几，〈士昏禮〉則設几，賈疏便說：「冠禮禮賓無几者，冠禮比昏為輕，故無几。」[52]冠禮為成人之禮，其禮固然重，故此〈士冠禮〉「筮于廟門」，鄭注便說：「冠必筮日於廟門者，重以成人之禮」，賈疏又引〈冠義〉云「古者重冠。重冠，故行之於廟」[53]，可證賈氏亦明知冠禮事重。然而比於昏禮，冠禮則比昏禮輕。因此〈士昏禮〉內每有攝盛之事，如親迎前壻家「陳三鼎于寢門外東方」，賈疏云：「〈特牲〉陳鼎於門外，北面北

---

49 《儀禮注疏》卷十一，頁109。

50 《儀禮注疏》卷十五，頁172。

51 《儀禮注疏》卷二十六，頁313。

52 《儀禮注疏》卷四，頁41。

53 《儀禮注疏》卷一，頁3。

上，當門而不在東方者，辟大夫故也。今此亦東方，不辟大夫者，重昏禮攝盛也。」[54]由此可見，士之昏禮甚至比〈特牲〉士祭禮重，因此〈特牲〉陳鼎須避大夫位，〈昏禮〉重攝盛則無須避也。

二 祭祀事重，冠事稍輕

〈士冠禮〉筮日云「有司如主人服，即位于西方」，〈特牲饋食禮〉為士之祭禮，同樣有筮日之事，賈氏比較兩者行文，並疏云：「〈特牲〉『有司』之上有『子姓』，此文無者，彼祭祀事重，故子姓皆來；此冠事稍輕，故容有不至，故不言。」[55]由此可見，賈氏雖然認為祭祀比昏禮輕，但卻比冠禮重。

三 禮女重，醮子輕

〈士昏禮・記〉記親迎前，女家之父有禮女之節，男家之父則有醮子之節。兩者一為禮，一為醮，賈氏認為其中有輕重之別。賈疏云：「女父禮女用醴，又在廟，父醮子用酒，又在寢。不同者，父禮女者，以先祖遺體許人，以適他族，婦人外成，故重之而用醴，復在廟告先祖也。男子直取婦入室，故輕之而用酒，在寢。」[56]由此可見，雖然同是昏禮，女家以先祖遺體許人，其事相對男家直取婦入室為重，因此女家之父禮女在廟，用醴；男家事輕，故此父醮子在寢，用酒。

---

54 《儀禮注疏》卷四，頁43。
55 《儀禮注疏》卷一，頁4。
56 《儀禮注疏》卷六，頁64。

四 禮賓重，燕賓輕

〈士相見禮〉主賓相見後，有賓反見而燕之事。經文云：「主人請見，賓反見。」鄭注云：「請見者，為賓崇禮來相接，以矜莊，歡心未交也，賓反見，則燕矣。」賈疏云：「鄭解主人留賓之意」[57]，可見此經請見反見，是主人留賓之事。賈氏遂舉出其他「留賓」的情況，再結合鄭玄此注，分析〈士相見禮〉及他篇留賓禮之輕重。賈疏云：「云『賓反見則燕矣』者，上〈士冠〉禮賓，〈士昏〉納采之等，禮記皆有禮賓、饗賓之事，明此行禮，主人留必不虛，宜有歡燕，故云『則燕矣』。……彼諸文皆是為餘事相見，以其事重，故為禮賓；此直當身相見，其事輕，故直有燕矣，是以諸文禮賓，此燕賓，故直云『請見』也。」[58]主人因為與賓「歡心未交」，因此留賓，賓反見，鄭玄認為「反見則燕」。賈公彥指出留賓之事，大多是行禮賓之禮，但此〈士相見禮〉鄭玄直云「反見則燕」，不行禮賓的原因，在於〈士相見禮〉是「當身相見」，不像其他情況般「為餘事」而相見。相比之下，「當身相見」事輕，而「為餘事相見」事重，因此〈士相見禮〉留賓而燕，其他禮則留賓而禮賓。賈疏認為〈士相見禮〉留賓而燕，不行禮賓之法，因此經文直說「請見」，這大概是相對於禮賓時多言「請醴賓」而言的，如〈士冠禮〉：「賓出，主人送于廟門外，請醴賓。」[59]〈士昏禮〉：「擯者出請，賓告事畢。入告，出，請醴賓。」[60]又云：「主人請醴，及揖讓入，醴以一獻之禮。」[61]〈聘禮〉

---

57 《儀禮注疏》卷七，頁71。

58 《儀禮注疏》卷七，頁71。

59 《儀禮注疏》卷二，頁21。

60 《儀禮注疏》卷四，頁40。

61 《儀禮注疏》卷六，頁66。

云:「賓奉束錦以請覯。擯者入告,出,辭。請禮賓。」[62]諸行禮賓之事俱不云「請見」而云「請禮」,是其異也。

五　射禮重,燕禮輕

鄭、賈注疏中,多有「燕禮輕」之論調。所謂「燕禮輕」者,一為相對〈大射〉而言,一則為相對饗、食之禮而言。

〈大射〉、〈燕禮〉同為君禮,但究其作樂所用樂工,〈大射〉工六人,〈燕禮〉工四人。鄭注云:「燕禮輕,從大夫制也。」[63]鄭玄固已明言「燕禮輕」,但何以從大夫制,賈疏則云「燕禮諸侯禮,有常官,不言大師,以燕主為臣子,故四人從大夫制」[64],是說明了「從大夫制」的原因。至於對於鄭注所謂「燕禮輕」,賈氏亦疏云:「鄭言此者,決〈大射〉禮重,工六人,從諸侯制。」[65]可見賈氏明確指出〈大射〉禮重,〈燕禮〉禮輕,兩禮相對而見其輕重。

又如〈燕禮〉云:「射人請賓」,賈疏又比對此文與〈大射〉行文之異同,疏釋云:「案〈大射〉云『大射正擯,擯者請賓』,此直云『射人請賓』,不云『擯者』,但射人有大小,大者為大射正,其次為射正,又其次為司正,悉監射事,見〈大射禮〉。〈大〉辨尊卑,故云大射正為擯;此燕禮或因燕而射,以其禮輕,或大射正為擯,或小射正為擯,此二者皆是射人,故直云『射人請賓』,不定尊卑也。」[66]由於〈大射〉辨尊卑,因此明確寫明是「大射正」充任為擯以請賓,但

62　《儀禮注疏》卷二十一,頁250。
63　《儀禮注疏》卷六,頁172。
64　《儀禮注疏》卷十五,頁172。
65　《儀禮注疏》卷十五,頁172。
66　《儀禮注疏》卷十四,頁160。

〈燕禮〉只言「射人請賓」，未有辨明是大射正抑或小射正充任擯。
兩者不同，賈疏認為由於〈大射〉明辨尊卑，故有明確指明大射正為
擯；至於燕禮因燕而射，其禮輕之故，因而其行文「不定尊卑」。值
得注意的是，賈氏以燕射禮輕與〈大射〉辨尊卑相對，可見賈氏暗示
禮之辨尊卑與否與其禮之輕重有一定關係。

六　饗食重，燕輕

　　「燕禮輕」除了相對〈大射〉而言，還會相對饗、食禮而言。饗
禮亡，食禮則指〈公食大夫禮〉，〈公食大夫禮〉賈疏云：「此君與客
食禮，禮之正」是也。

　　《周禮・秋官・掌客》云：「凡諸侯之禮：上公……三饗、三
食、三燕」[67]，次序是以先饗、次食、再次燕。賈疏曾討論到三者先
後輕重。〈公食大夫禮〉云：「設洗如饗」，鄭注云：「必如饗者，先饗
後食，如其近者也。」賈疏云：「鄭據此文行食禮而云『如饗』，明先
饗；設洗訖乃後食，故鄉前如之，是先饗後食也。案〈聘禮〉云『公
於賓壹食再饗』，則食在饗前矣；不言如〈燕禮〉者，饗食在廟，燕
在寢，則是饗食重，先行之，故二者自相先後，是以不得用〈燕禮〉
決之也。」[68]根據此段賈疏，可知饗禮、食禮重，燕禮輕，此其一；
另外，以饗、食、燕三者言之，其禮重者先行，禮輕者後行。然而，
饗禮、食禮孰先孰後，〈掌客〉及〈公食大夫禮〉及注乃云先饗後
食，但賈氏又舉出〈聘禮〉「壹食再饗」之文，則其次序又別矣。彼
賈疏云：「此經先言食，後言饗，則食在饗前。〈公食〉言『設洗如饗

---

67 《周禮注疏》卷三十八，頁583。
68 《儀禮注疏》卷二十五，頁300。

禮』，則饗在食前。饗先後，出於主君之意，故先後不定也。」[69]按賈氏之意，既然禮重者先行，燕禮輕，固然行於饗、食禮之後。至於饗、食二禮先後不定，全憑主君之意，則在賈氏眼中，饗食二禮輕重相若。故〈公食大夫禮〉下文「及廟門」，鄭注云：「廟，禰廟也」，賈疏云：「受聘在祖廟，食、饗在禰，燕輕於食、饗，又在寢，是其差次也。」[70]亦是食、饗連言，而以燕獨輕於兩者。

七　聘禮重，食禮輕

按上所述，賈氏認為相對於燕禮，食禮、饗禮為重。但賈氏認為假若相對聘禮，聘禮為重、食禮為輕。如〈公食大夫禮〉「賓朝服即位于大門外，如聘。」鄭注云：「於是朝服，則初時玄端。如聘，亦入于次俟。」[71]考〈聘禮〉云：「賓皮弁，聘，至于朝，賓入于次」[72]，聘禮穿皮弁服，與〈公食大夫禮〉「初時玄端」而即位大門之時「朝服」不同。賈氏疏解兩禮不同云：「云『於是朝服，則初時玄端』者，初時謂賓發館時服玄端，若〈鄉射〉『主人朝服，乃速賓』，鄭注云『射，賓輕也，戒時玄端』，以此言之，亦賓在館拜所戒大夫，即玄端，賓遂從大夫至君大門外，入次乃去玄端，著朝服出次即位也。……若然，聘禮重，賓發館即皮弁，此食禮輕，及大門乃朝服。」[73]〈鄉射禮疏〉亦有相同論調，云「案〈鄉飲酒〉賓主俱不言服者，以彼賓重，故戒與速俱朝服，故不言。此習禮輕，是故戒時玄

69　《儀禮注疏》卷二十二，頁267。

70　《儀禮注疏》卷二十五，頁300。

71　《儀禮注疏》卷二十五，頁299。

72　《儀禮注疏》卷二十，頁240。

73　《儀禮注疏》卷二十五，頁299。

端，召時乃朝服。……必此戒時玄端者，見〈公食大夫〉云『賓朝服
即位于大門外，如聘』，注云『於是朝服，則初時玄端』，宜與彼
同。」[74]可見〈鄉射〉賈疏亦引〈公食大夫禮〉互證。值得注意的
是，〈鄉射禮〉戒、速不同服，賈氏認為此情形與〈公食大夫禮〉發
館時玄端，至大門才換上朝服的情形類同。〈鄉射〉與〈鄉飲酒禮〉
相對，〈鄉飲酒禮〉賓賢者禮重，因此戒、速俱服朝服；〈鄉射〉與鄉
人習禮輕，因此戒時玄端，召時朝服。賈氏根據〈鄉射〉與〈鄉飲酒
禮〉的輕重而推出〈公食大夫禮〉與〈聘禮〉情況相近的原因，即與
禮之輕重有關。因而得出「聘禮重，賓發館即皮弁，此食禮輕，及大
門乃朝服」的結論。

八　饗餼重，食禮輕

　　食禮除了相對於聘禮為輕外，賈氏亦認為食禮比聘禮中的饗餼禮
為輕。如〈公食大夫禮〉記公不親食，而使大夫各以其爵，致食於
賓，「賓朝服以受，如受饗禮。」鄭注「朝服，食禮輕也」[75]，鄭玄已
明言「食禮輕」，故服朝服受禮，賈氏遂指出食禮之輕，乃相對正聘
後大夫致饗餼而言，其疏云：「云『朝服，食禮輕』者，以其歸饗餼
時，卿韋弁，賓皮弁受。此食禮賓朝服受，不皮弁，故云『食禮
輕』。」[76]可見賈氏承襲鄭注，認為食禮輕，並進一步指出食禮之輕乃
與歸饗餼相對而言。

　　至於聘禮，賓初至竟有致館之事，當晚有致飧。賈氏亦認為此飧
食之禮同樣是食禮，一樣輕於歸饗餼之禮。〈聘禮・記〉記飧食之法

74　《儀禮注疏》卷十一，頁111。
75　《儀禮注疏》卷二十六，頁313。
76　《儀禮注疏》卷二十六，頁313。

「沐浴而食之」，注云：「記此，重者沐浴可知」，賈疏云：「以其食禮
輕，當沐浴而食，饔餘食重者，沐浴而食可知」[77]是也。〈聘禮‧記〉
又記云「飧不致」，注云：「不以束帛致命，草次饋飧具輕」，所謂
「草次饋飧具輕」者，賈氏亦認為是相對歸饔餼之禮而言，因此賈疏
云：「君『不以束帛致命』者，對饔餼以束帛致之，此不以束帛致。
『草次饋具輕』者，以其客始至則致之，故言『草次』也；對聘日致
饔餼生死俱有，禮物又多為重，故以此物為輕而不致。」[78]根據賈氏
之疏，他之所以說歸饔餼禮重而食禮輕，是因為「致饔餼生死俱有，
禮物又多」，考〈聘禮〉歸饔餼節云：「歸饔、餼五牢：……饔：飪一
牢，……腥二牢，……。餼二牢。……」鄭注云：「牲殺曰饔，生曰
餼。」[79]是牲未殺與殺俱有，合共五牢，即所謂「生死俱有，禮物又
多」。反觀設飧之禮，只有「飪一牢，……腥一牢」，物少，又無生
牲，故輕。

九　禽禮輕

　　〈聘禮〉致饔餼之後一旬，主國致來使稍禮，以供使者之飲食。
供稍之時，「宰夫始歸乘禽」，亦向賓與上介提供乘行之禽。賈氏認為
獻禽之禮，亦相對歸饔餼之禮為輕，〈聘禮‧記〉記獻禽之禮：「凡
獻，執一雙，委其餘于面」，鄭注：「賓不辭，拜受于庭。」賈疏云：
「云『不辭，拜受于庭』者，以其經無辭文，又饔餼云『禮辭』，明
此禽禮輕無辭，受于庭可知。」[80]鄭玄提出獻禽之禮，賓沒有禮辭一

---

77 《儀禮注疏》卷二十四，頁285。
78 《儀禮注疏》卷二十四，頁285。
79 《儀禮注疏》卷二十一，頁255。
80 《儀禮注疏》卷二十四，頁289。

類推辭之文，但卻未指出「無辭」的原因。賈氏即根據獻禽禮之「不辭」，乃相對於歸饔餼之禮而言，考〈聘禮〉歸饔餼「上介請事，賓朝服，禮辭」[81]是彼禮有禮辭之文。賈氏認為歸饔餼有辭，而歸禽禮無辭，乃由於「禽禮輕」，相對饔餼禮重，故有別也。

以上諸項，可見賈氏對於各個禮典，甚至乎禮典內行禮環節的輕重，都有相當深入的認識。賈疏分析禮典禮儀的輕重，大多是相對而言，並不能一概而論。了解到賈氏所認識各種禮典之間輕重之分野，益能證明他並不認同孔穎達所謂《儀禮》編次「輕者在前，重者在後」的說法。此外，賈氏除了對禮典輕重有其清晰的概念，還對禮典中的人和物，都間或權之以輕重。以下舉例說明：

十　賓之輕重

賈氏認為賓在不同禮之中，其輕重會有所差異。如討論為賓設几與否時，便觸及到賓之輕重的問題。〈士昏禮疏〉云：「〈鄉飲酒〉、〈鄉射〉及燕賓賓輕，故無几。〈聘〉賓及〈公食大夫〉賓重，故有几也。」[82]賈氏認為為賓設几與否，在於其賓在禮中的輕重。〈鄉飲酒〉、〈鄉射〉及〈燕禮〉均不為賓設几，是由於諸禮賓輕；相對於〈聘禮〉及〈公食大夫禮〉賓重，因此設几。按此推論，〈大射〉禮賓亦不設几，蓋與〈鄉射禮〉的情況相同，同樣是因為賓輕之故。〈覲禮〉為侯氏設几，祭禮尸得設几，並都是侯氏、尸重的緣故。

由於賈氏認為〈聘禮〉及〈公食大夫禮〉之賓重，所以兩禮並多有「優賓」之事。如〈聘禮〉歸饔餼「饔：……飪一牢，……腥二牢。」注云：「有腥者，所以優賓也。」疏云：「優賓者，案下文士四

81　《儀禮注疏》卷二十一，頁255。
82　《儀禮注疏》卷四，頁41。

人皆餕大牢，無腥，是不優之也。」[83]上賓亦有「腥一牢」，注云：「凡所不貶者，尊介也」，可見上賓、介俱有腥，至士介四人則無，是優賓和尊介之故。又如〈公食大夫禮〉「賓三飯，以涪醬」，注云：「每飯歠涪，以肴擩醬。……不言其肴，優賓。」疏云：「案〈特牲〉、〈少牢〉尸食時舉殽，皆言次弟，此不言者，任賓取之，是優賓也。」[84]又〈公食大夫禮〉進魚之法，「魚七，寢右」，注云：「進鬐也」，疏云：「鬐，脊也，進脊在北鄉賓。必以脊鄉賓者，鄭云『乾魚近腴，多骨鯁』，故不欲以腴鄉賓。取脊少骨鯁者鄉賓，優賓故也。若祭祀則進腴，以鬼神尚氣，腴者，氣之所聚，故〈少牢〉『進腴』是也。」[85]可見〈聘禮〉及〈公食大夫禮〉多優賓之事，是賓重之故也。

然而，賈氏雖以〈鄉飲酒〉、〈鄉射〉二禮之賓輕，但若以此二禮自為計較，則〈鄉飲酒禮〉賓重，而〈鄉射〉之賓稍輕。〈鄉射禮〉云：「主人朝服，乃速賓朝服出迎，再拜」，注云：「射，賓輕也，戒時玄端」，疏云「案〈鄉飲酒〉賓主俱不言服者，以彼賓禮重，故戒與速賓俱朝服，故不言。此習禮輕，是故戒時玄端，召時乃朝服，故須言之也。」[86]由於〈鄉飲酒禮〉為「三年大比，獻賢者、能者於其君」[87]（鄭玄《目錄》語）而舉行之禮，其賓將被舉貢為士，因此賓重；相對於〈鄉飲酒禮〉，〈鄉射禮〉只是與鄉人習禮，其賓雖同樣是擇賢者為之，但不將舉貢，因此賓稍輕，所以鄭玄便說「射，賓輕」云云。賈氏發揮鄭注，指出〈鄉飲酒禮〉與〈鄉射禮〉賓之輕重如此，故此戒速所服便有所差異。

---

83 《儀禮注疏》卷二十一，頁256。
84 《儀禮注疏》卷二十五，頁306。
85 《儀禮注疏》卷二十五，頁302。
86 《儀禮注疏》卷十一，頁111。
87 《儀禮注疏》卷八，頁80。

十一　君物重

　　賈氏又嘗討論奠酒的面位，〈士昏禮〉問名後禮賓，受醴後「賓即筵，奠于薦左」，賈疏云：「此奠於『薦左』，不言面位，下贊禮婦，『奠于薦東』，注云『奠于薦東，升席奠之』，此云『奠于薦左』[88]，明皆升席南面奠也。必南面奠者，取席之正。又祭酒亦皆南面，並因祭酒之面奠之，則冠禮禮子亦南面奠之。聘禮禮賓北面奠者，以公親執束帛待賜已，不敢稽留，故由便疾北面奠之也。〈鄉飲酒〉、〈鄉射〉酬酒，不祭不舉，不得因祭，而薦于奠東也。〈燕禮〉、〈大射〉重君物，君祭酬酒，故亦南面奠。」[89]從賈疏可知，凡祭酒皆南面奠，因祭酒之面而奠之。除了聘禮的特例外，並皆如此。若根據此原則，酬酒既不祭，又不舉，不得因祭酒的面位而奠酒，因此〈鄉飲酒禮〉賓受主人酬酒，賓「北面坐奠觶於薦東」，〈鄉射〉亦有相同記載。由此可見，若祭酒則升席並依祭酒之面而奠之，若不祭酒的情況如酬酒之等，則不得升席而奠，只可在席前北面奠之。但賈氏又檢〈燕禮〉與〈大射〉賓受主人酬酒，一是祭所受酬酒，與平常受酬不同；一是南面奠酒於薦東，與一般賓受酬酒北面奠不同。〈燕禮〉云「主人拜送爵。賓升席坐，祭酒，遂奠于薦東」，注云：「遂者，因坐而奠，不北面也。」〈大射〉經及注與此同。疏云：「賓祭訖，遂南面奠於薦東，不北面奠也。」[90]賈氏觀察到〈燕禮〉與〈大射〉受酬並不像平常般不祭而北面奠，因而指出之所以有這種差異，是由於「重君物」。〈燕禮〉主人酬賓，「酌膳」，注云：「君物曰膳，膳之言

---

88 按：原本作「奠于薦東升席奠之」，阮校引蒲鏜說「薦左」誤為「薦東」，又「升席奠之」四字當衍。

89 《儀禮注疏》卷四，頁42。

90 《儀禮注疏》卷十四，頁164。

善也」⁹¹。按〈燕禮〉所設尊有兩方壺，為卿大夫、士之尊；又設兩瓦大，下有承尊之豐，為君之尊。而酬賓所酌「膳」就是指盛於君尊瓦大之酒，是為「君物」。雖然是受酬，但由於「重君物」，所以特升席而祭此酬酒，既然祭酒，那麼便依其祭之面向，南面將觶奠在薦東。

第三節　禮之生死與吉凶

　　《儀禮疏》之內，有許多涉及到生死和吉凶的討論，生死與吉凶之關係相互滲透，不可分割討論。在賈氏看來，生死吉凶也經常互涉。凶禮固之然指喪亡之禮，以《儀禮》而言，即指〈士喪禮〉、〈既夕禮〉與〈士虞禮〉三篇。至於所謂吉禮，則可分為兩種：一種是指生人之禮，與死者（包括喪亡與事鬼神）之禮相對；另一種是指《周禮》五禮（吉、凶、軍、賓、嘉）中的吉禮，指的是吉祭，與喪祭相對。〈士喪禮〉、〈既夕禮〉及〈士虞禮〉鄭玄《目錄》云：「於五禮屬凶」，而〈特牲饋食禮〉、〈少牢饋食禮〉及〈有司徹〉三篇則云：「於五禮屬吉」是也。這三篇「屬吉」的吉祭，加上〈士虞禮〉喪祭，就是與生人禮相對的事鬼神法（筆按：〈士喪禮〉、〈既夕禮〉內也有若干事鬼神法，詳下文）。正因為生死與吉凶互涉，在賈疏中，便產生了三種論述。一是生人禮與喪亡禮的對比（筆按：此部分之生人禮有時並包括〈特牲〉、〈少牢〉等祭禮，以吉祭象生人法之故，詳下）；一是事生禮與事鬼神禮的對比；一是喪祭與吉祭的對比。

一　生人禮與喪亡禮

　　〈既夕禮〉記祝與夏祝在階下相交之法，云：「祝降，與夏祝交

于階下。」鄭注:「吉事交相左,凶事交相右」,鄭玄明言吉、凶相交的方向不同,吉時交相左,凶事時交相右,此吉凶之對比,賈氏認為是生人禮與喪亡禮的分別。賈疏云:「云『吉事交相左』者,則〈鄉射〉、〈大射〉皆云降,與射者『交於階下,相左』是也。云『凶事相右』者,此凶事不言交相左者,以凶事反於吉,明『交相右』可知。」[92]

　　賈氏又討論到用玄酒與否的情況,其間並牽涉到生人飲法與喪亡禮時之不同。考〈鄉飲酒禮〉、〈鄉射禮〉、〈燕禮〉、〈大射〉具設玄酒。〈燕禮疏〉云:「凡用醴者無玄酒,〈士冠禮〉醴子、〈昏禮〉醴婦、〈聘禮〉醴賓,醴皆無玄酒,質故也。〈昏禮〉房外之尊,無玄酒,鄭云『畧之』;此及〈大射〉『尊士旅食』無玄酒,鄭云『賤也』;〈特牲〉、〈少牢〉『陽厭納一尊』無玄酒,鄭注云『禮殺也』;〈士喪〉、〈既夕〉、〈士虞〉皆有酒醴無玄酒者,以凶變於吉故也;〈特牲〉『東西階兩壺』無玄酒者,注云『優之』。」[93]可見禮有酒而設玄酒是常法,賈氏並指出〈士喪禮〉、〈既夕禮〉及〈士虞禮〉三篇喪亡之禮,有酒醴而無玄酒,是由於「凶變於吉」的緣故,此即是生人飲酒法與喪亡禮的相變。考〈特牲〉「尊于戶東,玄酒在西」[94],〈少牢〉亦云:「司宮尊兩甒于房戶之閒,同棜,皆有冪,甒有玄酒」[95],〈特牲〉、〈少牢〉飲法乃象生時飲酒,故吉祭之常亦設玄酒。

　　所以賈氏上疏所謂「凶變於吉」,也就是指生人禮及凶喪時飲法之異。

---

92 《儀禮注疏》卷三十八,頁449。

93 《儀禮注疏》卷十四,頁159。

94 《儀禮注疏》卷四十四,頁523。

95 《儀禮注疏》卷四十七,頁561。

二 事生禮與事鬼神禮

　　賈氏認為事生禮與事鬼神禮往往有所差異。事鬼神禮，往往因為欲彰顯其鬼神之義而在禮節上與生人禮相變。事生人禮大略指〈士冠禮〉、〈士昏禮〉、〈鄉飲酒禮〉、〈鄉射禮〉、〈燕禮〉、〈大射〉、〈聘禮〉、〈公食大夫禮〉等篇；事鬼神則大略指祭禮，不論是〈士虞禮〉喪祭和〈特牲〉、〈少牢〉吉祭。

　　在賈氏體系中，事生禮與事鬼神禮有別，如他討論到食法設湆與否。〈士昏禮〉親迎後禮食環節：「設湆于醬北」，疏云：「羹宜熱，醢食乃將入，是以〈公食大夫〉云『大羹湆不和，實于鐙，由門入，公設之于醬西』是也。又生人食，〈公食大夫〉是也。〈特牲〉、〈士虞〉等為神設，皆為敬尸，尸亦不食也。」[96]按賈氏此說，就是以生人食法與鬼神食法之分野而論，〈士昏禮〉、〈公食大夫禮〉並是生人食法，因此有大羹湆之設，相對於〈特牲〉、〈士虞〉兩祭禮為事鬼神法，所設之祭品只為敬尸，所設不為食之義，與生人食法不同，因此雖設有大羹湆但不食。賈氏續疏云：「〈鄉飲酒〉、〈鄉射〉、〈燕禮〉、〈大射〉不設者，湆非飲（食）〔酒〕[97]之具，故無也。〈少牢〉無湆者，又不備。〈有司徹〉有湆者，賓尸禮褻，故有之與〈少牢〉禮異也。」[98]由於上疏賈氏所提出的前提是生人法有湆，食鬼神法則設而不食，於是賈氏遂提出反例，指〈鄉飲酒禮〉、〈燕禮〉諸禮並是生人法，但不設湆，其實是由於彼諸禮是飲酒法，不是食法，本不合有

96　《儀禮注疏》卷五，頁51。

97　各本作「飲酒」，大羹湆指肉汁，實于鐙，當為食具。而云鐙「非飲食之具」疑誤也。再者，賈氏所引〈鄉飲酒〉、〈鄉射〉、〈燕禮〉、〈大射〉皆飲酒法，非食法，因此應當只設「飲酒之具」而不設「食具」。據此，則此句疑本作「湆非飲酒之具」，因此諸飲酒禮不設之也。

98　《儀禮注疏》卷五，頁51。

「大羹湆」，故雖是生人禮，卻並不設置湆。又再引用〈少牢饋食禮〉無湆的情況，賈氏並解釋說此為事鬼神法，本應設而不食，但說「不備也」，〈少牢〉賈疏云：「大羹不為神，直是為尸者，故此不言，儐尸乃有也。」[99]因此〈少牢〉不設湆而〈有司徹〉有。細審上疏內容，賈氏其實都是圍繞著生人食法與鬼神食法設湆的分別，而展開討論。

此外，如〈士昏禮〉云「醯醬二豆」，鄭注云：「以醯和醬，生人尚褻味」，賈疏云：「云『生人尚褻味』者，此文與〈公食〉皆以醯和醬，〈少牢〉、〈特牲〉不言之，故云然也。」[100]可見以〈士昏禮〉、〈公食大夫禮〉生人食法與〈特牲〉、〈少牢〉食鬼神法對比，生人食尚褻味，因有「以醯和醬」；反之鬼神不備味，因此無「醯醬」之豆。

三 喪祭與吉祭

吉祭與喪祭亦往往相變，如賈氏討論吉、喪祭爾敦與授肺脊的先後次序，〈士虞禮〉云：「佐食舉肺脊授尸，尸受，振祭，嚌之，左手執之，……祝命佐食爾敦」，賈疏云：「案〈特牲〉：『祝命爾敦，佐食爾黍稷于席上，舉肺脊以授尸，尸受，振祭，嚌之。』彼舉肺脊在爾敦後，此舉肺脊在爾敦前者，彼吉祭，吉凶相變故也。」[101]賈氏這裡所謂的「吉凶相變」，並不像上面討論過的生人禮與喪亡禮，或事生禮與事鬼神禮的分別，而是將〈士虞禮〉喪祭與〈特牲〉吉祭作對比。賈疏在〈士昏禮〉親迎後祭食節也有相似論調，云：「此先爾黍稷，後授肺，〈特牲〉亦然，以其士禮同也。……然〈士虞〉亦先授

---

99 《儀禮注疏》卷四十八，頁570。

100 《儀禮注疏》卷四，頁43。

101 《儀禮注疏》卷四十二，頁497。

舉肺者，後乃爾黍者，喪禮與吉反故也。」[102]這裡賈氏將〈士昏禮〉
祭食環節與〈特牲饋食禮〉比較，指出兩者爾黍及授肺脊的次序相
同，卻又與〈士虞禮〉吉凶相變。那麼，這裡是否即上文所提及過祭
禮像事生禮的情況，以〈特牲〉爾黍授肺次序仿照〈士昏〉生人禮，
因而這裡賈疏「與吉反」的「吉」是指生人禮？考上引賈疏同段云：
「鬼神陰陽，故此昏禮從〈特牲〉祭祀法」[103]，可見此例並非是〈特
牲〉吉祭仿生人食法，而是〈士昏禮〉的祭食法由於「鬼神陰陽」的
緣故而採用〈特牲〉祭祀法。由此可見，這裡賈疏所謂「吉凶相
變」，乃是指喪祭與吉祭的相變。

又如論烹牲之位，〈士虞禮〉云：「側亨于廟門外之右，東面」，
鄭注：「不於門東，未可以吉也。」賈疏：「云『不於門東，未可以吉
也』者，以虞為喪祭，不於門東，對〈特牲〉吉禮鼎鑊皆在門東，此
云『門外之右』，是門之西，未可以吉也。」[104]賈氏明言「虞為喪
祭」，又說「對〈特牲〉吉禮」，則這裡賈氏亦是將喪祭與〈特牲〉吉
祭作對比而論。

四 事生與事死的界限

〈既夕禮·記〉記疾病未死時與既死的禮儀，云：「乃卒，……
設牀笫當牖」，注：「病卒之間廢牀，至是設之，事相變。」賈疏云：
「〈喪大記〉云：『疾病寢東首於北牖下，廢牀』，是其始死亦因在
地，無牀。復而不蘇，乃設牀於南牖下，有枕席，是病卒之間廢牀，
於是設之。云『事相變』者，謂疾病時去牀，既死設牀，是生死事相

---

102 《儀禮注疏》卷五，頁51。

103 《儀禮注疏》卷五，頁51。

104 《儀禮注疏》卷四，頁493。

變也。」[105]據此賈疏而言，可知他認為人在生與死之間，其事相變。

　　然而，即使生死之分野如此，行事隨之相變，卻不代表賈氏認為人始死就是「事生」與「事死」的界限。〈既夕禮・記〉云：「小斂辟奠不出室」，注云：「未忍神遠之也」，賈疏云：

　　　　云「未忍神遠之也」者，釋「奠不出室」之義，始死猶生事之，不忍即為鬼神之，故「奠不出室」。[106]

人雖然已經死亡，而且復者招魂而不蘇，但因其始死，不忍立即以鬼神之禮事死者。禮緣人情而作，此正表達出對死者不捨之心。所以觀乎鄭注、賈疏往往說禮「未忍異於生」。此處賈氏更具體指出「猶生事之」，「不忍即為鬼神之」。由是可知，賈氏明確認為「始死」並非事生、事死的界限。鄭玄云「未忍神遠之也」，考《禮記・檀弓上》記子游曰：「飯於牖下，小斂於戶內，大斂於阼，殯於客位，祖於庭，葬於墓，所以即遠也。」[107]〈檀弓〉云「即遠」，即鄭注所謂「神遠之」之義。賈氏亦云「喪事所以即遠」（〈士喪禮疏〉、〈既夕禮疏〉），便是化用〈檀弓〉語。合觀上引鄭注賈疏，鄭云「未忍神遠之也」，賈云「不忍即為鬼神之」，可見賈氏認為「神遠之」之時便是事生、事死的界限。

　　但按〈檀弓〉所言，整個「即遠」的過程乃自飯含於牖下（筆按：即始死遷尸於牀之位）以至葬於墓時，經歷頗長，那麼賈氏認為「未忍異於生」與真正實行「異於生」之禮的分野界限，該當哪一節目？檢〈士喪禮〉討論到尸之首朝北向抑或南向的問題，經文云：

105　《儀禮注疏》卷四十，頁474。
106　《儀禮注疏》卷四十一，頁480。
107　《禮記正義》卷七，頁134。

「商祝執巾從入,當牖,北面」,注云:「如商祝之事位,則尸南首明矣。」疏云:「若北首則祝當在北頭而南鄉,以其為徹枕設巾,要須在尸首便也,今祝事位以北面,則尸南首明矣。若然,未葬已前不異於生,皆南首。〈檀弓〉云『葬于北方北首』者,從鬼神尚幽闇,鬼道事之故也。唯有喪朝廟時北首,順死者之孝心,故北首也。」[108]賈氏認為,〈檀弓〉所云葬時「北首」,是鬼神尚幽闇,因此事之以鬼道而尸首朝北。他又明言「未葬已前不異於生,皆南首」,據此可知在他眼中認為下葬即為事死和事生之分野。〈士喪禮〉下文賈疏亦有相似的言論,他說:「以〈檀弓〉又云『葬於北方北首,三代之達禮也』,〈禮運〉云『故死者北首,生者南鄉』,亦據葬後而言;則未葬已前,不忍異於生,皆南首。唯朝廟時北首,……必北首者,朝事當不背父母,以首鄉之故也。」[109]又《周禮・春官・小宗伯》「既葬,詔相喪祭之禮」下亦疏云:「自始死至葬前,未忍異於生」[110],可見賈氏多次明確指出「未葬已前,不忍異於生」的事死事生分野。

由此看來,似乎賈氏指明事生與事死的分野界限乃在葬時。然而,賈氏此說在其疏文之內,不難找出反例。如討論到大斂奠時魚的方向,「載魚左首,進鬐」,注云:「左首進鬐,亦未異於生也。凡未異於生者,不致死也。」疏承襲鄭說云:「〈檀弓〉云『之死而致死之,不仁而不可為也』,今進魚不異於生,則亦是『之死』不致死之。」[111]據此,則鄭氏、賈氏又認為當大斂奠之時,仍是「未異於生」。但在〈既夕禮・記〉「(始死)用吉器」下賈疏又說:「云『用吉

---

108 《儀禮注疏》卷三十六,頁421。
109 《儀禮注疏》卷三十七,頁433。
110 《周禮注疏》卷十九,頁294。
111 《儀禮注疏》卷三十七,頁435。

器，器未變也」者，謂未忍異於生，故未變，至（小）〔大〕[112]斂
奠，則變骯豆之等，為變矣。」[113]若按賈氏此疏，則又以大斂奠以前
「未忍異於生」而至大斂奠時變生時用豆為白色的「骯豆」，已是
「異於生」。賈氏此處的說法又與葬前「未異於生」說不合。再者，
大斂斂尸于棺，即殯於西階上，大斂奠「設于柩西」，鄭注云：「不統
於柩，神不西面也；不設柩東，東非神位也」，從鄭注已知，此大斂
奠乃為神而設，暗示出此時已是「異於生」而事之以「鬼神」，賈氏
疏釋云：

> 知「神不西面」者，〈特牲〉、〈少牢〉皆設席于奧，東
> 面。……云「不設柩東，東非神位也」者，此亦據神位在奧，
> 不在東而言也。<u>若然，小斂奠設于尸東者，以其始死，未忍異
> 於生，大斂以後奠皆設于室中，亦不統於柩</u>。此奠不設于室
> 者，室中神所在，非奠死者之處故也。[114]

賈氏此疏在解釋鄭注同時，並說明了小斂奠設在尸的旁邊，統於尸，
是由於「其始死，未忍異於生」。大斂奠所不同者，乃是「不統於
柩」而設在西階上。神位在奧，位於西南而朝向東方，不西向，大斂
奠之所以奠在西階上，其義類同。若奠在柩的西方，一則是統於柩，
不在神位；一則柩朝向西，與神位東向異。由此可見，小斂奠統於
尸，因其「未忍異於生」；至大斂奠則不統於柩而設於西階，以其為
神所設。若按鄭、賈此論，則事生、事死之界限在大斂奠、殯時。

---

112 各本作「小」，但骯豆之設當在大斂奠，故「小」蓋當作「大」。
113 《儀禮注疏》卷四十，頁474。
114 《儀禮注疏》卷三十八，頁450。

五 喪祭、吉祭的界限

　　至於喪祭與吉祭的分野，賈氏的說法乃源於鄭玄的注解。〈士虞禮〉：「中月而禫，是月也吉祭」，而鄭玄在「三虞、卒哭」下卻注云：「〈檀弓〉曰：『葬日中而虞，弗忍一日離也。是日也，以虞易奠。卒哭日成事，是日也，以吉祭易喪祭。明日祔於祖父。』是如虞為喪祭，卒哭為吉祭。」鄭此注以「卒哭為吉祭」，與經文禫而吉祭明顯不合。賈氏遂嘗試協調二說，云：

> 引〈檀弓〉者，證卒哭辭稱「成事」之義。但卒哭為吉祭者，喪中自相對。若據二十八月後吉祭而言，禫祭已前揔為喪祭也。[115]

按照喪葬禮的行事進程，棺柩下葬後，當日即進行虞祭，歷經三次虞祭（筆按：此按士禮而說，大夫以上並有其等差數），便行卒哭祭，卒哭祭之翌日行祔祭，然後一年後有小祥祭，再一年後有大祥祭，大祥祭後一個月有禫祭。按經的說法，乃禫祭畢而行吉祭；而按鄭玄的說法，則卒哭以後便是吉祭。賈氏嘗試協調兩種歧異之說法，認為所謂吉祭喪祭乃是相對而言。鄭玄所引〈檀弓〉明言卒哭之當日「以吉祭易喪祭」，賈氏遂說明此是「喪中自相對」。如果以大體三年（二十八個月）行禫祭喪畢而言，則禫祭前為喪祭，禫祭後為吉祭。所以賈氏在〈士虞禮〉「中月而禫」下疏云：「二十七月禫、徙月樂，二十八月復平常作樂也。……又於禫月將鄉吉祭，又得樂懸」[116]是也。賈氏

115　《儀禮注疏》卷四十三，頁509。
116　《儀禮注疏》卷四十三，頁513。

在《周禮・春官・小宗伯》疏亦有相似的論調，唯所論較詳。彼處鄭
玄亦同樣引用〈檀弓〉文，賈疏云：

> 此喪中自相對，虞為喪祭，卒哭即為吉祭，以卒去無時哭哀
> 殺，故為吉祭。若喪中對二十八月復平常為吉祭，則禫祭已前
> 皆為喪祭也。若然，喪中自相對，虞為喪祭，卒哭為吉祭，而
> 鄭云：「喪祭，虞祔」，并祔祭亦為喪祭者，此鄭欲引〈檀弓〉
> 并祔祭，揔釋故喪中之祭揔為喪祭而言，其實卒哭既為吉祭，
> 祔祭在卒哭後是吉祭可知也。[117]

賈氏明確指出卒哭之所以為吉祭，一則是喪中自相對，一則是當此祭
卒去無時之哭，悲哀稍降之故。鄭玄在此《春官・小宗伯》注云：
「喪祭，虞、祔」，賈氏認為鄭玄之所以如是說，乃由於他緊接所引
〈檀弓〉的文字乃兼及虞祭及祔祭，兩者在時間上俱在喪中，因此鄭
玄直指為喪祭。但其實根據鄭玄所引用〈檀弓〉之文，彼以卒哭為喪
祭吉祭之分野，因此祔祭也是吉祭可知。賈氏根本鄭注，因而釋出兩
個層面的解釋，一是禫以前是喪祭，一是卒哭後為吉祭兩層，兩者似
是矛盾，但實質各自相對，並不相左。

　　按上所論，賈氏認為若據大體而言，禫祭自為喪祭易吉祭的分
野。但如果是喪中自相對，卒哭前後又是喪祭、吉祭的界線。賈氏又
在〈士虞禮〉另一地方出疏，說明祔也可視為喪祭、吉祭的分野。
〈士虞禮〉：「側亨于廟門外之右，東面」，鄭注云：「不於門東，未可
以吉也。是日也以虞易奠，祔以吉祭易喪祭」[118]。鄭注「是日也」以

---

117 《周禮注疏》卷十九，頁295。

118 《儀禮注疏》卷四十二，頁493。

下云云，亦似是引用〈檀弓〉文，但〈檀弓〉文本作「卒哭曰成事，是日也以吉祭易喪祭」，與此處所引述作「祔以吉祭易喪祭」有稍見差異。賈疏便解釋說：

> 案下記云「三虞、卒哭、祔，用剛日，亦如初。曰：『哀薦成事。』」鄭注引〈檀弓〉文「葬日中而虞，不忍一日離也，是日也以虞易奠。卒哭曰成事，是日也以吉祭易喪祭」，如是，則卒哭是吉祭。而鄭此注云祔為吉祭者，卒哭對虞為吉祭，卒哭比祔為喪祭。故下記云卒哭祭「及饌」，云「尊兩甒於廟門外之右，少南。洗在尊東南，水在洗東，篚在西」，注云「在門之左又少南」，則鼎鑊亦在門左，以此知卒哭對虞為吉祭也。又云「明日以其班祔，沐浴」；又云「其他如饋食」，是祔乃與〈特牲〉吉祭同。以祔為吉祭，是以云「祔而以吉祭易喪祭」也。[119]

從此段賈疏可見，賈氏闡釋了喪中之內自相對之義。若以〈檀弓〉的論述，以卒哭為吉祭，則虞祭是喪祭，卒哭以後諸環節相對就是吉祭。但鄭玄此注改易了〈檀弓〉文字，賈氏從中得出祔始為吉祭的結果，並進一步指出「卒哭對虞為吉祭，卒哭比祔為喪祭」。賈氏便多次指出是「喪中自相對」，可見喪中的吉祭、喪祭界線，只有相對而沒有絕對。

---

119 《儀禮注疏》卷四十二，頁493。

第四節　禮之文質

除了上面討論到的輕重、吉凶、生死之外，在賈氏眼中諸禮典、禮儀還有文、質之分。《公羊》家有所謂「春秋變周之文，從殷之質」的說法，影響深遠。賈氏在《疏》中亦嘗以這種觀念，疏釋經文。〈士昏禮〉「納徵」賈疏云：

> 案《春秋左氏·莊公二十二年》「冬，公如齊納幣」，不言納徵者，孔子制《春秋》，變周之文，從殷之質，故指幣體而言；周文，故以義言之。[120]

比較《儀禮》及《左傳》「納徵」之名不同，賈氏認為《儀禮》是周公所作，《春秋》乃孔子所述，復根據《公羊》家言《春秋》變周之文而從殷之質的說法，便可說明《春秋》將納徵禮稱為「納幣」的原因。考《公羊·莊二十二年》何休注云「納幣即納徵。……《禮》言納徵，《春秋》言納幣者，春秋質也。」可見賈氏之說與何休相合，蓋是賈氏參用何休之說。

《公羊》家文質說影響到賈氏說禮，復舉一例，〈鄉射禮注〉：「周立四代之學於國」，賈疏云：

> 案〈王制〉云有虞氏上庠、下庠，夏后氏東序、西序，殷人左學、右學，周人東膠、虞庠，「周立四代」者，通己為四代。但<u>質家貴右</u>，故虞、殷大學在西郊，小學在中；<u>文家貴左</u>，故夏、周大學在國中王宮之東，小學在西郊。[121]

120　《儀禮注疏》卷四，頁42。

121　《儀禮注疏》卷十二，頁124。

賈氏明言「質家貴右」、「文家貴左」,一代之文質關係到左右的概念,因此虞、殷兩代質家,所設大學在西方,尚右故也;夏、周二代屬文家,所設大學則在東邊,尚左故也。「文家」、「質家」的概念實源自《公羊》家,而「文家貴左」、「質家貴右」亦然。《公羊傳·桓公二年》何休注云:「質家右宗廟,上親親;文家右社稷,尚尊尊。」[122]又案《禮記·祭義》:「建國之神位,右社稷而左宗廟」,鄭玄注云:「周尚左也」,孔氏《正義》云:「周人尚左,故宗廟在左,社稷在右。案桓二年『取郜大鼎,納於大廟』何休云:『質家右宗廟,尚親親;文家右社稷,上尊尊。』此說與鄭合。」[123]根據孔疏,鄭「周尚左」之義,與何休「文家右社稷」之義相合,因此得出「周人尚左,故宗廟在左」的結論。如是則何休所謂「文家右社稷」,亦與賈氏所謂「文家貴左」相合;「質家右社稷」則與「質家貴右」相合。賈氏參考何休文質說法可知。[124]

然而,在賈疏用公羊家文質說來疏釋經和注之例並不多見,在賈氏其他討論到文、質的地方,多不涉及「變周」、「從殷」或「文家」、「質家」的概念。如討論到醴與酒,〈士冠禮〉「若不醴則醮用酒」,鄭注云:「酌而無酬酢曰醮」,賈疏便云:

　　若然,醴亦無酢,不為醮名者,但醴大古之物,自然質無酢,

---

122 《春秋公羊注疏》卷四,頁49。
123 《禮記正義》卷四十八,頁826。
124 事實上,孔穎達《禮記正義》亦有與賈疏相似的說法,〈王制〉孔疏云:「虞殷尚質,貴取物成,故大學在西,小學在東。夏周貴文,取積漸長養,故大學在東,小學在西。故云『上庠、右學,大學也,在西郊。下庠、左學,小學也,在國中王宮之東』(筆按:鄭注語),以虞、殷質,俱貴於西,故併言之;夏周為文,皆上東,故亦并言之。」參見《禮記正義》卷十三,頁266。

此醮用酒，酒本有酬酢，故無酬酢得名醮也。[125]

賈氏指出了醴質的概念，其實亦源出鄭玄。〈聘禮〉禮賓，「公側受醴，賓不降，拜」，鄭注云：「賓壹拜者，醴質，以少為貴。」賈疏云：「今賓於上下皆再拜稽首，獨此一拜，故鄭據大古之醴質，無玄酒配之，故壹拜，以少為貴也。」[126]值得注意的是，所謂醴是「大古之物」，質而「無玄酒配之」，此乃相對酒而言。〈燕禮〉：「司宮尊于東楹之西」，賈疏云：「凡用醴者無玄酒，〈士冠禮〉醴子、〈昏禮〉醴婦、〈聘禮〉醴賓，醴皆無玄酒，質故也。」[127]可見賈氏認為用醴是質，用酒則是文。所以設醴尊與設酒尊之法，也因其文質有別而不同，〈鄉飲酒禮〉：「尊兩壺于房戶間，斯禁，有玄酒在西。」賈疏云：

> 凡設尊之法，但醴尊見其質，皆在房內，故〈士冠禮〉禮子、〈婚禮〉禮婦，醴皆在房隱處。若然，〈聘禮〉禮賓尊於東廂，不在房者，見尊欲與卑者為禮相變之法。設酒之尊皆於顯處見文，是以此及醮子與〈鄉射〉、〈特牲〉、〈少牢〉、〈有司徹〉皆在房戶之間是也。〈燕禮〉、〈大射〉尊在東楹之西者，君尊，專大惠也。[128]

賈氏此疏，嘗試以文質不同，解釋醴尊與酒尊設置位置的不同。他認為醴尊因為屬質的緣故，宜設於房內隱處；至於酒尊屬文，所以一般設於房戶之間的顯處。至於〈聘禮〉以及〈燕禮〉、〈大射〉有例外

125　《儀禮注疏》卷三，頁28。
126　《儀禮注疏》卷二十一，頁250。
127　《儀禮注疏》卷十四，頁159。
128　《儀禮注疏》卷八，頁82。

者，則是由於賓主尊卑差遠，其禮因而相變。

此外，尊之設冪與否，賈氏亦取決於文質。〈鄉射禮・記〉云：「尊綌冪，賓至徹之」，鄭注云：「以綌為冪，取其堅潔」，未嘗論及設冪與文、質之關係。賈疏云：

> 凡冪者皆為塵埃加，故設之。但用冪不用冪不同者，凡用醴皆不見用冪，質故也；即〈士冠〉禮子，〈昏禮〉禮賓、贊禮婦，〈聘禮〉禮賓，此等用醴皆無冪是也；醮用酒亦無冪者，從禮子質也；或以尊厭卑，亦無冪；〈燕禮〉君尊有冪，方圓壺則無冪，〈昏禮〉尊於室內有冪，尊於房戶外為媵、御賤，故無冪；〈鄉飲酒〉、〈鄉射〉有冪者，無所厭故也。[129]

賈氏指出，凡用醴酒之禮，都不用冪，原因是因為「質故也」，並舉出〈士冠禮〉禮子、〈士昏禮〉禮賓、禮婦、〈聘禮〉禮賓為例。然後賈氏舉出反例，指出〈士冠禮〉用醮之法，乃是用酒卻不設冪。按照賈氏的原則，用酒理應有冪，但〈冠禮〉用酒醮子而不設冪，賈氏認為是「從禮子質也」。用醴之法無冪，換言之，用酒之尊當有冪，賈氏繼續舉出《儀禮》中的反例如〈燕禮〉方、圓壺以及〈昏禮〉為媵、御設置的酒尊皆無冪，並解釋是由於「以尊厭卑」的緣故，變於常禮，故用酒而尊無冪。若是「無所厭」的正禮如〈鄉飲酒禮〉與〈鄉射禮〉之等，用酒之禮文，相對用醴法的質，因此其尊有冪。用冪與否，關係到用醴質和用酒文；至於用冪之中，又有文質分野，賈氏續疏云：

---

129 《儀禮注疏》卷十三，頁146。

若祭祀之冪，〈冪人〉云「以疏布冪八尊」，鄭云「天地之神尚質」；「以畫布冪六彝」，鄭云：「宗廟可以文」。……其喪中之冪，皆用疏布。[130]

賈氏引用了《周禮‧冪人》及鄭注，並加對照，顯示出祭天地之用冪宜「尚質」而用疏布，祭宗廟則「可以文」而用畫布。賈氏又舉出「喪中之冪，皆用疏布」與祭天地用疏布相同。喪中用冪用疏布，則是由於「喪尚質」故也。喪禮與祭天地同用疏布，其同樣是尚質的表現。

第五節　小結

　　上文梳理賈氏《儀禮疏》對於各種禮典、禮儀的性質和分類的描述，展示其例，略作辨析。考察所得，賈氏對於《儀禮》諸多環節的特點及其性質異同，也具相當深入的了解。例如飲酒禮尚歡心、射禮志於射；又燕私尚樂、射禮辨尊卑等，且經常為賈氏所用，以分析經文和鄭注，釐清儀節間之矛盾和差異，並作為開展討論的依據。此外，上述分析賈疏舉以類比的儀節，展現出他對禮儀間共通點的認識，亦了解到他將禮儀歸類的概況。例如祭禮與昏禮的祭食環節，又祭禮和飲酒禮的相關儀節之類。

　　此外，賈氏對禮儀的輕重、吉凶、事生事死以及文質等亦有深刻認識。疏文內具有大量描述，已見上文舉證分析。我們可以藉此重新勾勒出賈疏背後的禮類系統。賈氏運用禮類系統說禮，是他疏釋《儀禮》經注核心思維之一。賈氏作疏，不避枝蔓冗長的行文，務求窮盡

130　《儀禮注疏》卷十三，頁146。

其討論；我們要正確理解賈疏，更要充分掌握其核心思維。禮儀間的
輕重、吉凶、文質，為賈疏《儀禮》每遇難題時的重要考慮因素。這
種解釋《儀禮》之法，鄭注已揭其先例，至賈氏復加入不同要素和例
證，而且詳加推論，將鄭注補足完善，成就更豐富和完整的系統。

第五章
探究《儀禮》原貌

　　賈公彥在《儀禮疏》內關注的問題極多，其中最重要一環就是
《儀禮》原貌的內容。他認為今傳十七篇本的《儀禮》並非全本，
〈士冠禮疏〉云：

> 《儀禮》見其行事之法，賤者為先，故以士冠為先，無大夫冠
> 禮，諸侯冠禮次之，天子冠又次之。其昏禮亦士為先，大夫次
> 之，諸侯次之，天子為後。諸侯鄉飲酒為先，天子鄉飲酒次
> 之，〈鄉射〉、〈燕禮〉已下皆然。又以冠、昏、士相見為先後
> 者，以二十為冠，三十而娶，四十彊而仕，即有摯見。鄉大夫
> 見己君，及見來朝諸侯之等，又為鄉大夫飲酒、鄉射之事。已
> 下先吉後凶，盡則行祭祀吉禮，次敘之法，其義可知。[1]

按他所理解，《儀禮》其書能見行事之法，先陳賤者之禮而後陳尊
者。因此，原本的《儀禮》在〈士冠禮〉後當有諸侯冠禮、天子冠禮
之篇；同樣，〈士昏禮〉之後也應緊接著大夫昏禮、諸侯昏禮和天子
昏禮。賈氏之所以如此推論，是基於他認為周公制《儀禮》乃欲使
之通行天下，自天子至士俱得依循而行事，從而達致「致太平」的目
的[2]。所以，《儀禮》各篇章的排序應該是要「尊卑吉凶次弟倫敘」，

1　《儀禮注疏》卷一，頁3。
2　賈公彥云：「至於《周禮》《儀禮》，發源是一，理有終始，分為二部，並是周公攝
　　政大平之書。《周禮》為末，《儀禮》為本。本則難明，末便易曉。」（〈儀禮疏

所以他便輒取劉向和鄭玄的分篇次序。大、小戴兩家的排序「尊卑吉
凶雜亂」，不合符周公設經之旨，則不為賈氏採用。然而他雖謂十七
篇為殘闕之本，但最初篇數多少，賈氏卻未明言。事實上，鄭玄亦同
樣認為十七篇《儀禮》為殘本，而且也不知原本篇數。〈覲禮疏〉引
鄭玄《三禮目錄》云：

> 諸侯秋見天子之類。春見曰朝，夏見曰宗，秋見曰覲，冬見曰
> 遇，朝宗禮備，覲遇禮省，是以享獻不見焉。三時禮亡，唯此
> 存爾。[3]

《禮記・禮器》「經禮三百，曲禮三千」下鄭注又云：

> 曲猶事也。事禮謂今《禮》也。《禮》篇多亡，本數未聞，其
> 中事儀三千。[4]

〈喪服疏〉就鄭此注又云：

> 若然，未亡之時，有天子、諸侯、卿大夫、士之〈喪（服

序〉）賈氏認為《周禮》、《儀禮》二書「理有終始」，而各有本末者，其義見《禮
記・大學》，彼云：「物有本末，事有終始。……自天子以至庶人，壹是皆以脩身為
本，其本亂而末治者否矣。」適足為賈氏〈儀禮疏序〉所言，《儀禮》為本、《周
禮》為末的註腳。賈氏之所以認為《儀禮》是本，乃由於其見個人脩身行事之法，
其法通行於天下，自天子至庶人俱得遵行，是移風易俗之本，「大平之始基」（曹元
弼語）（詳見第七章「《儀禮疏》與《周禮疏》之比較」第七章第一節之二「《儀
禮》、《周禮》之本末及體履」）。

3　《儀禮注疏》卷十六下，頁318。
4　《禮記正義》卷二十三，頁459。

〔禮〕〉[5]，其篇各別，今皆亡，唯〈士喪禮〉在。若然據〈喪服〉二篇，摠包天子以下服制之事，故鄭《目錄》云：「天子以下相喪，衣服、親疏之禮。」[6]

鄭玄也指出《儀禮》本數不明，今所存者只是殘缺之本而已。賈公彥的說法可謂與鄭玄一脈相承。不但如此，賈氏在撰寫《儀禮疏》時，經常有意無意地推敲《儀禮》的原貌和內容。即使小至所用器具或瑣碎的儀節，賈氏都嘗試透過不同的方法及證據，推導出尊卑各等的情況。舉如〈士冠禮疏〉之首，便花頗長篇幅討論天子、諸侯、試為大夫者及士冠禮的異同。另在〈士昏禮疏〉內，賈氏亦嘗試運用不同方法，討論天子、諸侯以至大夫、士昏禮的內容。據筆者所歸納，他探究《儀禮》原貌的方法大抵可分為四類：一為禮典之通義，二為禮類比較，三為尊卑原則，四為直接據用其他文獻。以下將詳加分論。

第一節　禮典之通義

禮典中有各等取義相同者。禮典之內在取義相同，彰顯在外的禮儀亦理應一致。昏禮為人生大事，自庶人達天子俱有此禮；究其大義，取其陰陽鬼神交接之義，尊卑無別。因此昏禮內許多儀節都是尊卑一致的。從注疏中可見，凡鄭注賈疏說明該段禮節採取禮之通義，如「陰陽交接之義」之類，那麼該節禮儀便是尊卑無別。觀乎〈士昏禮〉一篇有多處地方彰顯昏禮之通義。賈疏便根據該儀節所具有的禮典通義，結合不同文獻證據，推論出昏禮禮儀尊卑相同的部分。以下舉例說明。

5　按賈疏行文，「服」當作「禮」字為是。
6　《儀禮注疏》卷二十八，頁337。

一　昏禮六禮之名義，尊卑相同

〈士昏禮〉云：「昏禮下達，納采，用鴈」，鄭注云：「達，通也。將欲與彼合昏姻，必先使媒氏下通其言，女氏許之，乃後使人納其采擇之禮。」賈疏云：

> 昏禮有六，五禮用鴈：納采、問名、納吉、請期、親迎是也。唯納徵不用鴈，以其自有幣、帛可執故也。且三禮不云納，言納者，恐女氏不受，若《春秋》（納）〔內〕納之義。若然，納采言納者，以其始相采擇，恐女家不許，故言納。問名不言納者，女氏已許，故不言納也。納吉言納者，男家卜吉，往與女氏，復恐女家翻悔不受，故更言納也。納徵言納者，納幣帛則昏禮成，復恐女家不受，故更云納也。請期、親迎不言納者，納幣則昏禮已成，女家不得移改，故皆不言納也。其昏禮有六，尊卑皆同，故《左氏·莊公二十二年經》書：「冬，公如齊納幣。」《穀梁傳》曰：「納幣，大夫之事也。禮有納采、有問名、有納徵、有告期，四者備而後娶，禮也。公之親納幣，非禮也，故譏之。」彼無納吉者，以莊公在母喪內，親行納幣非禮之事，故闕其納吉以非之也。[7]

昏禮有六禮，分別為納采、問名、納吉、納徵、請期、親迎。在賈公彥上述疏文的論述中，可知他認為「昏禮有六，尊卑皆同」，而且六禮言「納」與不言「納」的名義，也是尊卑一致的。疏文所引《穀梁傳·莊公二十二年》云禮有納采、問名、納徵、告期，而沒有納吉、

親迎二者，似是與賈說相左。《穀梁傳》沒有納吉的原故，賈公彥認為是莊公時在母喪喪期之內，又親行納幣，故闕其文以非之。按《左傳・莊公二十二年》杜預注云：「無傳。公不使卿而親納幣，非禮也；母喪未再期而圖昏，二傳不見所譏，左氏又無傳，失禮明故。」[8] 杜預之意，指莊公之失禮有兩層：一為莊公親行納幣，失諸侯昏禮之正；一為母喪未畢而圖昏，亦明顯是非禮之舉。賈公彥之說與杜預之解相近，賈氏甚至認為《穀梁傳》闕空「納吉」一禮不言，是譏莊公失禮之筆法。至於《穀梁傳》不言親迎者，無親迎則昏禮不能進行，是必有親迎一節，《穀梁傳》無需明言亦可知。《穀梁傳・莊公二十四年》：「公如齊逆女。親迎，恒事也，不志。」[9] 親迎既是恒事，不志可知。《左傳》、《公羊傳》同年亦云「親迎，禮也。」因此納吉、親迎雖不見於《穀梁傳・莊公二十四年》文，但合所闕「納吉」、「親迎」兩禮加上見載之四禮，適共六禮，同於賈公彥所說「昏禮有六，尊卑皆同」，故疏文亦引以為證，而繫之以「故」字。以上既知賈氏所引《穀梁傳》所載昏禮之四節，可作為賈說尊卑並有六禮之證；[10] 此段

8 《春秋左傳正義》卷九，頁162。

9 《春秋穀梁傳正義》卷六，頁59。

10 這裡雖說尊卑昏姻並有六禮，但牽涉到天子是否親迎，抑或遣使迎婦的問題。《左傳》說天子不親迎，《左傳・襄公十五年》「官師從單靖公逆王后于齊，卿不行，非禮也。」杜解：「天子不親昏，使上卿逆而公監之。」《左傳・桓公三年》孔疏云：「天子尊，無與敵，不自親逆，使卿逆而上公臨之。諸侯則親逆，有故，得使卿。八年祭公逆王后于紀，《傳》曰：『禮也』，是當使人，天子不親逆也。襄十五年《傳》曰：『官師從單靖公逆王后于齊，卿不行，非禮也。』是知天子之禮，當使卿逆而上公臨之也。」（《春秋左傳正義》卷十五，頁565）但穀梁說則以天子當親迎，桓八年：「祭公來，遂迎王后于杞。」范注：「祭公，寰內諸侯，為天子三公者。親逆，例時；不親逆，例月，故春秋左氏說曰：『王者至尊無敵，無親逆之禮。』祭公逆王后，未致京師而稱后，知天子不行而禮成也。鄭君釋之曰：『大姒之家在郃之陽，在渭之涘。文王親迎于渭，即天子親迎之明文矣。』天子雖尊，其于后，猶夫婦叛合，禮同一體，所謂無敵豈施此哉？《禮記・哀公問》曰：『冕

疏文更揭示六禮之名，是否繫以「納」字之名義，也是尊卑相同。賈氏此疏云：「言納者，恐女氏不受，若《春秋》（納）〔內〕納之義。」因此，六禮中納采、納吉、納徵三者，俱繫以言「納」，乃由於「恐女氏不受」、「復恐女家翻悔不受」、「復恐女家不受」；而問名、請期、親迎不言「納」者，則因為「女氏已許」、「不得移改」。這種「恐女氏不受」而繫言「納」者，賈氏明言「若《春秋》（納）〔內〕納之義」[11]。《春秋》及三《傳》出現「納」與「內」者極多，三《傳》亦各有其義。賈氏未明言其義，不知所確指為何。總之，賈氏將納采、納吉、納徵三者之名義，與《春秋》（納）〔內〕納之義關聯起來。昏禮六禮，既是天下之達禮，其名義亦尊卑相同。賈所引用《穀梁傳》，適可兼證大夫納采、納徵二禮俱繫「納」字的意義與〈士昏禮〉相同。若其上下取義相同，則天子至庶人六禮之名，亦當一致。

二　尊卑俱有媒氏

〈士昏禮〉云：「昏禮下達，納采，用鴈」，鄭注：「必先使媒氏下通其言，女氏許之，乃後使人納其采擇之禮。……《詩》云：『取妻如之何？匪媒不得。』昏必由媒交接，設紹介，皆所以養廉恥。」賈疏云：

而親迎，不已重乎？』孔子愀然作色而對曰：『合二姓之好，以繼先聖之後，以為天地宗廟社稷之主，君何謂已重焉？』此言親迎繼先聖之後為天地宗廟社稷之主，非天子則誰乎？」（《春秋穀梁傳注疏》卷四，頁36）范注引鄭注以非左傳天子不親迎也。據范氏之注義，謂「天子雖尊，其于后猶夫婦叛合，禮同一體」云云，其實即無問尊卑，六禮皆同之意。賈氏雖未明言天子是否親迎，但他既說「其昏禮有六，尊卑同」，意似是尊卑同據禮之通義而行昏姻六禮，故無問尊卑皆同。下又引《穀梁傳》「禮有納采、問名」云云，則賈氏說亦當同《穀梁》說，以天子亦當親迎也。

11 今檢《儀禮注疏》各本，或作「納納之義」，或作「內納之義」。

鄭云「必先使媒氏下通其言，女氏許之，乃後使人納其采擇之
禮」者，……案《周禮・地官》有「媒氏」職，是天子之官，
則諸侯之國亦有媒氏傳通男女，使成婚姻，故云「媒氏」
也。……（鄭）引《詩》者，證須媒下達之義也。云「皆所以
養廉恥」者，解所以須媒及設紹介者，皆所以養成男女，使有
廉恥也。使媒通之，媵、御沃盥交之等，皆是行事之漸，養廉
恥之義。[12]

鄭此注云「將欲與彼合昏姻，必先使媒氏下通其言，女氏許之，乃後
使人納其采擇之禮。……《詩》云：『取妻如之何？匪媒不得。』昏
必由媒交接設紹介，皆所以養廉恥。」[13]賈氏據鄭注云「必先使媒
氏」、「昏必由媒」，又引《詩》「匪媒不得」云云，知凡婚事，不論尊
卑，必有媒行下達之事。用媒之通義為鄭玄所謂「行事之漸，養廉恥
之義」，故賈氏因鄭玄語有「媒氏」云云，舉《周禮》天子制有「媒
氏」一職。但據此篇為諸侯之士娶妻之禮，故諸侯亦當有媒氏一職。

三　尊卑皆用鴈為摯

〈士昏禮〉云：「用鴈」，鄭注云：「用鴈為摯者，取其順陰陽往
來」，賈疏云：

云「用鴈為摯者，取其順陰陽往來」者，案《周禮・大宗伯》
云「以禽作六摯：卿執羔，大夫執鴈，士執雉」，此昏禮無問

---

12 《儀禮注疏》卷四，頁39。
13 《儀禮注疏》卷四，頁39。

　　尊卑，皆用鴈，故鄭注意云「取順陰陽往來也」。順陰陽往來
者，鴈木落南翔，冰泮北徂，夫為陽，婦為陰，今用鴈者，亦
取婦人從夫之義，是以昏禮用焉。[14]

天子、諸侯之臣用摯之法，俱見《周禮・春官・大宗伯》，文云「以
禽作六摯，以等諸臣。孤執皮帛，卿執羔，大夫執鴈，士執雉，庶人
執鶩，工商執雞。」[15]各等所執自差別，以其各等爵所取義各別，故
所執並異。賈氏根據鄭玄謂用鴈者乃「取順陰陽往來」，是為昏姻之
通義，[16]因此導出「此昏禮無問尊卑，皆用鴈」之說，明昏禮用摯之
法與〈大宗伯〉所述等制不同。賈氏更闡明「鴈木落南翔，冰洋北
徂」，故知鴈之為摯，可呈現「順陰陽往來」之昏姻通義。此下賈氏
更說明夫為陽，婦為陰，正能與鴈南北陰陽往來之義相印證，因此昏
姻用鴈，亦取婦人從夫之義。考鄭玄注〈大宗伯〉解「大夫執鴈」之
義，其云「取其候時而行」。同樣是執鴈，大夫執之取義「候時而
行」，婚姻則是「順陰陽往來」，兩者截然不同。賈公彥疏解〈大宗
伯〉彼鄭注時，云：「其鴈以北方為居，但隨陽南北，木落南翔，冰
洋北徂。其大夫亦當隨君無背。」[17]觀賈氏《周禮》之疏文，雖仍以
「木落南翔，冰洋北徂」為鴈之特性，但大夫執之以象徵「隨君無
背」。這是大夫為臣所應有之德，不適用於他爵者如孤、卿、士、庶
人之等。昏禮則不然，其禮典不論尊卑皆有「順陰陽往來」及「婦人
從夫」之義，因此賈公彥說「無問尊卑皆用鴈」。

---

14 《儀禮注疏》卷四，頁39。
15 《周禮注疏》卷十八，頁281。
16 《公羊傳・莊公廿二年》：「公如齊納幣」，何休注云：「凡婚禮用鴈，取其知時
　　候。」（《春秋公羊傳注疏》卷八，頁99）其取義與鄭異。
17 《周禮注疏》卷十八，頁281。

四　昏禮禮賓皆再拜至

〈士昏禮〉云：「主人迎賓于廟門外，揖讓如初升。主人北面再拜，賓西階上北面荅拜。」賈疏云：

> 此為禮賓，有拜至者，前雖有納采、問名之事，<u>以昏禮有相親之義，故雖後亦拜</u>至也。〈聘禮〉享禮及禮賓不拜至者，聘禮不取相親之義，故不拜至。是以鄭彼注云「以賓不於此始至也。」[18]

昏禮男家使人至女家納采、問名後有醴賓之禮，以謝其自勤勞。鄭玄認為醴賓當如〈士冠禮〉破讀為「禮賓」。[19]此禮賓之節緊接在納采、問名之後，不別日而行。此前納采時經文說「主人以賓升，……主人阼階上北面再拜」，足見當時已行拜至之禮。按理納采時已經拜至，緊接之禮賓環節無需重複再行拜至禮。但〈士昏禮〉主人迎賓再次入廟行禮賓之儀節，「主人北面再拜」，再行一次拜至。鄭玄於此無注，賈氏就認為昏禮本有「相親」之義，[20]故「雖後亦拜至也」，再次行拜

18　《儀禮注疏》卷四，頁41。

19　〈士冠禮〉：「請醴賓」下鄭注云：「此『醴』當作『禮』。『禮賓』者，謝其自勤勞也。」（《儀禮注疏》卷一，頁21頁）又〈士昏禮〉：「出請醴賓」，鄭注：「此『醴』亦當為『禮』。『禮賓』者，欲厚之。」（《儀禮注疏》卷四，頁40）《儀禮》之內醴賓之節，鄭俱破讀為「禮賓」。〈士冠禮〉及〈士昏禮〉注解「禮賓」，一謂「謝其自勤勞」，一謂「欲厚之。」二者不同者，各據一邊而言。主人欲謝其自勤勞，乃禮賓一節之動機；而欲厚之者，因欲謝其自勤勞，而以獻以醴酒厚待之。其實〈士冠禮〉亦以醴酒厚之，〈士昏禮〉亦謝納采使者遠來之勤勞。

20　賈公彥所謂昏禮有相親之義，實乃本於《禮記·郊特牲》。考《周禮·地官·大司徒》：「以陰禮教親，則民不怨。」鄭注：「陰禮謂男女之禮。昏姻以時，則男不曠，女不怨。」賈疏：「以陰禮謂昏姻之禮，不可顯露，故曰陰禮也。男女本是異

至之禮。然後，賈氏提出〈聘禮〉作為反證，指彼禮典中「禮賓」不行拜至之禮，是因為〈聘禮〉不取相親之義，故禮賓節不再次行拜至禮。考〈聘禮·記〉云：「禮，不拜至。」鄭注：「以賓不於是始至。」[21] 按常禮，禮賓當在正禮完畢之後緊接進行。拜至禮，意在拜賓至此堂，當在正禮主賓揖讓升堂後即行。〈鄉飲酒禮〉揖讓升堂後「主人阼階上當楣北面再拜」，賈疏云：

> 案〈公食禮〉云「公升二等，賓升」、「公當楣，北鄉，至再拜」，〈燕禮〉、〈大射〉皆云「主人升自西階，賓右，至再拜」。〈鄉飲酒義〉亦云「拜至、拜洗」。此不云「至」者，略之。是知此升堂拜，亦是拜至可知。凡拜至者，皆是尊之也。[22]

又考〈鄉射禮〉揖讓升堂後「主人阼階上當楣北面再拜」，鄭亦注：「主人拜賓至此堂」。〈聘禮〉正聘不言拜至者，按胡承珙之說，是省文而已。[23] 既然正禮已行拜至禮，則緊接正禮的禮賓環節，無需再重複進行。但〈士昏禮〉納采問名後禮賓節，再行一次拜至禮，賈氏遂以昏禮取相親之義為解。按賈氏之邏輯，「相親」既為各級昏禮之通

姓，冕而親迎，親之也。親之也者，親之也，使之親己，是昏禮相親之義。」（《周禮注疏》卷十，頁151）賈氏此〈大司徒疏〉謂「親之也者，親之也，使之親己，是昏禮相親之義」云云，實化用〈郊特牲〉文及鄭注而成。〈郊特牲〉云：「壻親御，授綏，親之也。親之也者，親之也。」鄭注：「言已親之，所以使之親己。」（《禮記正義》卷二十六，頁506）

21 《儀禮注疏》卷八，頁287。

22 《儀禮注疏》卷八，頁83。

23 〈聘禮·記〉云：「禮，不拜至。」胡承珙曰：「『禮，不拜至』，當是謂聘享畢禮賓時事，蓋經於聘時無拜至明文，《記》獨言『禮，不拜至』，正見聘有拜至，與經文互相備。注云『以賓不於是始至』，亦對聘享而言。」見胡培翬：《儀禮正義》（上海市：商務印書館，1934年），頁267。

義，因此不論尊卑，納采問名後之禮賓環節，亦應復行拜至之禮，以
示相親之義。[24]納吉、納徵、請期俱如納采禮，亦各有禮賓之節。按
上所論，則各級昏禮之納吉、納徵、請期後的禮賓，入堂當再次行拜
至禮。

五　昏禮授几授校

〈士昏禮〉云：「主人拂几授校，拜送；賓以几辟，北面設于
坐，左之，西階上荅拜。」鄭注云：「拂，拭也。拭几者，尊賓，新
之也。校，几足。」賈疏云：

> 凡授几之法，卑者以兩手執几兩端，尊者則以兩手於几間執
> 之，授皆然。是以〈聘禮〉宰夫「奉兩端以進」，〈有司徹〉云
> 「尸進二手，受于手間」，注云「受從手間，謙也」，雖不言兩
> 手，兩手授之可知。又案〈聘禮〉云「公東南鄉外拂几三，
> 卒，振袂，中攝之，進，西鄉。賓進訝受几于筵前」，以此言
> 之，公尊，中執几以一手，則賓以兩手於几兩端執之也。而此
> 亦賓主不敵，<u>授校者，昏禮異於餘禮</u>。[25]

〈士昏禮〉納采問名後禮賓，主人授賓几，經云：「主人拂几，授

---

24 除此禮賓再行拜至禮之外，〈士昏禮〉內尚有其他示親親之儀節。如納采時「主人
以賓升，西面；賓升西階當阿，東面。」鄭注云：「阿，棟也。入堂深，示親
親。」又如下文「三飯，卒食。」鄭注：「同牢示親，不主為食起，三飯而成禮
也。」賈疏云：「〈少牢〉十一飯，〈特牲〉九飯而禮成，此獨三飯，故云『同牢示
親，不主為食起，三飯而禮成也。』」見《儀禮注疏》，卷五，頁52。

25 《儀禮注疏》卷四，頁41。

校，拜送。」鄭注：「校，几足。」[26]可見此禮授几以几足。但賈氏此疏，不先詮釋這種授几以校之法，反是先陳餘禮尊卑授几、受几之常法。賈疏發凡云「卑者以兩手執几兩端，尊者則以兩手於几間執之，授皆然。」並引〈聘禮〉、〈有司徹〉為證。考賈氏所引據之文，俱為尊卑不敵而授受几之儀。〈聘禮〉：「公升，側受几於序端。宰夫內拂几三，奉兩端以進。」[27]為公受几自宰夫，宰夫兩手在兩端，公手在几間受可知。又下文緊接引用〈聘禮〉，公自宰夫受得几，又將几授予賓，云「公東南鄉外拂几三，卒，振袂，中攝之，進，西鄉。……賓進訝受几于筵前」，此則公授几予賓，亦尊卑不敵。[28]又引〈有司徹〉：「主人……橫執几，進授尸於筵前。尸進兩手，受於手間。」手間，謂主人之手間，賈彼疏云：「主人橫執几進授尸時，尸二手受於主人手間。」[29]儐尸禮，尸比主人尊，故主人兩手執兩端授尸，尸從手間受几。三禮皆是尊卑不敵之授受几法，而必是卑者手外兩端奉之，尊者手在几間，此賈氏歸納之例。但觀此〈士昏禮〉，與上引餘禮同是尊卑不敵之授几法，但經明言「授校」，賈氏便解云「昏禮異於餘禮」。推敲賈意，似是昏禮之義，特異於餘禮。因此，雖同樣是尊卑不敵者授几，卻不按常法而以手持几足。昏禮之義既特異，推之則各等之昏禮禮賓授几時均異於常禮，授受几時執持几足。

---

26 《儀禮注疏》卷四，頁41。

27 《儀禮注疏》卷二十一，頁250。

28 值得注意的是，賈公彥在此認為〈聘禮〉宰夫以兩手執几之兩端授公，公以兩手受几自宰夫。但緊接此授受，公復以單手攝几之中間授賓，賓以兩手在几之兩端受之。同樣是尊卑不敵授受之法，公受自宰夫以兩手，公授賓几則以一手。賈氏蓋據公授賓几之前，先外拂几三。拂几之時必以一手持几，一手拂几。但拂几畢即云「中攝之」，不云「兩手」，而不像上文宰夫授公几時，拂几後明確說「奉兩端以進」，明得以兩手奉兩端。此唯云「中攝之」，承自一手持几一手拂几之勢，則賈以為即一手持几間授賓。

29 《儀禮注疏》卷四十九，頁582。

第二節　禮類比較

　　昏禮之中，賈氏多引據《儀禮》中性質相似的儀節，與本篇禮儀作比較。他透過列舉與本篇之同類、近類以及反類之儀節，考究其等差、正變關係，往往能推敲出已亡佚的禮篇內容。〈士昏禮〉之中，最明顯莫過於將親迎婦至壻家後的祭食儀節與〈特牲饋食禮〉、〈少牢饋食禮〉兩篇祭禮儀節作比較，並屢言「鬼神陰陽，當與〈特牲〉禮同」、「鬼神陰陽，故此昏禮從〈特牲〉祭祀法」等。[30]賈氏透過將〈士昏禮〉與〈特牲〉、〈少牢〉進行參照，從而探究各級昏禮的部分內容。以下試舉例並析論賈疏之思維：

一　魚之數

　　〈士昏禮〉：「期初昏，陳三鼎于寢門外東方，北面北上。……魚十有四，腊一肫，髀不升。」鄭注：「凡魚之正十五，而鼎減一為十四者，欲其敵偶也。」賈疏云：

> 云「凡魚之正十有五，而鼎減一為十四」者，據〈特牲·記〉云「魚十有五」，注云：「魚，水物，以頭枚數。陰中之物，取數十有五日而盛，〈少牢饋食禮〉亦云『十有五而俎』，尊卑同」，則是尊卑同用十五，而同鼎也。云「欲其敵偶也」者，夫婦各有七也。此夫婦鬼神陰陽，<u>故同祭禮十五而去一</u>。若平生人，則與此異，故〈公食大夫〉一命七魚，再命者九魚，三

30　賈氏屢言昏禮「鬼神陰陽」云云，實乃本諸《禮記·郊特牲》。其文云：「玄冕齋戒，鬼神陰陽也。將以為社稷主，為先祖後，而可以不致敬乎？」鄭注：「玄冕，祭服也。陰陽，謂夫婦也。」（《禮記正義》卷二十六，頁506）

命者十有一魚，天子、諸侯無文，或諸侯十三魚，天子十五魚也。[31]

賈氏此疏，據「夫婦鬼神陰陽」，以〈士昏禮〉與祭禮同類，其禮亦相近。〈士昏禮〉經文說「魚十有四」，鄭玄之注僅說魚以十五為正，〈士昏禮〉鼎用十四魚乃由於「欲其敵偶也」。觀乎鄭注，並未將昏禮與祭禮拉上關係。但賈氏則明確疏解鄭玄所謂「魚之正十有五」之說云云，乃根據〈特牲‧記〉及〈少牢饋食禮〉而推知，而並非根據其他禮如賈氏所引〈公食大夫禮〉所載食生人之禮。賈氏既揭示鄭注實本於兩饋食禮，再進一步說明昏禮夫婦的性質「鬼神陰陽」，故同於祭禮以魚十五為正；而欲夫婦敵偶而各得七，因而去一而十四。如是者，賈疏便直接將昏禮與祭禮掛勾。重要的是，賈氏根據鄭玄〈特牲‧記注〉而云「則是尊卑同用十五，而同鼎也。」此語乃針對祭禮而發，謂祭禮不論尊卑同用十五魚，且載在同一鼎內。而按賈氏昏禮與祭禮相同的理論，可以推知各級昏禮，無問尊卑都應當用祭禮十五魚之正，復去一而成十四魚。最後，賈公彥所引用〈公食大夫禮〉所載食生人禮，可見他認為祭、昏禮是同類，用魚之數同樣不問尊卑；正與食生人尊卑各有差等，截然不同。

二 鼎入匕俎從設及匕載面位

〈士昏禮〉云：「贊者徹尊冪，舉者盥，出，陳冪，舉鼎入，陳于阼階南，西面，北上。匕、俎從設。」鄭注：「執匕者，執俎者從鼎而設之。匕，所以別出牲體也。」賈疏云：

---

31 《儀禮注疏》卷四，頁43。

案〈特牲〉、〈少牢〉、〈公食〉與〈有司徹〉及此昏禮等，執
匕、俎、舉鼎各別人者，<u>此吉禮尚威儀故</u>。〈士喪禮〉舉鼎，
右人以右手執匕，左人以左手執俎，舉鼎人兼執匕、俎者，<u>喪
禮畧也</u>。云「從設」者，以從男之事，故從吉祭法也。〈公
食〉執匕、俎之人，入加匕於鼎，陳俎於鼎南。其匕與載皆舉
鼎者為之，〈特牲注〉云「右人也尊者，於事指使可也」，則右
人於鼎北，南面，匕肉出之，左人於鼎西俎南，北面承，取肉
載於俎。〈士虞〉右人載者，喪祭少變，故在西方，長者在左
也。<u>今昏禮鬼神陰陽，當與〈特牲〉禮同</u>，亦右人匕，左人
載，以俟設也。[32]

與他篇相比，〈士昏禮〉所論述舉鼎、匕、俎之儀節，較為簡略。賈
疏在此說明了幾層意思：第一、將《儀禮》中含舉鼎入栿等儀節之禮
典分為吉、喪二種。以〈特牲饋食禮〉、〈少牢饋食禮〉、〈公食大夫
禮〉、〈有司徹〉及此篇〈士昏禮〉為吉時之禮，舉鼎者與執俎、執匕
之人別；以〈士喪禮〉為喪時之禮，喪禮從略，故以舉鼎者左右人兼
執匕、俎。但與喪禮相對的諸篇吉禮中，雖然同樣是匕、俎從設，但
賈公彥認為昏禮的性質與祭禮同，故此士之昏禮，應與〈特牲饋食
禮〉士之祭禮相當。因此，賈疏便直接說「云『從設』者，從男之
事，故從吉祭法也」、「今昏禮鬼神陰陽，當與〈特牲〉禮同。」整個
舉鼎入，執匕、俎者從入設，以至栿及載的儀節，都與祭禮相似。賈
疏根據〈特牲饋食禮〉推出〈士昏禮〉同樣是由右人栿，左人載。右
人栿、左人載者，〈特牲〉內有明文，云：

32　《儀禮注疏》卷五，頁51。

主人在右，及佐食舉牲鼎；賓長在右，及執事舉魚、腊
鼎。……乃朼，佐食升胉俎。[33]

鄭注：「主人在右，統於東。賓尊不載。」又注「乃朼」云：「右人
也。尊者於事，指使可也。左人載之。」[34]經文雖未明言「右人朼」，
但卻云「佐食升胉俎」。佐食在左，明顯就是在右的主人朼牲體。鄭
玄蓋因此而推出右人朼，左人載之說。賈公彥既認為〈士昏禮〉禮中
的舉鼎及朼、載之法與〈特牲〉相當。[35]據賈〈士昏禮疏〉所云即

---

33 《儀禮注疏》卷四十五，頁529。

34 《儀禮注疏》卷四十五，頁529。

35 賈公彥除了指出〈士昏禮〉「鬼神陰陽」，故其禮與〈特牲〉同外，並更無說明。賈
氏之所以以〈士昏禮〉舉鼎及朼、載面位之法與〈特牲〉相當，蓋其文直與〈特
牲〉相約之故。〈士昏禮〉云：「舉者盥，……舉鼎入，陳于阼階南，西面，北
上。」（《儀禮注疏》卷五，頁51）〈特牲〉云：「宗人遣佐食及執事盥，出。（鄭
注：命之盥，出，當助主人及賓舉鼎）主人降，及賓盥，出。……宗人執畢，先
入，當阼階，南面。鼎西面錯。」（《儀禮注疏》卷四十五，頁529）二禮相同者
三：一、舉鼎者即朼、載者，故二人先盥，鼎入後不復盥而逕朼載；二、鼎入皆當
阼階。〈特牲〉不云鼎入當阼階，但云「宗人先入當阼階」，宗人事為督導主人朼
肉，不應離鼎遠，故〈特牲〉之鼎亦序當阼階明矣。三、鼎皆西面。〈士昏禮〉逕
言北上，而〈特牲〉不言。〈特牲〉雖未言，但實亦可從〈少牢〉禮知之。〈少牢〉
云：「士盥，舉鼎，主人先入。……鼎序入，……陳鼎于東方，當序，南于洗西，
皆西面，北上，膚為下。」（《儀禮注疏》卷四十七，頁562）〈少牢〉之鼎既皆西面
北上，則〈特牲〉鼎錯西面，理應亦北上。況乎〈特牲〉上文云「主人在右及佐食
舉牲鼎；賓長在右及執事舉魚、腊鼎。」（《儀禮注疏》卷四十五，頁529）亦以主
人在前，賓長在後。其鼎序入，順理亦以北為上。但大夫、士祭禮之鼎西面北上則
同，其〈少牢〉禮當序在洗西南，〈特牲〉當阼階，則容此為大夫、士之小別。由
此上所述三者可見，〈士昏〉與〈特牲〉禮鼎入朼載之法俱同，或即為賈疏將兩者
相參照之原由。
又考乎其他禮篇所載鼎入之法。〈公食大夫禮〉云：「士舉鼎，……陳鼎于碑，南
面，西上。……大夫長盥，……序進盥。……卒盥，序進，南面朼。載者西面。」
（《儀禮注疏》卷二十五，頁302）鼎當碑，南面西上，與〈士昏禮〉及兩篇〈饋食
禮〉異。又大夫長朼而不舉鼎，故鼎入後大夫序盥，乃朼。又載者在鼎南西面，與

「右人於鼎北，南面，匕肉出之，左人於鼎西俎南，北面承，取肉載於俎。」賈氏在〈特牲饋食禮疏〉文中亦有相近之述，彼注云：「其錯俎，東縮；加匕，東柄，既則退，而左人北面也。」賈云：

> 云「其錯俎，東縮；加匕，東柄」者，〈少牢〉云「俎皆設于鼎西，西肆」；又云「匕皆加于鼎，東枋」，則此加匕於鼎，東柄可知。云「既則退，而左人北面也」，知者，以其俎從於鼎西，其人當北面於其南，載之便，是以〈昏禮〉亦云「北面載，執而俟」是也。[36]

賈氏此〈特牲疏〉，有兩點值得注意。一是他以〈特牲〉禮左人載時，在鼎西而面朝北方（筆按：即賈云「其人當北面於其南」），此乃根據於俎設在鼎西，載之便故。俎設在鼎西，則又是根據〈少牢饋食禮〉而知。賈氏據〈少牢〉文證知〈特牲〉匕、俎設置之位（筆按：即匕於鼎東柄及俎設于鼎西），以及左人之面位，因此賈公彥認為兩禮雖有士、大夫之別，但左右人匕、載之面位卻相同。此其一。第二，賈氏此〈特牲疏〉又以〈士昏禮〉經文「北面載，執而俟」來說明〈士昏禮〉左人北面，以與鄭玄〈特牲〉注文互證。此亦賈公彥在〈士昏禮疏〉云「今昏禮鬼神陰陽，當與〈特牲〉同」云云之外，再次將〈士昏禮〉之匕、載面位與〈特牲饋食禮〉視之等同。重要的是，既然賈公彥多次說明昏禮與祭禮之儀節相同，且明言〈士昏

〈士昏禮〉「北面載」又異。是二者大異不能互相比較。〈士喪禮〉小斂奠，雖陳鼎阼階前西面，但喪禮略，舉鼎者兼執匕俎，亦不與〈士昏禮〉、祭禮近同。又〈士虞禮〉陳鼎西階，東面北上，左人匕，右人載，正是反吉之法，亦非〈士昏禮〉及祭禮之類。

禮〉、〈特牲饋食禮〉匕、載面位相同，又以〈特牲饋食禮〉與〈少牢饋食禮〉之匕、載面位不存在尊卑差異。那麼，綜合三者實可推出大夫昏禮，鼎入，匕、俎從設，其左右人匕、載面位亦當與〈少牢〉禮相當，即為右人鼎北南面匕，左人鼎西北面載。賈公彥之思路可簡化為下圖：

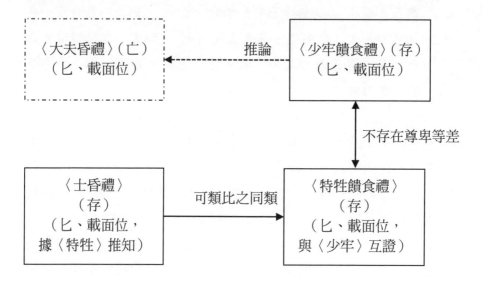

三　爾黍、授肺及祭食

〈士昏禮〉云：「贊告具，揖婦即對筵，皆坐；皆祭，祭薦、黍、稷、肺。贊爾黍，授肺脊。皆食以湆、醬。皆祭舉、食舉也。」鄭注：「爾，移也，移置席上，便其食也。皆食，食黍也。」賈疏云：

　　云「爾，移也」者，爾訓為近，謂移之使近人，故云「移置席上，便其食也」。案〈玉藻〉[37]云「食坐盡前」，謂臨席前畔，

---

37 按，「食坐盡前」當為〈曲禮上〉文。

則不得移黍於席上。<u>此云『移置席上』者，鬼神陰陽，故此昏禮從〈特牲〉祭祀法也。</u>云「皆食，食黍也」者，案〈特牲〉、〈少牢〉祭舉、食舉乃飯，此先食黍，乃祭舉，相反者，彼九飯禮成，故先食舉以導食氣。此三飯禮成，故不須導也。此先爾黍、稷，後授肺，〈特牲〉亦然，以其士禮同也。〈少牢〉佐食先以舉肺者，授尸乃爾黍者，大夫禮與士異故也。然〈士虞〉亦先授舉肺者，後乃爾黍者，喪禮與吉反故也。[38]

賈氏此疏，約分三層。首解鄭玄注此〈士昏禮〉爾黍為「移置席上」；次言此〈士昏禮〉雖從〈特牲〉祭法，但兩者食黍及舉肺之次序少異；次言〈士昏禮〉與〈特牲〉並士禮，爾黍、授肺之次序相同，〈少牢〉大夫禮則兩者次序相反。賈疏三層，均可見其欲推出大夫昏禮之內容。以下敘論之：

首先討論鄭注〈士昏禮〉云「移置席上」的問題。〈士昏禮〉經文唯云「贊爾黍」，並沒有明說「席上」。賈氏便引用〈曲禮〉文（筆按：賈疏誤說為〈玉藻〉文）指出食時臨席前畔，此節昏禮夫婦祭並食，不應將黍移到席上，而鄭玄卻說「移至席上」。據上文所討論過的兩個例子，賈公彥認為昏禮與祭禮同，而與〈公食大夫禮〉食生禮異。因此，賈氏在此見鄭注不依〈曲禮上〉所載生人食時坐法，遂云「鬼神陰陽，故此昏禮從〈特牲〉祭祀法也」。與上面「魚之數」一小節相同，鄭玄在注中雖然未明言昏禮與祭禮之關係，但謂「移置席上」顯與生人食法相左，而〈特牲饋食禮〉又明言「佐食移黍稷于席上」，可見鄭玄乃參考〈特牲〉祭法而說，賈疏再揭櫫其中關係而已。既知鄭玄認為昏禮祭禮同樣是將黍移至席上，賈氏又指「從〈特

牲〉祭法」，那麼大夫昏禮夫婦食時，是否亦將黍「移諸席上」，也應可參考〈少牢饋食禮〉而得知。揆諸〈少牢饋食禮〉云：「上佐食爾上敦黍于筵上，右之。」[39]大夫祭禮，同樣是將黍移到筵上，則依賈公彥的理論，大夫昏禮亦應將黍移到席上。

　　次論賈疏之第二層有關食黍及食舉肺之次序。賈公雖多番提出昏禮祭食之法俱從祭禮之法，但其中也有例外。〈士昏禮〉經文云「皆食以湆、醬。皆祭舉、食舉也」，先食黍，後食舉肺。〈特牲饋食禮〉及〈少牢饋食禮〉卻是先食舉肺，後食黍。[40] 賈公彥留意到這種差異，便解釋祭禮士九飯，大夫十一飯，因此需要「故先食舉以導食氣」。〈士昏禮〉僅三飯而已，則無必要先食舉肺以導食氣。昏禮與祭禮儀節相近，只是食舉和食黍的次序，取決於食黍多少。食黍多如九飯、十一飯，則先食舉導食氣；食黍少如〈士昏禮〉三飯，則先食黍，後食肺。那麼，大夫以上昏禮是先食黍，抑或先食肺？這裡牽涉大夫以上昏禮的飯數問題。考之〈士昏禮〉「三飯卒食」下賈疏云：

39　《儀禮注疏》卷四十八，頁570。

40　〈特牲饋食禮〉云：「佐食爾黍稷于席上，設大羹湆于醢北，舉肺脊以授尸。尸受，振祭，嚌之，左執之；乃食，食舉。主人羞肵俎于腊北。尸三飯，告飽。祝侑，主人拜。佐食舉幹；尸受，振祭，嚌之。佐食受，加于肵俎；舉獸幹、魚一，亦如之。尸實舉于菹豆。佐食羞庶羞四豆，設于左，南上，有醢。尸又三飯，告飽。祝侑之，如初；舉骼及獸、魚，如初。尸又三飯，告飽。」（《儀禮注疏》卷四十五，頁531）又〈少牢饋食禮〉云：「尸扱以柶，祭羊鉶，遂以祭豕鉶；嘗羊鉶。食舉。三飯。上佐食舉尸牢幹；尸受，振祭，嚌之。佐食受，加于肵。上佐食羞胾兩瓦豆，有醢，亦用瓦豆，設于薦豆之北。尸又食，食胾。上佐食舉尸一魚；尸受，振祭，嚌之。佐食受，加于肵，橫之。又食。上佐食舉尸腊肩；尸受，振祭，嚌之；上佐食受，加于肵。又食。上佐食舉尸牢骼，如初。又食。尸告飽。祝西面于主人之南獨侑，不拜。侑曰：『皇尸未實，侑！』尸又食。上佐食舉尸牢肩；尸受，振祭，嚌之；佐食受，加于肵。尸不飯，告飽。祝西面于主人之南。主人不言，拜侑。尸又三飯。」（《儀禮注疏》卷四十八，頁570-571）是〈特牲〉、〈少牢〉俱先食舉肺，後食黍稷。

云『同牢示親，不主為食起』者，〈少牢〉十一飯，〈特牲〉九
飯而禮成，此獨三飯，故云『同牢示親，不主為食起』，三飯
而成禮也。[41]

賈氏解士昏禮「三飯」，引用祭禮因尊卑不同，飯數亦異，以說明昏
禮與祭禮飯數並非同一制度。又考〈有司徹〉：「尸不飯告飽，主人拜
侑，不言。尸又三飯」，鄭云：「凡十一飯，士九飯，大夫十一飯。其
飯有十三飯、十五飯。」賈云：

上篇士禮九飯，〈少牢〉上下大夫同十一飯，士大夫既不分命
數為尊卑，則五等諸侯同十三飯，天子十五飯可知。[42]

賈氏在此〈有司徹疏〉內，明確說明祭禮因爵等不同而飯數不同。據
鄭、賈之推次，可知士九飯、大夫十一、諸侯十三、天子十五，不依
命數。若昏禮之飯數與祭禮根據同一系統，則〈士昏禮〉當合用士九
飯之法。但不然，〈士昏禮〉云唯三飯而已，而鄭玄彼注云「同牢示
親，不主為食起。」[43]那麼，昏禮三飯乃取其昏禮之「示親」之通
義，按理大夫以上亦取此義，故應同樣是三飯而已。若尊卑各級之昏
禮都是三飯，則食時無導食氣之必要，亦與〈士昏禮〉同樣是先食
黍，後食舉肺。

　　最後討論爾黍、授肺的次序。賈氏在此疏末段指出〈士昏禮〉與
〈特牲饋食禮〉二者同樣是先移黍至席上，然後才將肺授給夫婦及
尸。檢二禮之文如下：

41　《儀禮注疏》卷五，頁52。

42　《儀禮注疏》卷五十，頁602。

43　《儀禮注疏》卷五，頁51。

〈士昏禮〉云：「贊爾黍，授肺脊。」[44]

〈特牲饋食禮〉：「佐食爾黍稷于席上，設大羹涪于醢北，舉肺脊以授尸。」[45]

兩者並先爾黍，後授肺脊。賈公彥本來就認為〈士昏禮〉從〈特牲〉祭法，這種次序相合本無足怪。但他卻再加以補充說「以其士禮同也」。賈氏此解，其實是由於他注意到〈少牢饋食禮〉爾黍稷、授肺脊的次序，恰好與〈特牲〉士禮相反。〈少牢饋食禮〉先由上佐食授給尸肺脊，才將黍移到席上，其文云：「上佐食舉尸牢肺、正脊以授尸。上佐食爾上敦黍于筵上，右之。」[46]〈少牢〉為大夫禮與〈特牲〉禮的差異，賈氏只能解釋成為大夫、士禮之差別。細讀賈疏，若是他旨在解說〈士昏禮〉爾黍、授肺的次序如此，則只引用〈特牲饋食禮〉並說從〈特牲〉祭法云云，便適足矣。但不然，疏中多番強調〈士昏禮〉從〈特牲〉祭法之外，再說明這種相合乃由於兩禮同是士禮之故，然後又不避枝蔓，引用〈少牢饋食禮〉與〈特牲〉禮次序之差異。若單就經文而說解，實無必要如此論述。審賈氏之用意，當想揭示昏禮食祭之法固與祭禮相同，但士之昏禮與大夫之昏禮，亦當有著〈特牲〉、〈少牢〉之間相同的差異。據此賈疏之理路，當可推出爾黍授肺之次序，大夫昏禮與士昏禮不同。大夫昏禮當從〈少牢〉禮，先授肺脊，後移黍稷於席上。賈氏此論之思路，亦試簡化為下圖：

---

44 《儀禮注疏》卷五，頁51。

45 《儀禮注疏》卷四十五，頁531。

46 《儀禮注疏》卷四十八，頁570。

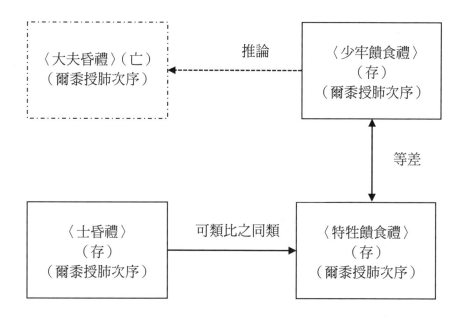

值得留意的是，賈公彥在最後引用〈士虞禮〉的情況。疏文在引用〈士虞禮〉前繫以「然」字，說明了這是他上面說法的一個反例。〈士虞禮〉文云：「佐食舉肺脊授尸。尸受，振祭，嚌之，左手執之。祝命佐食邇敦。」[47] 與〈少牢饋食禮〉相同，並是先授肺脊，再移近黍稷。〈士虞禮〉為士禮，卻與同樣是士禮的〈特牲饋食禮〉相反，而與大夫禮〈少牢饋食禮〉相同，賈公彥便說明這是由於「喪禮與吉反故也」。賈疏引用〈士虞禮〉而作為一個反例存在，除了解釋了彼禮與〈特牲饋食禮〉不同的原因，也鞏固了他所謂士禮如〈特牲〉、〈士昏禮〉當先爾黍後授肺，以及大夫禮次序相反之說法。

---

47 《儀禮注疏》卷四十一，頁497。

第三節　尊卑原則

　　依據尊卑系統來解說禮典、禮篇之間的不同情況，是賈氏撰疏說禮的核心思維之一。其中有各等尊卑相同之禮儀，如上文討論過取義相同而為天下達禮的例子，也有許多時候因尊卑不同而有繁省、隆殺。《禮記‧禮器》說禮有以多為貴、以少為貴、以大為貴、以少為貴等等，皆是據尊卑而有所等差。禮所以明尊卑，然而，《儀禮》之內有關尊卑的界限及箇中運作模式，極其複雜。賈氏歸納禮篇內容，並吸收鄭注及其他文獻如《禮記》、《周禮》、《春秋》三《傳》、《白虎通》等內容，形成了一個龐大而複雜的尊卑系統，其中又有各種不同尊卑原則，解釋了各等禮儀的靈活變化。（詳本書第三章）更重要的是，他亦根據此等尊卑系統及原則，探究已經亡佚的禮篇內容。以下就〈士昏禮疏〉舉例說明。

一　壻親迎之服

　　〈士昏禮〉云：「主人爵弁，纁裳，緇袘。」鄭注：「爵弁而纁裳，玄冕之次。大夫以上親迎，冕服。冕服迎者，鬼神之。鬼神之者，所以重之、親之。」賈疏云：

> 「玄冕之次」者，鄭注《周禮‧弁師》云「一命之大夫，冕而無旒。士變冕為爵弁。」故云「冕之次」也。云「大夫以上親迎冕服」者，士家自祭服玄端，助祭用爵弁。今爵弁，用助祭之服親迎，一為攝盛。則卿、大夫朝服以自祭，助祭用玄冕，親迎亦當玄冕攝盛也。若上公有孤之國，孤絺冕，卿大夫同玄冕。侯、伯、子、男無孤之國，卿絺冕，大夫玄冕也。孤、

卿、大夫、士為臣，卑，復攝盛，取助祭之服以親迎。則天子、諸侯為尊，則尊矣。不須攝盛，宜用家祭之服。則五等諸侯玄冕以家祭，則親迎不過玄冕。天子親迎，當服袞冕。是以《禮記‧郊特牲》云「玄冕齋戒，鬼神陰陽也。將以為社稷主，以社稷言之」，據諸侯而說，故知諸侯玄冕也。其於孤、卿，雖絺冕以助祭，至於親迎，亦用玄冕，臣乃不得過君故也。[48]

賈氏此疏，嘗試根據尊卑原則推次天子至士昏禮親迎所著之服。〈士昏禮〉親迎節云：「主人爵弁，纁裳，緇袘」。根據〈士冠禮〉三服分別為爵弁服、皮弁服及玄端。鄭注「爵弁服」云：「此與君祭之服。」[49]又檢諸〈特牲饋食禮〉，士禮服玄端以祭。《禮記‧雜記》又云：「士弁而祭於公，冠而祭於己。」[50]可知士服玄端自祭，服爵弁服助君祭。昏禮與祭禮相類，又親迎婦於廟，但不服家祭之服，而服助祭之爵弁服。賈公彥指此乃由於昏禮重，得攝盛而以助祭之服親迎。然後據此再往上推，謂孤、卿、大夫如士攝盛而以助祭服親迎。根據《周禮‧春官‧司服》所載：「孤之服，自希冕而下如子男之服，卿大夫之服，自玄冕而下如孤之服，……。」[51]助祭用上服，因此，上公之孤服絺冕助祭，卿大夫則服玄冕。按親迎得攝盛的理論，賈氏推次出各級所服，「上公有孤之國，孤絺冕，卿大夫同玄冕。侯、伯、子、男無孤之國，卿絺冕，大夫玄冕也。」

然則諸侯、天子是否也得攝盛申用上服親迎？賈氏則提出攝盛之

---

48 《儀禮注疏》卷四，頁44。
49 《儀禮注疏》卷二，頁15。
50 《禮記正義》卷四十一，頁724。
51 《周禮注疏》卷二十一，頁327。

原則，謂「孤、卿、大夫、士為臣，卑，復攝盛，取助祭之服以親迎。則天子、諸侯為尊，則尊矣。不須攝盛，宜用家祭之服。」臣卑得申，可攝盛用助祭服。但君本尊貴，不須攝盛，而用家祭服親迎。賈氏之所以能得出此一攝盛原則，乃根據《禮記・郊特牲》所載諸侯親迎之法，乃服玄冕。其文云：「玄冕齋戒，鬼神陰陽也。將以為社稷主，以社稷言之。」[52] 既說是「以為社稷主」，則乃是據諸侯而言。以下即緊接云「共牢而食，同尊卑也。」則上文顯然是指親迎之時。鄭注云：「玄冕，祭服也」[53]，亦明確道出諸侯親迎以玄冕。玄冕為諸侯祭服，〈玉藻〉云：「諸侯玄端以祭」，鄭玄認為「端」字當為「冕字之誤」，並說玄冕為「諸侯祭宗廟之服」。綜合諸證，可知諸侯親迎用自祭之服，而不像孤、卿、大夫、士等可攝盛用助祭之服。職是之故，賈氏提出此攝盛原則，指出臣卑可攝盛，諸侯、天子尊不攝盛。

　　既然有此原則，那麼天子、諸侯親迎之服亦可推知。據《周禮・春官・司服》云：「王之吉服，……享先王則袞冕。」[54] 天子以袞冕祭宗廟，又以其尊，親迎並用此服。如是者，天子親迎用袞冕，諸侯用玄冕。但觀乎上面賈疏所推論，上公之孤及侯伯子男國之卿，以絺冕為親迎之服。絺冕在玄冕之上，五等諸侯且服玄冕而親迎，此孤卿豈可服絺冕過越其君。因此賈公彥提出第二條尊卑原則，謂「臣不得過君」。縱使按攝盛原則，孤卿可得攝盛而以助祭絺冕親迎，但鑒於「臣不得過君」的原則，孤卿親迎則降服玄冕。

52　《禮記正義》卷二十六，頁506。

53　《禮記正義》卷二十六，頁506。

54　《周禮注疏》卷二十一，頁323。

二　壻親迎所乘車

〈士昏禮〉：「主人……乘墨車。」鄭注：「墨車，漆車，士而乘墨車，攝盛也。」賈疏云：

> 云「士乘墨車，攝盛也」者，案《周禮・巾車》云「一曰玉路，以祭祀」，又云「金路，同姓以封；象路，異姓以封；革路，封四衛；木路，以封蕃國。孤乘夏篆，卿乘夏縵，大夫乘墨車，士乘棧車，庶人乘役車」，士乘大夫墨車為攝盛，則大夫當乘卿之夏縵，卿當乘孤之夏篆，已上有木路，質而無飾，不可使孤乘之。禮窮則同也，孤還乘夏篆，又於臣之外特置，亦是尊，尊則尊矣，不欲攝盛。若然，庶人當乘士之棧車。則諸侯、天子尊則尊矣，亦不假攝盛，依〈巾車〉自乘本車矣。玉路祭祀，不可以親迎，當乘金路。[55]

賈氏此疏，討論各級昏禮壻親迎之用車。疏文主要根據《周禮・春官・巾車》展開論述。〈巾車〉之內，陳述了天子、諸侯，及孤卿以至士大夫之車。大致可分為王之五車及服車五乘。[56]王之五車為天子所有，分別為：

> 一曰玉路，錫，樊纓十有再就，建大常，十有二斿，以祀；金路，鉤，樊纓九就，建大旂，以賓，同姓以封；象路，朱，樊纓七就，建大赤，以朝，異姓以封；革路，龍勒，條纓五就，

---

55 《儀禮注疏》卷四，頁44。
56 〈巾車〉有王后之五路，及王之喪車五，但不在此論，故省略之。

建大白，以即戎，以封四衛；木路，前樊鵠纓，建大麾，以
田，以封蕃國。[57]

五路為玉路、金路、象路、革路、木路，各有用途，亦可以按親疏封
賜給諸侯。另外有服車五乘，鄭注云：「服車，服事者之車」，即臣所
用車。〈巾車〉文云：

服車五乘：孤乘夏篆，卿乘夏縵，大夫乘墨車，士乘棧車，庶
人乘役車。[58]

自孤至庶人各等，並有其車。據〈巾車〉，墨車既為大夫之車，不當
為士所乘，但〈士昏禮〉壻親迎時所乘正為墨車。鄭玄注〈士昏禮〉
時注意到此點，便說士用墨車為「攝盛」之舉。賈氏對鄭玄此攝盛之
解，廣為推致各級昏禮，得出庶人攝盛乘士之棧車，大夫攝盛乘卿之
夏縵，卿攝盛乘孤之夏篆。至於孤親迎之車，〈巾車〉之內，五服車
之上唯有王之五路，天子五路最卑賤者為木路，用以賜封蕃國。若按
照〈巾車〉所排列之貴賤順序，孤攝盛之車應為木路。但木路「質而
無飾」，孤本尊貴，乘此親迎亦於理不合。因此，賈公彥提出了「禮
窮則同」來解決孤無車可攝的情況。「禮窮則同」經常出現在《儀禮
疏》之內，用以解釋推次禮儀制度時，推到極致時無可再復升或降，
則只能使用與上一級相同的制度。這裡以「禮窮則同」來解釋孤無車
可攝的情況，乃指孤本身所乘的夏篆，原已是五服車中最尊之車，服
事者之車無比此更尊者可供攝盛。而孤是臣，縱使再尊貴也不得上申

---

57 《周禮注疏》卷二十七，頁414。
58 《周禮注疏》卷二十七，頁417。

用王之五路任何一路。夏篆既已是服車之最貴者，按禮窮則同的原則，孤親迎亦只有仍乘本車，與平常相同。

賈疏在以「禮窮則同」的原則來解決孤無車可攝的情況外，亦提供了另外一個原因，認為孤本為「臣外特置」，在服車制內又最為尊貴，因此凡尊者「尊則尊矣，不欲攝盛」。所以，孤由於自身的尊貴，無須攝盛。正因為不攝盛，故此自乘本車夏篆親迎。天子、諸侯亦本自尊貴，「尊則尊矣」，同樣是「不假攝盛」，逕自依照〈巾車〉所載之本車親迎。疏文又說天子不乘玉路親迎，乃因玉路用於祭祀，不可以親迎，唯得降一等用金路。細審之，或此亦是「禮窮則同」之一況。

三　受幣、庭實之人

〈士昏禮·記〉：「賓致命，釋外足，見文。主人受幣。士受皮者自東出于後，自左受。」鄭注：「士謂若中士、下士、不命者，以主人為官長。」賈疏云：

> 主人堂上受幣時，主人之士於堂下受、取皮，是其「庭實所用為節」也。云「士謂若中士、下士、不命」者，但諸侯之士，國皆二十七人，依《周禮·典命》，侯伯之士一命，子男之士不命。命與不命，國皆分為三等，上九，中九，下九。案《周禮》三百六十官，皆有官長，其下皆有屬官。但天子之士，上士三命，中士再命，下士一命，與諸侯之士異。若諸侯，上、中、下士同命。[59]今言「士謂若中士、下士、不命」者，據上

---

[59] 說亦見諸賈氏他疏，〈士喪禮疏〉，云：「……但公侯伯之士一命，子男之士不命。

士為官長者。若主人是中士，則士是下士；若主人是下士，則
士是不命之士府、史之等。此不命與子男不命者別，彼雖不得
君簡策之命，仍得人君口命為士。此則不得君命，是官長自辟
除者也。案〈既夕〉「宰舉幣」是士之府史，則庭實胥、徒為
之。[60]

賈氏此疏，結合了不同的尊卑原則，解釋鄭注，並說明了〈士昏禮〉
納徵受幣及庭實時各級所用之人。疏文首先指出「侯伯之士一命，子
男之士不命」，並引《周禮・春官・典命》為據。〈典命〉云：「公之
孤四命，……，其士壹命。……侯伯之卿大夫士亦如之。子男……其
士不命。」[61]是其證也。接著說天子之士，上中下不同，上士三命，
中士再命，下士一命。[62]諸侯上、中、下士則同一命數，與天子士不
同。已知此天子、諸侯之士的命數系統後，賈氏進入解說鄭玄的注
解。鄭注云：「士謂若中士、下士、不命者」，鄭玄相類似的注釋亦見
於〈士冠禮〉宿贊冠者下，下文更詳論之。賈氏認為，鄭玄如此說，
乃是根據上士而言。〈聘禮疏〉云：「〈昏禮・記〉云：『士受皮』，鄭
注『士謂若中士、下士、不命者』，以其主人為官長，據上士而言

一命與不命皆分為三等，各有上中下，及行喪禮，其節同。」（《儀禮注疏》卷三十
五，頁408）又〈士冠禮疏〉「案《周禮》三百六十官，每官之下皆有屬官，假令上
士為官首，其下有中士下士為之屬，若中士為官首，其下即有下士為之屬也。」
（《儀禮注疏》卷一，頁7）又云：「凡諸侯之下皆有二十七士，公侯伯之士一命，
子男之士不命。同一命、不命皆分為三等，故服分為三等之裳以當之。」（《儀禮注
疏》卷二，頁16）

60 《儀禮注疏》卷六，頁61。

61 《周禮注疏》卷二十一，頁322。

62 〈典命〉不言天子士之命數。賈氏之據，蓋為《周禮・天官・敘官》鄭注：「王之
卿六命，其大夫四命，士以三命，而下為差。」見《周禮注疏》卷一，頁12。

也。」[63]賈氏彼疏行文更為明晰。此〈士昏禮〉，主人是侯伯之上士，並無問題，論證亦見於〈士昏禮〉注疏。[64]既然主人是上士，親在堂上受幣，那麼堂下受皮的便是中士。若主人是中士，受皮者則為下士；若主人是下士，受皮者即為官長自辟除，不命之府、史之等。[65]此賈公彥解說鄭注之義，並由此推出上、中、下士三等受皮所用之人。

賈氏之解甚為明晰。主人既為上士，在堂上受幣，則堂下受皮之士即降一等。如此推次，至下士之昏禮，使府、史受皮。因此鄭玄便說「若中士、下士、不命者」。但若檢諸〈士冠禮〉，鄭玄實有相類似的注解，而賈疏的處理方法卻與此疏略有不同。[66]〈士冠禮〉云：「宿贊冠者一人，亦如之。」鄭注云：

　　贊冠者，佐賓為冠事者，謂賓若他官之屬，中士若下士也。

---

63 《儀禮注疏》卷八，頁251。

64 其為侯伯之士者，〈士昏禮〉云：「壻乘其車，先，俟于門外。」鄭注：「門外，壻家大門外。」賈云：「云『門外，壻家大門外』者，命士已上，父子異宮，故解為壻家大門外。若不命之士，父子同宮，則大門，父之大門外也。」（《儀禮注疏》卷五，頁50。）知是上士者，〈士昏禮〉云：「使者玄端至」，鄭注：「有司緇裳。」賈疏：「案士唯有三等之裳，玄裳、黃裳、雜裳。此云『緇裳』者，即玄裳者矣，以其緇、玄大同小異也。然士有三等裳，今直言玄裳者，據主人是上士而言。案〈士冠〉云『有司如主人服』，則三等士之有司，亦如主人服也。」（《儀禮注疏》卷四，頁39。）

65 《周禮·天官·敘官》注：「凡府、史皆官長所自辟除。」（《周禮注疏》卷十八，頁278）賈氏此處用鄭注義。

66 在〈士昏禮〉「使者玄端至」，賈氏亦有相似的處理方法。鄭注云：「使者，夫家之屬。」賈疏：「案〈士冠〉贊者於中士下差次為之，此云『夫家之屬』亦當然。假令主人是上士，屬是中士；主人是中士，屬是下士；主人是下士，屬亦當是下士，禮窮即同也。」（《儀禮注疏》卷四，頁39）跟〈士冠禮疏〉一樣，同樣以「禮窮則同」的原則，認為下士同樣遣下士為使，行納采諸禮。但下士不得復有下士為屬官，賈氏疏〈聘禮〉時云「彼據一廟下士，不應更有其屬士」是也（《儀禮注疏》卷二十一，頁251）。此〈士昏禮〉「使者玄端至」下賈疏「屬亦當是下士」云云偶失，故不引以為證。

賈疏云：

> 此所取本由主人之意，或取賓之屬，或取他官之屬，故鄭兩言
> 之。案《周禮》三百六十官，每官之下皆有屬官，其下有中士、
> 下士為之屬；若中士為官首，其下即有下士為之屬也。云『中
> 士若下士也』者，此據主人是上士而言之，贊冠者皆降一等。
> 假令主人是上士，賓亦是上士，則取中士為之贊。假令主人是
> 下士，賓亦是下士，則亦取下士為之贊，<u>禮窮則同故也</u>。[67]

賈公彥於此〈士冠禮〉宿贊冠者，以禮窮則同的原則說解。上士、中
士依次類推，贊冠者及納采使者皆降一等；但若主人是下士，據禮窮
則同的原則，贊冠者及使者並採同級的下士。與〈士昏禮〉受皮者不
同，賈氏在該禮不用「禮窮則同」的原則，下士為主人，受皮者下推
至不命之府、史。賈疏如此處理，其原因蓋有三：首先，鄭玄在〈士
冠禮注〉云「中士若下士」，但注〈士昏禮〉受皮時說「若中士、下
士、不命者」。〈士昏禮〉多出一「不命者」，賈公彥必需加以解釋。
況且，此不命者所指者為何？鄭注未有明言。但既然〈士昏禮〉一篇
鄭屢言是據侯伯一命之上士為禮，中士、下士又與上士命數相同，那
麼，不命者就必然是官長自辟除的府、史之等。第二，冠禮之贊冠
者，求諸他官同僚之屬。他官固有下士可以邀請為贊冠者，因此直以
主人、賓、贊冠者同為下士亦可；但〈士昏禮疏〉明確說明「主人堂
上受幣時，主人之士於堂下受、取皮」，主人若已是下士，當再無下
士為己之屬官，唯有下遣府、史之等受皮，因而不合運用「禮窮則
同」的原則。第三、考慮到冠禮中的贊冠者，輔助加冠禮儀，是任重

---

67 《儀禮注疏》卷一，頁7。

之事，宜取用正士為之，不應下使府、史之等。但受幣、受皮者，則
可直用府、史、胥、徒之等，若〈既夕禮〉、〈公食大夫禮〉是也。[68]

　　而值得注意的是，賈氏在此〈士昏禮疏〉之末，引用了〈既夕
禮〉，並說「案〈既夕〉『宰舉幣』是士之府史，則庭實胥、徒為
之。」賈疏此番說明，不但證明了受幣、受皮可以府史、胥徒者充
任，同時亦引導讀者翻檢〈既夕禮〉及其注疏。彼〈既夕禮〉云：
「宰由主人之北舉幣以東。士受馬以出。」鄭注云：「此士謂胥徒之
長也。」賈疏云：

> 云「此士謂胥徒之長也，有勇力者受馬」，不得為屬士，以<u>其
> 受幣者宜尊，受馬者宜卑</u>，故知「受馬」是「胥徒之長」；以
> 其受馬，故知「有勇力者」也。若然〈婚禮・記〉云「士受
> 皮」注云「士謂中士、下士」，不為胥徒者，彼主人親受幣，
> 明受皮非胥徒，是正士也。[69]

賈氏在此〈既夕禮疏〉中，提出了「受幣者宜尊，受馬者宜卑」此一
原則。實質上，鄭、賈注疏，亦處處運用此一原則說禮，如〈聘
禮〉：「上介受賓幣，從者訝受馬。」注云：「從者，士介。」疏云：
「案〈公食〉云『上介受賓幣，從者訝受皮』鄭注：『從者府、史之
屬』，不為士者，彼公食是子男之大夫，小聘，一介，其餘皆府、史
以下，故知從者是府、史之屬也。〈既夕〉云『賵馬兩，士受馬』，鄭
云『此士謂胥、徒之長，有勇力者』受馬，彼據一廟下士，不應更有

68　〈既夕禮〉：「宰由主人之北舉幣以東，士受馬以出。」鄭注：「此士謂胥、徒之長
　　也。」（《儀禮注疏》卷三十九，頁461）〈公食大夫禮〉：「公降立，上介受賓幣從者
　　訝受皮。」鄭注：「從者，府、史之屬。」（《儀禮注疏》卷二十五，頁306）
69　《儀禮注疏》卷三十九，頁461。

其屬士，故以為『胥、徒之長』言之也。」[70]檢諸經及注，〈聘禮〉上
介受賓幣，從者訝受馬，上介為大夫，從者為士介；〈公食大夫禮〉
上介受賓幣，從者訝受皮，上介為士，從者府、史之屬；〈既夕禮〉
據一廟之下士，[71]宰由主人之北舉幣以東，士受馬以出，宰為府、史
等、士為胥、徒之長。諸禮並是受幣者尊，受庭實者卑。[72]基於此一
原則，〈士昏禮〉在堂上受幣的是主人，在下受皮的自然卑於主人。
若主人是下士，則必降一等為官長自辟除之府、史等人。

第四節　直接據用其他文獻

賈公彥除了運用禮之通義、《儀禮》相似篇章類推、及尊卑原則來
推出不同等級昏禮的禮節，還會直接引據其他文獻來說明相關情況。

一　父母降送女與否

〈士昏禮‧記〉：「女出于母左，父西面戒之。若衣若笄，母戒諸
西階上，不降。」賈疏云：

> 此士禮，父母不降送。案桓公三年《經》書「九月齊侯送姜氏
> 于讙。」《穀梁傳》曰：「禮，送女父不下堂，母不出祭門。」

70　《儀禮注疏》卷二十一，頁251。

71　〈既夕禮〉賈公彥引鄭玄《三禮目錄》云：「謂先葬二日已夕哭之時，與葬間一
　　日。……此諸侯之下士一廟，其上士二廟，則既夕哭先葬前三日。」見《儀禮注
　　疏》卷三十八，頁448。

72　賈氏只說「受馬者宜卑」，但〈聘禮‧記〉云：「皮馬相閒可也。」（《儀禮注疏》卷
　　二十四，頁286）庭實可用皮或馬，因此「受馬者」，實指其庭實皮或馬而言，謂凡
　　受庭實者，較受幣者為卑。

祭門則廟門，言不出廟門，則似得下堂者。彼諸侯禮與此異，以其大夫、諸侯、天子各有昏禮，故不同也。[73]

賈氏此疏，未據其他禮儀記載或原則作出推致，而只是引用《穀梁傳・桓三年》之文來證明諸侯昏禮，母得下堂送女之定制。這與士禮父母俱不降送不同。此處賈氏用《穀梁》之禮。考《公羊》之義與《穀梁》別，《公羊・桓三年》云：「姜氏于讙，何以書？譏，何譏爾？諸侯越境送女，非禮也。」何休云：「禮，送女，父母不下堂，姑姊妹不出門。」[74]何休蓋據〈士昏禮・記〉為說，以士禮說解諸侯之禮。《穀梁》說則以諸侯、士禮當異。賈氏不用何休說而取《穀梁》說，以諸侯之禮與士禮不同，諸侯昏禮母送女得下堂，只是不出廟門而已。賈氏更進一步說明「大夫、諸侯、天子各有昏禮，故不同也」，意謂大夫、諸侯、天子昏禮親迎時，父母送女之儀當與士禮不同。

二　媵、姪、娣

〈士昏禮〉：「雖無娣，媵先。」鄭注：「古者嫁女必姪、娣從，謂之媵。」賈疏云：

媵有二種，若諸侯有二媵外，別有姪、娣，是以莊公十九年《經》書：「秋，公子結媵陳人之婦歸于鄄。」《公羊傳》曰：「媵者何？諸侯娶一國，則二國往媵之，以姪、娣從。姪者何？兄之子也。娣者何？弟也。」諸侯夫人自有姪、娣，并二媵各有姪、娣，則九女。是媵與姪、娣別也。若大夫、士無二

---

73 《儀禮注疏》卷六，頁61。
74 《春秋公羊傳注疏》卷四，頁50。

媵，即以姪、娣為媵。鄭云「古者嫁女，必姪、娣從，謂之
媵」，是據大夫、士言也。⁷⁵

此論尊卑不同從嫁者之制。賈氏認為媵有兩種，一種據諸侯夫人，一
種據大夫、士制。諸侯夫人除二媵之外，別有姪、娣，此乃根據《公
羊傳・莊十九年》而知。《春秋》所載，乃諸侯昏禮，而《公羊傳》
亦以諸侯娶妻說之，諸侯娶妻時，二國分別提供媵，而兩媵各自有其
姪、娣，加上夫人及其姪娣，合共九人。至於大夫、士，則只有二
媵，媵以嫁者的姪、娣充任。所以鄭玄在〈士昏禮〉此注云「古者嫁
女必姪、娣從，謂之媵」⁷⁶，直以姪、娣冠以媵稱。由於媵有諸侯及
大夫士兩種，尊卑不同，鄭玄在〈媒氏注〉亦與此不同。《周禮・地
官・媒氏》鄭注云：「言入子者，容媵、姪、娣，不聘之者。」⁷⁷注以
媵、姪、娣三者獨立，顯與〈士昏禮注〉以姪、娣即媵不同。鄭玄在
兩注中的指向明顯有差異。〈士昏禮注〉乃是據士、大夫昏禮而言，
已見上引賈疏。又賈疏〈媒氏〉云：

案〈昏禮〉云「雖無娣，媵先」則媵與姪娣一也。此鄭云：
「媵、姪、娣」不止是一者，既言媵又云姪娣，故知別。且媵
與姪娣相對，則姪娣無媵稱。係莊公十九年秋，公子結媵陳人
之婦于鄄。《公羊》云：「媵者何？諸侯娶一國，則二國往媵
之，以姪娣從，是其義也。」媒氏掌萬民之判，得有媵與姪娣
者，庶人或無妾，亦容有者。且媒氏所掌雖以萬民為主，亦容
有尊者娶法。⁷⁸

---

75 《儀禮注疏》卷五，頁55。
76 《儀禮注疏》卷五，頁54。
77 《周禮注疏》卷十四，頁216。
78 《周禮注疏》卷十四，頁216。

賈氏云「容有尊者娶法」，意謂鄭氏出注將媵、姪、娣獨立，乃是由於媒氏所掌為萬民婚姻，其中包括尊者如諸侯娶法。諸侯娶法，據《公羊傳》所述，媵與姪娣別，因而注解宜將三者別立。實際上，賈氏〈媒氏疏〉亦據《公羊傳·莊十九年》事證成媵非姪、娣之例，只是彼疏未明言〈士昏禮〉據卑者之禮以姪娣為媵，《公羊》據尊者諸侯為禮三者分立。

由此可見，賈氏在〈士昏禮疏〉中，根據《公羊傳》來說明諸侯及大夫士昏禮媵法不同，同時亦解釋了鄭注〈士昏禮〉與《公羊》說的差異。

三　尊卑同用襌縠

〈士昏禮〉：「婦乘以几，姆加景。」鄭注：「景之制蓋如明衣，加之以為行道禦塵，令衣鮮明也。」賈疏云：

> 此景之制，無正文。……案《詩》云：「衣錦褧衣，裳錦褧裳。」鄭云：「褧，襌也，蓋以襌縠為之。中衣裳用錦，而上加襌縠也。為其文之大著也，庶人之妻嫁服也。士妻紂衣纁袡。」彼以庶人用襌縠，連引士妻紂衣，則此士妻衣上亦用襌縠。〈碩人〉是國君夫人，亦衣錦褧衣，則尊卑同用襌縠。[79]

賈氏此論昏禮親迎婦，婦登車時，不論尊卑皆用襌縠，以禦行道風塵。疏引《詩·鄭風·丰》「衣錦褧衣」並鄭注，注以褧為襌縠，為嫁時婦中衣之上所加之衣，又續引〈士昏禮〉「緇衣纁袡」之語。賈

---

[79] 《儀禮注疏》卷五，頁50。

氏猜度鄭玄其意，認為他在注解裻即禪穀下，續引士妻「紖衣繚袡」
云云，目的在於說明士妻亦同樣在中衣之上覆蓋禪穀，即〈士昏禮〉
所謂「景」。兩者又有不同者，在於〈丯〉所記屬庶人昏禮，出嫁時婦
中衣用錦，士禮則用緇布。鄭玄引士妻云云者，欲明其同用禪穀，且
揭示其異也。然後賈氏謂《詩・衛風・碩人》所指是國君夫人，彼
詩亦說「衣錦裻衣」，據此可知國君夫人出嫁時同樣在中衣之上披蓋
禪穀。

　　由此可見，賈氏引據《詩》〈丯〉、〈碩人〉兩篇，說明庶人、
士、國君夫人出嫁離開女家時，同樣披上禪穀，即〈士昏禮〉之
「景」。唯中衣之質料，據尊卑而有所差別耳。

四　納徵所用幣

　　〈士昏禮〉：「納徵，玄纁束錦。」鄭注：「用玄纁者，象陰陽備
也。《周禮》曰：『凡嫁子取妻，入幣，純帛無過五兩。』」賈疏云：

> 「用玄纁者，象陰陽備也。束帛，十端也」者，《周禮》「凡嫁
> 子，娶妻，入幣，緇帛無過五兩」，鄭彼注云：「納幣（帛）
> 〔用〕[80]緇，婦人陰也，凡於娶禮，必用其類。五兩，十端
> 也。必言兩者，欲得其配合之名。十象五行，十日相成也。士
> 大夫乃以玄纁束帛；天子加以穀圭；諸侯加以大璋。〈雜記〉
> 云：『納幣一束，束五兩，兩五尋。』然則每端二丈。」若彼
> 據庶人空用緇色，無纁，故鄭云『用緇』。婦人陰，此玄纁俱
> 有，故云「象陰陽備也」。案〈玉人〉「穀圭，天子以聘女；大

---

80 毛本「帛」作「用」，作「用」字是。

璋，諸侯以聘女」，故鄭據而言焉。玄纁束帛者，合言之陽奇
陰耦，三玄二纁也。其大夫無冠禮，而有昏禮，若試為大夫，
及幼為大夫者，依士禮；若五十而爵，改娶者，大夫昏禮玄纁
及鹿皮，則同於士，餘有異者，無文以言也。[81]

賈氏此疏討論各級昏禮時納徵時所用幣。〈士昏禮〉云「玄纁束錦」，
鄭注未有解說各級昏禮用幣之法，賈氏遂引《周禮・地官・媒氏》及
鄭注加以補充。〈媒人〉正文說嫁子入幣「緇帛」，只有緇，沒有纁
帛，與〈士昏禮〉並有玄纁兩種束帛不同。賈公彥指出〈媒氏〉所謂
「緇帛」無「纁帛」，乃是庶人之制，不備陰陽，理由是鄭玄在〈媒
氏〉注文以下並有說明士、大夫、諸侯、天子各等俱以玄纁二色之帛
為幣，因此單用「緇帛」者應是指庶人昏禮。

　　士、大夫以至天子雖同用玄纁束帛為聘幣，其間亦有差異。賈氏
根據鄭注，指士、大夫同用玄纁束帛而已，而諸侯上加大璋，天子上
加穀圭；又追溯鄭玄之說乃是本於《周禮・考工記・玉人》。〈玉人〉
云：「穀圭七寸，天子以聘女；大璋、中璋九寸，邊璋七寸，射四
寸，厚寸，……大璋亦如之，諸侯以聘女。」鄭注云：「大璋者，以
大璋之文飾之也。亦如之者，如邊璋七寸，射四寸。」賈疏云：「自
士已上皆用玄纁束帛，但天子加以穀圭，諸侯加以大璋也。……其天
子穀圭七寸以聘女，諸侯不可過於天子為九寸，既文承邊璋之下，而
言『亦如之』，明知如邊璋七寸，射四寸也。」[82]結合〈玉人〉之經注
疏，諸侯束帛之上加七寸大璋，天子則加七寸穀圭。

　　至於大夫昏禮之聘幣，依鄭玄之說乃與士同用玄纁束帛，束帛上
不加玉。但大夫之昏禮有兩種：一種是早試為大夫及幼為大夫者；一

81　《儀禮注疏》卷四，頁42。
82　《周禮注疏》卷四十一，頁633。

種則是五十爵為大夫然後改娶者。假若是前一種試為大夫或幼為大夫者，賈公彥根據〈士冠禮〉大夫早冠者之法，並依士禮，同於〈士昏禮〉所記用玄纁束帛。[83] 假若是年五十後改娶之大夫昏禮，賈氏認為用幣當與士禮相同。〈媒人疏〉也有相同說法，云「案〈士昏禮〉玄纁束帛，大夫昏禮而有改娶者依士禮，用玄纁，故云『士、大夫用玄纁』（筆按：此乃上所引〈媒人〉鄭注語。）」[84]從〈媒氏疏〉可知，賈氏是認為鄭玄〈媒氏注〉所謂「士、大夫用玄纁」的「大夫」是指年五十後改娶之大夫昏禮，〈士昏禮疏〉並據此而知大夫改娶者所用納徵之幣，實與士禮相同，並用玄纁束帛。但鑒於天子、諸侯用幣既異，大夫、士之用幣理應亦有所不同。因此賈氏末言「餘有異者，無文以言也」。

由此可見，賈公彥在說明各等昏禮納徵所用幣時，大抵皆依據《周禮・地官・媒氏》鄭注為說。

---

83 試為大夫而依行士禮者，〈士冠禮・記〉：「無大夫冠禮，而有其昏禮。古者五十而后爵，何大夫冠禮之有？」鄭注：「周之初禮，年未五十而有賢才者，試以大夫之事，猶服士服，行士禮。」（《儀禮注疏》卷三，頁34）則鄭注明言，若年未五十而試為大夫，則依正禮猶行士禮。此賈公彥於〈士昏禮疏〉所謂「試為大夫者」，按鄭注猶行士禮。至於賈〈士昏疏〉謂「幼為大夫者」，〈士冠禮疏〉指出有一種情況，乃年十九以下已為大夫者，是所謂「幼為大夫」，其證據出自〈喪服・殤小功章〉，云：「或有未二十有賢才，亦得試為大夫者，故〈喪服・殤小功章〉云：『大夫為昆弟之長殤』，鄭云『大夫為昆弟之長殤，〈小功〉謂士若不仕，以此知為大夫無殤服。』言為大夫無殤服，謂兄殤在小功，則兄十九已下死，大夫則十九已下既為兄殤服，已為大夫，則早冠矣，大夫昏而不為殤故也。雖早冠，亦行士禮而冠，是大夫無冠禮也。」（《儀禮注疏》卷三，頁34）按此幼為大夫者，賈公彥認為其冠禮亦行士禮。同樣，幼為大夫者的昏禮，亦行士禮可知也。

84 《周禮注疏》卷十四，頁218。

第五節　小結

　　以上以〈士昏禮疏〉為例展開討論，發現賈公彥對《儀禮》原貌內容十分關注，並嘗試運用不同方法，結合相關文獻，推敲出他認為已經亡佚的大夫昏禮、諸侯昏禮、天子昏禮的內容。賈氏推敲《儀禮》原貌的方法，與賈氏說禮背後的尊卑、禮類系統關係密切。在細心勘察眾多例子後，甚至可說尊卑、禮類兩大系統就是他探究《儀禮》原貌的重要依據。

　　宋儒馬廷鸞曾說：「後世徒以其推士禮而達天子，以為殘闕不可考之書。徐而觀之，一士也，天子之士與諸侯之士不同；上大夫與下大夫不同，等而上之，固有可得而推者矣。周公之經何制之備也，子夏之傳何文之奇也，康成之注、公彥之疏，何學之博也。」[85]可見據《儀禮》現存十七篇來推致各等禮儀，嘗試考究《儀禮》原貌，乃是賈疏內極其重要的一環。按上文的分析，賈公彥所想像的《儀禮》原貌乃是依據禮典之通義、禮類比較、尊卑原則以及其他文獻證據推衍，以這種方法考索散佚的禮儀，在邏輯上有一定的合理性，但也有可能未必符合歷史真相。《儀禮》一經乃是先秦儒生希望規範禮儀制度而撰成的模版，禮典在先秦時期的實行卻往往更為複雜。《左傳》是春秋時期的實錄，其中所載禮制與《儀禮》多所相合。許子濱師在〈《左傳》禮制與《三禮》有合有不合說〉一文中便說：「就相合之處而言，《左傳》禮制與《儀禮》正好構成通例與事例的關係。至於《三禮》與《左傳》禮制同中有異，情況較為複雜，其成因有時很難說清楚。」[86]他又說：「《三禮》雖以事實為基礎，但經後儒改定規

85　轉引自朱彝尊：《經義考》（臺北市：臺灣中華書局，1966四部備要校刊本），第4
　　冊，卷一百三十一，頁5。
86　許子濱：《〈春秋〉〈左傳〉禮制研究》（上海市：上海古籍出版社，2012年），頁38。

範，整齊劃一或增飾附益，而《左傳》紀實，或者說，前者實中有虛，而後者則純實。」[87]《儀禮》在《三禮》之內最能反映事實，賈公彥按照《儀禮》內部的禮類和尊卑原則或等差去推算各等禮儀，雖然合符邏輯，但未必合符事實。而且，《儀禮》所反映的禮制屬於哪一個時空，也是一個問題。賈公彥將《儀禮》、《周禮》視為周公手著，從史學角度來看，這種看法無疑是有問題的。《儀禮》與《周禮》並不如賈氏所想般都是周公之作，兩者在時代上也有錯位。賈氏所想像的《儀禮》原貌是否合符周公所制禮典的實質情況，並在周初實行？答案是否定的。然而，在賈公彥自身的體系裡，他將《儀禮》和《周禮》並視為周公「致太平」的手段，兩者首尾是一，互相呼應；至於他所想像的《儀禮》原貌，乃是從《儀禮》內部的禮類和尊卑原則以及《三禮》的記載去推衍。在這層面上，賈疏內所推出的「原貌」，則符合他自己的說禮體系。所以，本章所討論賈公彥探究《儀禮》原貌，其價值並不在乎史料上，而是在於其方法與邏輯。

---

87 許子濱：《〈春秋〉〈左傳〉禮制研究》，頁38。

第六章
《儀禮疏》與《禮記正義》之比較

　　《十三經注疏》中《三禮》部分，《儀禮》、《周禮》二疏出於賈公彥，《禮記》則由孔穎達主事，率唐初諸儒共修。宋元之際，經、注與疏合刻，自此學者紛紛評騭群經義疏之優劣；《三禮》之內，則成為了賈、孔二人之比較。有些人認為孔穎達《禮記正義》較好，如阮元《揅經室一集》卷十一〈十三經注疏校勘記序〉說「賈疏文筆冗蔓，詞意鬱轖，不若孔氏《五經正義》之條暢。」[1] 又有些人認為賈疏較為優勝，如王國維說：「沖遠此疏（筆按：謂《禮記正義》）……其敷衍經旨處，乃類高頭講章，令人生厭，不及賈氏《二禮疏》遠甚。」[2] 有些意見則認為賈氏《儀禮疏》與孔氏《禮記正義》高下相若，如劉壽曾〈十三經注疏優劣考〉云：「《儀禮》、《禮記》疏最精，今為說禮家之淵海。」[3] 又如王鳴盛《蛾術篇》卷七《說錄七》「公羊傳疏」條云：「義疏則最善者《公羊》，次《毛詩》、《禮記》、《儀禮》。」[4] 事實上，賈、孔二家之學術淵源不同，修疏之目的亦見差別（詳見本書第一章），因而所撰義疏不論禮說、體例、解經析注之模式多不一致。民國年間陳漢章嘗考察賈、孔二氏諸疏，撰成《賈孔經疏異同評》一卷，《續評》一卷，廣蒐《五經正義》與賈氏《儀禮

1　阮元：《揅經室一集》卷十一，《揅經室集》，上冊，頁257。

2　轉引自孫敦恒：《王國維年譜新編》（北京市：中國文史出版社，1991年），頁44。

3　劉壽曾：《劉壽曾集》，頁53。

4　王鳴盛：《蛾術編》（上海市：商務印書館，1968年點校本），頁121。

疏》、《周禮疏》內之各項異義,並加評議。[5]然該書專繫乎《儀禮疏》與《禮記正義》之異義者並不多,不足以考察兩家解經說禮旨趣的不同。為了更加突顯《儀禮疏》的特點,本章集中比較《儀禮疏》與《禮記正義》,舉其大端,述其異同。

第一節　賈孔異義

　　孔穎達於貞觀年間主事編修《禮記正義》,賈公彥時為國子助教,為同修疏人之一。賈氏之所以能參與《禮記正義》的初撰,很可能是基於他是初唐少數能精通《三禮》的禮學大家。然而賈氏之學術,乃屬於北學一脈,遠師北朝徐遵明、熊安生等大儒,與孔穎達之偏於南學殊異。尤其孔氏在編撰《禮記正義》時所採之原則,極重南學,不難想像賈氏雖參與編修工作,但個人之論說未必能暢達於《正義》之內(詳參本書第一章)。唯賈氏後出《三禮疏》,雖然其《禮記疏》今不復見,其禮說仍存乎《儀禮疏》與《周禮疏》之內。若取賈疏與孔氏《禮記正義》稍加比對,不難發現賈、孔二家說禮頗見歧異。

　　賈、孔禮論之不同,有關乎大者。最突出莫過於二家對《周禮》、《儀禮》性質的看法。賈公彥認為《儀禮》為本、《周禮》為末,他在〈儀禮疏序〉中說:「至於《周禮》、《儀禮》發源是一,理有終始,分為二部……《周禮》為末,《儀禮》為本。」[6]孔穎達則與賈氏持相反意見,認為《周禮》是本、是體,《儀禮》是末、是履。〈禮記正義序〉說:「鄭作〈序〉云:『禮者,體也履也。統之於心曰體,踐而行之曰履。』……《周禮》是立治之本,統之心體,以齊正

於物，故為體。……其《儀禮》但明體之所行踐履之事。……《周
禮》為本，則聖人體之；《儀禮》為末，賢人履之。」[7]考諸兩家之
異，賈氏將二書的體、履和本、末分開討論，因此二書只有「始終」
而沒有高下；孔穎達則不然，他把「體履」、「本末」混為一談，遂得
出《周禮》是本的結論，因而二書便有主體和附屬之分。孔氏既以
《周禮》為本，《儀禮》為末，復考陸德明《經典釋文序錄》論《三
禮》次第，云：

　　　　《三禮》次第，《周禮》為本，《儀禮》為末，先後可見。[8]

陸氏之說與孔穎達〈正義序〉之說同。吳承仕疏證陸說即引孔穎達所
申鄭注云云，以析說陸意，並謂「是陸、孔之徒以《周禮》為本、
《儀禮》為末」[9]。陸德明本傳記其「受學於周弘正」[10]，《陳書・張
譏傳》又載陸氏「傳其業」[11]，周、張二家俱南朝學者，陸氏撰《釋
文》又當南陳後主元年，[12]其學術屬南學可知。值得注意的是，王利
器在〈《經典釋文》考〉一文指出，陸氏《經典釋文》全書架構與
〈序錄〉文字，大體因襲自南朝學者沈文阿及其著作《經典玄儒大義
序錄》。[13] 王弘治〈《經典釋文》的因襲來源問題〉一文更指出陸德明

7　《禮記正義》序，頁8。
8　吳承仕：《經典釋文序錄疏證》（北京市：中華書局，1984年），頁19。
9　吳承仕：《經典釋文序錄疏證》，頁19。
10　《舊唐書》卷一八九上，頁4944。《新唐書》卷一九八，頁5639。
11　《陳書》卷三十三（北京市：中華書局，1972年），頁445。
12　《經典釋文》之撰著年代頗具爭議，詳見下文及王利器〈《經典釋文》考〉一文。
　　（王利器：〈《經典釋文》考〉，《曉傳書齋文史論集》，香港：中文大學出版社，1989
　　年，頁9-74。）
13　王利器：〈《經典釋文》考〉，頁9-74。

著《經典釋文》及《序錄》繼承了張譏的師說。[14]由此可見,陸氏
《序錄》所載《周禮》為本、《儀禮》為末云云,很可能源自南朝學
者之師說,更可證明此說並非孔穎達自創,蓋為南朝禮學家之通言,
由是吳氏《序錄疏證》所謂「陸、孔之徒」,即可理解成南朝之經學
家。再者,考《梁書・沈峻傳》記陸倕薦沈峻語云:「凡聖賢可講之
書,必以《周官》立義,則《周官》一書實為群經源本。」[15]可見以
《周禮》為本,南人早有成說,陸、孔之說並非偶合,實秉其南學之
學統。那麼,賈氏在《儀禮疏》之首說《儀禮》為本、《周禮》為
末,很可能也是其來有自。

孔穎達既以《周禮》為本而《儀禮》是末,從而衍生出《二禮》
編次的問題。他在〈禮記正義序〉中便云:「既《周禮》為本,則重
者在前,故《宗伯》序五禮,以吉禮為上;《儀禮》為末,故輕者在
前,故《儀禮》先冠昏、後喪祭。故鄭〈序〉云『二者或施而上,或
循而下。』」[16]《周禮》為統心之本,為體,因而先列重者,理尚可
通;但《儀禮》是末與其編次以「輕者在前」,關係不大。因此,孔
氏所謂《儀禮》之編次是「輕者在前」,當是從「《周禮》為本而重者
在前」推論而出。孔氏所謂《周禮》之編次重者在前,所以〈大宗
伯〉序五禮時以吉禮為上。吉禮即祭禮;又孔氏以《儀禮》輕者在
前,重者在後,所以其編次以祭禮居末。由此可見孔氏認為祭禮是禮
之最重者。賈氏則不以為然,考《周禮・春官・大宗伯》:「大宗伯之
職,掌建邦之天神、人鬼、地示之禮,以佐王建保邦國」,鄭注云:
「所以佐王立安邦國者,主謂凶禮、賓禮、軍禮、嘉禮也。目吉禮於

---

14 王弘治:〈《經典釋文》的因襲來源問題〉,《上海師範大學學報》(哲學社會科學
　　版),2008年第4期。

15 姚思廉:《梁書》卷四十八(北京市:中華書局,1973年),頁679。

16 《禮記正義》序,頁8。

上，承以立安邦國者，互以相成，明尊鬼神，重人事。」賈氏解鄭
注云：

> 案下文其次有五禮具，此經直云天神、人鬼、地示，吉禮而
> 已。又「邦國」之上，空云「建保」，故知建保中有四禮也，
> 是以鄭云「目吉禮於上，承以立安邦國者，互相成」也。「互
> 相成」者，王國云吉禮，亦有凶禮已下。邦國云四禮，明亦有
> 吉禮矣。……各舉一邊，欲見五禮皆重故也。[17]

據此，賈氏認為「五禮皆重」，不與孔氏同。既然賈氏不認為祭禮特
重，則〈大宗伯〉序五禮之以吉禮為上，便不是「重者為先」的表
現。賈氏於是提出與孔氏相異的看法，指出《周禮》的鋪排是以「事
之緩急為先後」[18]。至於《儀禮》篇目的次序，則又與孔氏「輕者在
前」說不同，〈士冠禮疏〉云：

> 《儀禮》見其行事之法，賤者為先，故以士冠為先，無大夫冠
> 禮，諸侯冠次之，天子冠又次之。其昏禮亦士為先，大夫次
> 之，諸侯次之，天子為後。諸侯〈鄉飲酒〉為先，天子〈鄉飲
> 酒〉次之。〈鄉射〉、〈燕禮〉已下皆然。[19]

賈氏謂《儀禮》各篇之排序，以賤者為先，此正與他討論《周禮》編
次時所謂「不問官之大小」（〈士冠禮疏〉）、「不以官之尊卑為先後」[20]

---

17 《周禮注疏》卷十八，頁270。
18 〈士冠禮疏〉亦云：「《周禮》六官六十，敘官之法，事急為先，不問官之大小。」
　　參見《儀禮注疏》卷一，頁3。
19 《儀禮注疏》卷一，頁3。
20 《周禮注疏》卷一，頁13。

（〈天官・敘官疏〉）形成對比。[21]另其中又吉凶為先後，賈氏續云：

> 又以〈冠〉、〈昏〉、〈士相見〉為先後者，以二十而冠，三十而
> 娶，四十彊而仕，即有摯見鄉大夫、見己君及見來朝諸侯之
> 等，又為鄉大夫、州長行鄉飲酒、鄉射已下，先吉後凶，盡凶
> 則行祭祀吉禮，次敘之法，其義可知。[22]

由此可見，賈氏提出《周禮》、《儀禮》編排次序，乃是實際地分析二
書而論定，不像孔穎達般只根據「《周禮》為本、《儀禮》為末」的說
法而延伸推論。

　　賈、孔對《儀禮》、《周禮》性質及編排固然各有異說，二家在個
別禮說亦多持不同意見。舉例而言，兩家論大斂時各等陳衣之數，便
有不同。按禮，小斂陳衣之數尊卑同，至大斂則各別。〈士喪禮〉大
斂時謂「陳衣于房，……君襚、祭服、散衣、庶襚，凡三十稱」，注
云：「小斂衣數，自天子達，大斂則異矣。」鄭玄對於大斂陳衣各等
之數，未置一言。賈公彥云：

> 此文，士喪大斂三十稱，〈喪大記〉士三十稱，大夫五十稱，
> 君百稱。不依命數，是亦喪數略，則上下之大夫及五等諸侯各
> 同一節，則天子宜百二十稱。[23]

賈氏論各等大斂衣數，主要根據〈喪大記〉而認為上下大夫並五十

---

21 賈公彥論《周禮》與《儀禮》之舖排與編次，詳見本書第七章「《儀禮疏》與《周
　　禮疏》之比較」。
22 《儀禮注疏》卷一，頁3。
23 《儀禮注疏》卷三十七，頁433。

稱，五等諸侯則同用百稱，不依命數而有所差別，乃由於「喪數略」之故。考〈喪大記〉云：

> 君陳衣于庭百稱，……大夫陳衣于序東五十稱，……士陳衣于序東三十稱。

鄭注亦未論其稱數。孔氏疏則云：

> 「君陳衣于庭百稱北領西上」者，衣多，故陳在庭，為榮顯。案鄭注〈雜記篇〉以為襲禮，大夫五，諸侯七，上公九，天子十二稱。則此大斂，天子當百二十稱，上公九十稱，侯伯子男七十稱。今云君百稱者，據上公舉全數而言之餘可知識也。或大斂、襲五等同百稱也。[24]

顯然易見，賈氏五等諸侯大斂同百稱之說，即孔解所引「或說」。孔氏根據〈雜記〉鄭注所論襲數上公與侯伯子男四等有別，而推出大斂的情況類同於襲禮，也是上公與四等異數。二家之說各有所據。孔氏以〈雜記〉鄭注為說；賈氏則根據〈喪大記〉正文導出「喪數略」的原則，因而不依命數。鄭玄〈雜記注〉雖然已明言襲時分上公九稱、諸侯七稱，依命數而別，但賈氏卻認為此說無正文，未足取信，故不像孔氏般採用其說作為依據。考〈士喪禮〉：「乃襲三稱」，賈云：

> 案〈雜記注〉云：「士襲三稱，子羔襲五稱，今公襲九稱，則尊卑襲數不同矣。諸侯七稱，天子十二稱與？」以無正文，故

云「與」以疑之。〈喪大記〉云:「小斂十有九稱」,尊卑同。大斂「君百稱」五等同,大夫「五十稱」,以下文士「三十稱」。天子、諸侯、卿大夫、士命數雖殊,稱數亦等。三公宜與諸侯同。[25]

依此疏文,可見賈氏認為所謂上公、侯伯依命數而襲衣稱數有別之說法,並無正文,鄭玄尤有疑惑,因此賈氏並不採用作為推論大斂各等衣數之依據。賈氏逕據〈喪大記〉之文,謂「天子、諸侯、卿大夫、士命數雖殊,稱數亦等」,此論調實即上引賈疏所謂「上下之大夫及五等諸侯各同一節」。賈、孔兩家之異,其實乃是源於對鄭玄〈雜記〉此則注文有不同理解。對於鄭注云「諸侯七稱,天子十二稱與」的疑惑,孔氏在〈雜記疏〉分析云:「與者,疑辭也。侯無文,故約之云諸侯」[26],阮元《校勘記》引此惠棟校宋本作「唯天子諸侯無文,故約之云『諸侯七稱,天子十二稱與』,與,疑辭也」[27]。由此可見,孔氏認為,鄭玄之所以云「與」者,只是基於天子、諸侯襲數無正文,鄭玄據等差推論,不敢確論。至於賈氏,雖然他也認為鄭玄之疑惑是「以其無文,推約為義,故云『與』以疑之」[28],但細翫疏文而知賈氏認為鄭玄之疑不止於此。他認為鄭玄對於上公與其餘四等諸侯襲衣稱數分別為九、七稱,抑或應該五等同數,亦有所疑。因此賈

---

25 《儀禮注疏》卷三十六,頁422。

26 《禮記正義》卷四十一,頁726。

27 《禮記正義》卷四十一,頁733。

28 〈士喪禮〉大斂「凡三十稱」下疏:「案:此文士喪,大斂三十稱。〈喪大記〉,士三十稱,大夫五十稱,君百稱,不依命數。是亦喪數畧,則上下之大夫及五等諸侯,各同一節。則天子宜百二十稱。此鄭雖不言襲之衣數,案〈雜記注〉云:『士襲三稱,大夫五稱,公九稱,諸侯七稱,天子十二稱與?』以其無文,推約為義,故云與以疑之。」參見《儀禮注疏》卷三十七,頁433。

氏下文遂加以論證而得出「三公宜與諸侯同」的結論，從而遠釋鄭玄之疑慮。可見賈、孔二氏之異說，實乃本於對鄭注的理解不同。

又如論用尸之法，賈孔二氏亦有異說。由於孫與祖昭穆相同，所以祭祀時之尸用孫倫。然而孫有適、庶。賈氏認為若無適孫，可容用庶孫。至於孔氏則指當用「同姓之嫡孫」。考〈士虞禮・記〉：「男，男尸。女，女尸。必使異姓，不使賤者。」鄭注：「異姓，婦也。賤者，謂庶孫之妾也。尸配尊者，必使適」，賈氏疏解鄭義云：

> 云「賤者，謂庶孫之妾也。尸配尊者，必使適也」者，男尸先使適孫，無適孫乃使庶孫。女尸先使適孫妻，無適孫妻使適孫妾，又無妾乃使庶孫妻，即不得使庶孫妾，以庶孫之妾是賤之極者。若然，庶孫妻亦容用之，而鄭云「必使適也」者，據經不使賤，有適孫妻則先用適而言，其實容用庶孫妻法也。必知容用庶孫者[29]，以〈曾子問〉孔子曰「祭成喪者必有尸，尸必以孫，孫幼使人抱之，無孫則取于同姓可也」，彼不言適，是容無適而用庶。[30]

據此疏，可見賈氏認為用尸之法，雖先以適，亦容用庶。賈氏據《禮記・曾子問》「尸必以孫，無孫則取于同姓可也」云云並未明言適、庶，故知實有用庶孫為尸之法。所以若用男尸，先用適孫，無適孫則可用庶孫；至於異姓女尸，按〈士虞記〉所謂「必使異姓，不使賤

---

[29] 單疏本原作「必知無□用庶孫者」，「無」字下空一格；阮刻本、《要義》本原作「必知無容用庶孫者」，「容」上有「無」字；《通解》、毛本則無「無」字。按賈氏文意，上文云男尸「無適孫乃使庶孫」，是容用庶孫也，故以《通解》、毛本作「必知容用庶孫者」較是。為方便論述，此逕改其文。

[30] 《儀禮注疏》卷四十三，頁507。

者」之賤者，鄭注謂「庶孫妾」，則唯最賤之「庶孫妾不得用為尸」。
賈氏執持鄭注不得用「庶孫妾」之說，推知庶孫妻仍得用之，此即
「無適可用庶」之所據。所以異姓女尸，先用適孫妻，無則用適孫
妾，再無則用庶孫妻。賈氏認為鄭玄在注中所謂「尸配尊者，必使適
也」，乃是說若有適者必用適，不得用庶。設若無適，則用庶可也。
反觀孔氏則未論及用庶孫為尸之法，只云「用同姓之嫡」，〈曲禮上
疏〉云：

> 天子以下，宗廟之祭，皆用同姓之嫡。故〈祭統〉云：「祭之
> 道，孫為王父尸。所使為尸者，於祭者為子行，父北面而事
> 之」，注云：「子行，猶子列也。祭祖則用孫列，皆取於同姓之
> 適孫也。天子諸侯之祭，朝事延尸於戶外，是以有北面事尸之
> 禮也。」雖取孫列，用卿大夫為之。故〈既醉注〉云：「天子
> 以卿」，鄭箋云：「諸侯入為天子卿大夫，故云公尸。」天子既
> 然，明諸侯亦爾，故大夫士亦用同姓嫡者。[31]

可見孔氏一仍鄭玄〈祭統注〉「皆取於同姓之適孫」之說，於用庶為
尸之法未置一語。檢《毛詩・既醉》孔氏《正義》云：「天子諸侯宗
廟之祭，其尸用同姓也，於同姓之中用其適者，故〈祭統注〉云：
『必取同姓之適』，知者，〈士虞記〉云：『男，男尸。女，女尸。必
使異姓，不使賤者。』注云：『異姓，婦也，尸配尊者，必使適
也。』雖虞時男女別尸，既祔則夫婦共尸，唯此為異，其用適則同
也。」[32]《毛詩正義》之論與上引《禮記正義》一致，也未嘗指可用

---

31 《禮記正義》卷三，頁53。
32 《毛詩正義》卷十七，頁605。

庶孫為尸，亦可發現孔氏援引〈士虞禮記〉鄭注「必使適者」來證明尸必用嫡者，與上說賈氏「有適先用適」之詮釋微異。再者，賈氏引〈曾子問〉云云以證「容無適而用庶」，孔氏則顯無此義，亦是二家之別。

第二節　與唐代經學著作之關係

　　孔穎達於唐太宗貞觀年間奉詔而修纂《五經正義》，賈公彥隨後在貞觀至永徽年間完成《儀禮疏》及《周禮疏》，兩家之著作並為初唐極重要之義疏。然而，考察兩家所撰義疏與唐代初年其他經學著作之關係，似乎有所不同。隋末初唐最顯之經學著作，無非顏師古之《五經定本》及陸德明之《經典釋文》。孔氏《五經正義》與顏師古的《五經定本》同為太宗年間奉詔而編，同樣作為官方教材，兩者不無關係。加上顏氏所修之定本，貞觀年間已頒於天下，「令學者習焉」（《舊唐書·顏師古傳》）[33]，孔氏編《正義》必見其書無疑。《正義》之內便屢有引用所謂「定本」。雖然，後來有學者認為《正義》所引用之「定本」並非顏氏所定者，而是六朝以來已存在之定本。劉文淇《左傳舊疏考證》指出「疏中所云『今定本』者，當係舊疏，指齊、隋以前而言」[34]，但劉說已為近人所推翻。張寶三便說：

　　《正義》因初修之後，歷經兩次刊定，其間之變異，已難懸測。疏內所引「定本」，固無法證其必為顏師古之考定本，然劉氏謂其為齊、隋之定本，此說亦有可疑。要之，《正義》中

---

33 《舊唐書》卷七十三，頁2594。
34 劉文淇：《左傳舊疏考正》，王先謙：《續經解春秋類彙編》（臺北市：藝文印書館，1986年），頁186。

引定本者，蓋係唐人校勘之語。至如「定本」之性質為何，因文獻不足，仍難於遽斷，有待日後繼續探索也。[35]

野間文史《五經正義の研究》亦云：

劉氏推測「定本」乃是熊安生、皇侃以前已存在的主張，我認為沒有跟從的必要。[36]

《禮記正義》內所引所謂「定本」當為唐人之校語，雖不能證明此等必然是顏師古之定本，然與顏氏定本必然不無關係。定本問題，張寶三與野間文史之專著已有詳論，今不復加考證。然而反觀賈氏《儀禮疏》，對所謂「定本」無一徵引，顯然賈疏與初唐《五經定本》的關係，不如《五經正義》密切。然而，今既不見顏氏《定本》，《五經正義》內引用定本情況又頗為複雜，不易考定。

至於陸德明之《經典釋文》載有對群經文字之反切及義訓。考察《儀禮疏》與《禮記正義》與陸氏書的關係，發現孔氏《正義》對陸書內容多所因襲，賈氏書則並無明顯參考《釋文》之跡。《禮記正義》雖為義疏體，但在疏釋經文及鄭注時，往往在論述過程中加插字詞訓詁。這種加插字詞訓詁的疏解方式，鮮見於《儀禮疏》。賈氏《儀禮疏》以講明禮義、演繹禮說、考論正變及各等禮儀為重心，極少直接抄錄字詞訓詁，正可說明其書沒有參用陸氏《釋文》的原因。而《禮

---

35 張寶三：《五經正義研究》，頁457。

36 此為筆者自譯，原文云：「『定本』が熊安生・皇侃以前に成るとする劉氏の主張に我は必ずしも從う必要はないであろう。」見野間文史《五經正義の研究》（東京都：研文出版社，1998年），頁96。

記正義》所加插其中的訓詁，有一大部分是直接抄錄鄭玄注，[37]也有不少是來自其他古籍、訓典、注釋。值得注意的是，《正義》內有不少例子乃是因襲陸德明《經典釋文》中《禮記音義》的內容。

　　陸德明與孔穎達二人的淵源甚深，上文已論陸、孔二人之學術同屬南學，而且時代相若。據史傳所載，唐高祖武德初，陸、孔二人均仕於王世充門下，[38]及王世充僭亂為當時為秦王的李世民所平，二人又以太學博士的身分被李世民收聘為「十八學士」之中。[39]二人自當相識，關係密切，故此後來學者往往將二人相提並論。[40] 又《經典釋

37　例如〈曲禮上〉：「容毋怍」注云：「怍，顏色變也」，《正義》曰：「此明弟子講問初來之法。即就也。怍，顏色變也。」（《禮記正義》卷二，頁35）又如：「去齊尺」注：「齊謂裳下緝也」，《正義》曰：「齊是裳下緝也」（《禮記正義》卷二，頁35）。又有自鄭玄之解綴取為訓語者，如〈曲禮上〉：「昏定而晨省」，注云：「定，安其牀衽也。」《正義》則云：「定，安也」（《禮記正義》卷一，頁18），其訓語即綴取鄭注而來。

38　《資治通鑑・唐紀三・武德二年》：「東都道士桓法嗣獻《孔子閉房記》於王世充，言相國當代隋為天子。世充大悅，以法嗣為諫議大夫。……王世充令長史韋節、楊續等及太常博士衡水孔穎達，造禪代儀。」司馬光編著；胡三省音註：《資治通鑑》卷一八七（北京市：古籍出版社，1956年），頁5850-5851。又《新唐書・儒學上・陸德明》：「王世充僭號，封子玄恕為漢王，以德明為師，即其廬行束脩禮。德明恥之，服巴豆劑，僵偃東壁下。」《新唐書》卷一九八，頁5639。

39　《新唐書・褚亮傳》：「初，武德四年，太宗為天策上將軍，寇亂稍平，乃鄉儒，宮城西作文學館，收聘賢才，於是下教，以大行臺司勳郎中杜如晦、記室考功郎中房玄齡及于志寧、軍諮祭酒蘇世長、天策府記室薛收、文學褚亮姚思廉、太學博士陸德明孔穎達、主簿李玄道、天策倉曹參軍事李守素、王府記室參軍事虞世南、參軍事蔡允恭顏相時、著作郎攝記室許敬宗薛元敬、太學助教蓋文達、軍諮典簽蘇勗，並以本官為學士。……號『十八學士』。」《新唐書》卷一〇二，頁3976。

40　如全祖望〈唐孔陸兩經師優劣論〉云：「杭君董浩問於予曰：『有唐一代，絕少經師，求其博通諸經，不為專門之學者，祗惟孔、陸二家；然《正義》、《釋文》並傳於今，而華川王氏議學宮之祀祗及孔，豈以《釋文》不過小學，而《正義》能見其大歟？』」（全祖望：《鮚埼亭集外編》卷三十八，《續修四庫全書》，上海市：上海古籍出版社，1995年，頁264。）臧琳《經義雜記》卷三〈唐儒陸孔傳〉：「不特《釋文》、《正義》二書，為千古模範也。」（臧琳：《經義雜記》卷三，《續修四庫

文》之成書時間，按過去學者所考，大約始撰於南朝陳後主至德元年，而書成於王世充僭位期間。[41]由是《釋文》寫定之時，正當孔、陸共事王世充之時，其後武德四年又緊接同為李世民之「十八學士」。因此，兩人之學術背景相似，又處於同一時代，並共事同一君主，且《釋文》寫定之時恰為二人關係最密切之時，孔氏之曾見陸氏《釋文》之書，可能性極高。[42]陸德明在初入唐時已是太學博士，學術地位頗高，且為當時少數能貫通群經的大師，因此孔穎達在貞觀初奉詔修《五經正義》，其時陸氏雖然已經離世，但整體仍不能無受陸

全書》，上海市：上海古籍出版社，1995年，頁31）孫志祖《讀書脞錄》卷三〈陸德明孔穎達〉：「唐初經學，首推陸德明孔穎達。」（孫志祖：《讀書脞錄》卷三，《續修四庫全書》，上海市：上海古籍出版社，1995年，頁105。）

41 以往關於《經典釋文》的成書年代，約有兩種意見，〈釋文序〉中陸氏自言在「癸卯之歲」開始撰寫此書，各家學者對「癸卯之歲」理解不一，或以為是南朝陳後主至德元年，或以為唐貞觀十七年。經王利器考證，此「癸卯之歲」當指至德元年（詳參氏著《〈經典釋文〉考》）。其後，孫玉文在〈《經典釋文》成書年代新考〉一文又根據《釋文》一書之內證，考定其寫定年代當大約在王世充僭位期間，他說由於陸氏在成皐寫定本書時隋已亡，唐朝統治還未十分穩固，所以他既可不避隋諱，也可不避唐諱。《經典釋文》的內證只能證明該書作成于隋以後唐以前。」（詳參孫玉文：〈《經典釋文》成書新考〉，《中國語文》，1998年第4期，頁309-312。）另，近日友人趙永磊兄分析《經典釋文》之撰述性質及撰述過程，以為《經典釋文》撰述過程在陳、隋兩朝，有稿本形成期及修訂期之分。趙兄著作仍在審理俟刊，特此說明。

42 韓宏韜〈《毛詩正義》與《毛詩釋文》關係考辨〉一文，認為孔穎達當未嘗見陸氏《釋文》，他說：「孔穎達等《毛詩正義》的編撰者在編撰《正義》之前可能沒有見到《毛詩釋文》。因為《毛詩正義》所引最晚的書應該是隋末劉焯、劉炫的義疏以及初唐顏師古的《五經定本》，陸德明的《經典釋文》應該在它們之間，或者更早。如果見到這樣一部如此博學的研究《詩經》音義的專書，不可能不加徵引，如果已經徵引，沒有理由隱晦其名。孔穎達等在貞觀十二年沒有見到《經典釋文》的可能性是很大的。」因此他不認為陸德明曾參與《五經正義》編寫的討論，甚至認為「《釋文》對於《正義》是否有影響的問題」「我們認為兩者沒有必然的聯繫。」詳參韓宏韜：〈《毛詩正義》與《毛詩釋文》關係考辨〉，《國學論衡》，2012年第2期，頁135-139。

氏之影響。清許宗彥《鑒止水齋集》卷十四《說記》「記南北學」便云：「元朗（筆按：指陸德明）于貞觀初拜國子博士，《五經正義》之作，元朗于時最為老師，未必不預其議，故《正義》用南學與《釋文》合。」[43]此又是《五經正義》襲用《經典釋文》內容之一證也。

考《禮記正義》內之訓詁語，襲用《禮記音義》之例頗多，以下略為舉例證之，以見兩書之關係密切。

1 直接襲用《釋文》例

例一　〈曲禮上〉：摳衣趨隅，必慎唯諾

　　《注》：趨隅，升席必由下也。慎唯諾者，不先舉，見問乃應。
　　《釋文》：摳，苦侯反，提也。趨，七俱反，向也。……應，「應對」之應。[44]
　　《正義》：摳，提也。……趨，向也。……唯，吟也。吟諾，應對也。[45]

按：經文「摳」、「趨」二字，鄭注並無釋。陸氏《釋文》訓「摳」為「提」、「趨」為「向」，孔氏《正義》亦用此訓。考經籍之訓，唯《釋文》訓「摳」為「提」。孔氏顯襲陸氏訓詁。下文「兩手摳衣去齊尺」，《正義》亦云「摳，提挈也。」[46]當亦然。又訓「趨」為「向」者，〈曲禮上〉：「君子恭敬撙節退讓以明禮」，注云：「撙猶趨

---

43 許宗彥：《鑒止水齋集》卷十四，清嘉慶二十四年德清許氏家刻本，頁153。
44 本文所引《經典釋文》原文，俱用一九八三年中華書局縮印通志堂本。為省覽方便，不逐條出注。
45 《禮記正義》卷二，頁32。
46 《禮記正義》卷二，頁35。

也」《釋文》亦云:「趨,向也。」是因襲陸氏《釋文》之證。又此條《釋文》解鄭注「見問乃應」為「應對之應」,《釋文》之內多言「應對之應」者,如〈曲禮上〉「毋雷同」鄭注「物無不同時應者」《釋文》云:「應,應對之應」;又〈檀弓〉「孔子不應」《釋文》便云「應,應對之應。」而考諸鄭玄《三禮注》則鮮有連言「應對」。故此孔氏《正義》云「吶諾,應對也」當亦是襲用《釋文》之訓。

例二 〈曲禮下〉:大夫士見於國君君若勞之,則還辟再拜稽首。

《釋文》:還辟,逡巡也。
《正義》:還辟,逡巡也。[47]

按:退讓謂之逡巡,但考經籍之訓,以「還辟」直解為「逡巡」者,唯陸氏《釋文》。此孔氏文字與《釋文》全同,其抄錄《釋文》之訓甚明。又〈曲禮上〉:「若主人拜,則客還辟辟拜」,鄭注云:「辟拜,謙不敢當」,亦不注「還辟」之義,彼孔氏《正義》云:「還辟猶逡巡也」[48],並是襲用《釋文》義。

例三 〈曲禮上〉:以箕自鄉而扱之。

《注》:扱讀曰吸,謂收糞時也。箕去棄物,以鄉尊者則不恭。
《釋文》:扱,依注音吸,許急反,斂也。
《正義》:扱,斂取也。[49]

---

47 《禮記正義》卷二,頁44。
48 《禮記正義》卷二,頁44。
49 《禮記正義》卷二,頁34。

按：鄭此注云「扱讀曰吸」，只注明其讀音，不以義訓。陸氏《釋文》解為「斂」，經籍訓詁，亦唯《釋文》有此義訓。孔氏云「扱，斂取也」，亦分明襲用陸氏之「斂」義。

例四　〈曲禮上〉：足毋蹶。

《注》：蹶，行遽貌。
《釋文》：蹶，本又作「蹷」，居衛反，又求月反，行急遽皃。
《正義》：蹶，行急遽貌也。[50]

按：陸、孔二人文字全同。「皃」、「貌」通。今考訓「蹶」為「行急遽貌」，亦唯陸氏一家，孔氏襲用《釋文》明矣。

例五　〈曲禮上〉：先生書策。

《釋文》：筴，本又作「策」，初革反，編簡也。
《正義》：策，篇簡也。[51]

按：鄭玄不訓「書策」。「編」同「篇」，孔陸二人之訓相同。然《釋文》所引作《禮記》文字作「筴」，今本《禮記》及注疏並作「策」，與《釋文》所引「或本」同，可見孔氏雖襲用《釋文》義訓，所用版本卻不同。

---

50 《禮記正義》卷二，頁34。
51 《禮記正義》卷二，頁35。

例六　〈曲禮上〉：為天子削瓜者副之，巾以絺；為國君者華之，巾
以綌。

　　《注》：副，析也。既削，又四析之，乃橫斷之，以巾覆焉。
　　華，中裂之，不四析也。
　　《釋文》：絺，勑宜反，細葛。……華，胡乏反，中裂。綌，
　　去逆反，麤葛。
　　《正義》：副，析也。絺，細葛也。……綌，麤葛也。[52]

按：鄭注未解「絺」、「綌」之義，《釋文》分別解「絺」為「細葛」、
「綌」為「麤葛」，孔氏《正義》慣於參考《釋文》訓詁，此鄭無解
又與《釋文》合，亦是用陸氏訓可知。

例七　〈曲禮上〉：勞無袒。

　　《釋文》：袒，徒旱反，露也。
　　《正義》：袒，露也。[53]

按：鄭無解「袒」字義，陸氏云「袒，露也」，孔氏亦用《釋文》之
訓，抄錄於《正義》同條之疏文內。

例八　〈曲禮上〉：器之溉者不寫，其餘皆寫。

---

52 《禮記正義》卷二，頁43。
53 《禮記正義》卷二，頁36。

　　《注》：不溉，謂萑竹之器也。

　　《釋文》：萑，音丸，葦也。

　　《正義》：「不溉，謂萑竹之器」者，萑，葦也，是織萑為之
　　器。……鄭注〈司几筵〉職云：「萑如葦之細。」[54]

按：鄭注「萑竹之器」，《釋文》訓鄭玄「萑」字為「葦也」。孔氏
《正義》云「萑，葦也」，似亦直接襲用《釋文》之訓，將之抄錄於
疏內。既錄《釋文》之訓，下又即引鄭玄〈司几筵注〉謂「萑如葦之
細」云云，蓋為了證明上所抄錄「萑，葦也」之訓。

2 參合鄭注及《釋文》例

例一　〈曲禮上〉：毋勦說。

　　《注》：勦，猶擥也，謂取人之說，以為己說。

　　《釋文》：勦，初交反，一音初教反，擥取。

　　《正義》：語當稱師友，而言無得擥取人之說以為己語。[55]

按：鄭注解經「勦」字為「猶擥也」，又云「取人之說以為己說」。
《釋文》則綴取鄭玄注語，連言為「勦，擥取」之訓。孔氏《正義》
取用陸氏「擥取」之訓語，參合於鄭玄注語，以說解經及注云「無得
擥取人之說以為己語」。

例二　〈曲禮上〉：帷薄之不趨。

---

54 《禮記正義》卷二，頁42。
55 《禮記正義》卷二，頁35。

　　《注》：不見尊者，行自由，不為容也。入則容，<u>行而張足曰</u>
　　<u>趨</u>。

　　《釋文》：帷，位悲反，<u>帷幔也</u>；薄，平博反，<u>簾也</u>。

　　《正義》：<u>帷，幔也。薄，簾也</u>。趨，<u>謂行而張足</u>。[56]

按：「帷」、「薄」二字，鄭注無訓。陸氏則訓「帷，帷幔也」、「薄，
簾也」。考經籍之訓，訓「帷」為「幔」者，僅上引陸氏例；又解
「薄」為「簾」者，亦唯此例及《莊子・達生》「高門縣薄無不走
也」，陸氏《釋文》引司馬云「簾也」，則此孔氏《正義》「帷，幔
也。薄，簾也」必據陸氏《釋文》無疑。然下文又云「趨，謂行而張
足」則採是鄭玄之訓。可見孔氏在編寫疏文時慣於抄錄訓詁，訓語或
採鄭玄，鄭未釋者或採《釋文》補之。

例三　〈檀弓上〉：……稽顙而後拜，頎乎其至也。

　　《注》：此周之喪拜也。<u>頎，至也</u>。先觸地無容，哀之至。

　　《釋文》：<u>頎，音懇，惻隱之貌</u>。

　　《正義》：<u>頎，惻隱貌也</u>。先觸地無容，後乃拜賓也。是為親
　　痛深貌，<u>惻隱之至也</u>。[57]

按：鄭玄訓「頎」為「至」，然經文云「頎乎其至」，若如鄭訓則文理
扞格。陸氏《釋文》於是未用鄭注，而訓「頎」為「惻隱之貌」。檢
經籍訓詁，以頎為「惻隱之貌」者，亦唯陸氏一家。今《正義》云

---

56 《禮記正義》卷二，頁33。

57 《禮記正義》卷六，頁111。

「頎，惻隱貌」者，亦顯襲陸氏之訓。然鄭玄注云「先觸地無容，哀之至」，《正義》云「先觸地無容，後乃拜賓。……惻隱之至也」，是參合鄭氏「哀之至」注語與《釋文》「惻隱之貌」之訓。

例四 〈曲禮下〉：苴屨、扱衽、厭冠不入公門。

《注》：苴，藨也。齊衰藨蒯之菲也。……苴，或為「菲」。
《釋文》：苴，白表反，草也。……藨，白表反，一音扶曲反。
《正義》：苴屨，謂藨蒯之草為齊衰喪屨。[58]

按：鄭注〈曲禮〉「苴屨」，訓「苴」為「藨」，解為「齊衰」服之「藨蒯之菲」。陸氏《釋文》則不採鄭注之訓，而訓為「苴，草也」。至孔氏《正義》則云「謂藨蒯之草為齊衰喪屨」，大意與鄭玄意同，但改易鄭注「藨蒯之菲」一語為「藨蒯之草」，似即參合陸氏《釋文》「苴，草也」之訓。

例五 〈曲禮下〉：素簚。

《注》：簚，覆笭也。
《釋文》：素簚，本又作「幦」，莫曆反，注同，白狗皮覆笭。……覆笭，力丁反，車闌。
《正義》：簚，車覆蘭也。……今此喪禮，故用白狗皮也。〈既夕禮〉云「主人乘惡車，白狗幦」是也。[59]

---

58 《禮記正義》卷四，頁74。
59 《禮記正義》卷四，頁76。

按：鄭玄訓「簚」字之義，謂「覆笭」。但「笭」字義未詳。陸氏《釋文》則釋「笭」字之義謂「車闌」。「笭」字本無車闌之義，《說文・艸部》：「笭，卷耳也」[60]，《詩・菤耳》「隰有笭」毛傳：「大苦也。」[61]《廣雅・釋草》亦云：「笭耳，枲耳也」[62]、《漢書・揚雄傳》「芳笭」，顏師古注：「香草名」[63]，是皆草名，故字從艸。陸氏直解「笭」為車闌者，《禮記・玉藻》「君羔幭」，鄭注：「覆笭也。」[64]《釋文》云：「笭，本又作『軨』。」《說文・車部》：「軨，車轓閒橫木。」[65]〈曲禮上〉：「展軨」，《釋文》引舊注又云：「軨，車闌也。」是「軨」皆車闌義。此條陸氏《釋文》遂訓「笒」為「車闌」，即以「笭」、「笒」為「軨」也。今此例，鄭玄出注云「簚，覆笭」卻不解「笭」字之義，而孔氏《正義》又以「簚」直解為「車覆闌」者，當是參合鄭玄「覆笭」及陸氏「笒，車闌」二詁而成，而謂為「車覆闌」也。考《禮記・少儀疏》亦云「幭，車覆闌也」，彼鄭注云「幭，覆笭也」，亦不釋「笭」字義而《正義》直云「車覆闌」[66]，當亦是參合鄭注與陸氏之訓。

既知此條孔氏之參照陸氏訓詁，《釋文》解「素簚」為「白狗皮覆笭」，而孔氏云「今此喪禮，故用白狗皮也」亦當是參考《釋文》而為說。

---

60 許慎：《說文解字》（北京市：中華書局，1983年影印本），頁72。

61 《毛詩正義》卷六，頁228。

62 王念孫：《廣雅疏證》，《清疏四種合刻》（上海市：上海古籍出版社，1989年影印本），頁656。

63 《漢書》卷八十七上（北京市：中華書局，1970年點校本），頁3519。

64 《禮記正義》卷二十九，頁547。

65 許慎：《說文解字》，頁120。

66 《禮記正義》卷三十五，頁629。

例六　〈曲禮下〉：司貨

《注》：司貨，卝人也。

《釋文》：卝人，<u>掌金錫石未成器者</u>。

《正義》：「司貨」，六也，於周為卝人，<u>言鑛器未成者也</u>，掌金玉錫石之地，而為之守禁，以時取之，以供器物。金玉曰資，故稱貨人。[67]

按：「卝」，為「礦」之古字，《周禮・地官》便有卝人一職，檢其職云：「掌金玉錫石之地，而為之厲禁以守之。若以時取之，則物其地，圖而授之。巡其禁令。」[68]觀乎孔氏《正義》所云，約與卝人職文相同，其引《周禮》文可知。然孔氏之取卝人職解〈曲禮下〉所謂司貨者，蓋本於鄭注云「司貨，卝人也」之解，孔氏之疏解本於鄭注甚明矣。然鄭注簡賅，孔疏亦參考陸氏《釋文》之訓解。陸氏云「卝人，掌金錫石未成器者」，《正義》則有「言鑛器未成者也」則似是參自陸氏之解。由此孔氏《正義》此文，亦是參合鄭注與《釋文》而成。

3　因襲《釋文》舖排例

例一　〈曲禮上〉：六十曰耆。

《釋文》：耆，渠夷反，賀瑒云：「至也，至老境也。」

《正義》：賀瑒云：「耆，至也，至老之境也。六十耳順，不得執事，但指事使人也。」[69]

67　《禮記正義》卷四，頁82。

68　《周禮注疏》卷十六，頁250。

69　《禮記正義》卷一，頁17。

按：經文曰：「六十曰耆」，鄭注無釋。陸氏《釋文》解「耆」字義而引賀瑒《禮記新義疏》為解。孔氏《正義》解經文「耆」字義，亦同樣引用賀瑒之說，可見孔氏之撰疏，或參考《釋文》引書。然所引文字稍有不同者，或當時各以意引，文字每有參差，或二人所見賀氏本不同。又觀乎此例，陸氏所引賀說唯「至也，至老之境也」二句，孔氏所引則較詳，此當以陸氏《釋文》音義體之體例往往崇尚精簡，與《正義》義疏繁縟之特點不同，故其所引用互有詳略也。唯孔氏當有參考陸氏之引書及其舖排，其例不鮮，更詳下。

例二　〈曲禮上〉：日而行事，則必踐之。

> 《注》：弗非，無非之者。……踐讀曰善，聲之誤也。
> 《釋文》：踐，依注音善。王如字，云「履也。」
> 《正義》：踐，善也。言卜得吉而行事，必善也。王云：「卜得可行之日，必履而行之。踐，履也。弗非，無非之者也。」[70]

按：「踐」字，鄭玄謂「讀曰善」。《釋文》先引鄭注，參其字音云「踐，依注音善」，然後再引王肅之異說，指王氏讀如字，訓為「履也」，不如鄭說破讀為「善」。孔氏《正義》解「踐」字義之舖排與陸氏《釋文》同，先逕依鄭玄破讀為訓，解「踐，善也」，然後稍為串講鄭注之意。然後再引用王肅「踐，履也」之說，以見鄭玄以外之別解。審其舖排與《釋文》全同，有因襲《釋文》之嫌。而陸氏只說「王如字，云『履也』」而孔氏則詳引王氏說，二人互有詳略，一則是《釋文》音義體尚簡，《正義》義疏體尚詳；一則或以孔氏見陸氏

---

[70] 《禮記正義》卷三，頁62。

所引王說太簡，故備引王氏讀如字訓為「履」說之全文，有補足陸氏《釋文》之功用。

例三 〈曲禮上〉：貧賤而好禮，則志不懾。

《注》：懾，怯惑也。

《釋文》：懾，怯也、惑也。……何胤云：「憚所行為怯。」

《正義》：懾，怯也、惑也。……何胤云：「憚所行為怯，迷於事為惑。」義或當然。[71]

按：此則孔氏《正義》亦因襲陸氏《釋文》之舖排。鄭玄注「懾」字義謂「怯惑也」，二字連言。《釋文》則云「怯也、惑也」，孔氏同，明顯有因襲之跡。陸氏下又引何胤說，以解「怯」字之義。孔氏《正義》亦同樣於下文引用何胤說，所不同的是孔氏所引較陸氏為詳，並釋「怯」、「惑」二字之義，是雖其因襲《釋文》之舖排，但孔氏不是直接抄錄陸氏所引文字，而是追溯本說，蓋以補足《釋文》所引過簡之不足。值得注意的是，孔氏在引用何說下云「義或當然」。既知孔氏此疏乃參照《釋文》而來，則此評騭何說「義或當然」云云，乃是呼應《釋文》，對陸氏之觀點加以評論。

例四 〈檀弓上〉：孔子問焉，曰：「爾何來遲也？」曰：「防墓崩。」

《注》：言所以遲者，脩之而來。

---

71 《禮記正義》卷一，頁16。

《釋文》：<u>防墓，防地之墓也。庾云</u>：「防衛墓崩。」
《正義》：曰「防墓崩」，<u>防地之墓</u>，新始積土，遇甚雨而崩。
<u>庾蔚云</u>：「防守其墓，備擬其崩。」若如庾之言，墓實不崩，
鄭何以言「脩之而來」？孔子何以言「古不脩墓」？違經背
注，妄說異同，非也。[72]

按：「防墓崩」，鄭玄無解。《釋文》先解「防墓」乃「防地之墓」，此
一說也。然後再引庾蔚之歧義，不以「防墓」為一語，而解云「防衛
墓崩」，此又一說也。觀乎陸氏所引，似以庾說為異義，亦可備為一
說。孔氏《正義》因襲《釋文》之舖排，先云「防墓崩」為「防地之
墓」，顯是用陸氏說；然後又引庾蔚說云「防守其墓，備擬其崩」，是
與陸氏說解之舖排相合。陸氏所引庾說簡短，而孔氏所引詳者，亦以
《釋文》體例尚簡，意引其說之旨而已，孔氏則直引庾氏之語。又，
孔氏在引用庾說後，對庾說大加駁斥，更指其「違經背注，妄說異
同，非也」。《釋文》之意乃列庾說為異解；孔氏參照陸氏舖排，卻不
以庾說為然，可見孔氏亦嘗針對陸氏之觀點，加以論辨，不唯因襲
而已。

例五　〈檀弓上〉：夏后氏墍周。

《注》：火孰曰墍。燒土冶以周於棺也。或謂之土周，由是
也。〈弟子職〉曰：「右手折墍」。
《釋文》：《管子》云：「左手執燭，右手折即。」即，燭頭爐
也。〈弟子職〉，其篇名。

《正義》：「火孰」者，以〈弟子職〉云折燭之炎爐名之曰聖，
故知聖是火孰者。……引〈弟子職〉者，證火孰曰聖之意。案
《管子》書有〈弟子職〉篇云「左手秉燭，右手正聖。」鄭云
「折聖」者，即是正除之義。[73]

按：鄭玄解「聖周」，謂「火孰曰聖」，並引〈弟子職〉云「右手折
聖」，孔氏《正義》指出鄭玄引用〈弟子職〉的用意，乃在於證明
「火孰曰聖」。然而，鄭氏未有明言〈弟子職〉「右手折聖」一語之
義。陸氏《釋文》亦引《管子》云：「左手執燭，右手折即」，並且解
說《管子》「即」字之義「燭頭爐也」。考《管子・弟子職》此語尹知
章注：「櫛，謂燭盡」[74]，與陸氏同。陸氏書早於尹知章，故或以尹氏
注《管子》時嘗參諸陸氏《釋文》，或陸氏與尹氏同據《管子》舊
說。復觀孔氏《正義》此云「『火孰』者，以〈弟子職〉云折燭之炎
爐名之曰聖」，是鄭氏無釋〈弟子職〉義，而孔氏反據〈弟子職〉「燭
頭爐」之義，證鄭注「火孰曰聖」義。孔氏這種做法，明顯是參考了
《釋文》所釋《管子》義。值得注意的是，陸氏《釋文》在解釋《管
子》「折即」義之下，又特別注明「〈弟子職〉其篇名」。陸氏特別注
明者，其意圖顯然是釋鄭。孔氏《正義》參考了《釋文》的鋪排，首
先據〈弟子職〉「即」字之義解釋鄭注，再特別說明「《管子》書有
〈弟子職〉篇云」。由此可見，孔氏《正義》當有參考《釋文》解說
及引書的鋪排。

　　以上，可見孔氏《正義》多因襲《釋文》內容。據上諸例所見，
孔氏所因襲者，多為陸氏之訓詁語，亦有參考《釋文》引用書證及說

73　《禮記正義》卷六，頁114。

74　《管子》卷十九，《四部叢刊初編》（上海市：商務印書館，1919年影印本），頁7。
　　按《四部叢刊》本《管子》，「即」、「聖」作「櫛」。

法之舖排。陸氏《禮記音義》以鄭注為宗，其中所載之訓詁固然有不少襲自鄭玄注語，但也有許多地方能補充、解釋鄭注。陸氏《禮記音義》既有補鄭釋鄭之功用，孔氏撰《禮記正義》補充解釋鄭注時，便屢因襲陸氏之訓。但對於陸氏之釋音，則不為孔氏所用，蓋以《正義》非釋音之書故也。又陸氏與孔穎達雖然同時，但其所用底本卻不一致。孔氏所用版本，與陸氏之「或本」合。雖然如此，陸氏《經典釋文》與孔穎達之《禮記正義》，仍然有著非常密切之關係。

第三節　處理舊疏之法

孔氏《禮記正義》與賈氏之《儀禮疏》互有異義。而且與唐代經師之關係，孔氏《正義》顯然較賈氏書為之密切。至於兩家撰寫義疏，對舊有經疏的處理手法亦有不同。考二家所見前代之義疏，賈氏於〈儀禮疏序〉中謂有黃、李二家，文云「其為章疏則有二家，信都黃慶者，齊之盛德；李孟悊者，隋曰碩儒。慶則舉大略小，經注疏疎漏，猶登山遠望而近不知；悊則舉小略大，經注稍周，似入室近觀而遠不察。二家之疏互有脩短，時之所尚，李則為先。」[75]又孔氏〈禮記正義序〉云：「其為義疏者，南人有賀循、賀瑒、庾蔚、崔靈恩、沈重、范宣、皇侃等；北人有徐遵明、李業興、李寶鼎、侯職、熊安生等。」[76]據賈、孔二人所述，唐以前撰作義疏者，《禮記》為多，《儀禮》則兩家而已。雖然《儀禮》與《禮記》的義疏多少不同，但孔穎達在〈序〉中又說「其見於世者，唯皇、熊二家而已」[77]。考孔氏《正義》中對其餘各家如崔靈恩、賀瑒、庾蔚之等說並有引用，可見所謂

---

75 《儀禮注疏》卷一，頁2。

76 《禮記正義》序，頁4。

77 《禮記正義》序，頁4。

見於世「唯皇熊二家」云云，蓋指唯獨此二家有全本之義疏見於世。
所以，孔氏《正義》所主要參考之義疏也就是皇侃、熊安生二家。

　　試比較孔氏《禮記正義》及賈氏《儀禮疏》兩者對於舊疏取捨之
法。〈禮記正義序〉云：

> 其見於世者，唯皇、熊二家而已。熊則違背本經，多引外義，
> 猶之楚而北行，馬雖疾而去逾遠矣。又欲釋經文，唯聚難義，
> 猶治絲而棼之，手雖繁而絲益亂也。皇氏雖章句詳正，微稍繁
> 廣。又既遵鄭氏，乃時乖鄭義，此是木落不歸其本，狐死不首
> 其丘。此皆二家之弊，未為得也。然以熊比皇，皇氏勝矣。[78]

孔氏首先比較皇侃、熊氏二家之優劣。觀孔氏文意，以二家各有脩
短，但大體仍以皇氏勝於熊氏。然後遂說明他在二家義疏中取捨之
原則：

> 雖體例既別，不可因循。今奉勅刪理，仍據皇氏為本，其有不
> 備，以熊氏補焉。必取文證詳悉，義理精審，翦其繁蕪，撮其
> 機要。[79]

孔氏明言以皇氏之義疏為本，皇說未備者，則以熊氏補之。值得注意
的是，孔氏指出他率領諸經師編修《禮記正義》時，乃是取兩家「文
證詳悉、義理精審」的說法，加以「翦其繁蕪，撮其機要」。所謂
「翦其繁蕪，撮其機要」者，《禮記・郊特牲》孔疏云：

78　《禮記正義》序，頁4。
79　《禮記正義》序，頁4。

> 皇氏於此經之首,廣解天地百神用樂委曲,及諸雜禮制,**繁而**
> **不要,非此經所須**;又隨事曲解,無所憑據;今皆略而不載。
> 其必有所須者,皆於本經所須處,各隨而解之,他皆倣此。[80]

可見孔氏雖以皇氏義疏為本,但對其禮論亦不無刪削者。至於其他六
朝經師之禮疏,亦有加以刪削者。張帥、丁鼎〈《禮記正義》二次徵
引《禮記》舊疏探析〉一文便嘗試比較日藏《禮記子本義疏》及今本
《禮記正義》所引用舊疏,舉孔氏刪削庾蔚之禮說為例,指出所刪之
語「為庾疏揣聖人之意,正反映了南朝義疏好發議論的特點。孔疏可
能認為經、注並不含此義,故而將其刪去。」[81] 這種情況正好就是孔
氏編撰《正義》時對舊疏「翦其繁蕪,撮其機要」的作法。

　　反觀賈氏《儀禮疏》對舊疏的處理方法,〈儀禮疏序〉論黃、李兩
家之義疏,「互有脩短」,而舉例指李氏不按經、記而說禮是「李之謬
也」;又指「黃氏公違鄭注,黃之謬也」,然後表明編疏之原則,云:

> 今以先儒失路,後宜易塗,故悉鄙情,聊裁此疏,未敢專欲,
> 以諸家為本,擇善而從,兼增己義。[82]

觀乎賈氏自述,要知他編寫《儀禮疏》時對舊疏之採用原則,並不像
孔氏般以一家為本,並以他家為之補足;而是「以諸家為本」。一則
賈氏認為黃、李二家並各有長短,兩相匹敵,不得專主一家;一則以
義疏稀少,雖存兩家之義疏,但彼著作是否就《儀禮》全篇經及注均

---

80 《禮記正義》卷二十五,頁481。
81 張帥、丁鼎:〈《禮記正義》二次徵引《禮記》舊疏探析〉,《古籍整理研究學刊》,
　　2012年第3期,頁96-99。
82 《儀禮注疏》卷一,頁2。

有疏解，今不可考悉。賈氏〈序〉中嘗謂「〈喪服〉一篇，凶禮之要，是以南北二家，章疏甚多」，可見六朝義疏家多集中〈喪服〉一篇撰寫義疏，對於他篇內容，似乎即使黃、李二家仍不足採為撰寫全本《儀禮疏》的素材。所以，賈氏只能「以諸家為本，擇善而從」。由於可資之材料不多，因此賈氏「兼增己義」以成疏。

雖然賈氏明言有黃、李二家之章疏作為參考，但翻檢整本《儀禮疏》，並不見任何引用兩家之語。二家之言論既不見明引於《儀禮疏》之內，而賈氏在〈序〉中明確指出參用二家說法，蓋是化用兩家之說，而沒去其名。惜乎兩家之書今已不存，無從比對。但據第一章所述，賈氏《疏》中屢有化用熊安生禮說，蓋其對於南北朝學者之舊疏，均大多化為己用而沒去其名。今復舉一例證之。《禮記‧喪大記》「浴用絺巾」，注無解，孔氏《正義》云：

> 絺是細葛，除垢為易，故用之也。〈士喪禮〉云：「浴巾二，皆用綌。」熊氏云：「此蓋人君與大夫禮。或可大夫上絺下綌，故〈玉藻〉云『浴用二巾，上絺下綌』是也。」[83]

《正義》引用熊氏的說法，認為〈喪大記〉記沐尸浴巾用絺，與〈士喪禮〉「皆用綌」不同的原因，是基於〈喪大記〉為人君及大夫禮。熊氏並舉〈玉藻〉之文，證明大夫可以「上絺下綌」。賈氏《儀禮疏》則云：

> 此士禮上下同用綌。按〈玉藻〉云「浴用二巾，上絺下綌」，彼據大夫以上，分別上下為貴賤，故上用細，下用麤也。[84]

---

83 《禮記正義》卷四十四，頁770。
84 《儀禮注疏》卷三十五，頁415。

細翫賈氏的說法，與熊安生之說同樣引據〈玉藻〉之文以說明大夫以上「上絺下綌」，上體與下體所用之浴巾不同，與士禮「皆用綌」異制。賈氏說實出於熊氏，但其文字又不盡相同，蓋將前人禮疏之說化為己用而已。賈氏沒去舊疏作者之名，將其禮說化為己用的作法，竊以為乃賈氏欲貫通前人之說法，「擇善而從」，然後「兼增己義」最終成一家之言。觀乎賈氏《儀禮疏》整體行文風格一致，五十卷之《疏》當大部分出於賈氏之手；若只是全盤抄錄、拼湊舊疏而隱沒作者之名，其間必多割裂之迹，風格亦斷不能如此統一。在《儀禮疏》內，會發現賈氏絕少引用各家對於經注的歧解。疏內的論述，一般都只是根據經、注而闡發出對不同禮論的探討。《儀禮》一書牽涉的禮甚廣，不可能不存在歧解，但無一見諸疏文之內。這種情況，或出於賈氏對於他認為不合適的說法，一律不收入疏文之中，而直接採納他認為正確的解說，詳加論證，蓋即是賈氏自謂「擇善而從」者也。

與賈氏《疏》不同，孔穎達的《禮記正義》不僅未有沒去舊疏作者之名，反而好於臚列各種說法。如〈曲禮上〉：「禮聞取於人，不聞取人」鄭注：「謂君人者，取於人，謂高尚其道。取人，謂制服其身。」《正義》云：

> 熊氏以為此謂人君在上，招賢之禮當用賢人德行，不得虛致其身。禮聞取於人者，謂禮之所聞，既招致有賢之人，當於身上取於德行，用為政教。不聞直取賢人，授之以位，制服而已，故鄭云謂「君人者」。皇氏以為人君取師受學之法，取於人，謂自到師門取其道藝。[85]

孔氏解釋此經及注，先引熊氏之說，復引皇氏之說。兩家說法皆本於鄭玄云「謂君人者」云云，但所闡發之鄭義互有不同，孔氏並列熊皇二解，卻對兩者之是非未置一言。又如〈王制〉「以三十年之通制國用，量入以為出」，鄭注云：「通三十年之率，當有九年之蓄。」孔氏《正義》解釋鄭注云：

> 三十年之率，當有十年之蓄，此云「當有九年之蓄」者，崔氏云：「三十年之間，大略有閏月十二，足為一年，故唯有九年之蓄也。」王肅以為「二十七年有九年之蓄，而言三十者，舉全數」。兩義皆通，未知孰是也。[86]

三十年之率當有十年之蓄，但鄭玄卻說「九年」。孔氏並未就此發論，而只是引用崔靈恩及王肅的說法，接著云「兩義皆通，未知孰是」。這類排列歧義的情況，經常出現於《禮記正義》，而且往往並存諸說，以備參照。又或權衡舊疏諸說，再指出何種之說法較是。如〈玉藻〉：「史進象笏」，孔氏《正義》云：

> 熊氏云：「按下大夫不得有象笏，有象字者誤也。」熊氏又解與明山賓同云：「有地大夫，故用象。」皇氏載諸所解皆不同，以此為勝，故存之耳。[87]

喬秀岩認為《禮記正義》這種存去舊疏的取捨，態度嚴謹審慎。[88]確

---

86 《禮記正義》卷十二，頁239。

87 《禮記正義》卷二十九，頁548。

88 詳《義疏學衰亡史論》第三章「《禮記正義》簡論」。上引〈玉藻〉一例正為喬秀岩所舉證之例。

實，孔氏在取捨舊說時，並非一面倒屬意於某家舊疏，在運用舊疏詮
釋經、注時也見靈活。所以，他所稱「以皇氏為本」，並非以皇氏的
說法全是，或熊氏之論點全非，而對於諸說之去存，也有相當審慎的
權衡考慮。由此可見，這種去取材料的方法，當是孔氏率領諸經師修
疏時之一大原則，因而整編《禮記正義》都有類似的情況。反觀賈氏
《儀禮疏》則沒有這種特點。

王靜安先生讀《禮記正義》，對此書的評價並不高，他說：「其敷
衍經旨處，乃類高頭講章，令人生厭，不及賈氏《二禮疏》遠甚。」[89]
孔疏好引用舊說，並且往往廣加評議，因此其禮疏只淪為評騭眾家之
是非，全編之文風亦流於駁議舊疏，而鮮有針對一問題作引申討論。
在《五經正義》因「儒學多門，章句繁雜」[90]而開館編修的背景下，
駁議舊疏就是統一經說的一種手段，明確地向習疏者指示前代義疏之
是非。孔氏自身並無對經義有太大發揮，因此王靜安先生遂認為孔疏
敷衍經旨不及賈疏，足見二人撰疏原則之差異。孔氏《正義》之評議
各家說法，如〈曲禮上〉「急繕其怒」，孔疏引崔靈恩之說，並加以駁
斥，云：

> 崔氏云：「此謂軍行所置旌旗於四方以法天，此旌之斿數皆放其
> 星，龍旗則九斿，雀則七斿，虎則六斿，龜蛇則四斿，皆放星
> 數以法天也。皆畫招搖於此四旗之上。」案崔並畫四旗皆為北
> 斗星，<u>於義不安</u>，何者？天唯一斗以指四方，何用四斗乎？[91]

崔說可分兩節，先說「旌之斿數皆放其星」，故續云「龍旗則九斿，

---

89 轉引自孫敦恒：《王國維年譜新編》（北京市：中國文史出版社，1991年），頁44。
90 《舊唐書》卷一百八十九上，頁4941。
91 《禮記正義》卷三，頁57。

雀則七旒」云云，然後再指出四方之旗「皆畫招搖」。招搖即指北斗第七星搖光。孔氏之於崔說，顯然只取用其前一「旒數」之解，而不取「皆畫招搖」之論。若要敷論經旨，則只採崔氏前一說法便可，但孔氏將崔氏兩解一併抄錄入疏，並對其不滿意之處加以駁斥。這種立足高處而好事評議的做法，大概就是王氏所謂「令人生厭」的情況。

又如〈月令・季冬〉云：「命有司大難旁磔，出土牛，以送寒氣」，鄭注：「此月之中，日曆虛、危，虛、危有墳墓四司之氣，為厲鬼，將隨強陰出害人也。」孔氏《正義》云：

> 注……「此月之中」者，中猶內也，謂此月之內也。皇氏以為
> 「此月中氣」，非也。云「日曆虛、危，虛、危有墳墓四司之
> 氣」者，熊氏引《石氏星經》云：「司命二星，在虛北。司祿
> 二星，在司命北。司危二星，在司祿北。司中二星，在司危
> 北。」史遷云：「四司，鬼官之長。」又云：「墳四星，在危東
> 南」，是危、虛有墳墓四司之氣也。皇氏以為「北方蓋藏，故為
> 墳墓。北方歲終，以司主四時，故云四司。」其義皆非也。皇
> 氏又云：「以季春國難下及於民，以北季冬大難為不及民也。」
> 然皇氏解禮，違鄭解義也。今鄭注《論語》「鄉人難」云：「十
> 二月，命方相氏索室中，驅疫鬼。」鄭既分明云十二月鄉人
> 難，而皇氏解季冬難云「不及鄉人」，不知何意如此。[92]

觀乎孔氏此疏，反覆引用皇氏對鄭氏之說解，然後冠以「非也」、「其義皆非也」、「違鄭解義也」、「不知何意如此」等等，大規皇說。可見孔氏意在駁議舊疏。孔氏此疏文之中，雖然所引用皇說、熊說都是針

對鄭注說解,但只有所錄熊氏引《石氏星經》及司馬遷語能夠正確解釋鄭注,則其實只引用熊氏、史遷之文便足。這種情況,屢見於《禮記正義》,例如〈王制〉論王制三公已下爵命之數,孔疏云「皇氏乃繁文曲說,橫生義例,恐非本旨」[93],又云「皇氏每事曲為其說,恐理非也」[94]。又〈王制〉下文論諸侯卿大夫聘問及自親朝之事,孔疏云:「熊氏或以此為虞夏法,或以為殷法,文義雜亂,不復相當,曲為解說,其義非也。」[95]諸如此類,都是孔氏好評議諸家舊疏之例,可見孔氏編修《正義》,乃側重於對前人說法之評騭。

孔氏《正義》雖然偏重於評議諸家說法,即使修疏者不認同之解仍加以引用,似是繁瑣。但所引諸解都是針對經、注而發論,孔氏復加辨明是非而已,實際上並不違背他所說「芟其繁蕪」的原則。他所謂「繁而不要」(見上引〈郊特牲疏〉),乃是指那些「非此經所須」的禮說。他更認為說經之例證,無需遍舉,〈曲禮上〉云禮所以「決嫌疑、別同異、明是非也」,孔氏彼疏云:「但嫌疑、同異、是非之屬,在禮甚眾,各舉一事為證,而皇氏具引,今亦略之。」[96]可見其無關經旨、鄭義,甚至乎多餘的舉例,都加以剪裁,絕去枝蔓之說。

由此可知,孔氏一方面好評議各家說法,對於舊疏不論是非,都加以徵引而且論辯是非;一方面對於多餘、旁雜之經論大加刪削,形成專釋經、注之疏。反觀賈公彥《儀禮疏》則好就經文及鄭注,引申探討不同的禮學問題,並廣加討論。如賈氏論招魂之「復者」,〈士喪禮〉云:「復者一人,以爵弁服」鄭注:「復者,有司招復魄也。天子則夏采、祭僕之屬,諸侯則小臣為之」,賈疏云:

---

93 《禮記正義》卷十一,頁222。
94 《禮記正義》卷十一,頁222。
95 《禮記正義》卷十一,頁225。
96 《禮記正義》卷一,頁14。

云「復者，有司」者，案〈喪大記〉復者「小臣」，則士家不
得同僚為之，則有司，府、史之等也。[97]

賈氏首先依據鄭玄云「復者」為「有司」，引〈喪大記〉復者為「小
臣」，說明凡復者用自家之臣，不得用自家以外的「同僚」，由此得出
士喪禮之復者當用「府史之等」，藉以解釋鄭玄云「復者」為「有
司」之說。然後賈氏續云：

云「天子則夏采、祭僕之屬」者，案《周禮・天官・夏采》職
云：「大喪，以冕服復於大祖，以乘車建綏復於四郊」，鄭注云
「求之王平生嘗所有事之處。乘車玉路，於大廟以冕服，不出
宮也」；又〈夏官・祭僕〉職云：「大喪，復於小廟」，鄭注
云：「小廟，高祖以下也，始祖曰大廟。」又〈隸僕〉云「大
喪，復於小寢」，鄭注云「小寢，高祖以下廟之寢也。始祖曰
大寢。」[98]

賈氏又再根據鄭注「天子則夏采、祭僕之屬」加以說解，連續引用
《周禮》夏采、祭僕、隸僕三職職掌，說明天子之喪禮分別以此三人
為復者，藉此印證鄭玄的說法。至此，賈氏之疏文仍屬針對鄭玄注
解。然後賈氏開始發揮其說，云：

此不言隸僕，以其隸僕與祭僕同，僕官之屬中兼之。[99]

---

97 《儀禮注疏》卷三十五，頁408。
98 《儀禮注疏》卷三十五，頁408。
99 《儀禮注疏》卷三十五，頁408。

賈氏檢《周禮》發現充任復者共有三職，分別是夏采、祭僕和隸僕，
但鄭玄只注出夏采和祭僕二職，而省去了隸僕一職不言，賈氏便解釋
說是「隸僕與祭僕同，僕中之屬中兼之」。然後，賈氏遂以夏采、祭
僕俱復於廟，而隸僕職有「復於小寢」之文，而〈士喪禮〉卻未明言
招魂之處，從而引申說明諸侯之復法，云：

> 案〈檀弓〉「君復於小寢、大寢、小祖、大祖、庫門、四郊」，
> 鄭注云「尊者求之備也，亦他日所嘗有事」，是諸侯復法。[100]

〈檀弓〉明言諸侯之法，復於小寢、大寢、小祖、大祖、庫門及四
郊，復處之多，鄭玄云「尊者求之備也」，是賈氏說明諸侯招魂之處
所。然後賈氏發現〈檀弓〉言君復於「庫門」，而庫門者，天子之外
門。因此賈氏又解釋道：

> 言庫門，據魯作說。若凡平諸侯，則皋門。舉外門而言，三門
> 俱復。[101]

既然說「君復」又稱天子之「庫門」，賈氏便解云「據魯作說」，魯禮
攝天子之盛禮，得稱其外門為庫門。續云如果是普通他國諸侯，則外
門是皋門。既然〈檀弓〉說「庫門」，是「舉外門而言」，舉外以包
內，則諸侯禮「三門俱復」可知。賈氏推論得出諸侯禮「三門俱
復」，便再引申說明天子復法，續云：

---

100 《儀禮注疏》卷三十五，頁408。
101 《儀禮注疏》卷三十五，頁408。

則天子五門及四郊皆復，不言者，文不具。[102]

既然鄭注〈檀弓〉謂「尊者求之備也」，諸侯國君三門、四郊俱復，那麼天子也應該「五門及四郊皆復」，《周禮》夏采、祭僕、隸僕三職未言者，賈氏認為是「文不具」而已。既已知天子、諸侯之復法，賈氏一轉而說卿大夫以下之法，云：

卿大夫以下，復自門以內廟及寢而已。[103]

卿、大夫及士之法，則只復於其門以內的廟及寢，其禮降於諸侯。然後賈氏又論及婦人喪禮之復法，云：

婦人無外事，自王后以下所復處，亦自門以內廟及寢而已。[104]

賈氏以「婦人無外事」的原則，又再推出自王后以下之復處不出門，復處亦以門內之廟和寢為限。以上，可見賈氏就鄭注而衍生並討論其他禮學問題。鄭玄的注只說明士以有司為復者，天子則以夏采、祭僕。賈氏遂以證成和解釋鄭說為基礎，引申推論出諸侯復法、天子復法、卿大夫復法及婦人復法；其間又兼解〈檀弓〉據魯、《周禮》文不具的寫法。像這種層層推演的解經方法，阮元便認為是「文筆冗蔓」，不若孔穎達刪去無關重要的「枝蔓」般「條暢」（〈十三經注疏校勘記序〉）。此亦正足以反映出「南人約簡，得其英華；北學深蕪，

---

102 《儀禮注疏》卷三十五，頁409。
103 《儀禮注疏》卷三十五，頁409。
104 《儀禮注疏》卷三十五，頁409。

窮其枝業」[105]（《北史》卷十八〈儒林傳序〉）之特點。王靜安先生的
見解則正好與阮元等清代學者不同，認為孔氏在「敷衍經旨處」實
「不如賈氏《二禮疏》遠甚」。

第四節　句解法與演繹法

　　依上文所論，賈氏《儀禮疏》好就經文及注，廣加發揮，藉以探
討更多禮學問題，所謂「北學深蕪，窮其枝葉」者是也。至於孔氏
《禮記正義》，則鮮有層層演進之推論，大多緊扣經文及鄭注，加以
解說而已。在《正義》之中，孔氏往往在疏文之首，都會冠明該段大
意，然後多云「隨文解之」、「依文解之」，以〈檀弓上〉為例：

> 疏「事親」至「三年」，此一節論事親、事君及事師之法，臣
> 子著服之義，<u>各依文解之</u>。
> 疏「季武」至「之哭」，此一節明不奪人之恩，兼論夷人冢墓
> 為寢欲文過之事，<u>各隨文解之</u>。
> 疏「子上」至「始也」，此一節論子上不喪出母之事，<u>各隨文
> 解之</u>。
> 疏「孔子」至「脩墓」，此一節論古者不脩墓之事，<u>各依文解
> 之</u>。
> 疏「子思」至「不樂」，此一節論喪之初死及葬送終之具，須
> 盡孝子之情，及思念父母不忘之事，<u>今各隨文解之</u>。
> 疏「有虞」至「之殤」，此一節論棺椁所及用棺椁之差，<u>各隨
> 文解之</u>。

---

105 《北史》卷八十一，頁2709。

疏「夏后」至「用騂」，此一節論三代正朔，所尚色不同，<u>各</u>
<u>依文解之</u>。

疏「穆公」至「魯也」，此一節論尊卑之喪有同有異之事，<u>各</u>
<u>依文解之</u>。

疏「晉獻」至「子也」，此一節獻公殺申生之事，<u>各依文解之</u>。

疏「魯人」至「善也」，此一節論大祥除衰杖之日不得即歌之
事，今<u>各依文解之</u>。[106]

所謂「隨文解之」、「依文解之」，蓋謂針對經文和鄭注作出解說，那
些與經注無關之討論，將不納入疏中。這類術語在《禮記正義》中大
量出現，卻無一見於賈氏《儀禮疏》和《周禮疏》之中，可見二人在
解說經注方法和態度之差異。

　　上文嘗舉〈士喪禮疏〉論復者如何從經、注之義引申至其他問題
之討論，於賈氏演繹經論之法已見一斑。反之，孔氏《正義》往往只
是解說經、注之表面意思少作發揮。如〈曲禮上〉：「祭食，祭所先
進」，鄭注：「主人所先進，先祭之，所後進，後祭之，如其次」，孔
氏《正義》云：

　　凡祭食之法，隨主人所設前後次第種種而次祭之，故主人所先
　　進，先祭之，所後進，後祭之，所從如次也。[107]

比對鄭注孔疏，不難發現孔氏此疏文只是將鄭玄注文的字面意思，稍
加翻譯出來，對於鄭說，既沒有舉例加以證明，也沒有發揮箇中大

106　《禮記正義》卷六，頁110-116。
107　《禮記正義》卷二，頁40。

義，更遑論根本於鄭注而辨別正例變例。《儀禮》內多記設饌之次序，孫希旦《禮記集解》云：

> 祭食，祭所先進者，先進者先祭之，後進者後祭之也。〈公食大夫禮〉先設豆，次設俎，次設黍稷，次設鉶。此禮食設饌之次也。〈昏禮〉、〈特牲禮〉亦然。〈弟子職〉云：「置醬錯食，陳膳毋悖。凡置彼食，鳥獸魚鱉。必先菜羹，羹殽中別。殽在醬前，其設要方。飯是為卒，左酒右漿。」此朝夕燕食設饌之次也。此與客燕食，其設饌之次不可考，然以設饌內外之法觀之，則當先設羹食於內，而後設殽、殽於外，則亦先祭食而後祭殽、殽與？[108]

可見設饌之序，見於《儀禮》及其他文獻，而孔氏卻只就經文、鄭注之義稍作解說而已。可見孔氏編撰《正義》時只求疏通經注之意，不求「窮盡枝葉」，闡發禮論的特點。

反觀《儀禮疏》則不然，賈氏在疏中善於推論、演繹經注之義。其中值得說明的是「若然」之例。「若然」為義疏體之術語，雖非賈氏專用，但檢諸唐人義疏，卻以賈氏《儀禮疏》及《周禮疏》運用此語最多。大體而言，「若然」一語有兩種用法，第一，承襲上文所論定的結論，作為前提，再推論出「無正文」的禮制或禮論。例如〈少牢饋食禮〉「立筮」鄭注：「卿大夫蓍長五尺，立筮，由便。」賈疏云：

> 云「卿大夫之蓍長五尺」者，《大戴禮》、《三正記》皆有此

---

108 孫希旦：《禮記集解》，頁54。

文。「立筮，由便」，以其著長，立筮為便。對士之著三尺，坐
筮為便。若然，諸侯著七尺，天子著九尺，立筮可知。[109]

〈少牢〉為大夫禮，而云「立筮」，鄭玄注明是「由便」。賈氏加以解
釋，引用〈特牲饋食禮〉士禮坐筮，彼文云：「筮者許筮，還，即席
西面坐。……卒筮」鄭注：「士之筮者坐，著短，由便。」[110]以說明
大夫禮著長，立筮為便。賈氏既從〈特牲〉、〈少牢〉鄭注得出筮者筮
時之坐立，乃基於著之長短而由便，長者立，短者坐。賈氏這個結
論，同時作為推論的前提，故出「若然」一詞，續云「諸侯著七尺，
天子著九人，立筮可知。」可見「若然」的用法，乃是承接前面論證
的結論作為前提，來推論未知的情況。

　　又如〈士冠禮〉「主人酬賓，束帛儷皮」，鄭注：「儷皮，兩鹿皮
也」，賈疏便云：

　　云「儷皮，兩鹿皮也」者，當與〈射禮〉庭實之皮同，《禮
　　記・郊特牲》云：「虎豹之皮，示服猛也。」又〈覲禮〉用
　　馬，則國君用馬或虎豹皮，若臣聘則用鹿皮，故鄭注〈聘禮〉
　　云：「凡君於臣，臣於君，麋鹿皮可也。」言可者，以無正
　　文。若然，兩國[111]諸侯自相見，亦用虎豹皮也。[112]

賈氏據士冠禮、射禮俱用鹿皮。又據〈覲禮〉國君見天子用虎豹皮，
異於臣與諸侯國君之聘用鹿皮。又引〈聘禮注〉證君臣間相聘用鹿

109　《儀禮注疏》卷四十七，頁558。
110　《儀禮注疏》卷四十四，頁520。
111　阮刻本原作「說」，毛本作「國」，毛本是，據改。
112　《儀禮注疏》卷二，頁22。

皮。〈聘禮疏〉亦云:「知用麋鹿皮者,案〈郊特牲〉云:『虎豹之皮
示服猛也』,彼諸侯朝享天子法,用虎豹;此臣聘君,降於享天子
法,用麋鹿皮。故《齊語》云:『齊桓公使諸侯輕其幣,用麋鹿皮四
張,亦一隅也。』」[113]既知國君享天子用虎豹皮,君臣相聘用鹿皮,
根據這個論證結果,賈氏再以「若然」一語推出「兩國諸侯自相見,
亦用虎豹皮也」。

　　「若然」一語的另一種作用,在於自設問答。這種用法,同樣有
承上啟下之效,只不過是下文對於上文所論證的結論,提出疑問然後
再自行解答。如〈特牲饋食禮〉云:「利洗散」,鄭注:「利,佐食
也。言利,以今進酒也。」賈疏云:

> 云「利,佐食也。言利,以今進酒也」者,利與佐食乃有二名
> 者,以上文設俎啟會爾敦之時,以黍稷為食,故名佐食。今進
> 以酒,酒所以供養,故名利,利即養也,故鄭云以今進酒也。
> 若然,〈少牢〉名「佐食,上利執羊俎,下利執豕俎」者,大
> 夫禮文,故即兩見其名。[114]

賈氏此疏文,首先說明鄭玄注解之義。他指出鄭玄認為利即是佐食,
但何以此處不稱為佐食而稱之為「利」,是由於同一人同一職按其行
不同禮儀而名稱有別。啟會、爾敦等乃是尸飯之事,故名佐食;洗
散、進酒則是獻酒之事,古時供養以酒,養者,利也,因此不稱佐食
而稱之為「利」。既然名各有義,按行事不同而變異其名,賈氏遂以
「若然」一語承上啟下,舉出與上文所論有不協調之例。賈氏舉出
〈少牢〉「佐食,上利執羊俎,下利執豕俎」云云,以彼文執俎是食

113　《儀禮注疏》卷十九,頁233。
114　《儀禮注疏》卷四十六,頁545。

尸之事，按上文所論當稱為「佐食」，但其文卻「佐食」與「上利」、「下利」並出，豈不與上所論不合？賈氏便解釋是由於「大夫禮文，故即兩見其名」。賈氏撰疏，好自設答問，從而發揮更多禮義，而且能解釋禮書內的正例、變例。

又如鄭玄注解有自相矛盾之處，賈氏亦以「若然」之方式，自設問答。〈喪服‧記〉鄭注：「《周禮》曰：『凡弔事則弁絰服』，弁絰者如爵弁而素，加環絰也。其服有三：錫衰也，緦衰也，疑衰也。王為三公六卿錫衰，為諸侯緦衰，為大夫士疑衰。諸侯、卿及大夫以錫衰為弔服，當事乃弁絰，否則皮弁，辟天子也。士以緦衰為喪服，其弔服則疑衰也。」賈疏云：

> 向來所釋，皆據鄭君所引而言，案〈司服〉諸侯如王之服言之，鄭則諸侯皆如王，亦有三衰，〈服問〉（筆按：賈氏引篇名誤，當為〈喪服小記〉）直云「君弔用錫衰」，未辨緦衰、疑衰所施用。案〈文王世子注〉云：「君雖不服臣，卿大夫死則皮弁錫衰以居往弔，當事則弁絰，於士蓋疑衰，同姓則緦衰。」若然，案〈士喪禮〉：「君若有賜焉，則視斂。」注云：「賜，恩惠也。斂，大斂。君視大斂，皮弁服，襲裘，主人成服之後往，則錫衰。」此注又與〈文王世子〉違者，〈士喪禮〉既言有恩惠，則君與此士有師友之恩，特加與卿大夫同。其諸侯卿大夫則有錫衰，士唯疑衰。其天子卿大夫士既執摯與諸侯之臣同，則弔服亦同也。[115]

弔服有三，分別為錫衰，緦衰、疑衰也。鄭玄注〈喪服〉論三種弔服之用頗詳，但仍未盡。鄭玄雖然已經說明天子弔三公六卿用錫衰，弔

諸侯用總衰，弔大夫、士則用疑衰。然而，諸侯與天子相同，並有三
種弔服，而鄭注只說「諸侯、卿及大夫以錫衰為弔服」，並未指出其
餘總衰、疑衰兩弔服應在何時使用。賈氏考諸〈喪服小記〉亦只云
「諸侯弔必皮弁錫衰」，同樣未明兩弔服之用。因此賈氏便引〈文王
世子注〉云云，以見鄭注認為諸侯弔，「於士蓋疑衰，同姓則總衰」。
然後，賈氏又發現鄭玄的注解有與〈文王世子注〉解相違者，乃出
「若然」以自設問答。賈氏舉出〈士喪禮〉鄭注以君弔士之喪禮用錫
衰，與〈文王世子注〉所謂「於士蓋疑衰」云云，互相矛盾。然後又
自為解說，以〈士喪禮〉君視士之大斂，是基於君與所喪亡之士有恩
惠，故「特加與卿大夫同」。此處賈氏自己提出問題，並暗以攝盛之
法解釋鄭注互異的情況。

　　賈公彥《儀禮疏》經常運用這種自設問答的方式，推進對經解和
注義的疏證，從而窮盡地討論不同的禮說、正例變例，甚至乎解決注
解、經文間之矛盾及差異。如此種種都與孔氏《禮記正義》「隨文解
之」之方式殊異。值得注意的是，自設問答之法，實可溯源自六朝義
疏。今所存較完整之六朝義疏唯皇侃《論語義疏》及題為徐彥所著的
《公羊義疏》。《公羊義疏》，四庫館臣指其「中多自設問答，文繁語
複」[116]，牟潤孫不認同四庫館臣的說法，認為《公羊義疏》中之問
答，乃真實發生過之問答，非自設者，他在〈論儒釋兩家之講經與義
疏〉中云：

　　　此由於未明講經之有問答，更未知疏為講經之記載。若此疏為
　　　講前預撰者，恐殊難自設問答，如為整理講經記錄，於講後撰
　　　寫，則自不能不記。蓋因問作答，要義即在其中，能捨其問不
　　　記歟？況疏有門弟者所記者乎？即以公羊疏為例，其「公羊解

---

116 永瑢等：《四庫全書總目》，頁232。

詁隱公第一」下之疏，問答最多，發題時，聽者所問。其問多相關聯，層層攻駁，何能為一人自設。[117]

牟氏認為《公羊義疏》內所載之問答，乃是「多相關聯，層層攻駁」，正是實際講經時論難的記錄，絕不能是作者自設。《公羊疏》中之問答是否出於自設，抑或是講經論辯後的實際記錄，今不得確知。但若細心考察《公羊疏》之問答內容，不難發現其與《儀禮疏》內賈氏自設問答以彰闡經義的手法，如出一轍。如《公羊》「春秋公羊經傳解詁隱公第一」下《疏》載長篇問答，今綴取一段以見牟氏所謂「多相關聯，層層攻駁」，其文云：

○問曰：《左氏》以為魯哀十一年，夫子自衛反魯，十二年告老，遂作《春秋》，至十四年經成，不審《公羊》之義，孔子早晚作春秋乎？

○答曰：《公羊》以為哀公十四年獲麟之後，得端門之命，乃作《春秋》，至九月而止筆，《春秋說》具有其文。

○問曰：若《公羊》之義，以獲麟之後乃作《春秋》，何故大史公「遭李陵之禍，幽于縲紲，乃喟然而嘆曰：『是余罪也』」，「夫昔西伯拘羑里，演《易》；孔子厄陳、蔡，作《春秋》；屈原放逐，著《離騷》；左丘明失明，厥有《國語》；孫子臏腳，而論兵法」，「此人皆意有所鬱結，不得通其道也」，故自黃帝始作其文也。案《家語》孔子厄於陳蔡之時，當哀公六年。何言十四年乃作乎？

○答曰：孔子厄陳、蔡之時，始有作《春秋》之意，未正作，

---

117 年潤孫：《注史齋叢稿》（北京市：中華書局，1987年），頁296-297。

其正作猶在獲麟之後也。故《家語》云：「晉文之有
霸心，起于曹、衛；越王句踐之有霸心，起于會
稽。」夫陳、蔡之間，丘之幸也，庸知非激憤屬志，
始於是乎者？是其有意矣。

○問曰：若《左氏》以為夫子魯哀公十一年自衛反魯，至十二
年告老，見周禮盡在魯，魯史法最備，故依魯史記脩
之以為《春秋》，公羊之意据何文作《春秋》乎？

○荅曰：案閔因敘云：「昔孔子受端門之命，制《春秋》之義，
使子夏等十四人求周史記，得百二十國寶書，九月經
立。《感精符》、《考異郵》、《說題辭》具有其文。」
以此言之，夫子脩《春秋》，祖述堯、舜，下包文、
武，又為大漢用之訓世，不應專据魯史，堪為王者之
法也，故言据百二十國寶書也。周史而言寶書者，寶
者，保也，以其可世世傳保以為戒，故云寶書也。

○問曰：若然，《公羊》之義，据百二十國寶書以作《春秋》，
今經止有五十餘國，通戎夷宿潞之屬，僅有六十，何
言百二十國乎？

○荅曰：其初求也，實得百二十國史，但有極美可以訓世，有
極惡何以戒俗者取之；若不可為法者，皆棄而不錄，
是故止得六十國也。

○問曰：若言据百二十國寶書以為《春秋》，何故《春秋說》
云「据周史立新經」乎？

○荅曰：閔因敘云：「使子夏等十四人求周史記，得百二十國
寶書。」以此言之，周為天子，雖諸侯史記，亦得名
為周史矣。[118]

---

118 《春秋公羊傳注疏》卷一，頁6。

從上引《公羊疏》一段問答可見，凡所問者皆承上文所論而發，環環相扣，逐層推展。首問《公羊》之義，孔子作《春秋》之時間。答以「哀公十四年獲麟之後」，復舉出《史記・太史公自序》及《孔子家語》之記載「厄陳、蔡」時作《春秋》與上說「哀公十四年」之期不合而問之，又復加解答，指出所「厄陳、蔡時」作《春秋》乃是有其作意，迄哀公十四年方始「正作」。又再問《左氏》之義據魯史記作《春秋》，至於《公羊》之義孔子所據者為何。復又答云「以百二十國寶書」以作，不「專據魯史」。然後又問若據「百二十國寶書」，但何故《春秋》內只有六十國。又答此問云，「百二十國寶書」中可為訓世之史取之，否則棄之，故雖取百二十國之書，但最終唯有六十國而已。又問假若據百二十國寶書以作《春秋》，何以《春秋說》又云「據周史」。針對此問，作者又答云，當時周為天子，諸侯史記也得名為周史。由此可見，一問一答，環環緊扣，每問俱針對上所說解者而發，儼然就是一場經義之辯論，每問每答俱針鋒相對。

　　值得注意的是，上所引「問曰」之語，往往冠以「若《公羊之義》」、「若《左氏》以為」、「若然」、「若言」等，都是承接上所論之「前提」或「舊解」而提出往下之疑問，其功用與上文所論賈氏《儀禮疏》的「若然」有著相同的效果。[119]可見，賈氏《儀禮疏》的「若然」，很多時候可視為自設問答的一種標誌。只是賈氏《儀禮疏》多單一用「若然」一語，《公羊疏》內則此術語之用法較為多變，如《公羊・隱元年》「曷為先言王而後言正月？王正月也」，注云：「王

---

119 野間文史《五經正義研究論攷》中亦指出唐代義疏中對六朝義疏問答體之繼承，可從「若然」此一關鍵用語看出。但他只舉《尚書正義》孔安國〈序〉和《春秋左傳正義》一例，並未涉及《儀禮疏》。然據筆者所統計，《儀禮疏》和《周禮疏》運用「若然」此一術語，遠比《五經正義》數量為多。由此可見，賈氏運用「若然」來自設問答，為唐代義疏家中最為積極者。野間文史之說，見氏著：《五經正義研究論攷》（東京都：研文出版社，2013年），頁49-54。

者受命，必徙居處，改正朔，易服色，殊徽號，變犧牲，異器械，明受之於天，不受之於人。夏以斗建寅之月為正，平旦為朔，法物見，色尚黑；殷以斗建丑之月為正，雞鳴為朔，法物牙，色尚白；周以斗建子之月為正，夜半為，法物萌，色尚赤。」下疏就何注而云：

○解云：凡草物皆十一月動萌而赤，十二月萌牙始白，十三月萌牙始出而首黑，故各法之，故《書傳·略說》云「周以至動，殷以萌，夏以牙」，注云「謂三王之正也。至動，冬日至物始動也。物有三變，故正色有三；天有三生三死，故士有三王，王特一生死，是故周人以日至為正，殷人以日至三十日為正，夏以日至六十日為正。是故三統三王，若循連環，周則又始，窮則反本」是也。

○問曰：若如此說，則三王所尚，各自依其時物之色，何故《禮說》云「若尚色，天命以赤尚赤，以白尚白，以黑尚黑」，宋氏云「赤者，命以赤鳥，故周尚赤；湯以白狼，故尚白；禹以玄珪，故尚黑也。」以此言之，三代所尚者，自是依天命之色，何言法時物之牙色乎？

○答曰：凡正朔之法，不得相因，滿三反本，禮則然矣，但見其受命將王者，應以十一月為正，則命之以赤瑞；應以十二月為正，則命以白瑞；應以十三月為正，即命之以黑瑞，是以《禮說》有此言，豈道不復法其牙色乎？[120]

---

120 《春秋公羊傳注疏》卷一，頁9。

《公羊疏》先就何休的說法，加以疏解。疏文云「解曰」以下云「凡
草物皆十一月萌而赤，十二月萌牙始白，十三月萌牙始出首黑」，並
引《書傳》及鄭注以為證。然後有人問難曰「若如此說」，何以《禮
說》又有歧異的說法，以「三代所尚」「自是依天命之色」，不得如何
休說般「法其草物萌牙之色」。然後作者又解答是疑，云所謂依天命
之色，乃以其正月為何，即取草物萌牙之色以命之，故《禮說》所謂
「依天命之色」與何休說「草物萌牙之色」，其實並無相左。如此
例，足可見《公羊疏》之問答體「解 → 問 → 答」環環相扣的模式，
亦即是針對疏文對經注的基礎解說，層層問難，而又逐層拆解。所問
者又以「若然」、「若如此說」等術語貫穿。反觀賈氏《儀禮疏》，其
疏釋經注的慣常結構亦如是，先說解經、注之義，然後以「若然」的
方式自我提出歧說，然後復加解釋。所不同的是，賈氏疏文並沒有像
《公羊疏》般明顯標示「問曰」、「答曰」，因此過去學者並未有將他
推演經義的方法，歸類為問答形式。但事實上，若將《公羊疏》的問
答體與賈氏《疏》相參並觀，顯見賈氏疏解的方法實與《公羊疏》問
答形式所帶出的效果一致，兩者關係實不容忽視。

　　歷來對於《公羊疏》的作者爭議甚多。四庫館臣認為此書是唐人
徐彥所作，為「唐末之文體」[121]。對於此說，近代學者多不以為然。
學界較主流的說法，認為此《疏》乃作自六朝。如嚴可均云：「《疏》
先自設問答，與蔡邕《月令章句》相似，唐疏無體例」[122]（〈書公羊
疏後〉），甚至舉證證實是北齊人所撰。[123] 假若《公羊疏》確為北齊

121　永瑢等：《四庫全書總目》，頁53。

122　嚴可均：《鐵橋漫稿》，《續修四庫全書》（上海市：上海古籍出版社，1995年），頁
　　207。

123　參見吳承仕：〈公羊徐疏考〉，《師大國學叢刊》，1931年第1期。潘重規：〈春秋公
　　羊疏作者考〉，《學術季刊》，1955年第4期。陳顥哲：《春秋公羊疏思想研究》（臺
　　北市：世新大學中國文學系碩士學位論文，2010年）。

人所撰，極可能與傳承北學的賈公彥有莫大關係，也能解釋何以賈氏
《儀禮疏》有著與《公羊疏》如此相近之問答體式。只是《公羊疏》
的問答體，似乎乃是真實問答的記錄，與當時有講經風氣有關。而賈
氏之自設問答，則不特別注明「問曰」、「答曰」，而以自釋異義的方
式推進說解經義。

因此，賈公彥《儀禮疏》解經釋注好以自設問答，舉出經注之異
義，自我論難然後又為之解說，藉此推演經義的討論。比對《公羊
疏》，可見賈疏與六朝之義疏問答體實具有相同效果，賈疏的說經方
法似是源出於北朝義疏。相反，觀孔氏《禮記正義》疏經之法，卻重
在「隨文解之」，不但鮮見問答形式，對於不關經、注的討論亦一律
不納入疏文內。此蓋賈氏《儀禮疏》與孔氏《禮記正義》之大別也。

第五節　小結

前人對《禮記正義》及賈氏《儀禮疏》兩書之優劣，意見不一。
或以《正義》簡明，賈疏繁冗而譏賈不如孔。今嘗比較二書，發現兩
家之禮學思想大異。首先，有關《儀禮》與《周禮》本末問題，賈氏
以《儀禮》為本、《周禮》為末；孔則反以《周禮》為本、《儀禮》為
末。據上所論，二家之異，蓋根本於南北禮學之分野。基於對二書本
末觀點不同，對《二禮》內容的編次原則也有不同看法。賈氏認為
《儀禮》的編排是「以賤者為先」；孔氏則認為是以「輕者為先」。由
此可見，賈、孔二人之基本禮學觀點已具不同。再考個別禮論，兩家
亦有差異，上文所舉例證即可見一斑。

除了基本禮學思想及個別禮說的差異，《正義》與《儀禮疏》之
別，也見於其書內容與唐代經師之關係。據前人所論，《禮記正義》
與唐代的《五經定本》有一定程度的關係，而賈氏《儀禮疏》對所謂

「定本」卻無一徵引，可見孔氏《正義》與唐代經學著作之關係較賈氏為之密切。然而，「定本」今所不見，其間牽涉問題亦頗為複雜，不易理清。今則嘗試比對陸德明《禮記音義》與孔氏《禮記正義》，發現孔氏對陸氏《音義》的訓詁，多所因襲，甚至用陸氏之說參合鄭注，從而補足鄭說，此外對於陸氏引書之舖排，孔氏《正義》亦每有參考。可見《禮記正義》與陸氏《經典釋文》之關係匪淺。這種關係並不見於賈氏《儀禮疏》，可見孔氏《正義》與唐代經學著作之關係，顯然較賈氏密切。

此外，兩家處理舊疏的方法也有不同。孔氏編《禮記正義》，有皇侃、熊安生二家之義疏，他以皇侃為本，熊氏為補充的方式撰疏。而且，整編《禮記正義》的內容是拼貼舊疏而成。孔氏對於不認同的說法，亦廣加徵引，然後逐家評議，可見其編疏之態度，好評騭舊疏是非。賈疏則不同，他明言對舊疏是「擇善而從，兼增己義」。復再考察賈氏疏文，可見他絕少評議前疏得失，只將他認為正確的說法寫入疏中，融為己說。賈氏這種做法，大概是希望將前人說法納入自己的禮學系統，再加上自己的發揮，終以成為一家之言。此亦可見賈、孔二書之別。

至於兩家的論說方法，頗見差別。孔氏《禮記正義》多以「隨文解之」的方式解說經、注，將與經、注無關的論說一律刪棄。清人認為這種作法收簡明之效，王靜安先生則認為他以此法闡釋經義不及賈氏《二禮疏》。賈氏《儀禮疏》則好演繹經義和注義，從解釋經義出發，引申討論不同的禮學問題。他的討論，往往根本於經文和注，層層推進，對於許多無「正文」或無「明文」禮制，詳加探究。再者，賈疏好以「若然」的方式自設問答，藉以推進討論；這種寫法實與北齊《公羊義疏》內的問答體如出一轍。賈疏自設歧義而逐一解說，《公羊義疏》則以一問一答的方式層層累進，二書解經之法及其效果

十分相近，實不無關係。這種撰疏方法，清代學者認為是「冗蔓」，
與孔氏《正義》「隨文解之」的簡明風格，大相迴異。

　　由此可見，賈氏《儀禮疏》與孔氏《禮記正義》，從最根本之禮
學觀，到處理舊疏之法，以至於解經釋注之慣性，都大為不同。兩家
之異，不只是個別禮說的差異，而在編疏的態度和原則上，亦屬殊
途。據上所論，這些差異有不少是源自兩人南北學術風尚不同所致。
以上，大概能就賈、孔禮疏旨趣之別，略為舉例說明。

第七章
《儀禮疏》與《周禮疏》之比較

　　賈公彥《三禮疏》，今僅存《儀禮疏》和《周禮疏》；他的《禮記疏》自宋以來已經亡佚不存。賈氏《儀禮疏》卷一「鄭氏注」下說：「至於禮之大義，備於《禮記疏》」[1]，自述《禮記疏》之性質。《周禮》、《儀禮》兩疏宏大，學者鮮言二書之差異，而只往往停留於印象式的評價。如朱子以為《周禮疏》最好，《儀禮疏》則「不甚分明」[2]。清人又批評賈氏《儀禮疏》行文冗蔓，不堪卒讀，阮元《揅經室一集》卷十一〈十三經注疏校勘記序〉：「賈《（儀禮）疏》文筆冗蔓，詞意鬱輵，不若孔氏《五經正義》之條暢。」[3] 至於《周禮疏》，學者則認為較為簡當，孫詒讓《周禮正義·略例十二凡》：「（《周禮疏》）在唐人經疏中，尚為簡當。……於杜鄭三君異義，但有糾駁，略無申證。」[4] 其實《周禮》、《儀禮》性質本有差別，賈氏針對兩書的疏解方法亦有不同。既然他所著的《禮記疏》詳明禮之大義，可以想像他在《儀禮疏》和《周禮疏》中的疏釋內容也有不同分工。本章嘗試考察《儀禮疏》與《周禮疏》的內容，比較兩者大端，希望更進一步突顯《儀禮疏》的特點。

1　《儀禮注疏》卷一，頁3。
2　黎靖德編；王星賢校點：《朱子語類》，頁2195、2200。
3　江藩：《國朝漢學師承記》，頁265-266。
4　孫詒讓：《周禮正義》（北京市：中華書局，1987年點校本），頁2。

第一節　《儀禮》與《周禮》之性質

一　二《禮》同為周公攝政時所作

賈公彥在兩《禮疏》中，多次強調《儀禮》、《周禮》都是周公之作，是其致太平之迹。〈儀禮疏序〉中說「至於《周禮》、《儀禮》……並是周公攝政致大平之書。」[5]〈序周禮廢興〉又說：「唯有鄭玄遍覽群經，知《周禮》者乃周公致大平之迹。」[6]兩禮並出於周公，說本鄭玄。[7]根據賈公彥所說，鄭玄之前有不信《周禮》者，有張禹、包咸、周氏、何休、臨碩等人。[8]若檢諸孔穎達〈禮記正義序〉及《通典・禮典》也同樣認為二書同為周公所作。王通《中說・錄唐太宗與房魏論禮樂事》又記唐太宗說「夜讀《周禮》，真聖作也。」[9]似乎在唐人眼中，認為二《禮》俱出自周公之手無疑。

周公制禮作樂，書有明文。《禮記・明堂位》：「六年，朝諸侯於明堂，制禮作樂，頒度量，而天下大服。」[10]那麼，周公制作《儀禮》、《周禮》的時間當在攝政六年。所以，賈公彥《周禮・師氏》疏云：「據周公以武王時未大平，不得制禮作樂。周公攝政六年，大

5　《儀禮注疏》卷一，頁3。

6　《周禮注疏》序周禮廢興，頁9。

7　《周禮・大宰》鄭注：「周公居攝而作六典之職，謂之《周禮》。」（《周禮注疏》卷一，頁10）是鄭以為《周禮》出於周公。又《儀禮・鄉飲酒禮》：「笙入堂下，磬南北面立，樂《南陔》、《白華》、《華黍》。」鄭注：「周公制禮作樂，采時世之詩以為樂歌，所以通情相風切也。其有此篇明矣。」（《儀禮注疏》卷九，頁93）可見鄭玄亦以為《儀禮》為周公手著。

8　孫詒讓：《周禮正義》，頁530。

9　王通：《中說》，《四部叢刊初編》（上海市：商務印書館，1919年影印本），頁10。

10　《禮記正義》卷三十一，頁576。

平，乃制作禮樂。」[11]但攝政六年，應是二《禮》訂成之年，此前當有雛型。〈膳夫〉鄭注云：「前此（周公制禮）者，成王作〈周官〉，其志有述天授位之義，故周公設官分職以法之。」賈云：「成王作〈周官〉，在周公攝政三年時，周公制禮在攝政六年時，……（成王〈周官〉）又云立三孤及天地四時之官，是其志有述天地三百六十官位之義。故周公設官分職法之也。」[12]故此，鄭玄和賈公彥都認為《周禮》的架構並非全部創自周公，在周公之前成王或已制作綱領。〈序周禮廢興〉引鄭玄〈序〉又說：「斯道（《周禮》）也，文武所以綱紀周國，君臨天下；周公定之，致隆平龍鳳之瑞。」[13]可見賈公彥全承鄭說，認為文王、武王時已行《周禮》之道，周公只是進一步編定為墳典而已。

　　正由於賈公彥認為兩禮是周公攝政六年所制訂，其他典藉所載有與《儀禮》、《周禮》差異的地方，多被他視為「周公制禮」年代以外的事。同時，他又將這些差異之處視為周公制作兩禮的佐證。例如《周禮·亨人》鄭注：「爨，今之竈」，賈云：

> 《周禮》、《儀禮》皆言爨，《論語》王孫賈云「寧媚於竈」，
> 《禮記·祭法》天子七祀之中亦言竈。若然，自孔子已後皆言
> 竈，故鄭云「爨，今之竈。」[14]

《儀禮》卷四十二〈士虞禮疏〉及卷四十四〈特牲饋食禮疏〉並有相似論調，並說「周公經為爨，至孔子時為竈」、「周公制禮之時，謂之

---

11 《周禮注疏》卷十四，頁211。
12 《周禮注疏》卷三，頁42。
13 《周禮注疏》序周禮廢興，頁9。
14 《周禮注疏》卷四，頁63。

爨,至孔子時則謂之竈」。按賈氏之意,《論語》時已作「竈」而不作
「爨」,而二《禮》只作「爨」可證二《禮》必在孔子之前,決非六
國陰謀之書(何休語)。賈氏除了將這類情況視為今古文字之別外,
更作為周公手定二《禮》的佐證。

二 《儀禮》、《周禮》之本末及體履

雖然賈公彥認為《儀禮》、《周禮》都是周公制作,但二書卻有本
末之別。他在〈儀禮疏序〉中云:

> 至於《周禮》、《儀禮》,發源是一,理有終始,分為二部,並
> 是周公攝政大平之書。《周禮》為末、《儀禮》為本。本則難
> 明,末便易曉。[15]

這段文字十分簡短,在兩《禮疏》中亦不見有所闡論。有趣的是,賈
氏以《周禮》為末、《儀禮》為本,而孔穎達恰好以《周禮》為本、
《儀禮》為末,兩人的說法恰好相反。[16] 要了解賈公彥的本末說,首
先是要釐清孔穎達的說法。孔說後來受到很多人的抨擊,尤其以晚清
今文學派最為激烈。[17] 孔氏以《周禮》為本的說法,是從鄭玄的「體
履說」而推論出來的。鄭玄云:

> 禮者,體也,履也。統之於心曰體,踐而行之曰履。(〈禮記正

---

15 《儀禮注疏》卷一,頁2。

16 孔說詳:〈禮記正義序〉。

17 可參看邵懿辰《禮經通論》「論王禮」條及「論《儀禮》之稱當復為《禮經》」條,
及皮錫瑞《經學通論》卷三「三禮」部各條。

義序〉引）[18]

孔穎達就根據鄭玄對「禮」字的兩個訓釋加以推論：

> 禮雖合訓體、履，則《周官》為體，《儀禮》為履。……是
> 《周禮》、《儀禮》有體、履之別也。所以《周禮》為體者，
> 《周禮》是立治之本，統之心體，以齊正於物，故為禮。……
> 《周禮》為本，則聖人體之；《儀禮》為末，賢人履之。（〈禮
> 記正義序〉）[19]

觀乎此論，不難發現孔穎達直接將鄭玄體、履兩訓結合《周禮》、《儀
禮》而言，再由此推出體是本，履是末的結論。事實上，賈公彥也有
相似的說法，〈士冠禮疏〉云：

> 《周禮》是統心，《儀禮》是履踐，外內相因，首尾是一。[20]

賈公彥明顯也是撝用鄭義，將《周禮》視為統心的「體」，《儀禮》則
是踐行的「履」。但與孔穎達不同的是，賈公彥並沒有將「體履」與
「本末」混為一談，因此沒有推導出《周禮》為本的結論。況且，賈
公彥將二書體、履的關係，視為「內外相因，首尾是一」，而並沒有
像孔穎達般將體、履分割，反而認為兩者其實是混同一體，表裡相
應。在這層面上，與賈氏自言之「發源是一，理有終始，分為二部」
（見上引〈儀禮疏序〉）是一致的。因此在賈公彥的禮學體系裡，《周

---

18 《禮記正義》序，頁7。
19 《禮記正義》序，頁7。
20 《儀禮注疏》卷一，頁3。

禮》、《儀禮》雖然是分為兩部，但兩者都是「周公致大平之迹」，不可分割。而且，他更將「體履」與「本末」分開討論，各不相涉。賈氏取用鄭玄「體履說」時，特意說二《禮》是「外內相因，首尾是一」；但說二《禮》本末時，卻說成是「理有終始，分為二部」。故此，自內外、首尾而言，《周禮》是體，《儀禮》是履；但如就終始而論，則《儀禮》是本、《周禮》是末。曹元弼《禮經校釋》便曾說明賈、孔本末之異，其文云：

> 賈以終始言，則《儀禮》為大平始基，《周禮》為大平成法。
> 孔以體履言，則《周禮》為禮之綱領，《儀禮》為禮之條目。[21]

曹氏之論甚是。二人視二《禮》之本末迥別，正因賈、孔論說的立足點全然不同所致。孔穎達認為「體履」即等同於「本末」，便推出二書綱領及條目之關係，所以他在〈正義序〉中便說：「《周禮》為體者，《周禮》是立治之本，統之心體。……其《儀禮》但明體之所行踐履之事，物雖萬體，皆同一履，履無兩義也。……（儀禮）所以三千者，其履行《周官》五禮之別，其事委曲，條數繁廣，故有三千也。」[22]此說已為後人多所駁斥。[23] 至於賈說以周公致太平之終始以

---

21 曹元弼：《禮經校釋》，《續修四庫全書》（上海市：上海古籍出版社，1995年），頁1-2。

22 《禮記正義》序，頁7。

23 如朱子說：「《周官》一書，固為禮之綱領，至其儀法度數，則儀禮乃其本經。」（詳參《朱晦菴集》，頁63），又云：「蓋《周禮》乃制治立法，設官分職之書，于天下無不該攝，禮典固在其中，而非專為禮說也。……至于《儀禮》，則其中冠、昏、喪、祭、燕、射、朝、聘，自為《禮經》大目。」（詳參黃以周《禮書通故》卷一引，頁2）皮錫瑞又說：「《周官》言官制，不專言禮，不得為《儀禮》之綱；《儀禮》專言禮，古稱禮經，不當為《周官》之目。」（詳參皮錫瑞：《經學通論》卷三，頁6）

言二書本末，則《儀禮》是始基，《周禮》是成法。賈公彥因二書「理有終始」而導出本末者，《禮記‧大學》云：「物有本末，事有終始。……自天子以至於庶人，壹是皆以脩身為本，其本亂而末治者否矣。」[24]清王步青《〈儀禮〉經傳內外編序》便云：

> 唐賈氏則曰：「《周禮》為末，《儀禮》為本。」夫〈大學〉之序自修身齊家，放之國與天下，竊以此指按此二書。[25]

王步青之解，即參用了〈大學〉終始之義。曹元弼所說《儀禮》為太平始基，或即指修身。修身自為國治之本。宋翔鳳《過庭錄》卷八「儀禮為本周禮為末」條說：

> 按《儀禮》十七篇始於冠婚，以重成人之事，謹人倫之始；終於喪祭，明慎終追遠之義。〈喪服〉一篇，所以定親疏、決嫌疑，人心風俗之所繫，不可變易，故謂之本。《周禮》設官分職，一代之書有所損益，故謂之末。[26]

所以，《儀禮》十七篇是繫於人倫、風俗之事。若一國之治必始乎移風易俗，而邦國之亡亂，亦自禮儀之不修開始。皮錫瑞《經學通論‧三禮》「論所以復性節情，經十七篇於人心世道大有關繫」條云：「其賢者失所遵循，或啟妨貴凌長之漸，不肖者無所檢束，遂成犯上作亂之風，其先由小節之不修，其後乃至大閑之踰越，為人心世道之大害。……漢以十七篇立學，灼見本原，後人以《周禮》為本，《儀

---

24 《禮記正義》卷六十，頁983。
25 王步青：《已山先生文集》，乾隆敦復堂刻本，頁88。
26 宋翔鳳：《過庭錄》（北京市：中華書局，1986年點校本），頁133。

禮》為末,本末倒亂。」[27] 重要的是,賈公彥本認為《儀禮》是天下
自士至天子之通禮,今存十七篇並非原本,其中亡佚者多。檢其在
〈喪禮疏〉便說:

> (《儀禮》)未亡之時,有天子、諸侯、卿大夫、士之喪服,其
> 篇各別,今皆亡,唯〈士喪禮〉在。若然,據〈喪服〉一篇總
> 包天子以下服制之事,故鄭《目錄》云「天子以下相喪衣服親
> 疏之禮」。喪服之制,成服之後,宜在〈士喪〉始死之下,今
> 在〈士喪〉之上者,以〈喪服〉總包尊卑上下,不專據士,故
> 在〈士喪〉之上。[28]

在賈公彥眼中,周公初制《儀禮》的篇章總包士以至天子,天下之人
皆得據此行事,藉以修身。禮典天下通行,能收移風易俗之效。就此
而言,《儀禮》就是「大平之始基」,賈公彥視之為周公致太平之
「本」。但《儀禮》篇章亡佚,各等行事之法不復而知,是以賈疏
《儀禮》積極於根據現存篇章來推致出各等禮儀(詳本書第五章),
以體現《儀禮》原書之性質。

　　承上文所論,賈公彥認為《周禮》、《儀禮》二書既有本末之別,
亦有體履之分,視乎致大平的終始抑或治國的內外、首尾而言。審乎
體履之義,孔穎達說體是「治國之本」,謂「體此萬物,使高下貴賤
各得其宜」(〈正義序〉),至於履則是踐履「體」之所行。因而履只是
體的附屬。但在賈公彥眼中,《周禮》固然是治國的大綱,而《儀
禮》則是實際踐行的細節,二者有體履之分,但內外相因,地位對

---

27 皮錫瑞:《經學通論》卷三,頁13。
28 《儀禮注疏》卷二十八,頁337。

等，並沒有視《儀禮》為從屬於《周禮》。因此，兩人在詮釋《禮記・禮器》：「經禮三百，曲禮三千」一語的時候，雖然同樣宗主鄭注而將「經禮」視作《周禮》，曲禮為《儀禮》，[29]但孔穎達就直接據此認為《周禮》在前，又名「經禮」，理所當然為治國之大本，而使《儀禮》淪為《周禮》的從屬；反觀賈氏卻沒有因為〈禮器〉一語所置二書先後而定性二書之本末。[30] 賈公彥認為《周禮》是周公制為一代之法，以綱紀天下，猶秦嬴政之統一法度，這是由於統理天下，宜以專一法度統率。但《儀禮》中所載冠、昏、喪、祭等，乃天子下至各等諸侯、大夫、士之法儀，不僅尊卑貴賤會導致儀節不同，風俗差異也會導致禮行有別。體是統心，專一為宜；履是踐行，容有異法，

29　《禮記・禮器》：「經禮三百，曲禮三千，其致一也。」鄭注：「經禮謂《周禮》也。《周禮》六篇，其官有三百六十。曲猶事也，事禮謂今《禮》也，禮篇多亡，本數未聞，其中事儀三千。」（《禮記正義》卷二十三，頁459）鄭玄此解，後世非議者甚多，並多為糾正。詳參黃以周《禮書通故》卷一、邵懿辰《禮經通論》。

30　賈公彥認為《周禮》、《儀禮》俱有二名。《儀禮・士冠禮》賈疏云：「然《周禮》言周不言儀，《儀禮》言儀不言周，既同周公攝政六年所制，題號不同者，《周禮》取別夏、殷，故言周；《儀禮》不言周者，欲見兼有異代之法。……故《周禮》已言周，《儀禮》不須言周，周可知矣。且《儀禮》亦名〈曲禮〉，故〈禮器〉云『經禮三百，曲禮三千。』鄭注：『曲猶事也，事禮謂今《禮》，其中事儀三千。』言儀者，見行事有威儀；言曲者，見行事有屈曲。故有二名也。」（《儀禮注疏》卷一，頁3）由此可見，《儀禮》又名〈曲禮〉。又《周禮・春官宗伯・敘官》賈疏又說：「鄭云：『經禮謂《周禮》也，曲猶事也，事禮謂今禮也，其中事儀三千。』若然，則《儀禮》為〈曲禮〉，今此鄭云：『禮謂〈曲禮〉五』者，對文則《儀禮》是〈曲禮〉，《周禮》是〈經禮〉，散文則《周禮》亦名〈曲禮〉，是以〈藝文志〉云：『帝王世有損益，至周曲為之防。』是指《周禮》為〈曲禮〉也。」（《周禮注疏》卷十七，頁259）按：則《周禮》又可名〈曲禮〉。《儀禮》之言「儀」是有威儀，言「曲」是行事屈曲；《周禮》言「周」是周代之制，言「曲」是周曲齊全之意。由此可見，〈禮器〉所謂「經禮三百，曲禮三千」，賈氏認為此為兩書對文而言，二書僅是一體一履相對成文，沒有先後從屬之關係。正如《周禮》是相對《儀禮》而言，謂其有無異代法之故，亦只是平行關係而已。孔穎達則不同，孔以置於前者的「經禮」（《周禮》）為體為本，「曲禮」（《儀禮》）置於後者為履為末。

此或即是賈公彥所視《周禮》、《儀禮》在體履上性質差異。所以，
〈士冠禮疏〉云：

> 《周禮》言周不言儀，《儀禮》言儀不言周，既同是周公攝政六
> 年所制，題號不同者，《周禮》取別夏殷，故言周；《儀禮》不
> 言周者，欲見兼有異代之法，故此篇有醮用酒，〈燕禮〉云諸
> 公，〈士喪禮〉云「商祝」、「夏祝」，是兼夏殷，故不言周。[31]

《周禮・膳夫》賈疏引鄭玄答趙商問〈玉藻〉與《周禮》禮數不同，
賈氏疏解云：「此《周禮》周公太平法，〈玉藻〉據衰世，或是異代，
故與此不同。」[32]因此，《周禮》所載，盡是周制；《儀禮》之文，卻
容有異代典禮。〈士冠禮〉「若不醴則醮用酒」，鄭注：「若不醴，謂國
有舊俗可行，聖人用焉不改者也。」賈云：「云『聖人』者，即周公
制此《儀禮》，用舊俗，則夏殷之禮是也。」[33]是言周公制作《周禮》
專致一代之法；但至於不同侯國行禮時，則容許未能行周法的國家，
故制訂《儀禮》時兼收異代之法。〈燕禮〉：「若有諸公，則先卿獻
之。」鄭注云：「諸公者，謂大國之孤也。孤一人，言『諸』者，容
牧有三監。」賈云：

> 云「言諸者，容牧有三監」者，以其言諸，非一人。案〈王
> 制〉云：「天子使其大夫為三監，監於方伯之國，國三人。」彼
> 是殷法，同之。周制使伯佐牧，不置監。周公制禮，因殷不改

---

31 《儀禮注疏》卷一，頁3。

32 《周禮注疏》卷四，頁58。

33 《儀禮注疏》卷三，頁28。

<u>者</u>，若〈士冠〉醮用酒之類，故鄭云容。言容有異代之法。[34]

所以，在賈公彥的眼中，《周禮》、《儀禮》雖然同為周公制作，但二書性質稍有差異。《周禮》象天地四時日月星辰之度數，法度完備周密，[35] 為一代之典禮。至於《儀禮》，則欲成天下之通禮，人人得以依此行禮，故其中不僅具備尊卑之法，亦包含異代之禮。由於二書之性質差異，賈公彥疏釋經及注時亦各有側重。據今所考見，賈氏釋《周禮》重在職官之體系，疏解《儀禮》則傾向探究《儀禮》所闕失篇章之內容，重現各級各種之禮儀。

第二節　兩疏取材與體例

賈公彥在〈儀禮疏序〉中說此《疏》是根據當時僅有的黃慶、李孟悊兩家章疏為本，並且擇善而從，兼增己義。然揆諸史志中卻無此二家之名。檢諸《隋書・經籍志》中分別有《儀禮義疏》二卷及六卷，不知是否即指這兩家著作。[36]然而，這兩種義疏只有合共八卷，

---

34 《儀禮注疏》卷十五，頁170。

35 《周禮・膳夫》鄭注云：「六官之屬三百六十，象天地四時日月星辰之度數，天道備焉。前此者，成王作《周官》，其志有述天授位之義，故周公設官分職以法之。」（《周禮注疏》卷三，頁42）賈氏下疏同鄭說。

36 喬秀岩曾經就《儀禮疏》的取材問題有所討論，他說：「案《隋志》，為《周禮》義疏者凡四家，除沈重《義疏》四十卷外，他三家不著撰人，卷數各為十九、十九；《儀禮》義疏僅見無名氏二家，二卷之與六卷而已。較之劉炫《尚書》疏二十卷、《詩》疏四十卷、皇侃《禮記》疏四十八卷等，詳略懸殊。《周禮》獨沈重一家有四十卷，後人皆謂賈公彥取資，或其然也。至《儀禮》，賈公彥《儀禮疏序》所言黃慶、李孟悊等書竟不見其名，《隋志》二家二卷、六卷，絕不可為逐句疏解如今賈疏者。此所以《周禮疏》優而《儀禮疏》劣，如上節所言。據此又知《周禮疏》當多因襲舊疏之文，《儀禮疏》更多賈公彥自為之說。」喬秀岩：《義疏學衰亡史論》，頁159。

賈公彥《儀禮疏》卻達五十卷，可見當時賈氏能在其中採用的材料不多。《周書》沈重本傳稱他著有《儀禮義》三十五卷，但卻不見著錄於《隋書》、《唐書》書志，賈氏是否能得見，亦是一疑。前此有關《儀禮》的疏解，多在〈喪服〉一篇。所以，在《儀禮》十七篇中，幾乎只有〈喪服疏〉有引用前賢如雷次宗的說法。此外，《儀禮疏》的說法間與熊安生說相合；熊、賈二人的學術淵源不淺，也許疏中禮說是來自當時師說傳授。

　　至於《周禮疏》，賈氏並未明言所據用之義疏。陳振孫《直齋書錄解題》「《周禮疏》五十卷」下云：「《廣川藏書志》云『公彥此《疏》，據陳邵《異同評》及沈重《義疏》為之，二書並見《唐藝文志》，今不復存。』」[37] 孫詒讓則以沈重《義疏》與《周禮疏》卷帙並同，因此認為是「據沈重《義疏》重修」[38]。沈重的四十卷《周官禮義疏》和陳邵的十二卷《周官禮異同評》今皆亡佚，無從比對。但二家之書既存乎新舊《唐書》中，賈氏當可得參用；加上卷帙又相對《儀禮》的義疏為多，可見賈公彥造《周禮疏》時所能參考的資料，比造《儀禮疏》要豐富得多。賈氏可見的《周禮》類的義疏比《儀禮》類的義疏多，所以喬秀岩便說二《疏》雖同樣參考六朝義疏，但《儀禮疏》更多「賈氏自為之說」[39]。

　　若從二《疏》行文體例而言，《周禮疏》實受鄭注體例所限，較少發揮空間。《周禮》鄭玄注多引前賢說法，並加以糾正補充。賈氏曾為鄭此法加以說明，〈天官・敘官疏〉云：

　　大略一部之內，鄭玄若在司農諸家上注者，是玄注可知，悉不

---

37 陳振孫：《直齋書錄解題》（上海市：上海古籍出版社，1987年），頁44。

38 孫詒讓：《周禮正義》，頁2。

39 喬秀岩：《義疏學衰亡史論》，頁159。

言「玄謂」。在諸家下注者，即稱「玄謂」，以別諸家。又在諸
家前注者，是諸家不釋者也。又在諸家下注者，或增成諸家
義。[40]

鄭玄《周禮注》中引用鄭興、鄭眾、杜子春等說法，他自己的說法則
一般以「玄謂」的方式置於各家說法之下。鄭注這種體例，或是不從
前義、或是增潤其義。賈公彥作《疏》特別重視此點，故此在疏解鄭
注時，往往先解「先鄭之意」、「杜意」，然後說明鄭玄從與不從，並
解釋其取捨的緣故並說明鄭義。由於鄭玄這種獨特的注經體例，令賈
公彥撰疏時花費不少筆墨分析和衡量諸家說法，有時更要解釋鄭眾等
說法致誤之由。如〈籩人疏〉云：「鄭司農云『朝事，謂清朝未食，
先進寒具口實之籩』者，此先鄭不推上下文勢祭祀為義，直以為生人
所食解之，故後鄭不從也。」[41]這樣的例子很多。反觀《儀禮疏》
中，則是專注疏通鄭玄一家之說，較少出現像《周禮疏》般需要顧及
各種說法的情況。[42]《儀禮疏》在疏解鄭注後，往往大肆發揮，引申
探討其他禮學問題。如〈燕禮〉獻工節：「工不興，左瑟」，鄭注：
「左瑟，便其右。」賈云：

云「左瑟，便其右」者，工北面，以西為左，空其右受獻。便
者，酒從東楹之西來，故以右為便。案〈大射〉云「獻工，工

40　《周禮注疏》卷一，頁11。

41　《周禮注疏》卷五，頁82。

42　在《儀禮疏》中也有出現鄭玄引用舊說的情況，如〈特牲饋食禮〉：「宗人執畢先
入，當阼階，南面。」鄭注云：「舊說云：畢以御他神物，神物惡蒙叉。則〈少牢
饋食〉及〈虞〉無叉，何哉？此無叉者，乃主人不親舉耳。」賈云：「舊說如此，又
引〈少牢〉、〈士虞〉已下，破舊說之意也。」（《儀禮注疏》卷四十五，頁529）但此
類例子在《儀禮注疏》內極少，且賈氏亦較少花費筆墨疏解《儀禮注》中的舊說。

左瑟」，鄭注云：「大師無瑟，於是言左瑟者，節也。」以其經云「僕人正徒相大師」，無瑟。言大師左瑟者，為飲酒之節，此與〈鄉飲酒〉同，無所分別。大師或瑟或歌，是以不得言節之。案〈鄉飲酒〉大師則為之洗，則眾工不洗也。此經主人洗升獻工，不辨大師與眾工，則皆為之洗爵。又案〈鄉飲酒·記〉：「不洗者不祭。」此篇與〈大射〉群工與眾笙皆言祭，故知皆為之洗。[43]

賈公彥疏解鄭玄「左瑟，便其右」的說法後，轉而說大師無瑟也當「左瑟」，與〈鄉飲酒禮〉相同；其後又引申指〈鄉飲酒禮〉大師則為之洗，眾工不洗，此篇〈燕禮〉及〈大射儀〉則不辨大師與眾工俱為之洗。賈氏所論，已去鄭注甚遠，可見《儀禮疏》中賈氏說禮時往往有較大的發揮。所以，囿於鄭注體例，《周禮疏》的著眼點，似乎放在權衡先鄭後鄭以及杜子春眾說，賈氏雖只宗主鄭玄一家之注，但仍然有必要先解釋鄭玄所引鄭眾等人之說，才能完整彰顯鄭注之義。至於《儀禮》鄭注解簡扼，鮮引他說，足以讓賈氏能有空間充分展開討論。

第三節　舖排及書法的分析

賈公彥認為二《禮》俱為周公所制，其間書法及舖排往往具有深意。因此，在《儀禮疏》和《周禮疏》內，賈氏特別注重對行文字詞以及職官儀節陳述的分析。根據賈公彥的詮釋，周公設兩經時所用的筆法並有同異。究其同者，如省文的寫法同見於兩經。日人高橋忠彥曾撰文探討兩編《禮疏》中有關「文不具」、「省文之義」、「略不言」

---

43 《儀禮注疏》卷十五，頁172。

等等情況。[44]其他相似的地方，例如二《疏》均舉出「舉甲以明乙」之寫法。今所考見，兩《禮疏》中所出現這種模式的筆法分析，共有「舉外以包內」、「舉上以明下」、「舉下以明上」、「舉遠以包近」、「舉正以包義」等。而檢諸《十三經注疏》，唯此《儀禮疏》及《周禮疏》用此類術語最多，其他經疏僅屬偶見，可見此為賈公彥釋經之慣例。

　　賈氏在分析設經者的筆法時，除了上述一些稍有類同的筆法外，也有就兩《禮》性質差異而分析兩經筆法之別。《周禮》統攝天下的官制體系，其重在設官分職。所以賈公彥在〈士冠禮疏〉中說：「《周禮》六官六十，敘官之法，事急為先，不問官之大小。」[45]在〈天官・敘官疏〉又云：「凡六官序官之法，其義有二：一則以義類相從，謂若宮正、宮伯，同主宮中事。膳夫、庖人、外內饔，同主造食。如此之類，皆是類聚群分，故連類序之。二則凡次序六十官，不以官之尊卑為先後，皆以緩急為次弟，故此宮正之等，士官為前，內宰等大夫官為後也。」[46]若然，從《周禮》六官大體之次序而言，當以事之緩急為先決；但各緩急事類的組成，則以連類之法將職官分流歸屬。因此，《周禮》陳述職官的舖排，乃是以事急為先，〈天官・敘官疏〉便說：

　　　　自此宮正已下至夏采六十官，隨事緩急為先後，故自宮正至宮
　　　　伯二官，主宮室之事，安身先須宮室，故為先也。自膳夫至腊
　　　　人，皆供王膳羞、飲食、饌具之事，人之處世，在安與飽，故

44　詳參高橋忠彥：〈《儀禮疏》《周禮疏》に於ける省文について〉，《中哲文學會報》第8輯，頁39-58。

45　《儀禮注疏》卷一，頁3。

46　《周禮注疏》卷一，頁13。

食次宮室也。自醫師已下至獸醫,主療疾之事,有生則有疾,故醫次食饌也。自酒正至宮人,陳酒飲肴羞之事,醫治既畢,須酒食養身,故次酒肴也。自掌舍至掌次,安不忘危,出行之事,故又次之。自大府至掌皮,並是府藏計會之事,既有其餘,理須貯積,或出或內,宜計會之,故相次也。自內宰至屨人,陳后夫人已下,內教婦功,婦人衣服之事,君子明以訪政,夜以安息,故言婦人於後也。夏采一職,記招魂,以其死事,故於末言之也。[47]

賈氏總論天官之中宮正至夏采六十官的排次,是根據事情的緩急先後而定。先以宮室為先,後次飲食,次醫療,次酒肴,次出行,次計會,次婦功,次死事。每一分職下,賈公彥都會指出此職設在該位置的原因,從而說明周公設經以類相從的舖排方法。如在〈天官‧敘官〉中有關飲食之官一類,漿人次酒人之下,賈云:

在此者,案其職云:「掌供王之六飲,入于西府」,飲是酒類,故在此也。[48]

漿人之後為凌人,賈云:

凌人在此者,案其職云:「掌冰,凡外內饔之膳羞鑑焉」,以供為膳羞,故連類在此。[49]

---

47 《周禮注疏》卷一,頁13。
48 《周禮注疏》卷一,頁15。
49 《周禮注疏》卷一,頁15。

凌人之後為籩人，賈又云：

> 在此者，案其職云：「掌四籩之實」，亦是薦羞之事，故在此
> 也。[50]

籩人後為醢人，賈云：

> 案其職云「掌四豆之實」，亦是薦羞，故在此也。[51]

然後醯人，賈云：

> 醯人在此者，案其職云「掌共五齊七菹」，以供醯物，則與醢
> 人職通。醯人惟主作醯，但成齊菹必須醯物乃成，故醯兼言齊
> 菹，而連類在此也。[52]

然後鹽人，賈云：

> 在此者，案其職云：「掌鹽之政令，以供百事之鹽。」鹽所以
> 調和上食之，故亦連類在此。[53]

最後冪人，賈云：

---

50 《周禮注疏》卷一，頁15。
51 《周禮注疏》卷一，頁15。
52 《周禮注疏》卷一，頁15。
53 《周禮注疏》卷一，頁16。

> 冪人在此者，案其職云：「掌供巾冪」，所以覆飲食之物，故次飲食後。[54]

以上由酒人至冪人，賈疏並於其敘官下說明某官亦掌某事，其類相似，因此連類在此。從酒漿類，連綴至籩豆類、調味類，到最後覆飲食之冪，都是按以類相從的準則排列。冪與幕都是同類，都是覆於上的巾布，但冪人屬於飲食官之下，而幕人則在宮室類掌舍之下，賈公彥便說冪「所以覆飲食之物」，而幕則與宮、舍都是「安王身之事」，故列次幕人在掌舍之下，掌次之上。由此可見，所謂賈氏釋經舖排職官「以類相從」，乃是以職事之類，並非依從物品類別。如甸師一職，設於〈天官〉亨人之下，獸人之上。賈便說：

> 然上官主地事不在地官者，以其供野之薦，又給薪蒸以供亨飪，故在此亨人下也。[55]

下獸人〈敘官疏〉又云：「供膳羞，故在此也」[56]；獻人〈敘官疏〉云：「亦供魚物，故在此也」[57]；鼈人〈敘官疏〉云：「亦是供食物，故在此也。」[58]可見此類是專供食物之事，所以甸師設於供食物官之內，不因其主理甸地、藉田而次於地官。這都是賈公彥說明周公舖排職官以事類相從之例。從上述可見，賈公彥在《周禮疏》中，嘗試說明周公設經置官時的舖排次序，藉此展示《周禮》的架構，以呈現出周公對職官體系的規劃。

---

54 《周禮注疏》卷一，頁16。
55 《周禮注疏》卷一，頁14。
56 《周禮注疏》卷一，頁14。
57 《周禮注疏》卷一，頁14。
58 《周禮注疏》卷一，頁14。

在《儀禮疏》裡，賈公彥也有說明《儀禮》的舖排次序。但與《周禮疏》不同的是，彼《疏》力陳周公設經的整體職官架構體系，《儀禮疏》則旨在復原尊卑各等的行事禮儀。〈士冠禮疏〉說：

> 《儀禮》見其行事之法，<u>賤者為先</u>，故以士冠為先，無大夫冠禮，諸侯冠次之，天子冠又次之。其昏禮亦士為先，大夫次之，諸侯次之，天子為後。諸侯〈鄉飲酒〉為先，天子〈鄉飲酒〉次之。〈鄉射〉、〈燕禮〉已下皆然。[59]

賈氏認為《儀禮》原編大多亡佚，因而在編中往往著力於復原《儀禮》原貌。上引疏文正能顯示出他對於《儀禮》原本各篇次序的看法。他認為《儀禮》的舖排以賤者為先，並先按等級陳述，再以禮類區分。因此，現今雖僅存〈士冠禮〉、〈士昏禮〉，但〈士冠禮〉之後當繼有〈諸侯冠禮〉、〈天子冠禮〉；〈士昏禮〉後又應次〈大夫昏禮〉、〈諸侯昏禮〉、〈天子昏禮〉等篇，如此類推。孔穎達〈禮記正義序〉中說：「《儀禮》為末，故輕者在前，故《儀禮》先冠、昏，後喪、祭。」[60]但孔氏並未提出「賤者為先」的設經舖排原則，乃是由於他不像賈氏般關注《儀禮》原貌，也未見積極探討各等已經亡佚的禮儀，而只僅限於根據現存十七篇的舖排而言。而且，孔氏所謂《儀禮》「輕者在前」的說法，乃是根據他所謂《周禮》為本，「重者在前」所（說詳本書第六章）推論而知，不像賈氏般對《儀禮》編次有其獨特的見解。若細審賈氏對兩《禮》舖排的分析，雖同樣解說周公舖排禮典之法，但《周禮疏》傾向呈現整體體系，《儀禮疏》則著重探究禮典的原來面貌。

59　《儀禮注疏》卷一，頁3。
60　《禮記正義》序，頁8。

　　若如賈公彥所說，原本的《儀禮》載有士至於天子的各等行事禮儀，那麼周公制作《儀禮》，除了欲使禮儀得以通行於天下，也有明辨尊卑之志。因此，《儀禮》內便有多種體別尊卑等差的行文方式。《周禮》內容旨要不在於辨尊卑，而重在邦國體系之完備周全，故此賈公彥在彼《疏》中並不措意於這種「辨尊卑」之筆法。但《儀禮疏》之內，明辨尊卑、運用尊卑說禮更是其疏解核心思維之一（詳本書第三章）。例如〈特牲饋食禮〉篇首云：「不諏日」，賈云：

> 凡士言「不」者，對大夫以上為之，此士言「不諏日」；〈少牢〉大夫諏日。〈士喪禮〉「月半不殷奠」，則大夫已上殷奠。[61]

《儀禮》中多士禮之篇，士卑禮略，大夫以上則威儀多，賈公彥因此綜合十七篇之中士禮與大夫以上禮的比較，發現士禮諸篇的儀節云「不」者，都是相對大夫以上的禮而言。前提是在該禮儀在同篇之內沒有對應的儀節，如〈鄉飲酒禮〉中主賓獻酬環節，俱有洗爵祭酒之事，但禮行降殺，下文獻工、旅酬之類往往說「不洗」、「不祭」之類，則不在此例。賈公彥認為士禮言「不諏日」，大夫以上及諸侯、天子禮並皆「諏日」。相近例子在《儀禮疏》中還有〈士喪禮〉：「月半不殷奠」，即相對大夫或以上的喪禮有殷奠。又如〈士喪禮〉「布巾環幅不鑿」，可知士喪禮在飯含時須將覆面的巾揭開，謂之「不鑿」，大夫以上則鑿穿覆面的巾，以免污手。同篇又云「乃代哭，不以官」，即士以親疏代哭，不以官；大夫以上則以其官之尊卑代哭。以上諸例，賈公彥在《疏》中都有相關說明。因此，賈公彥認為周公制作的士禮，在與大夫以上儀節有差別的地方，特別用「不」字標明。

---

61 《儀禮注疏》卷四十四，頁519。

　　另外，有禮篇間所尊卑不同而使陳述時變文的情況。如〈鄉飲酒禮〉論為樂工設置坐席後，敘述樂正升堂及樂工數目的先後次序時，賈云：

> 案〈燕禮〉「席工于西階上」，即云「樂正先升」，〈大射〉亦云「席工于西階上，工六人四瑟」，始云「小樂正從之」，不同者，〈燕禮〉主於歡心，堂樂，故先云樂正先升，〈大射〉主於射，略於樂，故辨工數，乃云樂正從之也。若然，此主於樂，不與燕同，而席工下辨工數，乃云樂正升者，此臣禮避君[62]也。至於〈鄉射〉亦應主於射，略於樂，而不言工數，先云樂正，而不與〈大射〉同者，亦是避君之事也。[63]

〈燕禮〉與〈鄉飲酒禮〉同樣是主於歡心、尚樂。但〈燕禮〉席樂工後，便立即緊接說「樂正先升」，但〈鄉飲酒禮〉恰好相反，在席樂工後先陳述「工四人，二瑟，瑟先。相者二人，皆左何瑟，後首，挎越，內弦，右手相」，然後才說「樂正先升」。同樣是描述「樂正先升」，兩篇的敘次卻不同。賈公彥就認為兩者雖同是飲酒禮，但由於避國君之禮，導致行文順序有所改動。同樣地，賈又指〈鄉射〉、〈大射〉同樣是射箭之事，俱不主於歡心，不尚樂，但〈大射〉是君禮，故先辨明樂工數目，才言「小樂正」升階之事。按常理，〈鄉射〉應與〈大射〉同樣先言樂工數目，後言樂正升階。而事實上其行文次序恰與〈大射〉相反，同樣是臣避國君禮而作出的變動。由此可見，賈公彥認為周公制作《儀禮》時，雖然是同樣的儀節，卻會由於君臣不

---

62 此處「避君」，《四部叢刊》本作「避初」，阮校云：「『初』，毛本作『君』。」本文校改正文，以便於省覽。下「亦是避君之事」同。

63 《儀禮注疏》卷九，頁91。

同，而將行文的次序倒轉。這是周公辨明尊卑的筆法，而並非單純是敘事的不統一。

此外，若一篇之內行文見有異爵之法，賈公彥亦認為是周公特設以兩見其禮。如〈鄉射禮〉中兼有州長及鄉大夫的禮，但其禮近同，故不別為兩篇，因此篇中屢有錯出士及大夫的射法。例如射前將獻眾賓，「主人西南面三拜眾賓，眾賓皆荅壹拜。」鄭云：「壹拜，不備禮也。」賈云：

> 眾賓人皆壹拜，是拜不備禮，此亦荅大夫拜法，以其此禮中含鄉大夫法。若荅士拜則亦再拜，見於〈特牲〉也。[64]

根據〈鄉飲酒禮〉、〈有司〉兩大夫禮皆有此壹荅拜，為眾賓荅拜大夫之法。由於〈鄉射禮〉中兼有大夫及士法，故此拜眾賓時見雜出拜大夫之法。而〈特牲饋食禮〉只有士禮，故此周公將眾士荅拜士之法設於彼篇。篇中又說：「釋獲者執鹿中」，鄭玄云：「鹿中，謂射於謝也，於庠當兕中。」賈云：「以州長是士，射于榭；鄉大夫是大夫為之，射于庠。下記云『士則鹿中，大夫兕中。』」[65]因此，這裡說執「鹿中」，便見士之射法。既然士射於榭，大夫射於庠，〈鄉射禮〉正文中經常庠、序兩個場所錯雜出現，賈公彥認為也是周公兩見士、大夫射法之筆法。所以他說：

> 上云「榭則鉤楹內」謂射於榭者也；「堂則由楹外」，謂射於庠者也，此當有鄉大夫射於庠，亦有州長射於序，故互見其義

---

64 《儀禮注疏》卷十一，頁113。
65 《儀禮注疏》卷十二，頁129。

也。「互言」者，今袒、決遂，則言堂東西，見在庠，在榭亦
然；釋弓，說決拾則言序東序西，序則榭也，在庠亦然，故言
「互言」之。周公省文，欲兩見之也。[66]

此正可見賈公彥分析周公設經時兩見異爵禮的筆法。

　　賈公彥在《二禮疏》中嘗試透過分析周公作經的舖排及筆法，了
解周公原本的深意。但由於《儀禮》和《周禮》本質不同，賈公彥在
疏解其筆法時的側重也有不同。《周禮》統心，著重其完整的體系，
《周禮疏》在析論周公舖排時尤重視其設官分職的系統性。至於《儀
禮》，賈公彥認為原來的舖排應有士至天子各等的禮篇，有述明尊卑
異同之志。因此，在《儀禮疏》中側重鉤沉周公運用筆法所隱含的尊
卑差別。

第四節　推次及衰差之法

　　賈公彥說禮，又有推次及衰差之法。此二法均出自鄭玄。[67] 推次
之法指禮典中原無正文，但根據文獻的相近記載，加以推論，從而得

66　《儀禮注疏》卷十二，頁130。

67　推次之法及衰差之法，見於鄭玄。推次之法，《周禮・內司服》：「掌王后之六服：
　　褘衣、揄狄、闕狄、鞠衣、展衣、緣衣、素沙。」注：「衣言『緣』者甚眾，字或
　　作『稅』。此『緣衣』者實作『褖衣』也。褖衣御于王之服，亦以燕居。男子之褖
　　衣黑，則是亦黑也。六服備於此矣。褘、揄、狄、展聲相近，緣字之誤也。以下推
　　次其色，則闕狄赤、揄狄青、褘衣玄。」（《周禮注疏》卷八，頁125）
　　至於衰差之法，則見於《周禮・掌客》論五等諸侯自相朝，主國饗賓時鉶之數量，
　　鄭注云：「公鉶四十二，侯伯二十八，子男十八，非衰差也。『二十八』書或為『二
　　十四』，亦非也。其於衰，公又當三十，於言又為無施。禮之大數，鉶少於豆，推
　　其衰，公鉶『四十二』，宜為『三十八』蓋近之矣。」（《周禮注疏》卷三十八，頁
　　583）

出各等爵位行禮之法；衰差之法則指根據一定的禮數差次，逐級向上或向下推知各等尊卑之禮。例如〈掌客疏〉說：「上公以九為節，則十二者是王禮之數也。」[68]前者較著重邏輯，後者則須依據一般禮數之等差。這兩種方法可以獨立運用或混合使用。若善用兩法，可據以推衍出不同爵等的禮制，以補禮文之缺。《儀禮》篇章多佚，不備各等之法。因此，《儀禮疏》內經常以此法推致出士以至大夫、諸侯、天子之禮。疏中運用推次之法，如〈士喪禮〉云「死于適室」，鄭注：「適室，正寢之室也。」賈云：

> 若對天子、諸侯謂之路寢，卿大夫、士謂之適室，亦謂之適寢。故下記云：「士處適寢」，摠而言之皆謂之正寢。是以莊三十二年秋八月「公薨于路寢」，《公羊傳》云：「路寢者何？正寢也。」《穀梁傳》亦云「路寢，正寢也。」言「正寢」者，對燕寢與側室非正。案〈喪大記〉云：「君、夫人卒於路寢，大夫、世婦卒於適寢，內子未命則死于下室，遷尸于寢；士、士之妻皆死于寢。」鄭注：「云言死者必皆於正處也。」以此言之，妻皆與夫同處。若然，天子崩亦於路寢，是以〈顧命〉：「成王崩，延康王於翼室。」翼室則路寢也。若非正寢，則失其所，是以僖三十三年冬十二月「公薨於小寢」，《左氏傳》云：「即安也。」是譏不得其正。[69]

此疏根據〈士喪禮〉士死於「適室」，並引用春秋三《傳》，《禮記・喪大記》以及《尚書・顧命》，推論天子、諸侯死所之正謂路寢，卿

68 《周禮注疏》卷三十八，頁582。

69 《儀禮注疏》卷三十五，頁408。

大夫、士則謂之適室或適寢。各等之后、夫人、妻亦同其夫。此即推次法的運用。至於衰差之法，賈公彥在《周禮‧掌客》賈疏中說「衰差之法[70]，上下節級，似若九，若七，若五，校一節是衰差。」說明是「上下節級」，而節級之法是根據已知的禮數等差。在《儀禮疏》的運用如〈鄉飲酒禮〉中論各等樂工數目。彼篇云「工四人」，鄭注：「四人，大夫制也。」賈云：

> 此鄉大夫飲酒而云四人，〈大射〉諸侯禮而云六人，故知四人者大夫制也。〈燕禮〉亦諸侯禮，而云四人者，鄭彼注云：「工四人者，〈燕禮〉輕，從大夫制也。」〈鄉射〉是諸侯之州長，士為之，其中兼有鄉大夫，以三物詢眾庶行射禮法，故工亦四人，大夫制也。<u>若然，士當二人，天子當八人，為差次也。</u>[71]

〈鄉飲酒禮〉大夫禮，鄭玄說：「（工）四人，大夫制」，〈鄉射禮〉雖是州長射法，當中亦兼含大夫禮，因此都用大夫制四名樂工。〈大射儀〉是國君禮，用六名樂工。既知大夫工四人，諸侯六人，兩者以二人為等差，於是便推致出「士當二人，天子當八人」的結論。

　　《儀禮疏》內有許多運用推次及衰差之法之例子。從上述兩個例子，不難發現賈公彥希望根據十七篇《儀禮》文本和相關文獻，推致出各等已經亡佚的禮儀記載。反觀《周禮疏》則較少運用這兩種方法，至少遠不及《儀禮疏》之多。反之，即使《周禮疏》內偶有這類推致等法的疏解，其目的也不在復原禮制內容。例如〈籩人〉云：「饋食之籩，其實棗、栗、桃、乾藪、榛實。」賈云：

---

70 宋八行本《周禮疏》作「衰差之法」，阮校本作「衰差之餘」，以八行本文意較勝，為省覽方便，故逕據該本改。

71 《儀禮注疏》卷九，頁91。

乾蔡既為乾梅，經中桃是濕桃。既有濕桃、乾梅，明別有乾桃，則注引〈內則〉桃諸，鄭云是其乾者。既有濕桃，明有濕梅可知。以乾桃濕梅[72]二者，添五者為七籩。案：桃梅既並有乾濕，則棘中亦宜有乾濕，復取一，添前為八也。必知此五者之中有八者，案：《儀禮》〈特牲〉〈少牢〉，<u>士二籩二豆，大夫四籩四豆，諸侯宜六，天子宜八</u>。〈醢人〉饋食之豆有八，此饋食之籩言六，不類。又上文朝事之籩言八，下加籩亦八，豈此饋食在其中六乎？數事不可，故以義參之為八。[73]

賈公彥在此疏中根據《儀禮》中的〈特牲饋食禮〉及〈少牢饋食禮〉，知士用二籩，大夫四籩，以二為衰差，復推出「諸侯宜六，天子宜八」的結果。但此疏推論的目的，只為了證明籩人所掌饋食之籩共有八，而非文中所述只有六籩。故此，衰次之法只是作為證成天子饋食八籩，不像《儀禮疏》般旨在為了探究各等禮儀。

《周禮疏》中所見推致各等禮儀數度時，並不詳於推論過程，而只是陳述各等差異。如〈典瑞〉云：「大喪，共飯玉、含玉、贈玉。」賈云：

飯玉者，天子飯以黍，諸侯飯用粱，大夫飯用稷。天子之士飯用粱，諸侯之士飯用稻。[74]

---

72 「乾桃濕梅」原作「乾梅濕梅」，但云「添五者為前」，明是賈公彥據鄭注所推出經不言的「乾桃」和「濕梅」，而非經中已經提到的「乾梅」和「濕桃」。所以此處原作「乾梅」當是「乾桃」之誤。

73 《周禮注疏》卷五，頁83。

74 《周禮注疏》卷二十，頁317。

此疏文雖有陳列各等飯含所用飯，但並無任何推論的文字。「天子飯以黍」至「諸侯之士飯用稻」云云，又無正文可考。在〈士喪禮疏〉，賈公彥同樣有說明天子至士各等飯含所用米，但具備證據及推論，他說：

> 此云「貝三」，下云「稻米」，則士飯含用米、貝。〈上檀弓〉云「飯用米、貝」，亦據士禮也。案〈喪大記〉云：「君沐粱，大夫沐稷，士沐粱。」鄭云：「〈士喪禮〉沐稻，此云『士沐粱』，蓋天子之士也。」飯與沐米同，則天子之士飯用粱，大夫用稷，諸侯用粱。鄭又云：「以差率而上之，天子沐黍與？」則飯亦用黍可知。[75]

明顯地，《儀禮疏》討論及推次各等飯含所用米比《周禮疏》要詳明得多。〈士喪禮〉是諸侯之士的喪禮，根據其文已知是用稻飯含。而〈喪大記〉則是天子之士的喪禮，其中記有諸侯、大夫及士沐屍時所用米。基於飯含及沐屍所用米相同，賈公彥就根據〈喪大記〉推出各等飯含所用的米。最後，又根據鄭玄該文的注解，再推出天子飯含用黍。值得注意的是，在上引〈士喪禮疏〉討論完各爵等喪禮飯含所用米後，緊接疏解各等飯含時所用的玉，其文說：

> 但士飯用米，不言兼有珠玉，大夫以上飯時兼用珠玉也。〈雜記〉：「天子飯九貝，諸侯七，大夫五，士三。」鄭注云：「此蓋夏時禮也。周禮天子飯含用玉。」案〈典瑞〉云「大喪共飯玉、含玉」，〈雜記〉云「含者執璧」，彼據諸侯而用璧，唯大

---

75 《儀禮注疏》卷三十五，頁415。

夫含無文。哀十一年《左氏傳》云「公會吳子伐齊，陳子行命
其徒具含玉」，示必死者，春秋時非正法，若趙簡子「不設屬
椑」之類。文五年「五使榮叔歸含且賵」，何休云：「天子以
珠，諸侯以玉，大夫以璧，士以貝，春秋之制也。」《禮緯稽
命徵》云「天子飯以珠含」，竟未釋周大夫所用以玉，蓋亦異
代法。[76]

賈公彥認為，周禮天子飯含用玉見於《周禮・典瑞》，諸侯用璧則於
《禮記・雜記》載之，此〈士喪禮〉又記士用貝，俱有禮典正文。唯
獨大夫含玉沒有相關記載。又指出《左傳》、《公羊》何休說及《禮
緯》所言俱是異代之法，不足據信。賈公彥認為〈士喪禮〉未言有珠
玉，大夫以上飯含時則兼用珠玉。觀乎其意，似是按照士與大夫以上
的尊卑分野而推出此論。因此雖無明文，推次可知。從這段疏文，足
以體現《儀禮疏》中積極地探究不見於十七篇的各等禮儀。《周禮
疏》則不然，〈典瑞疏〉雖亦針對含玉加以說明，但其文云：

含玉者，則有數有形。〈雜記〉云：「天子飯九貝，諸侯七，大
夫五，士三。」貝者，鄭云：「夏時禮」，以其同用貝故也。
<u>周：天子諸侯皆用玉</u>，亦與飯俱時行之。[77]

雖然在〈典瑞疏〉亦引用〈雜記〉各等飯含用貝之文，但究其用意，
只在於說明〈雜記〉的記載與《周禮》不同之故，乃是由於彼所載是
夏禮，《周禮》則為周公所定的周法，因此出現用貝和用玉兩說。至

---

76 《儀禮注疏》卷三十五，頁415。
77 《周禮注疏》卷二十，頁317。

於周制各等爵所用的含玉，〈典瑞疏〉只是籠統地說「周：天子諸侯皆用玉」，全無推次各等玉制的意向。由此可見，《儀禮疏》與《周禮疏》在處理同一情況時，前者傾向推論並復原各等之法，後者則只為之簡扼地論證經文而已。

第五節　職官的連綴及兼攝

　　兩《禮疏》內多有解說職官之文，但兩禮性質既有不同，賈公彥疏解時也有不同的方法。《周禮》三百六十官，設官分職，條理明確。在《周禮》的體系裡，各職官在實際運作時本是互相分工兼足。但礙於體例所限，經文陳列眾官職掌時，難免割裂官守之間的關係。情況如《左傳》是編年體，記事時會逐年斷開，有敘事不連貫之弊，因此後來出現《左傳紀事本末》一類文體，連綴當中史事。實質上，《周禮》內有官聯之法，〈小宰〉：「以官府之六聯合邦治」，賈公彥便說：「謂官府之中有六事，皆聯事通職，然後國治得會合。」[78]因此，《周禮》內各官職掌雖分別敘述，但內容多有相兼聯事，賈公彥在《周禮疏》中亦著重指出職官間的關係。

　　如《周禮》中有「同官別職」的情況，指數職不同但官守相似，因而共用府、史、胥、徒之等。《周禮·秋官·敘官》「大行人」、「小行人」、「司儀」、「行夫」下賈公彥便說：「此四官在此者，皆主賓客嚴凝之事故也，亦謂『別職同官』，故四官各有職司而共府史胥徒也。」[79]由賈公彥的解釋可知「別職同官」即指「各有職司而共府史胥徒」。在〈春官·敘官〉「大宗伯」、「小宗伯」、「肆師」三職云：

78　《周禮注疏》卷三，頁43。
79　《周禮注疏》卷三十四，頁514。

禮官之屬，大宗伯卿一人，小宗伯中大夫二人，肆師下大夫四人。上士八人，中士十有六人。旅下士三十有二人，府六人，史十有二人，胥十有二人，徒百有二十人。[80]

此正是大宗伯、小宗伯、肆師共用府、史、胥、徒之例，賈公彥疏云：

此官大宗伯、小宗伯、肆師並別職。上士已下即三職同有此官，可謂「別職同官」者也。大宗伯則摠掌三十六禮之等，小宗伯副貳大宗伯之事，肆師主陳祭位之等，此並亦轉相副貳之事也。[81]

由於大宗伯、小宗伯、肆師並是掌理禮事，並且三官轉相副貳，因此「別職同官」，共用「上士八人」以下至「徒百有二十人」諸眾屬吏。《周禮》之內多有這種情況，賈氏亦會加以說明。如〈春官〉內的「大司樂」和「樂師」；「大胥」、「小胥」、「大祝」、「小祝」等，皆如是。但「別職同官」，亦並非一定是共用府史，也有些情況是指官名相同而職守有異的情況。如〈天官·敘官·閽人〉云：「閽人，王宮每門四人，囿、游亦如之。」賈公彥疏云：

《周禮》之內有同官別職，則此閽人每門及囿遊同名閽人而職別。〈山虞〉〈澤虞〉云每大澤、及川衡、林衡，亦是別職同官也。別官同職者，唯有官連耳。[82]

---

80 《周禮注疏》卷十七，頁260。
81 《周禮注疏》卷十七，頁260。
82 《周禮注疏》卷一，頁17。

觀賈氏此處對「同官別職」的解釋，與上述諸例又稍有不同。〈天官‧敘官‧閽人〉既說「王宮」、「囿」、「游」三處皆以四人守門，由是其職守可分為守王宮、守苑囿，及守離宮，即是所謂「別職」；但三者同樣稱為「閽人」，則是「同官」。故此，此處的「同官別職」並非共用府史，而是同一官名而職司各別。賈公彥又舉了「山虞」、「澤虞」的例子，情況跟此閽人相同。如〈山虞〉便說：「山虞，每大山中士四人，……。中山，下士六人，……。小山，下士二人……。」[83]此內職守有守大山、中山、小山之別，但其官得共用「山虞」之名，因此也是「同官別職」的情況。

此外，賈公彥在《周禮疏》中亦勤於連綴各職官間的關係。如有職官分立別置，似是沒有關係，但若其性質類同，賈公彥亦為之指出。〈天官‧宮正〉職守有「幾其出入，均其稍食」，賈公彥便說：

> 案〈閽人〉云：「喪服凶器不入宮，奇服怪民不入宮。」〈司門〉云：「幾出入不物者」，謂衣服視占不與眾同及所操物不如品式者。職雖不同，皆是守禁。[84]

從天官的架構看，宮正與宮伯連類，同掌王宮之事；閽人則與內小臣及寺人等宦者刑人連類。司門更別在地官，自體制上不相連屬。三者雖然職處各異，賈公彥卻指出三者「皆是守禁」。而檢諸其職，〈宮正〉職說「掌王宮之禁令，……幾其出入」，〈閽人〉職則說「掌守王宮之中門之禁」[85]，〈敘官〉又說「囿、游亦如之。」[86] 可見宮正所

83　《周禮注疏》卷九，頁144。

84　《周禮注疏》卷三，頁51。

85　《周禮注疏》卷七，頁114。

86　《周禮注疏》卷一，頁17。

使人守門以幾出入者，泛指王宮中的門。而閽人則特守王宮之雉門，
又兼守囿、游的門。〈司門〉職又云「司門掌授管鍵，以啟閉國門。幾
出入不物者。」鄭注〈敘官·司門〉云：「主王城十二門。」[87]此十二
門即是〈考工記·匠人〉所營王城四方的十二門。[88] 司門掌王城十二
門，宮正泛掌王宮門，閽人特主王宮雉門及囿游之門，是三者守處不
同，但其幾出入的性質相同。因此賈公彥便綴取三者性質相同者，加
以連類說明。[89] 賈公彥連綴同類職官加以解說者，亦見於〈宮正〉與
〈司爟〉、〈司烜〉兩職。〈宮正〉云：「春秋以木鐸脩火禁。」賈云：

> 此施火，謂宮正於宮中特宜慎火，故脩火禁。〈夏官·司爟〉
> 云：「掌行火之政令，四時變國火以救時疾」，下又云「時則施
> 火令」，為焚萊之時，故脩火禁也。〈秋官·司烜〉云：「中
> 春，以木鐸脩火禁于國中。」注云：「為季春將出火也。火
> 禁，謂用火之處及備風燥。」是二月預脩之，三月重掌事，各
> 有所為，不相妨也。[90]

從賈公彥疏文可見宮正春秋脩火禁之實務，與〈夏官·司爟〉職掌關
係密切。彼職掌施火之事，見有季春出火，四時變國火，又十月至二
月間田獵及大蒐使人焚萊。四時並有施火之事，故此宮正春秋以木鐸
脩火禁，戒慎用火。〈宮正〉所言的「春秋」實兼包夏冬，總括四
時。但脩火禁之事，同時見於〈秋官·司烜〉職。司烜於仲春二月脩

---

87 《周禮注疏》卷九，頁142。

88 〈匠人〉職云：「匠人營國方九里，旁三門。」見《周禮注疏》卷四十一，頁642。

89 〈司門疏〉亦云：「〈閽人〉云：『潛服賊器不入宮，奇服怪民不入宮。』明此司門
亦然。」（《周禮注疏》卷十五，頁229）可見在〈司門〉職下賈公彥亦連綴司門及
閽人二職。

90 《周禮注疏》卷三，頁52。

火禁，宮正又於季春三月復脩之，似是職掌重複。賈公彥就認為司烜是為了三月出火而「預脩」火禁，戒民慎用火，而由於王宮中「特宜慎火」，所以宮正在三月「重掌事」。因此，二者雖然均脩火禁，其實「各有所為，不相妨」。此外，賈公彥在〈司爟疏〉中又針對宮正、司爟、司烜氏三者掌火之事，加以說明職間之分野：

> 上言（筆者按：〈司爟〉職上文）行火政，此又言施火令，則不掌火禁。故鄭云「焚萊之時」。其火禁者，則〈宮正〉云：「春秋以木鐸脩火禁」注云：「火星以春出，以秋入。因天時而以戒。」〈司烜〉亦云：「仲春以木鐸脩火禁于國中。」彼二官直掌火禁，不掌火令。[91]

賈氏認為，司爟只掌火令的施行，使人用火，卻不掌火禁；相反，司烜氏及宮正並掌火禁，但不掌施行火令。可見賈公彥說明了宮正、司爟、司烜氏三者的職守性質相類，同操火事，但卻不相妨礙。三職之事，又互相連屬。司烜氏二月為季春出火而預脩火禁；宮正因宮中宜慎火，司爟四時施火時則為之脩火禁。至於司爟總掌施火，但不踰職而掌火禁。因此，在《周禮疏》中賈公彥多連綴職守相類的職官，並加以闡明其中關係，使《周禮》職官體系的縝密得以呈現。

《周禮疏》中，固不乏連綴職守相類的官，以視其間關係及分野。在連類的基礎上，賈公彥有時更進一步說明各職官的分工。例如〈甸師〉職「祭祀，共蕭茅」，賈云：

> 此官共茅。〈司巫〉云「祭祀共菹館」，茅以為菹。兩官共共

者,謂此甸師共茅與司巫,司巫為葅以共之。此據祭宗廟也。
〈鄉師〉又云「大祭祀共茅菹」者,謂據祭天時,亦謂甸師氏
送茅與鄉師,為葅以共之。若然,甸師氏直共茅已,不供葅
耳。[92]

〈鄉師疏〉又說:

> 案〈甸師〉職「共蕭茅」,彼直共茅與此鄉師,鄉師得茅,束
> 而切之,長五寸,立之祭前以藉祭,故云「茅菹」也。[93]

司巫及鄉師在祭時俱負責供應「葅」,這種「葅」用茅製成。因此,
賈公彥結合〈甸師〉「祭祀,共蕭茅」之文,說明甸師只是向司巫及
鄉師供應茅草,再由二官將茅加工為葅,分別在祭宗廟及祭天時供之
以承藉祭品。賈氏在此清楚說明了三職之分工。此外又如醫師以下的
食醫、疾醫、瘍醫、獸醫亦各有分工。根據鄭注,醫師是「眾醫之
長」,〈醫師〉職云:「凡邦之有疾病者、疕瘍者造焉,則使醫分而治
之。」鄭注云:「分之者,醫各有能。」可見本經正以醫者之各有其
能,故分流患者醫治。賈公彥加以闡發說:

> 國中有疾病者,謂若〈疾醫〉所云者是也。疕瘍者,謂若〈瘍
> 醫〉所云者是也。云「造焉」者,此二者皆來造醫師也。云
> 「醫師則使醫分而治之」者,疾病者付疾醫,疕瘍者付瘍醫,
> 故云「分而治之」。下有食醫、獸醫,亦屬醫師,不來造醫師

---

92 《周禮注疏》卷四,頁64。
93 《周禮注疏》卷十一,頁175。

者，食醫主齊和飲食，不須造醫師；獸醫，畜獸之賤，便造獸
醫，故亦不須造醫師。……疾醫知疾不知瘍，瘍醫知瘍不知
疾，故云「醫各有能」。[94]

可見若有瘍病之人，先造醫師，診知是疕瘍或疾病，即分流至瘍醫及
疾醫處醫治及受藥。至於食醫只掌食飲之調和，固然無需造臨醫師，
而畜獸卑賤，亦無需造臨醫師而直接到獸醫處受治。〈疾醫〉說：「掌
養萬民之疾病」，賈云：「此直言萬民，不言王與大夫，醫師雖不言或
可醫師治之。」[95]據此，天子與大夫若有疾病，則醫師直接為之治
理，無需分流至疾醫。若然，天子大夫有疕瘍，亦理應由醫師治之。

　　《周禮》體系分別天地春夏秋冬六官，諸官職守分別陳列，清楚
展示了各官職司。但這種體例的弊病，在於容易割裂職官間的關係。
賈公彥在《周禮疏》力於連綴各職官職守，以類相屬，並辨別其間異
同分野。在此基礎上，疏文又闡明各個職官的聯事分工，使《周禮》
各職條理分明，眾官關係明確。藉著這種連綴職官之法，更能完整地
呈現《周禮》三百多官的體系及其運作模式，而不只是敘述各職所守
而已。

　　賈公彥解說《儀禮》內的職官時，卻有另一套模式。與《周禮》
不同，《儀禮》的制作目的不在於整體職官體系的設置，而在於明辨
各等的禮儀，使行禮時各得其所，不相錯亂。因此，《儀禮疏》內不著
重職官職守的連綴分工，而大多根據《周禮》的設職及《儀禮》各等
職官，分析尊卑貴賤之間兼官攝職之法，從而考見各等禮儀用人置官
的狀況。

　　在《儀禮疏》內，賈公彥善用兼官之法，以分析各等職官的差

---

94 《周禮注疏》卷五，頁72。
95 《周禮注疏》卷五，頁73。

異。兼官之法，由鄭玄提出。〈鄉射禮〉：「司正為司馬」，鄭注云：

> 兼官，由便也。立司正為泲酒爾，今射，司正無事。

賈公彥針對「兼官」詳加說明，云：

> 言「兼官」者，若以諸侯對大夫，大夫兼官，諸侯具官；特以諸侯對天子，天子具官，諸侯兼官，各有所對，故云「兼官」。云「由便也」者，使司正為司馬，不煩餘官也。[96]

由此可見，兼官、具官往往相對。諸侯與大夫相比，諸侯是具官，大夫是兼官；但若以天子與諸侯相比，則天子具備各官，諸侯則是兼官。因此，賈公彥在〈聘禮疏〉說：

> 天子有六卿：天、地、四時之官。是諸侯兼官而有三卿：立地官司徒兼冢宰，立夏官司馬兼春官，立冬官司空兼秋官。是以《左氏》杜洩云：「吾子為司徒，叔孫為司馬，孟孫為司空。」故《禮記·內則》云：「後王命冢宰，降德於眾兆民。」鄭云：「《周禮》冢宰掌飲食，司徒掌十二教。今一云冢宰，記者據諸侯也，諸侯並六卿為三，或兼職焉。」是諸侯並六卿為三，諸侯以司徒為冢宰，義與此同。[97]

此即天子具官有六卿，諸侯兼官而並六卿為三卿，兼任職守而已。所以〈大射儀〉「宰戒百官有事於射者」，鄭注云：「宰於天子冢宰。」

---

96 《儀禮注疏》卷十一，頁118。
97 《儀禮注疏》卷十九，頁226。

但賈公彥根據兼官的原則說「其實諸侯兼官，無冢宰，立地官司徒以兼之。」[98]此處鄭玄雖說〈大射〉的「宰」於天子官是冢宰，賈氏則從諸侯禮一邊作解，謂由於侯禮兼官，此宰實即司徒而已。

　　天子與諸侯既然有具官、兼官的情況，諸侯與大夫、士各等亦然，而賈公彥大多為之說明。如〈鄉射禮〉：「大師則為之洗」，鄭注云：「君賜大夫樂，又從之以其人，謂之大師。」據鄭注，大夫或有大師之官，自國君賜之而已，本不當有。賈公彥說：

> 天子、諸侯官備，有大師、少師、瞽人作樂之長；大夫、士官
> 不備，不合有大師。君有賜大夫、士樂器之法，故《春秋左
> 氏》云：「晉侯歌鍾二肆，取半以賜魏絳，魏絳於是乎如有金
> 石之樂，禮也。」時以樂人賜之，故鄭云「君賜大夫樂又從之
> 以其人，謂之大師」也。[99]

天子、諸侯則有大師、少師、瞽人專主奏樂之官，但大夫則理應只有樂工，不設大師為樂官之長。這是官備與不備之別。〈鄉飲酒疏〉亦說：「天子諸侯有常官，則有大師也。大夫則無常官，若君賜之樂，並樂人與之，則亦謂之大師。」[100]由此可見，諸侯之官比大夫齊備，大師一職，在諸侯為常置之官，故〈燕禮〉直云：「大師告于樂正」[101]。但在大夫卻不為之常職，或有或無，唯有國君賜樂，才有大師之用。然而，若以大夫與士相對，則又大夫官多，士官少。此外，又如〈少牢饋食禮〉：「司宮筵于奧。祝設几于筵上，右之。」賈云：

---

98 《儀禮注疏》卷十六，頁187。
99 《儀禮注疏》卷十一，頁115。
100 《儀禮注疏》卷九，頁92。
101 《儀禮注疏》卷十五，頁173。

案〈特牲〉云「祝筵几」，鄭云：「使祝接神」。此使司宮者，此大夫禮，異於士，故司宮設席，祝設几。**大夫官多**，故使兩官共其事[102]，亦是接神，故「祝設几」也。[103]

諸侯有司宮之官，〈覲禮〉云：「司宮具几」，賈公彥說：「諸侯兼官，司宮兼司几筵及小宰也。」[104]諸侯司宮既兼司几筵之職，那麼大夫司宮亦應有設几筵的工作。〈特牲〉專使祝設几筵，一則士無司宮之官，一則為神敷席之故。[105] 如果是平常為神設筵，則當像〈士冠禮〉皆使「主人之贊者」設之。〈少牢饋食禮〉大夫祭禮，几筵分屬祝及司宮設置，是大夫職官多，本具有司宮一職，若不使設几筵，有空其職守之嫌；但此是為神布席，亦不得由司宮並設几和席，故此使兩官共其事，司宮設席，祝設几，以見接神之義。由此可見，相對於士而言，大夫的官較多而齊備。大夫以上與諸侯、天子職官的全備及兼任，則又各自相對。爵位越高則職官越備。

此外，賈公彥亦透過兼官之法則，推論諸侯與《周禮》內對應的天子官名。如〈燕禮〉云：「樂人縣」，根據鄭玄注《儀禮》的慣例，若《儀禮》出現的職名與《周禮》有差異，都會說明該職相當於天子何官或何官之屬。[106]但此處鄭只云：「縣鍾磬也。」於是賈公彥嘗試

---

102 朱子《通解》、毛本「共」字上有「若」字。無「若」字是。為省覽方便，今逕刪。
103 《儀禮注疏》卷四十七，頁562。
104 《儀禮注疏》卷二十六，頁314。
105 〈特牲饋食禮〉：「祝筵、几于室中，東面。」鄭注：「為神敷席也，至此使祝接神。」（《儀禮注疏》卷四十四，頁524）
106 如〈公食大夫禮〉「司宮具几。」鄭注：「司宮，大宰之屬，掌宮廟者也。」（《儀禮注疏》卷二十六，頁314）〈燕禮〉：「司宮尊于東楹之西。」注：「司宮，天子曰小宰，聽酒人之成要者也。」（《儀禮注疏》卷十四，頁159）〈大射儀〉：「司馬正洗散，遂實爵，獻服不。」注：「服不，司馬之屬，掌養猛獸而教擾之者也。」（《儀禮注疏》卷十八，頁214）

加以推論「樂人」之職云：

> 直云「樂人」，未知樂人意是何官？案《周禮・春官・大司
> 樂》云：「凡樂事宿縣」，又案〈樂師〉云：「凡樂成則告
> 備。」是天子有大司樂，并有樂師之官。案〈序官〉樂師「下
> 大夫四人，上士八人，下士十有六人。」以此知天子有大司
> 樂、樂師。諸侯無大司樂，直有大樂正、小樂正，以其諸侯兼
> 官，此二者皆當天子樂師大夫及士，則諸侯樂師不用大夫，大
> 樂正當上士，小樂正當下士為之。故鄭下注云：「樂正于天子
> 樂師也。」〈大射注〉亦云：「小樂正於天子樂師。」[107]

〈燕禮〉說樂人縣樂，但鄭注並未指出樂人是何官，賈公彥則嘗試以
兼官法則為之說解。按其文意，若以天子禮，當以大司樂前一晚縣
樂。但諸侯官少，沒有相當於天子大司樂之官，只有大樂正、小樂正
兩官。天子本以大司樂負責縣樂，但據鄭注，諸侯的大小樂正只相當
於天子樂師，[108] 卻不見有縣樂之官，因此，兩樂正必然要兼任大司
樂縣樂的工作。由此推論，〈燕禮〉此文縣樂的「樂人」即是諸侯的
大、小樂正。

　　又有透過此法，推論《儀禮》文本所未言及的事。如〈大射
儀〉：「大史釋獲，小臣師執中，先首，坐設之。……大史實八筭于

---

107 《儀禮注疏》卷十四，頁158。

108 〈燕禮疏〉論證樂正當天子樂師，而不當大司樂，其文云：「知『樂正與樂師相
　　當』者，案《周禮・樂師》職云：『凡樂成則告備。』此樂正告樂備，故知樂正當
　　天子樂師。樂師下大夫四人，上士八人，下士十有六人。樂師大小多矣。此諸侯
　　樂正亦有大小之名也，故〈大射〉云：『小樂正從之』，鄭注云：『小樂正於天子樂
　　師也。』是其諸侯樂正雖有大小，當天子樂師。知大樂正不當天子大司樂者，以
　　其天子大司樂不告樂備，故不得以大樂正當之。」（《儀禮注疏》卷十五，頁171）

中，橫委其餘于中西。」鄭注云：「命大史而小臣師設之，國君官多也。」鄭玄只說明了大史不親執中設中，而由小臣師代事，是由於「國君官多」。賈公彥再根據〈鄉射禮〉推論，說：

> 此不見執筭之人，案〈鄉射〉命釋獲者，「釋獲者執鹿中，一人執筭以從之」。彼臣禮，官少，釋獲者自執中設之，尚使人執筭，況國君臣多，大史不自執中，豈得自執筭？明亦使人執之。[109]

〈大射儀〉本文雖不言有執筭之人，但根據爵高官備的法則，既然士、大夫〈鄉射禮〉尤有一人執筭，那麼此國君禮官多，必然使有司執筭。另外又如〈公食大夫禮〉：「雍人以俎入，陳于鼎南，旅人南面加匕于鼎，退。」鄭注：「每器一人，諸侯官多也。」賈公彥則在疏文中引用《儀禮》內的大夫及士禮，說明官少而執俎匕之法，其文云：

> 云「每器一人，諸侯官多也」者，按〈少牢〉云：「鼎序入，雍正執一匕以從，雍府執四匕以從，司士合執二俎以從，司士贊者二人皆合執二俎以相從。」是大夫官少，故每人兼執也。若然，〈特牲〉[110]云：「贊者執俎及匕從鼎入。」〈士虞〉亦云：「匕俎從。」〈士昏禮〉亦云：「匕俎從設。」彼注云：「執匕者、執俎者從鼎而入設之。」不言并合者，士官彌少，并合可知，不言者，文不具。[111]

---

109 《儀禮注疏》卷十七，頁206。

110 按：「贊者執俎及匕從鼎入」為〈特牲〉鄭注之文，非〈特牲〉本文。〈特牲〉本文當作「贊者錯俎加匕。」（《儀禮注疏》卷四十五，頁529）

111 《儀禮注疏》卷二十五，頁302。

從賈公彥這段歸納可知，〈公食大夫禮〉國君禮，官多，可使一人只執一器從鼎入。〈少牢〉大夫禮，官較少，因此除雍正外，雍府兼執四匕、司士合執二俎，司士贊者每人又合執二俎，每人兼執多於一件器具。士禮官最少，理應向下推次，一人所執越多，而〈士虞禮〉及〈士昏禮〉雖只說「匕俎從設」、「匕俎從」，沒有明言一人并合兼執兩種器具，但賈公彥則說「士官彌少，并合可知。」由此可見，賈氏根據尊者官多，卑者官少的原則，推出士禮官最少，一人兼執匕和俎。

綜上所述，《周禮》與《儀禮》性質本有差別，因使賈公彥在處理兩書職官內容時，也有不同的方法和側重。《周禮》設官分職，其體系的完整尤為重要，因此賈氏《周禮疏》內較著重連綴各官職及職守，呈現其整體結構及職官間的分工關係。《儀禮》中以諸侯及侯國大夫、士的禮儀為主，行事間牽涉不同職官有司，但各官性質往往因爵位尊卑不同而繁省有別，故此《儀禮疏》傾向探討各等爵兼官攝職的狀況。各篇間用官任事的差異，賈氏亦大多根據尊者官備，卑者官少的原則說解及表明。

第六節　小結

現今所存的《十三經注疏》中，賈公彥所著有《周禮疏》和《儀禮疏》兩種。翻查史志，賈公彥同時撰有《禮記疏》，他自言該疏著重闡明「禮之大義」（〈士冠禮疏〉）。那麼，賈公彥著《三禮疏》實質上各有主旨，各書分述討論的側重不盡相同。然則，要結合三部義疏方能完整了解賈氏完整的禮學體系。現今雖然僅存《周禮疏》和《儀禮疏》，也能有限度地分析賈氏說禮的內容和方法。經禮三百，威儀三千，《三禮》內所牽涉的禮制極夥，若將賈疏內的疏文逐條比較，恐失諸繁冗，且難以概括兩疏之要。因此，本章約取賈氏在《儀禮

疏》及《周禮疏》內說禮方法之大端,加以分析比較,嘗試找出他在
疏解兩《禮》時不同的側重和分工。

上文總兩疏之要,首先說明賈公彥對《儀禮》、《周禮》兩書性質
的看法,再從其疏解的內容和方法切入,先後討論兩書的取材及體
例、對兩《禮》書法舖排的分析、兩疏運用推次和衰差之法的情況,
以及二者對職官的處理方法。[112]

透過本章分析,賈公彥認為《儀》、《周》兩禮是周公攝政時所制
作,同樣是周公致太平之書。二書雖然發源是一,但卻有終始之別。
他認為《儀禮》是始本,《周禮》是終成。若自體履而言,《周禮》是
統心之大體,具備完整的體系,足以統攝天下事物;《儀禮》記行
事,陳列揖讓進退之法,遍及各等尊卑。然二書雖有終始、體履之
別,但實質是前後呼應,首尾是一。重要的是,《周禮》是大體,著
重整個體系的完整性,故此賈氏在《周禮疏》中對於體系的呈現和貫
通,用力尤深;《儀禮》記述各等行事之法,有辨明行事尊卑之志,
唯篇章散佚,不同尊卑的禮儀多有闕佚,因而《儀禮疏》內著重分析
尊卑差異,甚至嘗試推致出《儀禮》原本各級應有的儀節。

賈公彥對《周禮》及《儀禮》書法及舖排均有析論,藉以探究周
公設經的用意。周公制禮,分為二部,兩者的書法及舖排多少有些不
同。賈公彥所闡述書中筆法和舖排,亦就兩書性質而有所差異。《周

---

112 事實上,除上述諸項以外,《儀禮疏》和《周禮疏》仍有不少可比的內容。例如
《儀禮疏》內大抵每篇皆有科段之法,《周禮疏》內則鮮見為本經劃分段落;《周
禮疏》內繼承鄭注運用以今況古之法說解,多舉唐代禮器禮制比況,但《儀禮
疏》則無;又《儀禮疏》重視歸納禮之通例,並據之作出諸多推理論證。據筆者
粗略統計,《疏》內提及的禮例逾百條,為後來禮例著作如凌廷堪《禮經釋例》打
好優厚的基礎,但禮例的歸納卻並非《周禮疏》的重心。又如《周禮疏》內多引
據緯書,《儀禮疏》則不多見,這則是由於《周禮》本質所涉及,自然引用緯書。
以上諸項,都是兩疏有所別異之處。

禮疏》內所發微的，大多是周公對各個職官敘次時的舖排及分類，指出舖排是以事之緩急為原則，各職官則依事類連類相從，形成六官整體體系。至於《儀禮疏》內，則說明了十七篇次序舖排是以賤者為先，尊者在後；此外，他也著墨分析《儀禮》文本內的省文、變文、文句次序所呈現的尊卑等次及禮制差別，希望藉著周公設經的痕跡，推測各等未見或隱藏於十七篇經文背後的內容。

　　賈公彥疏釋《儀禮》又善於運用推次及衰差之法。二法是基於已有的禮儀制度，根據通例及邏輯，推出各等禮制。他從有限的材料推衍出較完整的禮制，並將其他不合此制的記載，或視之變禮，或歸為異代之制。[113] 這種說禮方法源於鄭玄，[114]賈公彥繼承鄭法，並加以發揮。他之所以在《儀禮疏》內頻頻運用此法解經，並往往據之復原禮儀，正是他撰寫此疏時重視辨明尊卑的表現。反觀在《周禮疏》內運用此法則僅屬偶見，且其旨在證經，意不在各級禮儀的重現，宗旨有別。再者，《周禮疏》運用推致衰差之法，往往只有簡單的陳述，遠不及《儀禮疏》般具備詳細的推論和考證。由此可見，兩疏雖然運用同一方法疏禮，卻詳略有別，旨趣不同。

　　《周禮疏》和《儀禮疏》內對於職官內容的處理方法，同樣大為不同。《周禮疏》著重連類職官，綴合各個職守相似之職，並說明互相的分野。賈氏又經常在疏中展示《周禮》六官三百餘職的聯事之法，分析各官在同一事情上的合作分工。賈公彥這種連綴職官的作法，使原本分列的官職得相連繫，免去割裂之弊，呈現了《周禮》完整和縝密的體系。同樣是疏解職官，《儀禮疏》則並未有連綴職官及

---

113 如《禮記》、《春秋》等，賈公彥往往視為春秋及以後的變禮，不與周公始定的《儀禮》、《周禮》同。《孔子家語》王肅所作，則更為不可信。

114 史載后倉說禮，亦自士禮推致天子之禮，但其書久佚，賈氏卻於疏解鄭注時多次說明鄭玄乃推次而得知，由是賈公彥所運用推次衰差之法，當是效法鄭玄。

探討分工之法，反而致力於考察自天子以下至士禮職官相兼的情況，並依此分析禮篇間職官任事的差異，甚至更進一步推致不同爵位職官的職掌及行事時的實際事務等。由此可見，《儀禮疏》對職官內容的處理，依然離不開從尊卑切入的視角，與《周禮疏》整體體系的貫通大為異趣。

以上所論各項賈疏《周禮》、《儀禮》方針、方法之異同，幾乎都與兩書之性質有關。《周禮》是一套完整的職官體系，故此《周禮疏》內極力將之呈現；《儀禮》記載尊卑行事之法，天下人人可據此行禮，故《儀禮疏》偏重於闡述尊卑禮儀之差異。事實上，上述賈公彥各種說禮方法大多效法鄭玄，賈氏再加以發揮而已。今所見兩疏各有側重，乃是由於《周禮》、《儀禮》性質迥異以及鄭玄注禮的舊例。賈公彥《禮記疏》專研禮之大義，相信亦襲用鄭玄注解《禮記》之法，惜乎彼疏不存，難以一睹賈氏三疏分工全貌。今唯檢《儀禮疏》、《周禮疏》可比之處，揚其大端，得其旨要如上。

第八章
結論

　　研讀《儀禮》，除了要諳熟經文之外，離不開對鄭注、賈疏的解讀。鄭注古奧簡扼，賈疏詳盡綿密，兩者互為表裡。鄭玄的《儀禮注》，歷經敖繼公、姚際恆諸儒的貶斥，到清代學者如褚寅亮、凌廷堪、胡培翬等重新提倡，鄭注遂成為解讀經義的不二途經。因此，清人對鄭注的研究堪稱深邃，凌廷堪認為鄭注「於《禮經》最深」[1]，胡培翬撰《儀禮正義》之例亦圍繞「補注」、「申注」、「附注」、「訂注」。然而，清代學者雖褒揚鄭注，卻不認為賈疏是治禮之圭臬，且對其疏頗有微辭。

　　前人對賈疏之譏評，以清人為最。彼諸儒對賈疏之不滿有二，一為文辭冗贅枝蔓，一為曲解鄭玄注義。但賈公彥在唐代為禮學大家，於《三禮》均有撰作義疏，他的《周禮疏》尤為朱子所稱頌，其《儀禮疏》必有可取之處。喬秀岩嘗說：「義疏之學絕非所以實事求是，不可與清人學術等同視之。」[2]賈疏篇帙浩繁，固然不能全無錯誤，但若單就其繆誤而抹殺其價值，又過於武斷。清代討論賈氏《儀禮疏》之價值，大抵以陳澧所論最詳。他在《東塾讀書記》內表揚賈疏之功有三，分別為分節、繪圖和禮例。今存其手寫之《東塾遺稿》也記錄了一些讀賈疏的筆記，其中牽涉到許多賈氏分節、繪圖及貫通鄭玄注解的例子。陳氏雖有功於彰顯賈氏價值，但所舉例子仍流於敘述層面，

1　凌廷堪：《禮經釋例》（北京市：北京大學出版社，2012年點校本），頁237。
2　喬秀岩：《義疏學衰亡史論》，頁171。

對於賈氏說禮背後的思維及其禮學體系，尚未有深入的探討。學界對賈疏缺乏精密、全面的研究，至今依然。一則由於《儀禮》艱澀，治此經者鮮少；一則賈疏行文冗蔓，難以卒讀。因此，彭林師在《論〈儀禮〉賈疏》一文深嘆「學界賈疏關注絕少，其書千年不彰」[3]，並隨舉出《儀禮疏》內值得關注的多個方面，提供全面分析賈疏之雛形。日本學者蜂屋邦夫曾主持《儀禮疏》研習班，也明確指出要探究賈疏的豐富世界，必須「以正確讀解賈疏的基礎研究為開端」[4]。竊以為，要正確解讀賈疏，必須掌握賈氏解經、釋注時的核心思維，嘗試了解其說禮背後的禮學體系。只要清楚認知其思維及體系，明乎每疏之旨意及其闡論模式，我們在閱讀賈疏時才能避免受其枝蔓的疏解方式影響，而導致迷離失途。職是之故，本書嘗試釐清賈氏疏《儀禮》及鄭注時的核心思維和其背後的禮學體系，提供線索以臂助學者讀通賈疏，發掘蘊藏其中的瑰寶。

第一節　各章論點總述

本書共分七章，其旨要陳述如下。

第一章「緒論」，概述賈氏其人及其《儀禮疏》。首先綜述前人相關之研究，明乎古今關注賈疏者絕少，全面研究探討賈疏內容者更寡，現今研治《儀禮》不離鄭賈，故學界亟待對賈疏之深入討論。此部分並說明前人對本課題研究之不足，以及本文之研究方法。又次論賈氏之學術淵源，以及他修撰《三禮疏》的背景。賈氏之學術屬於北學一脈，其學源出徐遵明，檢《儀禮疏》、《周禮疏》內也有與北朝大

3　彭林師：《論〈儀禮〉賈疏》，頁28。

4　此據工藤卓司：〈近一百年日本《儀禮》研究概況〉一文所載之中文翻譯。日文原文可見蜂屋邦夫：《儀禮士昏疏・あとがき》。

儒熊安生相合的禮說。相反，孔穎達主事《禮記正義》，其學術則屬南學一脈，取南朝皇侃義疏為《正義》之本，而以熊安生《禮記義疏》為輔。復究之賈、孔二人對禮學的認知，更是南轅北轍。二人同修《禮記正義》，但學術取向殊異，由此推論賈氏所私撰之《禮記疏》，乃是基於不滿孔氏《正義》之故。賈氏承徐遵明之學，重視貫通《三禮》而不偏廢，因此賈氏又撰《儀禮疏》、《周禮疏》，蓋希望改變當世只重《禮記》而輕《儀禮》、《周禮》的風氣。次論前人評價。前人對於《儀禮疏》之優劣，取態不一。非議者認為賈疏「文筆冗蔓，詞意鬱轖」，或指其往往曲解鄭意。稱頌者則以為賈疏能發明經旨，貫通鄭注奧義。惜乎前賢對賈氏之評價多流於印象式之論，而且並未有對其背後體系及思維作出任何說明。又次論《儀禮疏》的版本，對《儀禮疏》單疏本之源流，以及明、清時合刻《儀禮注疏》的兩個系統，略加陳述；並對現代學者整理之《儀禮注疏》版本，稍作介紹。

　　第二章「《儀禮疏》的基本內容」，就賈氏《儀禮疏》對經文及鄭注的疏釋，介紹賈疏內之基本內容，臂助清晰了解賈氏《儀禮疏》之梗概。就疏釋經文而言，賈氏尤其著眼於對經文的分節。有別於朱子及其後學者以「右某事」的方式，將複雜艱澀的經文儀節簡化為醒目的題目，賈氏之分節法更傾向於將作者舖排經文、甚至記文的情況，加以說明，達到勾勒作者著墨層次的效果，探索作者設文之意。分節以外，賈氏還積極展示作者書寫《儀禮》的筆法。賈氏所討論到的《儀禮》書法，有總全書而言之例、標明省文、標明變文、解釋個別用語以及辨識隱藏於經文內的異代異爵之法，可見賈疏中亦善於探討作者設經的筆法，有鉤沈之功。賈氏也會透過歸納禮例，分析《儀禮》各篇內的常例和變例，並往往嘗試「究其因由」，有助於解決篇章之間的差異和矛盾，甚至能夠「以例補經」。另，就疏釋鄭玄注解

而言，亦分數項論之：一是明鄭所據，以見賈氏往往辨明鄭玄出注之依據；二是解讀鄭義，解釋鄭玄出注的旨意及其注解的深層意義；三是證成鄭說，以見賈氏經常就鄭玄注解作出辨證，以明乎其說法之真確性；四是分析鄭玄書法，見賈氏對於鄭玄注解的遣字用詞，甚至於出注的位置，都十分關注；五是貫通鄭注，以見賈氏諳熟鄭注，能夠貫通鄭玄注解，辨識注中互文、相兼、各舉一邊之例，對注解內出現歧解的情況，並作出合理的解釋。

第三章至第五章，進入討論賈公彥疏釋《儀禮》及鄭注背後的核心思維，嘗試從《儀禮疏》中舉出各種典型例子，分析賈氏說禮時所考慮到的問題，從而了解他疏禮的切入點，以及展開討論經注時的內在思路。此三章分別討論《儀禮疏》內最常見的說禮方法：尊卑、禮類及探究《儀禮》原貌三方面內容。

第三章「尊卑系統及原則」，考察《儀禮疏》所見賈氏有關尊卑、貴賤一類的討論，透過分析他慣常運用的方法，嘗試推衍出他說禮背後的尊卑系統及原則。本章的討論，分為三層：首先討論在常規的尊卑等級以外，三種尊卑系統，一是「士與大夫以上為分野」、一是「君禮與臣禮」的分野、一是大夫禮屈於人君禮，而士禮得申而採擬人君禮的「尊卑申屈之義」。本章第二層則討論尊卑變易的情況，一是行禮者的尊卑貴賤，會因其在該禮的身分不同而導致尊卑有所變易。尊卑會因為身分而變易，同時身分亦會因處所不同而改變。此外，行禮者的尊卑也會隨禮節的演進而變易。本章第三層則嘗試探討賈氏在《儀禮疏》內運用過的尊卑原則，分別探討了「攝盛」、「禮窮則同」以及「王人雖微猶序諸侯之上」三種尊卑原則。

第四章「禮類系統」，考察賈氏《儀禮疏》內對於各種禮典、禮儀的性質及分類的描述，並分別加以辨析，發現賈氏對於《儀禮》內許多環節的特質，以及各種禮儀之間共同性和差別，都有很深刻的認

識。本章分別列舉「昏禮象生」、「昏禮相親」、「鄉飲酒、鄉射擇人之義」、「飲酒主歡心，射禮主於射」、「飲酒尚歡，大射辨尊卑」、「喪禮尚質」為例。此外，賈氏在描述各種禮儀的特質同時，也會因應其相通之處而將不同禮儀相提並論，如「昏禮與祭禮」、「祭禮與飲酒禮」、「禮子、禮女、禮婦、禮賓、擯賓、儐尸」等。賈氏除了對禮典性質及其分類有相當的認知，亦對禮典間的輕重有十分清晰的概念，如「冠禮比昏禮輕」、「祭祀事重，冠事稍輕」、「禮女重、醮子輕」、「禮賓重、燕賓輕」、「射禮重，燕禮輕」、「饗食重，燕輕」、「聘禮重，食禮輕」、「饗餕重，食禮輕」、「禽禮輕」等，此外又有對「賓之輕重」及「君物重」的描述。《儀禮疏》之內，也有許多涉及到生死和吉凶的討論。生死與吉凶之關係相互滲透，不可以分割討論。在賈疏中，就產生了三種論述，分別是「生人禮與喪亡禮」、「事生禮與事鬼神禮」、「喪祭與吉祭」。這三種論述牽涉到賈氏對於「事生與事死的界限」和「喪祭、吉祭的界限」的看法，結果發現在賈疏體系中，事生事死、吉和凶有明確的界限，但也有相對的界限。最後，賈氏認為禮儀還有文、質之分，其中有根據公羊家文質說來說解，也有表達純粹文和質之例。

　　以上所謂「尊卑系統及原則」及「禮類系統」，就是賈氏《儀禮疏》背後中最突出及重要的禮學系統。賈氏在疏釋經注時，往往就從尊卑、禮類兩方面切入，從而辨別常例變例，解釋經文間的差異和矛盾，甚至乎考究經文未備的禮儀，大抵都不出此尊卑及禮類系統。若明乎賈氏此兩個系統的內容大要，對賈氏說禮的思考模式也會有更好的把握。換言之，運用尊卑系統及禮類系統解說《儀禮》經和注，正好就是《儀禮疏》的核心思維。

　　第五章「探究《儀禮》原貌」，見賈氏在運用尊卑和禮類系統來解說經、注之外，對《儀禮》原本面貌也十分關注。賈氏認為十七篇

《儀禮》並非全本，如今本冠、昏二禮只存士禮，但其實原本應該有諸侯、天子冠禮，大夫、諸侯、天子昏禮。然而，他認為十七篇流傳既久，「周公」設經的原本篇目，其數不明。儘管如此，已經亡佚的各等禮儀，若透過文獻證據細加推論，還是有跡可尋。賈氏在疏釋《儀禮》時就積極地運用不同方法及書證，嘗試推敲出《儀禮》已經亡佚的內容。賈氏對於《儀禮》原貌的關注，實不容研讀《儀禮疏》者忽視。他這種廣泛討論各等禮儀的疏釋方法，也是導致疏文有「釋義曼衍」觀感的主因之一。此章嘗舉〈士昏禮〉為例，分析賈氏推論《儀禮》亡佚內容過程的思路，並嘗試歸納出他探究《儀禮》原貌的方法。其法有四：一、根據禮典通義，推出各等尊卑禮儀相同的部分；二、禮類比較，採同類可資比較的禮儀、環節，多方參照，從而推出各等亡佚的禮儀；三、尊卑原則，透過運用不同的尊卑原則，推論出各等禮儀在常規等差外的隆殺變化；四、直接引據其他文獻，各等禮儀之存乎他籍者頗多，極具參考價值，因此賈氏在探究《儀禮》亡佚的禮儀時，也不時直接引用他書作證，如《公羊傳》、《詩》等，均可為《儀禮》的佚失及賈氏的推論過程，填補不少空白。值得注意的是，賈氏所運用以推敲《儀禮》原貌的方法，與賈氏說禮背後的尊卑、禮類系統關係密切，甚至可說尊卑、禮類兩大系統就是他探究《儀禮》原貌的重要依據。

第六章與第七章，分別將《儀禮疏》與《禮記正義》及賈氏自撰的《周禮疏》作比較，一則見賈、孔二人作義疏之取向和說禮旨趣之不同；一則見賈氏在《儀禮》及《周禮》義疏內說禮的分工。透過兩章的比較，冀能進一步突顯《儀禮疏》的特性。

第六章「《儀禮疏》與《禮記正義》之比較」，賈、孔二人的禮學觀點迥異，在第一章已稍作討論，此章復細加分析。從《儀禮疏》及《禮記正義》的內容可見，兩家禮學思想不但從根本上已有不同，在

個別問題上也有許多相左的地方。除了禮學思想和禮說的差異，《禮記正義》所載內容與唐代經師的關係密切，尤以與陸德明《經典釋文》的關係更不能漠視。比對之下，可見孔疏對陸書之內容多有取資。反觀賈氏《儀禮疏》，不但沒有對唐人所制作之「定本」有任何引述，也不見他對《釋文》內容有襲用之跡。他的學生李玄植自著《三禮音義》，更可推測賈氏對陸氏著作或存有不滿。賈氏及其徒重新訂著《三禮》之「義疏」和「音義」，實彰顯其秉承六朝義疏學，並完善《三禮》學術的決心。又，兩家在處理舊疏的方法又有所不同，孔氏整編《正義》乃係拼貼舊疏而成，對於不合孔意之舊疏，亦加以徵引，再逐家評議是非。其編疏態度，側重於評騭舊疏是非。賈氏《儀禮疏》則不同，他自撰的〈序〉中明言對舊疏是「擇善而從，兼增己義」，絕少評論前疏得失，只將他認為合適的說法，融為己說，寫入疏中。與孔氏好於評騭眾說的態度不同，賈氏收納前人說法，納入自己的禮學體系，再加上自己的發揮，以成一家之言。最後，兩家的論說方法也見殊異。孔氏《禮記正義》多以「隨文解之」的方式解說經注，與無關經注的討論，一併刪去。賈氏則好演繹經義和注義，往往自設問答，層層推進，就更多的禮學問題展開討論。

　　第七章「《儀禮疏》與《周禮疏》之比較」，賈氏撰寫《三禮疏》，其中《禮記疏》已經散佚不存，但他自言彼疏乃集中討論「禮之大義」，可見賈氏所著三種義疏，各有主旨，討論的重點不一。本章首先釐清賈氏對《儀禮》、《周禮》性質的看法，他認為兩禮同是周公攝政時所制作，均為周公致太平之書。兩書發源是一，但終始有別，《儀禮》是始本，《周禮》是終成。兩禮雖有終始、體履之別，但實質卻是前後呼應，首尾是一。重要的是，《周禮》是大體，著重整體體系的完整性，故此賈氏在《周禮疏》中勤於對該書體系的呈現和貫通；《儀禮》具備各等行事之法，有辨明行事尊卑之志，因此《儀

禮疏》內著重分析尊卑差異，甚至嘗試推論《儀禮》尊卑各等應有的儀節。本章舉例所見，基於兩種禮典性質不同，賈氏疏釋其中內容的取向也有差別。如論《周禮》及《儀禮》的書法及鋪排，《周禮疏》著重點明各職官依事連類相從的情況，描述六官整體體系的架構。《儀禮疏》則著重分析文本內省文、變文、文句次序之類所呈現的尊卑等差及禮制差別。此外，兩疏對職官內容的處理方法也不一，《周禮疏》著重綴合各等職守相似的職官，並說明互相分野，又展示《周禮》三百餘職的聯事之法，分析各官的合作分工，呈現《周禮》完整及縝密的體系。但同樣是疏解職官，《儀禮疏》反而致力探討自天子以下至士禮職官相兼的情況，分析禮篇間職官任事的差異，推致出不同爵位職官的職掌等。由此可見，《儀禮疏》明尊卑，《周禮疏》呈現體系，《禮記疏》則賈氏自言明「禮之大義」，賈氏撰疏互有分工，於此章所舉例證即可見一斑。

第二節　賈公彥《儀禮疏》的特點

綜合以上七章，庶幾可以勾勒《儀禮疏》的基本內容、疏釋經注時的核心思維以及說禮背後的禮學體系。總括而言，可以分為以下三點：

第一，賈氏說禮的核心思維，主要從尊卑、禮類兩角度切入，其背後有完整的尊卑系統及禮類系統。尊卑系統約包括幾種不同的尊卑分野、尊卑地位在不同情況下的變易以及限制常規禮儀和尊卑地位變易的原則。禮類系統則約包括各種禮典和禮儀環節的性質，各種禮典環節有各自個性的同時，也有其共通性。另外，相對而言，禮也可分為輕重、吉凶、文質。此尊卑、禮類系統，賈氏乃從《儀禮》經、注以及其他典籍如《周禮》、《禮記》、《春秋》三傳、《詩》、《白虎通》

等取資，從而形成他自身解經的系統。他運用此尊卑、禮類系統，一則解釋經文之間的差異、矛盾，一則透過這些原則去推測不見於《儀禮》的禮儀內容。

第二，發揮鄭玄解經法。賈疏除了著力於解讀鄭玄注解，還吸收了鄭玄的解經方法，並加以發揮。上文討論到賈氏許多的解經方法和思維，幾乎都是源出鄭玄。例如以尊卑的分野、禮類的異同去解釋禮篇間的差異；又如歸納禮之通例從而彰顯其他變例。諸如此類，實早已見於鄭注。只是鄭注簡扼，大多只作畫龍點睛，讀者必須諳熟經文，細翫注義，互相參照，才能確知其中真義。賈氏吸收了鄭玄的解經法，廣加發揮，廣泛運用在解釋經文和鄭注上，務求做到既詳且盡，無孔不入。就解經方法而言，賈氏可謂善承鄭氏之學，並將《儀禮》內容解釋得更加全面透徹。

第三，展示《儀禮》內容的複雜性。朱子以下的學者苦於《儀禮》難讀，因此嘗試整理《儀禮》文本次序，結合《周禮》、《禮記》內容，分章截段，務求使內容簡明易曉。於是，研治《儀禮》的學者，大都依循刪繁就簡一途。如魏了翁《儀禮要義》斧削鄭、賈注疏；張爾岐、吳廷華等將文本細加分節；凌廷堪將繁複的經文簡化為禮例，以釋例的方式解讀《儀禮》。但觀乎賈氏《儀禮疏》卻與諸學者方針不同。賈氏撰疏以展示《儀禮》內容的複雜性為務，而不是簡化內容以使便讀。賈氏〈儀禮疏序〉開首云：「竊聞道本沖虛，非言無以表其疏；言有微妙，非釋無能悟其理，是知聖人言曲，事資注、釋而成」，正道出賈氏欲展現《儀禮》複雜性的取向。例如賈氏的分節法，有效於探究篇章中作者的著墨層次，呈現經文內部的多重結構，揭示箇中舖排的深意，而並非單純的儀節舖敍說明。又如探討聖人作經之旨意，遣詞用字之間即隱藏著異爵及異代的行事法；而且篇章之間相互參照，屢有變文或省文之義，賈氏都為之揭示。再者，賈

氏透過經文所述的內容，廣加引申更多的禮學問題並作深入探討。如此種種，賈氏都希望展示《儀禮》內容的複雜性，甚至藉此以經文為起點，帶出更多值得討論的禮學問題。彼法與後儒將《儀禮》去蕪存菁，務求簡明易曉的治禮方法大相逕庭。此誠賈氏《儀禮疏》之特點，清儒反以「釋義蔓衍」非議賈疏，實未為恰妥。

以上三點，為本研究爬梳賈公彥《儀禮疏》，分析他討論問題的方法及思維，從而歸納出賈疏的三大特點。與孔穎達《五經正義》刪定舊疏，評騭眾說的風格不同，賈氏撰寫《儀禮疏》的目的在於貫通經文和鄭注，務求使經注圓滿可通，此為第一層；在此基礎工作之上，賈氏又透過設定或舉出尊卑和禮類原則，完善並且具體地彰顯鄭氏的禮學體系，此為第二層。鄭玄注經，往往古奧簡扼，只點明結論，缺乏論證。賈公彥的工作，就是透過自設問答的形式，舉出對經注的疑問及存在於其中的矛盾，然後謹慎地從尊卑和禮類兩方面權衡，舉出合適的原則去加以推論，從而化解矛盾。例如〈既夕禮〉發柩向祖廟時「重先，奠從……主人從」，鄭注：「丈夫由右，婦人由左」，賈疏云：「知男子由右，婦人由左者，以〈內則〉云『道路，男子由右，女子由左』，鄭云『地道尊右』，彼謂吉時，此雖凶禮，亦依之也。」[5]吉凶之禮，往往相變相反，如設洗吉時當東榮，喪禮往往反吉而在西方。上引例子，展示了賈氏並不盲目遵循吉凶相反的原則，還會權衡不同理據。《禮記‧內則》有明文指「男子由右，女子由左」，鄭玄解釋道是「地道尊右」[6]，因此不辨吉凶，俱依此法。加上〈既夕禮〉喪禮反吉，鄭玄也同樣借用〈內則〉所載來說解，證明無論吉凶，都應該是男子由右，女子由左。由此可見，賈氏在決定該環節是否有吉凶相變的情況前，必先參照相關書證及論據。

5　《儀禮注疏》卷三十八，頁450。
6　《禮記正義》卷二十七，頁520。

又如論筮時述命與否的問題，〈士喪禮〉云「不述命」，鄭注云
「士禮畧」。鄭玄指出不述命是由於士的禮儀簡略，賈疏遂參照相關
的論述，云：「知士不述命，非為喪禮畧者，〈特牲〉之吉禮，亦云
『不述命』，故知士吉凶皆『不述命』，非為喪禮畧也。」[7]細審賈氏
的思路，他認為禮儀環節的省略，可以有多種原因。就此〈士喪禮〉
而言，便可以是「士禮略」或者是「喪禮略」。賈氏不但在上文以
「士云『不』者」相對「大夫已上皆有」的書寫慣例來證成鄭說，更
加參照〈特牲〉祭禮的描述，從反面分析為何「不述命」必然是「士
禮略」而並非由於「喪禮略」。

　　以上兩個例子，可見賈氏說禮時往往參照不同論據，謹慎權衡禮
篇間是基於何種情況而有所差異，最後做到會通經文、協調經注、發
揮經文和鄭注之義，展現經文所包含的複雜性，彰顯聖人設經之深
義。雖然在體式上不免煩瑣枝蔓，但疏文內確實有一套明確的解經方
法，並在解經同時建構了一個禮學體系，在這個層面上，賈疏自有其
在經學史上的地位和價值。

　　明乎《儀禮疏》解經方法的特點，亦可以重新審視後人對於賈疏
之評價。前人對賈氏《儀禮疏》之評價無非「釋義蔓衍」、「行文枝
蔓」等等。賈疏之所以蔓衍枝蔓，乃是由於他花費篇幅去闡論問題，
大量運用尊卑和禮類原則去貫通經注。本文所考究賈氏說禮背後的尊
卑系統、禮類系統十分複雜，加上他在實際運用這兩系統來解經析注
時，又往往互相摻雜，導致疏中所展開的討論，驟觀之極為繁複，不
甚分明。如〈士昏禮〉賈疏論爾黍、授肺及祭食等環節，云：「案
〈玉藻〉（筆按：當為〈曲禮上〉）云『食坐盡前』，謂臨席前畔，則
不得移黍於席上。此云『移置席上』者，鬼神陰陽，故此昏禮從〈特

----

7 《儀禮注疏》卷三十七，頁441。

牲〉祭祀法也。……此（筆按：〈士昏禮〉）先爾黍、稷，後授肺，
〈特牲〉亦然，以其士禮同也。〈少牢〉佐食先以舉肺者，授尸乃爾
黍者，大夫禮與士異故也。然〈士虞〉亦先授舉肺者，後乃爾黍者，
喪禮與吉反故也。」[8]就這條疏文所論，便已牽涉同類禮儀、吉凶相
變及士大夫尊卑儀禮不同的情況。諸如此類，都很容易形成賈疏冗蔓
的觀感，加上有孔穎達《禮記正義》隨文解析、務去枝蔓的風格作對
比，更加突顯了賈疏論說繁複的特質。

　　賈疏既然有著詳博的解經體式，與孔穎達的「條暢」對比。我們
再看《北史·儒林傳》對南北經學的看法，云：「南人約簡，得其英
華；北學深蕪，窮其枝葉。」[9]北史為唐代李延壽所著，代表了當時
人對於南北學術的觀感。《北史》的描述，說南人「得其英華」而北
人「窮其枝葉」，顯是偏袒南學。唐代雖然高呼統一南北學術的口
號，實質卻較重南學，因而有此論調並不足怪。這種以簡約勝於枝蔓
之論，到清代學者依然如是。孔穎達身受南學薰陶，賈公彥則代表著
北學傳統，這在他們的著作中可以得到印證。孔疏隨文解經，簡潔明
快，符合北人「約簡」的風格；賈書迴環往復，窮盡經論，則展現了
北學「深蕪」的面貌。本書在探討賈公彥《儀禮疏》解經時的核心思
維，以及他所建構的尊卑和禮類系統，同時亦展示了賈疏之所以「枝
蔓」的原因，乃是基於他自身的學術傳統和解經方法。如果從方法上
考察南北學術，唯其解經路數不一，卻無須強分優劣。所以，與其將
南學說是「得其英華」而北學只是「窮其枝葉」，不如像《世說新
語》所云指「北人學問，淵綜廣博；南人學問，清通簡要」[10]，更切

8　《儀禮注疏》卷五，頁51。
9　李延壽：《北史》卷八十一（北京市：中華書局，1974年），頁2709。
10　《世說新語·文學》論南北學差異云：「褚季野語孫安國云：『北人學問，淵綜廣
　　博。』孫答曰：『南人學問，清通簡要。』支道林聞之曰：『聖賢固所忘言。自中人

合實際情況。

　　既然賈疏「枝蔓」的文風，乃是源自他的解經方法，今天我們再去閱讀賈公彥《儀禮疏》，就必須掌握他的方法和思維，才能更容易梳理疏文的脈絡及他推論的過程。本書嘗試歸納出賈氏《儀禮疏》的三大要點如上，又初步梳理了疏內的尊卑系統和禮類系統，並且分析賈氏探究《儀禮》原貌時的邏輯和思路，對賈氏解經的方法有更深入的了解。讀者秉持上述數端，要理清繁冗的疏文，應屬不難。

第三節　《儀禮疏》的缺失

　　本書集中討論有關賈公彥撰寫《儀禮疏》時的核心思維及說禮背後的禮學體系，目的在於鉤沈賈疏的解經方法。透過對賈疏有更深的了解，我們可以重新思考這部經學著作在經學史上的價值及地位。但此書並非沒有缺點，賈疏中有許多說禮失誤的地方，已由清人逐條考證，成果豐碩。但清人對賈公彥《儀禮疏》的缺失，大抵只指出他行文冗蔓，違背鄭義之類。今天若再審視賈疏之問題，則可分為四方面，分別是論說前後不一、推論時見草率、強行遷就鄭注以及運用禮例不當。

　　第一，論說前後不一。賈公彥撰疏時，往往有上下文討論同一問題時的說法不一。這種情況，有時候是由於剪裁舊疏時，未有統一互相之差異。這一情況在曹元弼《禮經學》中已經提出，他說：「如序所云，則賈疏當每條先引諸家，次下己意，今疏中未嘗稱引黃、李，而前後設文動多違戾，甚至一條中自相違戾，顯非一人之言。」[11]舉

　　以還，北人看書，如顯處視月；南人學問，如牖中窺日。』」見徐震堮：《世說新語校箋》卷上（北京市：中華書局，1984年），頁117。

11　曹元弼：《禮經學》（北京市：北京大學出版社，2012年校點本），頁41。

例而言，《儀禮》祭禮中所謂「墮祭」，鄭注云：「下祭曰墮。」賈氏
在《儀禮疏》中有兩處討論到鄭注「下祭曰墮」之義。〈士虞禮疏〉
解「墮祭」為「手舉之，向下祭之」，然後又舉《左傳》子路「將墮
三都」，訓「墮」為「毀」。[12]此處已有自相矛盾之嫌。他又在〈士虞
禮疏〉另一疏文說「《周禮‧守祧》職云：『既葬，藏其墮。』字為
正，取減為義。」[13]這裡所謂「取減為義」，又與上文訓為「毀」、「向
下祭之」的說法不一。諸如此類，實令讀者無所適從。

　　第二，論證過程草率。賈疏中大量討論不同的禮學問題，但其中
不乏論證過程違背邏輯的例子。例如用不可以類比的兩種儀節作比
較，又或者引用的論據與論點沒有關係之類。喬秀岩在《義疏學衰亡
史論》中便舉出賈氏草率的幾個例子。例如〈鄉射禮〉戒賓節「賓出
迎再拜」，賈疏云：「謂出序之學門，亦如〈鄉飲酒〉出庠門。」喬秀
岩駁云：「戒賓賓出門，自是出賓家之門。……賈公彥據《鄉飲酒
義》云『主人拜迎賓於庠門之外』，引以釋此經，不知〈鄉飲酒義〉
自據賓至主人迎賓而言，與此經戒賓不相干也。是乃賈氏草率，比附
彼事以釋經。」[14]諸如此例，都多見於疏文之中，其草率失誤，無庸
諱言。賈公彥諳熟《三禮》，說禮背後具有清晰之禮學體系，疏中出
現像上例般引據文獻草率的情況，或屬千慮一失，又或為舊疏陋說之
遺留，而賈氏未暇細審刪定耳。

　　上述兩種失誤，尤可視為賈氏偶爾之草率。以下兩種，則實為賈
氏解經方法之局限。

　　第三，強行遷就鄭注。賈氏撰疏時，每見鄭玄經注的說法互有出
入，便嘗試貫通鄭注，務求使各種說法得到圓滿解釋。但賈氏有時過

12　《儀禮注疏》卷四十二，頁497。
13　《儀禮注疏》卷四十三，頁508。
14　喬秀岩：《義疏學衰亡史論》，頁155。

於固執於兼顧鄭注的不同說法，時有強行遷就鄭說之弊。例如在〈鄉飲酒禮疏〉中討論到「斯禁」及「棜」的問題，賈疏便舉出《禮記‧禮器》「大夫、士棜禁」鄭注云：「棜，斯禁也，謂之棜者，無足有似於棜，或因名云耳。大夫用斯禁，士用棜禁。」〈玉藻〉：「大夫側尊用棜，士側尊用禁」，注云：「棜，斯禁也。」《儀禮‧特牲饋食禮記》：「壺、棜禁饌于東序」，注云：「禁言棜者，祭尚厭飫，得與大夫同器，不為神戒也。」如此幾處注文差異的情況，賈氏花了頗長的篇幅嘗試協調不同的說法，而導致整段疏文扞格不通，文句邏輯混亂、論證脈絡不清。[15]實質〈禮器〉、〈玉藻〉及《儀禮》各篇所記棜、斯禁之名義，容有不同，無須勉強貫通諸種說法。鄭玄在各篇的注解，也可理解為隨文出注，望文為義，不必強同。

第四，運用禮例不當。本文討論到賈氏往往就經注的不同情況，謹慎權衡，並運用尊卑及禮類原則加以分析闡論。但有時賈疏運用這些原則卻未必妥當，或求諸太深。例如討論到葬時包遣奠的數量，〈既夕禮疏〉云：

---

15 賈疏云：「云『斯禁，禁切地無足』者，斯，漸也，漸盡之名，故知切地無足。〈昏禮〉、〈冠禮〉皆云禁者，士禮以禁戒為名，卿大夫士並有禁名，故鄭以大夫士雙言也。是以〈玉藻〉云：『大夫側尊用棜，士側尊用禁。』注云：『棜，斯禁也。』大夫、士禮之異也。〈禮器〉云：『大夫、士棜禁。』注云：『棜，斯禁也。謂之棜者，無足有似於棜，或因名云耳。大夫用斯禁，士用棜禁。』然則禁是定名，言棜者是其義稱，故〈禮器〉大夫士總名為棜禁。案：〈特牲禮〉云：『實獸於棜』，注云：『棜之制如今大木輿矣。』則棜是輿，非承尊之物，『以禁與斯禁無足似輿，故世人名為棜。』若然，周公制禮，〈少牢〉名為『棜』，則以周公為世人，或有本無『世人』字者是。以〈少牢〉不名斯禁，謂之為棜，取不為酒戒。〈特牲〉云：『壺禁在東序』，〈記〉云：『壺、棜禁饌于東序』，注云：『禁言棜者，祭尚厭飫，得與大夫同器，不為神戒也。』，其實不用。云『棜禁不敢與大夫同名斯禁』作記解，注故云『士用棜禁』，明與〈少牢〉棜同也。若然，士之棜禁，大夫之斯禁，名雖異，其形同，是以〈禮器〉同名『棜禁』也。其餘〈士冠〉、〈昏禮〉禮賓用醴，不飲，故無禁，不為酒戒。」見《儀禮注疏》卷四，頁82。

〈雜記〉曰:「遣車視牢具」,彼注云:「言車多少,各如所包遣奠牲體之數也。然則遣車載所包遣奠而藏之者與?遣奠,天子大牢包九个,諸侯亦大牢包七个,大夫亦大牢包五个,士少牢包三个。大夫以上乃有遣車。」以此而言,士無遣車,則所包者不載于車,直持之而巳。士有二包,而云包三个,鄭又云「个謂所包遣奠」,則士一包之中有三个牲體,……若然,大夫云遣車五乘,包五个,則一包之中有五个,五五二十五,一大牢而為二十五體。……諸侯亦大牢而包七个,天子亦一大牢,又加以馬牲。牲別有三體,則十二體就十二體中細分為八十一个,九包,包各九个。[16]

《儀禮‧既夕禮》云:「苞二」,與同篇「苞牲取下體」下鄭注云「苞三个」兩相矛盾。賈氏遂發明「士一包之中有三个牲體」的說法,以強行協調經文和鄭注。黃以周便說「苞為包遣奠之名,个者苞之數名也。舉其物謂之苞,舉其數謂之个」,而賈氏之說「苞自苞,个自个,與經文違,不足信也。」黃氏駁賈說不止於此,他續云:「遣奠,天子太牢,有牛羊豕三牲,牲取三體,三牲有九體,其苞九个,苞各一體也。……天子九个,車九乘;諸侯七个,車七乘;大夫五个,車五乘,皆降殺以兩。士無遣車,不用降殺以兩之法,故其苞二个,折取羊豕各下體為一苞也。……賈疏又以之推大夫以上个數,且謂天子加以馬牲,謬之謬矣。」[17] 從黃氏駁賈之論可見,賈氏未留意到鄭注「大夫以上乃有遣車」與遣奠牲體數量的關係,直接以士苞个之數上推天子,以致出現天子用牲十二體再細分八十一个,分入九包之中的結論。這種失誤,顯然是賈氏運用尊卑原則失當所致。

---

16 見《儀禮注疏》卷三十九,頁465。
17 黃以周:《禮書通故》(北京市:中華書局,2007年點校本),頁565。

　　本研究雖然並非專門探討賈疏之得失，但大略言之，賈氏之失有兩途，一為撰疏時草率之過，一是誤用其自身解經之法。相信在理清賈氏說禮的慣性以及背後禮學體系後，我們不但可以更容易掌握疏文內容，也能更清晰和細緻分析賈氏致誤之由，為賈公彥《儀禮疏》得出一個較公允的評價。

第四節　《儀禮疏》的時代意義

　　唐太宗崇尚儒術，以禮治國，在位其間積極編修禮典，又詔編《五經定本》和《五經正義》，廣布天下。但唐代《五經》並不包括《儀禮》和《周禮》，《三禮》之中只採《禮記》，形成《禮記》一經獨重而《儀禮》、《周禮》二經偏廢的現象。賈公彥參與孔穎達主事《五經正義》之編修，但二人學術旨趣殊異，師承淵源有別，促使賈公彥私下自撰《禮記疏》，又兼撰《儀禮疏》及《周禮疏》，永徽年間一同進呈御覽。賈公彥此舉，在當世《周禮》、《儀禮》二經庶幾廢絕的情況下[18]，極具意義。《五經正義》的編撰源於唐太宗鑒於當時「儒學多門，章句繁雜」[19]的情況，希望將經解統一，並作為科舉的官方標準，「令天下習焉」[20]。因此孔氏《正義》本就有統一南北各家經說的特質，與隋唐一統南北局面的政治環境吻合。相反，賈公彥著《三禮疏》很有可能是希望藉此扭轉當時只重視《禮記》而忽視貫通《三禮》的風氣；同時透過撰寫義疏，為希望研讀《儀禮》和《周禮》的學子提供門徑。從此時代背景下考察，賈公彥的《三禮疏》就不只是解經釋注的「章句之學」，也不像孔穎達《五經正義》般起著統一經

18　《舊唐書》卷一八五下，頁4820。
19　《舊唐書》卷一八九上，頁4941。
20　《舊唐書》卷一八九上，頁4941。

解的作用,而是有著作者對當時學習風尚的反思。賈公彥撰寫《儀禮疏》,不但缺乏前朝舊疏作為參考,而且面對艱深的經文以及簡扼的鄭注,是極不容易的。孔德成先生曾說:「因為其儀節的繁複,文法的奇特,句讀的難讀,所以專門來研究它的人,愈來愈少。」[21]《儀禮》在唐代《三禮》學中是最冷僻的一種,洋洋五十卷《儀禮疏》之撰成,顯然是當世經學界一件具重大意義之事。

雖然,賈氏上進《三禮義疏》之後,《周禮》、《儀禮》等經仍然乏人問津;到了宋代王安石更廢罷《儀禮》,導致其學一蹶不振,加之當世治經風氣「視注疏如土苴」,[22]更是《儀禮疏》一直不受重視的原因。清代學者雖然關注《儀禮》及鄭賈注疏,但賈氏的解經風格不合當時的學術規範,導致清儒諸多不滿。由此可見,時代的因素就是令賈疏「千年不彰」[23]的原因。

但若將賈氏《儀禮疏》放在學術發展的脈絡考察,賈疏在歷代學

---

21 孔德成:〈儀禮復原研究叢刊序〉,見鄭良樹:〈孔序〉,《儀禮士喪禮墓葬研究》(臺北市:臺灣中華書局,1971年)。

22 馬宗霍《中國經學史》云:「宋初經學,大都遵唐人之舊。……則宋初經學猶是唐學,不得謂之宋學。訖乎慶曆之間,諸儒漸思立異。歐陽修〈論經學劄子〉曰:『唐太宗時,始詔名儒撰定九經之疏,號為《正義》,凡數百篇。自爾以來,著為定論。凡不本《正義》者,謂之異端。然其所載既博,所擇不精,多引讖諱之書,以相雜亂,怪奇詭僻,所謂非聖之書,異乎正義之名也。臣欲乞特詔名儒學官,悉取九經之疏,刪去纖緯之文,使學者不為怪異之言惑亂,然後經義純一,無所駁雜,其用功至少,其為益則多。』案此欲刪諸經之疏矣。而孫復上范仲淹書:『欲召天下鴻儒碩老,識見出王韓左穀公杜何毛范鄭孔之右者,重為注解,俾六經廓然瑩然,如揭日月,以復虞夏商周之治。』案此則竝諸經之傳注而亦欲撥棄之。夫疏定于唐人,歐請刪疏,僅為不慊唐學,傳注乃成于春秋戰國漢魏晉諸子,孫欲改注,直是自我為法,前無古人。雖孫論徒高,歐議不行,然自是風氣一變,學者解經,互出新意,視注疏如土苴。所謂宋學者,蓋見其端矣。」見氏著:《中國經學史》(北京市:商務印書館,1937年),頁110-111。

23 彭林師:〈論《儀禮》賈疏〉,頁12。

界雖然並非顯學，但無損其在學術史上的意義。孔穎達奉詔編《五經正義》在統一南北學說的指導思想下，形成其書的學術思想及風格。同時，由於《五經正義》作為科舉明經的考試標準，士子競為誦讀，為求入仕，到了宋代甚至有「凡不本《正義》者謂之異端」[24]的論調，導致了經學發展停滯不前的局面。阮元〈擬國史儒林傳序〉便云：「至隋唐《五經正義》成，而儒者鮮以專家古學相授受焉。」[25]筆者無意貶低《五經正義》的價值，但從經學發展脈絡來看，《五經正義》雖為集六朝義疏大成之作，但同時亦為義疏學衰落之誘因。《儀禮疏》並非為了統一南北學術而作，其在經學史上的意義與《正義》不同。賈公彥雖在〈序〉中自言當時有黃、李兩家之義疏，但實際兩家可資參考的內容並不多。《儀禮疏》在缺乏舊疏的情況下寫成，表示賈公彥需要自己對經和注進行推論和演繹。他對《儀禮》及鄭注的解讀，有一套明確的方法。本書所探討《儀禮疏》的核心思維，在於從尊卑和禮類兩方面切入，賈氏不但從這兩方面解決了許多經、注間的矛盾，而且還據之以探究《儀禮》原貌的內容。賈公彥說解《儀禮》背後的禮學體系，一方面是根本於鄭玄，一方面又在鄭玄的方法上加以引申及貫通，建構了一個以鄭注為基礎發展而成的禮學體系。而在解經模式上，賈公彥以自設問答的方式推進，窮盡地討論問題，與成書於北齊間的《公羊疏》風格和體式相近，可見深受北學熏陶的賈公彥乃是繼承了「北學深蕪，窮其枝葉」的傳統，並在《儀禮疏》中展現出來。所以從經學發展的視角觀之，賈公彥《儀禮疏》既對鄭玄解經方法和體系有所繼承和發展，亦保留了北朝的經疏傳統，放在今天的經學研究，其價值實在不容忽視。

---

24 歐陽修〈論經學劄子〉語，見朱彝尊：《經義考》（臺北市：臺灣中華書局，1966四部備要校刊本），第8冊，卷二九八，頁4。

25 阮元：《揅經室一集》卷二，《揅經室集》，上冊，頁36-37。

參考文獻

一 中文專書

王步青 《已山先生文集》 乾隆敦復堂刻本

王念孫 《廣雅疏證》 《清疏四種合刻》 上海市 上海古籍出版社 1989年

王 通 《中說》 《四部叢刊初編》 上海市 商務印書館 1919年

王 溥 《唐會要》 中文出版社 1987年

王鳴盛 《蛾術編》 上海市 商務印書館 1968年

王應麟 《玉海》 臺北市 華文書局 1964年

中國古籍善本書目編輯委員會 《中國古籍善本書目・經部》 上海市 上海古籍出版社 1989年

內閣文庫 《內閣文庫漢籍分類目錄》 東京都 內閣文庫 1956年

永瑢等 《四庫全書總目》 北京市 中華書局 1965年

司馬光編著 胡三省音註 《資治通鑒》 北京市 古籍出版社 1956年

皮錫瑞 《經學通論》 北京市 中華書局 1964年

朱熹、黃幹、楊復 《儀禮經傳通解》 《文淵閣四庫全書》 上海市 上海古籍出版社 1987年

朱 熹 《朱晦菴集》 《文淵閣四庫全書》 上海市 上海古籍出版社 1987年

朱彝尊　《經義考》　臺北　臺灣中華書局　1966年《四部備要》校
　　　　刊本

任　爽　《唐代禮制研究》　長春市　東北師範大學出版社　2000年

全祖望　《鮚埼亭集外編》　《續修四庫全書》　上海市　上海古籍
　　　　出版社　1995年

江　永　《禮書綱目》　《文淵閣四庫全書》　上海市　上海古籍出
　　　　版社　1987年

江　藩　《國朝漢學師承記》　《續修四庫全書》　上海市　上海古
　　　　籍出版社　1995年

阮　元　《揅經室集》　北京市　中華書局　1993年

阮元等　《十三經注疏》　臺北市　藝文印書館縮印清嘉慶二十年南
　　　　昌府學刊本　1965年

牟潤孫　《注史齋叢稿》　北京市　中華書局　1987年

李延壽　《北史》　北京市　中華書局　1974年

李林甫　《唐六典》卷四　北京市　中華書局　1992年

李威熊　《中國經學發展史論》　臺北市　文史哲出版社　1988年

李雲光　《三禮鄭氏學發凡》　上海市　華東師範大學出版社　2012年

吳廷華　《儀禮章句》　《文淵閣四庫全書》　上海市　上海古籍出
　　　　版社　1987年

吳承仕　《經典釋文序錄疏證》　北京市　中華書局　1984年

吳　兢　《貞觀政要》　上海市　上海古籍出版社　1978年

宋翔鳳　《過庭錄》　北京市　中華書局　1986年

邵晉涵　《南江詩文鈔》　《續修四庫全書》　上海市　上海古籍出
　　　　版社　1995年

邵懿辰　《禮經通論》　王先謙《續經解禮類彙編》　臺北市　藝文
　　　　印書館　1986年

荀　卿　《荀子》　《四部叢刊初編》　上海市　商務印書館　1919年

胡培翬　《胡培翬集》　臺北市　中央研究院文哲研究所　2005年

胡培翬　《儀禮正義》　上海市　商務印書館　1934年

洪銘吉　《唐代科舉明經進士與經學之關係》　臺北市　文津出版社　2013年

姚思廉　《梁書》　北京市　中華書局　1973年

班　固　《漢書》　北京市　中華書局　1970年

敖繼公　《儀禮集說》　《文淵閣四庫全書》　上海市　上海古籍出版社　1987年

馬宗霍　《中國經學史》　北京市　商務印書館　1937年

馬　楠　《比經推例》　北京市　新世界出版社　2011年

徐震堮　《世說新語校箋》　北京市　中華書局　1984年

高明士　《中國中古政治的探索》　臺北市　五南出版社　2006年

高明士　《中國中古禮律綜論——法文化的定型》　臺北　元照出版社　2014年

陸德明著　黃焯斷句　《經典釋文》　北京市　中華書局縮印通志堂本　1983年

陳振孫　《直齋書錄解題》　上海市　上海古籍出版社　1987年

陳漢章　《孔賈經疏異同評》　《叢書集成續編》　臺北市　新文豐出版　1989年

陳　澧　《東塾遺稿》　桑兵　《續編清代稿鈔本》　廣州市　廣東人民出版社　2009年

陳　澧　《東塾雜俎》　廣州市　廣東人民出版社　2010年

陳　澧　《東塾讀書記》　上海市　上海古籍出版社　2012年

孫志祖　《讀書脞錄》　《續修四庫全書》　上海市　上海古籍出版社　1995年

孫希旦　《禮記集解》　北京市　中華書局　1989年

孫詒讓　《周禮正義》　北京市　中華書局　1987年

孫敦恒　《王國維年譜新編》　北京市　中國文史出版社　1991年

曹元弼　《復禮堂文集》　《中華文史叢書》　臺北市　華文書局　1968年

曹元弼　《禮經校釋》　《續修四庫全書》　上海市　上海古籍出版社　1995年

曹元弼　《禮經學》　北京市　北京大學出版社　2012年

脫　脫　《宋史》　北京市　中華書局　1977年

許子濱　《《春秋》《左傳》禮制研究》　上海市　上海古籍出版社　2012年

許宗彥　《鑒止水齋集》　清嘉慶二十四年德清許氏家刻本

許慎撰　徐鉉校定　《說文解字》　北京市　中華書局縮印陳昌治刻本　1998年

淩廷堪撰　彭林師點校　《禮經釋例》　北京市　北京大學出版社　2012年

張文昌　《唐代禮典的編纂與傳承——以《大唐開元禮》為中心》　臺北縣　花木蘭出版社　2008年

張英、王士禛、王惔等　《淵鑒類函》　臺北市　新興書局　1971年

張爾岐　《儀禮鄭註句讀》　《文淵閣四庫全書》　上海市　上海古籍出版社　1987年

張寶三　《五經正義研究》　上海市　華東師範大學出版社　2010年

彭林師　《《周禮》主體思想與成書年代研究》　北京市　中國人民大學出版社　2009年

彭林師　《清代學術講論》　桂林市　廣西師範大學出版社　2005年

黃以周撰　王文錦點校　《禮書通故》　北京市　中華書局　2007年

黃　焯　《經典釋文彙校》　北京市　中華書局　1980年

黃懷信　《大戴禮記彙校集注》　西安市　三秦出版社　2004年

葉國良　《經學通論》　臺北市　大安出版社　2005年

葉國良　《經學側論》　新竹市　國立清華大學出版社　2005年

葉國良　《禮學研究的諸面向》　新竹市　國立清華大學出版社　2010年

萬斯同　《儒林宗派》　《文淵閣四庫全書》　上海市　上海古籍出版社　1987年

董誥輯　《全唐文》　清嘉慶內府刻本

喬秀岩　《義疏學衰亡史論》　臺北市　萬卷樓圖書公司　2013年

焦桂美　《南北朝經學史》　上海市　上海古籍出版社　2009年

楊天宇　《經學探研錄》　上海市　上海古籍出版社　2004年

楊天宇　《鄭玄《三禮注》研究》　天津市　天津人民出版社　2007年

楊向奎　《繹史齋學術文集》　上海市　上海人民出版社　1983年

賈公彥　《儀禮疏》　《四部叢刊續編》　上海市　商務印書館　1934年

趙　翼　《廿二史劄記》　北京市　商務印書館　1937年

臧　琳　《經義雜記》　《續修四庫全書》　上海市　上海古籍出版社　1995年

管　仲　《管子》　《四部叢刊初編》　上海市　商務印書館　1919年

鄭玄注　賈公彥疏　《儀禮注疏》　明汲古閣毛氏刊本

鄭玄注　賈公彥疏　《儀禮注疏》　明福建刊本

鄭玄注　賈公彥疏　《儀禮注疏》　清武英殿本

鄭玄注　賈公彥疏　《儀禮注疏》　嘉靖五年廬陵陳鳳梧刊本

鄭玄注　賈公彥疏　王輝整理　《儀禮注疏》　上海市　上海古籍出版社　2008年

鄭玄注　賈公彥疏　邱德修分段標點　《儀禮注疏》　臺北市　新文
　　　　豐出版社　2001年

鄭玄注　賈公彥疏　彭林整理　《儀禮注疏》　北京市　北京大學出
　　　　版社　2000年

鄭玄注　賈公彥疏　聞人詮校正　《儀禮注疏》　嘉靖中遞昌應櫃列本

鄭良樹　《儀禮士喪禮墓葬研究》　臺北市　臺灣中華書局　1971年

歐陽修　宋祁　《新唐書》　北京市　中華書局　1975年

黎靖德編　王星賢校點　《朱子語類》　北京市　中華書局　1988年

劉文淇　《左傳舊疏考正》　王先謙　《續經解春秋類彙編》　臺北
　　　　市　藝文印書館　1986年

劉　昫　《舊唐書》　北京市　中華書局　1975年

劉　肅　《大唐新語》　北京市　中華書局　1984年

劉壽曾　《劉壽曾集》　臺北市　中央研究院文哲研究所　2001年

諸橋轍次著　連清吉、林慶彰等譯　《經學史》　臺北市　萬卷樓圖
　　　　書公司　1996年

潘銘基　《顏師古經史注釋論叢》　香港　香港中文大學出版社
　　　　2016年

盧文弨　《群書拾補》　《續修四庫全書》　上海市　上海古籍出版
　　　　社　1995年

盧文弨　《儀禮注疏詳校》　臺北市　中央研究院文哲所　2011年

錢基博著　傅宏星編訂　《經學論稿》　武漢市　華中師範大學出版
　　　　社　2011年

韓　嬰　《韓詩外傳》　《四部叢刊初編》　上海市　商務印書館
　　　　1919年

魏徵、姚思廉　《陳書》　北京市　中華書局　1972年

嚴可均　《鐵橋漫稿》　《續修四庫全書》　上海市　上海古籍出版
　　　　社　1995年

顧炎武撰　黃汝成集釋　《日知錄集釋》　上海市　上海古籍出版社
　　　1984年

顧廣圻　《思適齋集》　《續修四庫全書》　上海市　上海古籍出版
　　　社　1995年

二　外文專書

長澤規矩也　《十三經注疏影譜》　《長澤規矩也著作集》　東京都
　　　汲古書院　1982年

長澤規矩也　《宋代合刻本正史の傳本について》　《長澤規矩也著
　　　作集》　東京都　汲古書院　1982年

倉石武四郎　《儀禮疏攷正》　東京都　東京大學東洋文化研究所
　　　1979年

野間文史　《五經正義の研究》　東京都　研文出版社　1998年

野間文史　《五經正義研究論攷》　東京都　研文出版社　2013年

蜂屋邦夫　《儀禮士昏疏》　東京都　東京大學東洋文化研究所
　　　1984年

蜂屋邦夫　《儀禮士冠疏》　東京都　東京大學東洋文化研究所
　　　1984年

三　單篇論文

工藤卓司　〈近一百年日本《儀禮》研究概況〉　《中國文哲研究通
　　　訊》　第23期　2013年

王弘治　〈《經典釋文》的因襲來源問題〉　《上海師範大學學報》
　　　哲學社會科學版　2008年　第37卷第4期

王　鍔　〈《儀禮注疏》版本考辨〉　《古籍整理研究學刊》　1996
　　　　年第6期

李致忠　〈十三經注疏版刻略考〉　《文獻季刊》　2008年第4期

吳承仕　〈公羊徐疏考〉　《師大學國學叢刊》　1931年第1期

吳麗娛　〈《顯慶禮》與武則天〉　《唐史論叢》　第10輯　2007年

何淑蘋　〈北朝經學相關問題試探〉　《經學研究論叢》　第8輯
　　　　1994年

汪紹楹　〈阮氏重刻宋本十三經注疏考〉　《文史》　1963年第3期

汪惠敏　〈唐代經學史思變遷之趨勢〉　《輔仁國文學報》　1985年
　　　　第1期

姜龍翔　〈馬嘉運及其與《五經正義》關係考〉　《政大中文學報》
　　　　第20期　2013年

高明士　〈論隋唐學禮中的鄉飲酒禮〉　《唐史論叢》　第8輯
　　　　2006年

高橋忠彥　〈《儀禮疏》《周禮疏》に於ける省文について〉　《中哲
　　　　文學會報》　第8輯

陳彝秋　〈唐代科舉與經學〉　《經學研究論叢》　第9輯　1994年

孫玉文　〈《經典釋文》成書新考〉　《中國語文》　1998年第4期

張西堂　〈三國六朝經學上的幾個問題〉　《經學研究論叢》　第9
　　　　輯　2001年

張帥、丁鼎　〈《禮記正義》二次徵引《禮記》疏探析〉　《古籍整
　　　　理研究學刊》　2012年第3期

程艷梅　〈從《周禮義疏》、《儀禮義疏》看賈公彥的語境研究〉
　　　　《廣東教育學院學報》　2010年第6期

程艷梅　〈從《周禮義疏》、《儀禮義疏》看賈公彥對「六書」的分
　　　　析〉　《遵義師範學院學報》　2011年第3期

程艷梅　〈淺析賈公彥《周禮義疏》、《儀禮義疏》中對修辭手法的闡釋〉　《古籍整理研究學刊》　2007年第1期

程艷梅　〈試論賈公彥義疏中的同義詞辨析方法〉　《阿壩師範高等專科學校學報》　2010年第1期

程艷梅　〈論《周禮》和《儀禮》中賈公彥義疏的語法觀〉　《滁洲學院學報》　2006年第4期

福島吉彥撰　喬風譯　〈唐《五經正義》撰定考〉　《中國經學》第8輯　2011年

鄭雯馨　〈從義疏體談《儀禮疏》對禮例發展的貢獻〉　《書目季刊》　2013年第4期

鄧國光　〈孔穎達《五經正義》「體用」義研究〉　《中國經學》第2輯　2007年

潘重規　〈五經正義探源〉　《華岡學報》　第1期　1965年

潘重規　〈春秋公羊疏作者考〉　《學術季刊》　1955年第4期

韓宏韜　〈《毛詩正義》與《毛詩釋文》關係考辨〉　《國學論衡》2012年第2期

四　文集論文／會議論文

王利器　〈《經典釋文》考〉　《曉傳書齋文史論集》　香港　中文大學出版社　1989年

史嘉柏（David Schaberg）　〈唐經學家對《鄉飲酒禮》之詮釋〉《隋唐五代經學國際研討會論文集》　臺北市　中央研究院中國文哲研究所　2009年

吳麗娛　〈改撰《禮記》:《大唐開元禮》的創作更新〉　《禮學與中國傳統文化——慶祝沈文倬先生九十華誕國際學術研討會論文集》　北京市　中華書局　2006年

高明士　〈論武德到貞觀禮的成立──唐朝立國政策的研究之一〉
　　　　《第二屆國際學術會議論文集》　臺北市　文津出版社
　　　　1993年

陳秀琳　〈《儀禮疏》探原試例〉　《經學研究論文選》　上海市
　　　　上海書店出版社　2002年

野間文史　〈讀李學勤主編之《標點本十三經注疏》〉　《經學今詮
　　　　三編》　沈陽市　遼寧教育出版社　2002年

彭林師　〈論《儀禮》賈疏〉　《第四屆國際漢學會議論文集・東亞
　　　　視域中的儒學》　臺北市　中央研究院　2013年

五　學位論文

宋金華　《〈儀禮疏〉的體例及其特點研究》　南京市　南京師範大
　　　　學碩士學位論文　2011年

陳顯哲　《春秋公羊疏思想研究》　臺北市　世新大學中文系碩士學
　　　　位論文　2010年

陶廣學　《孔穎達〈禮記正義〉研究》　揚州市　揚州大學博士學位
　　　　論文　2013年

程艷梅　《賈公彥語言學研究》　濟南市　山東師範大學碩士學位論
　　　　文　2004年

喬秀岩　《南北朝至初唐義疏學研究》　北京市　北京大學中文系博
　　　　士學位論文　1999

楊向奎　《唐代守選起始時間考》　烏魯木齊市　新疆師範大學碩士
　　　　學位論文　2009年

廖明飛　《〈儀禮注疏〉合刻源流考》　北京市　北京大學中文系碩
　　　　士學位論文　2012年

鄭雯馨　《論〈儀禮〉禮例研究法——以鄭玄、賈公彥、淩廷堪為討
　　　論中心》　臺北市　臺灣大學中國文學研究所博士學位論文
　　　2013年

索引

漢學研究叢書・文史新視界叢刊 0402001

賈公彥《儀禮疏》研究

作　　者　李洛旻

責任編輯　翁承佑

特約校稿　林秋芬

發 行 人　陳滿銘

總 經 理　梁錦興

總 編 輯　陳滿銘

副總編輯　張晏瑞

編 輯 所　萬卷樓圖書股份有限公司

排　　版　林曉敏

印　　刷　森藍印刷事業有限公司

封面設計　斐類設計工作室

發　　行　萬卷樓圖書股份有限公司

　　　　　臺北市羅斯福路二段 41 號 6 樓之 3

　　　　　電話 (02)23216565

　　　　　傳真 (02)23218698

　　　　　電郵 SERVICE@WANJUAN.COM.TW

大陸經銷　廈門外圖臺灣書店有限公司

　　　　　電郵 JKB188@188.COM

香港經銷　香港聯合書刊物流有限公司

　　　　　電話 (852)21502100

　　　　　傳真 (852)23560735

ISBN 978-986-478-098-3

2017 年 11 月初版一刷

定價：新臺幣 520 元

如何購買本書：

1. 劃撥購書，請透過以下郵政劃撥帳號：

　　帳號：15624015

　　戶名：萬卷樓圖書股份有限公司

2. 轉帳購書，請透過以下帳戶

　　合作金庫銀行 古亭分行

　　戶名：萬卷樓圖書股份有限公司

　　帳號：0877717092596

3. 網路購書，請透過萬卷樓網站

　　網址 WWW.WANJUAN.COM.TW

大量購書，請直接聯繫我們，將有專人為

您服務。客服：(02)23216565 分機 10

如有缺頁、破損或裝訂錯誤，請寄回更換

國家圖書館出版品預行編目資料

賈公彥<<儀禮疏>>研究 / 李洛旻著. -- 初版. --

臺北市：萬卷樓, 2017.11

　　面；　公分

ISBN 978-986-478-098-3(平裝)

1.儀禮 2.研究考訂

531.17　　　　　　　　　　　106009905